EL GRAN LIBRO
✴ DE LOS ✴
SUEÑOS

WILDA B. ✳ TANNER

EL GRAN LIBRO
✳ DE LOS ✳
SUEÑOS

*Guía completa
del mundo
místico y mágico
de los sueños*

EDICIONES OBELISCO

Si este libro le ha interesado y desea que le mantengamos informado de nuestras publicaciones, escríbanos indicándonos qué temas son de su interés (Astrología, Autoayuda, Ciencias Ocultas, Artes Marciales, Naturismo, Espiritualidad, Tradición) y gustosamente le complaceremos.

Puede consultar nuestro catálogo de libros en: http: //www.edicionesobelisco.com

Colección Arcanos Mayores
EL GRAN LIBRO DE LOS SUEÑOS
Wilda B. Tanner

1ª edición: septiembre de 2002
8ª edición: marzo de 2008

Título original: *The Mystical, Magical, Marvelous, World of Dreams*

Traducción, corrección y diseño editorial:
TsEdi, Teleservicios Editoriales, S.L.

Diseño portada: *Michael Newman*

Edita: Ediciones Obelisco S.L.
Pere IV, 78 (Edif. Pedro IV) 3ª planta 5ª puerta
08005 Barcelona - España
Tel. (93) 309 85 25 Fax (93) 309 85 23
Paracas 59   Buenos Aires
C1275AFA   República Argentina
Tel. (541 -14) 305 06 33 Fax (541 -14) 304 78 20
E-mail: obelisco@edicionesobelisco.com

Depósito Legal: B. 13.979-2008
ISBN: 978-84-7720-922-5

Printed in Spain

Impreso en España en los talleres gráficos de Romanyà/Valls S.A.
Vedaguer 1 - 08786 Capellades (Barcelona)

Tú, oh rey, estando en tu cama, te pusiste a pensar en lo que sucedería en los tiempos venideros, y Aquel que revela los misterios te hizo ver lo que ha de venir.

A mí también se me ha revelado ese arcano, no por una sabiduría que en mí haya más que en cualquier otro hombre mortal, sino a fin de que el rey tuviese una clara interpretación, y para que reconocieses, oh rey, los pensamientos de tu espíritu.

DANIEL 2:29-30

Índice

Prefacio

Nuestros sueños son la clave –pendiente de descifrar, quizá– de un tercio del total de nuestra vida. En los límites de la mente vive escondido un autor de grandes dramas; pues bien: todos tenemos la capacidad de acceder a la información que parece poseer ese creador de sueños.

Las siguientes páginas le van a entusiasmar por su lúcida inteligencia y le animarán a realizar un viaje al que todos nos hemos sentido tentados alguna vez. Pero debe saber que, si el estudio de los sueños se nos torna demasiado arduo, no podremos aprovechar al máximo todas las posibilidades que nos ofrece, y si, por el contrario, lo que vamos aprendiendo nos promete demasiadas cosas y con excesiva generosidad, soslayamos el verdadero esfuerzo que es necesario realizar: sí, hemos de reunir todas nuestras fuerzas para cumplir una tarea cargada de buenos augurios pero que, a veces, puede parecer muy laboriosa.

Para realizar este gran viaje interior es necesario haber pasado por una experiencia un tanto especial: ella es la que nos indica si hay algo en nuestro mundo interior que quiere salir a la luz. En el caso de que no dispongamos de una vivencia parecida, por lo menos debemos haber sentido curiosidad ante una promesa de algo indefinido, promesa que no podemos quitarnos de la cabeza. No lo dude: este libro le entusiasmará y le dará mucho; si tenemos la certeza de esa experiencia, aquí encontrará los estímulos necesarios para ir más allá.

Siempre es mejor realizar un viaje interior guiado por una persona experimentada: la señora Tanner ha hecho ese mismo viaje numerosas veces. Yo no sólo conozco su libro anterior, *Follow Your Dreams* («Siga sus sueños»), sino que, además, he sido testigo de la ayuda que sus escritos proporcionan desde hace tiempo; por eso creo en la absoluta eficacia de sus métodos. Sus muchos años de experiencia, la solvencia que ello le ha dado y el contacto continuado con el mundo de los sueños han ayudado ya a mucha gente a disfrutar de sus propios sueños: les ha enseñado, en primer lugar, a recordarlos y, luego, a valorarlos correctamente –lo que acaba por dar sus frutos–. Ella se ha adentrado por los caminos más difíciles –tanto los más elevados como los que se hallan sumidos en lo más profundo– y su luz puede indicarnos la dirección correcta. Yo, si tuviera que elegir a alguien, la elegiría a ella como guía; por eso se la recomiendo a ustedes.

Si queremos llegar a la Tierra Prometida de la mano de quien realmente conoce el camino, debemos estar dispuestos a hacer un esfuerzo; en este caso: aprender una determinada técnica. La técnica es sólo eso: el trabajo previo imprescindible para poder obtener después los resultados deseados. Pero esto lleva tiempo y esfuerzo, una inversión que nos llevará a descubrir lo que todavía se esconde a nuestra mirada.

Las técnicas despiertan nuestra curiosidad, pero ¿funcionan realmente? Deben ser probadas, y los resultados no se obtienen de la noche a la mañana. La señora Tanner ha dedicado muchos años de su vida a desarrollar, madurar y perfilar su forma de trabajar. Pues bien, esto nos puede servir como camino por el que avanzar en nuestro peregrinaje…, eso sí, siempre bajo su tutela.

Tampoco debemos olvidar que nuestros progresos con los delicados hilos del consciente en un determinado nivel de nuestra existencia son fácilmente aplicables a otros métodos igualmente válidos para profundizar todavía más en nuestro interior.

No puedo menos que alabar la claridad de las instrucciones y de los análisis que da Wilda y lo útiles que resultan sus sugerencias: si seguimos su camino, obtendremos maravillosos resultados.

Afortunadamente, tenemos en nuestras manos una herramienta que nos ayudará a hacer todo esto más fácil: yo disfruto cuando veo que es posible descubrir lo más profundo de nosotros mismos con la misma facilidad con la que hablamos, por ejemplo, con un amigo.

Pero ¿cómo íbamos nosotros a querer desenterrar un tercio de nuestra vida –cuando lo que tenemos nos proporciona ya una plenitud– si no es por la esperanza de obtener de ello una gran ayuda para nuestra vida? Vamos a llegar hasta la fuente primordial y será cuando nos reflejemos en ella cuando consigamos alcanzar un mayor grado de autoconsciencia. ¿Es realmente posible que, a medida que avancemos, nos vayamos acercando más y con mayor rapidez a nuestra propia plenitud… o, si lo prefiere, a nuestra santidad? Yo creo que sí.

Mi opinión es que existe una conexión íntima entre nuestros pensamientos, nuestra intuición y el plano de nuestros sueños. Se pueden hallar las mismas impresiones maravillosas –parecidas a una leve tela de araña flotando en el aire– en un sueño, en un estado de tranquila meditación o en la fugaz iluminación de una intuición repentina, de esas que nos asaltan muy de vez en cuando. Tanto por mi condición de profesora como por mi experiencia personal, puedo asegurar que cualquier aspecto que desarrollemos de alguno de estos tres elementos redunda en el progreso de los otros dos.

El hilo que vayamos tejiendo durante las investigaciones sobre nuestros sueños nos ayudará a sentir más cerca esa liviana impresión a la que suele darse el nombre *de ayuda divina.* Aunque el pensamiento que nos llega durante la meditación parece que nos sea susurrado desde el silencio, su efecto sobre ese sabio secreto que se esconde en nosotros puede llevar a éste a darnos a conocer aquello que nos causa dolor o alegría, o puede que nos incite a la aventura o que nos advierta de un posible peligro. A mí me parece que ese tercio oculto de nuestra vida está íntimamente relacionado con los otros dos tercios y que, si aprendemos a compartir su enorme riqueza, estoy segura de que nos permitirá alcanzar la plenitud.

Los sueños son como una gran obra de teatro en la que se entremezcla la esencial naturaleza de nuestro consciente con ese único sabio que habita en los límites de lo que podemos alcanzar con la mente. La única pretensión de este libro es ofrecer un conjunto de técnicas que nos permitirán lograr con total libertad una buena perspectiva de esta investigación y que pondrán a nuestro alcance las herramientas necesarias para que tomemos conciencia, en su justa medida, del valor de la búsqueda que estamos a punto de iniciar: cavar un poco más hondo es siempre algo mágico, sobre todo cuando la herramienta que se utiliza es de carácter mágico.

Felicito a nuestra autora por su excelente trabajo. Ahora es usted quien debe entrar y potenciar su mirada interior.

CAROL W. PARRISH

Agradecimientos

Sinceros agradecimientos a Linda McCachran, a Noreen Wessling, a Carl E. Meier —que siempre me ayudó y no dejó de darme ánimos—, a Carol Parrish y a Richard Reavill, que emplearon su tiempo, esfuerzo y paciencia en ayudarme a dar a la luz el presente libro.

¡Para ellos, todo mi agradecimiento y mis bendiciones!

PRIMERA PARTE

Capítulo I

Las cosas mágicas
que los sueños pueden hacer por usted

Los sueños nos indican cómo darle un sentido a nuestra vida,
cómo adueñarnos de nuestro propio destino,
cómo tomar conciencia del enorme potencial de la vida en nosotros.

MARIE-LOUISE VON FRANZ

¿Por qué soñamos? ¿Tienen alguna finalidad los sueños o no son más que vaivenes sin sentido de la mente, como algunos pretenden? Posiblemente sea la Biblia la que ha dado en el clavo, en el fragmento en el que Daniel explica el sueño del rey: «Tú, oh rey, mientras yacías en cama, pensabas en lo que iba a acaecer en el futuro, y aquel que revela los misterios permitió que tú, oh rey, entendieras los pensamientos de tu corazón». (Daniel 2, 29, EV.)

Los indios americanos creen que el Gran Espíritu les envía sueños para guiar e inspirar su alma. Edgar Cayce, el gran psicólogo americano, dijo una vez que «al individuo se le dan visiones y sueños en su beneficio: sólo hace falta saber interpretarlos correctamente». (Reading, 294-15) Más adelante, él mismo aseguró que el camino sólo lo descubren «los que hacen algo con su vida». (McGarey)

RESOLVER PROBLEMAS: EL OBJETIVO PRINCIPAL DE LOS SUEÑOS

El objetivo principal de los sueños es ayudarnos a resolver problemas. Nos encontramos con dificultades de todo tipo, que nos obligan a buscar constantemente respuestas y soluciones. Albert Gyorgi, premio Nobel, no pudo explicarlo mejor: «Mi trabajo no acaba al levantarme de mi mesa de estudio por la tarde, sino que estoy dando vueltas a mis problemas todo el tiempo y mi cerebro no cesa de pensar en ellos cuando duermo… y al levantarme encuentro claramente las respuestas que el día anterior se me habían resistido tanto».

Robert Louis Stevenson, en su autobiografía *Across the Plains* («A través de las llanuras»), cuenta de qué forma le pedía a sus «ayudantes de sueños» –como él los llamaba– que le proporcionasen una buena historia; ellos le daban lo que él denominaba «unas historias mucho mejores que las que se me hubieran podido ocurrir despierto». Toda la trama de *Dr. Jekyll y Mr. Hyde* surgió de un sueño, al igual que muchas de sus otras historias.

Elias Howe no hallaba la manera de inventar una aguja en la que pudiera ensartar el hilo de la bobina de la máquina de coser que trataba de fabricar: nada de lo que probaba funcionaba. Desanimado y confundido, se fue a dormir sin dejar de pensar en el problema, y esa misma noche soñó que era atacado por salvajes africanos con lanzas que tenían un agujero en la punta... Parecía que el sueño le dijera: «¡Aquí tienes tu respuesta! Ella viene a ti por sí misma». Elias hizo lo que el sueño le indicaba y, como todos ya sabemos, la nueva aguja que inventó funcionó a las mil maravillas: toda la ropa que vestimos hoy en día está fabricada con máquinas de coser.

Gran parte de la mejor música que existe nació de un sueño. *El Mesías* de Handel, *Noche de Paz* o una parte importante de la obra de Wagner surgió de esa forma, por citar sólo unos pocos ejemplos. Podríamos seguir con muchos más, pero lo verdaderamente importante es que todos podemos acceder a este conocimiento siempre que aprendamos a sintonizar con nuestros sueños y a recordarlos.

Thomas Edison, quien dijo una vez: «¡Las ideas proceden del espacio!», contaba con una cama en su lugar de trabajo. Siempre que tenía un problema importante, que necesitaba una idea nueva o una forma mejor de realizar un esbozo de sus numerosísimos inventos, se estiraba y dormía plácidamente con la *mente centrada en la solución*. Éste era su secreto: sabía perfectamente que, si relajaba el cuerpo y la mente, podría recibir ideas nuevas procedentes «del espacio».

A veces, esforzarse en hallar las respuestas puede bloquear nuestra capacidad intuitiva, mientras que, si nos relajamos, parece que se nos abran las puertas que nos comunican con la mente universal. No se trata de hacer que las cosas sucedan, sino de lograr que las ideas fluyan. Para ello es necesario que nosotros guiemos nuestra mente en la dirección correcta. Llegar a dominar el arte de la meditación resulta enormemente provechoso para cualquier persona que quiera aprender a sumergirse de manera consciente en los niveles más profundos de la mente, ya sea para relajarse o para resolver un problema.

SU LÁMPARA MÁGICA

No todos disponemos de una cama en nuestro lugar de trabajo; lo que sí podemos hacer cuando necesitemos respuestas es tomarnos algún tiempo para cerrar los ojos y relajar la mente y el cuerpo. Como muchas veces no sabemos con certeza cómo funcionan las cosas, nos complicamos mucho la vida en cuestiones sencillas por el mero hecho de no ser conscientes de ese enorme almacén de conocimientos que está al alcance de nuestra mano.

Si usted acaba de iniciarse en estos temas, la manera más fácil de obtener respuestas consiste es escribir –antes de meterse en la cama– una pregunta concreta, un problema o un concepto del que usted desea saber más. Memorice la pregunta y repítasela una y otra vez mientras da vueltas en la cama tratando de conciliar el sueño, como si *esperara* una respuesta. Asegúrese de que tiene a mano papel y bolígrafo para cuando aparezca la solución.

Si usted practica con regularidad la técnica de formular preguntas y trabajar con las respuestas que va obteniendo, establecerá un viaducto con su mente, de manera que cada vez que realice una nueva consulta le será gradualmente más fácil acceder a la intuición reveladora y regresar con buenas y útiles respuestas (incluso puede que brillantes). A su vez, este proceso le abrirá la mente a nuevos horizontes, mejorará su nivel intelectual y aumentará su grado de consciencia y habilidades intelectuales. También le ayudará a sacar a la luz recuerdos e información de su subconsciente que normalmente no están a su alcance.

IDEAS, SOLUCIONES E INTUICIONES

Nuestros sueños pueden ser –literalmente– auténticas minas de oro de información, sobre todo cuando buscamos ayuda específica o respuestas muy concretas. No hay nada sobre lo que no podamos preguntar ni límites del conocimiento. La Biblia nos dice: «Pide y se te dará…». Muchos de nosotros nos olvidamos de preguntar y no nos damos cuenta de que podemos acceder a lo que se suele llamar «conocimiento universal» por medio de nuestros sueños: está en nuestras manos la posibilidad de utilizarlos. Si la primera vez no obtiene la respuesta, pruébelo de nuevo. Algunas veces puede estar tres días preguntándose sin parar, pero no lo dude: acabará por *recibir* la intuición y la información que desee.

En algunas ocasiones, nuestras preguntas no se van a responder a través de un sueño, sino de un libro, un programa de televisión, una conversación que oímos «por la calle», un encuentro «casual», un artículo de una revista… Las posibilidades son infinitas, así que no limitemos nuestras respuestas a una sola fuente de información: nos pueden llegar por muchos canales diferentes, los sueños son sólo uno de ellos. Es cierto que trabajar con éstos parece ser el mejor medio de acceder a un conocimiento superior. Nunca se nos ordenó que fuéramos eternamente ignorantes o pobres ni que tuviéramos que ser esclavos de profesores omniscientes. Todo el conocimiento está a nuestro alcance en los planos oníricos de nuestro ser: acceder a ellos depende sólo de nosotros.

Cuando parece que los problemas nos abruman, tenemos la capacidad de concentrarnos con tal intensidad en ellos que nuestros sueños estarán íntimamente relacionados con la solución que buscamos. En tales situaciones, dejaremos temporalmente de lado cualquier otro tipo de búsqueda de información hasta que nuestro proyecto principal acabe o el problema en cuestión se resuelva. Entonces –y sólo entonces– volverán al primer plano de nuestra mente las cuestiones menos importantes; no olvide esto, especialmente cuando las respuestas se resistan a salir a la luz.

PROBLEMAS Y PROGRAMAS

En el libro *Edgar Cayce on Dreams* («Los sueños según Edgar Cayce») (Bro. 1968), se habla de Cayce de este modo: «La función de los sueños es la de resolver los problemas del consciente del que sueña, es decir, los de su vida cotidiana, y sirven para acelerar la aparición de nuevas potencialidades que descubrirá como suyas». Tal es la fuerza de nuestros sueños.

Los artilugios algo complicados que usted compra siempre van acompañados de un manual de instrucciones que debe ayudarle a montarlos de la manera correcta y a hacerlos funcionar en seguida. Dado que el modo de funcionar del ser humano es el más complicado de la Tierra, también nosotros necesitamos unas instrucciones o, en este caso, una especie de ordenador, al que denominamos *subconsciente*. De hecho, nunca dejamos de observar su monitor, de reprogramarlo, de actualizarlo y de corregirlo mediante nuestros sueños.

APRENDIENDO LECCIONES

Tertuliano, el primer escritor cristiano importante, declaró: «La mayor parte de la humanidad adquiere su conocimiento… de los sueños». A decir verdad, cada noche tenemos una media de seis o siete sueños que tienen que ver con problemas, actitudes, acciones y reacciones relacionados con el día anterior. Se nos proporcionan consejos, guía, información, intuiciones, comprensión, conocimientos y fuerza. Cuando nos desviamos de nuestro camino, los sueños nos muestran señales (por ejemplo, un tren que descarrila) que nos alertan de nuestro error.

Algunos de estos mensajes provienen directamente de nuestro subconsciente, sobre todo los que tienen que ver con nuestro cuerpo y sus necesidades. Otros surgen del consciente, como, por ejemplo, sucesos variados, distintos géneros de personajes y pequeños fragmentos de información que tratan de nuestros problemas cotidianos. Pero casi todo lo que aprendemos procede del subconsciente, de nuestro Ser Divino o Ser Superior: son enseñanzas que adoptan una forma espiritual, intuiciones que deben ayudarle a resolver sus problemas; así es como comprendemos mejor cuáles son nuestros verdaderos objetivos, nuestros procesos mentales y espirituales ya maduros, y así es como incluso podemos llegar a saber cuál es el sentido de nuestra vida: *lo único* que tenemos que hacer es prestar atención a nuestros sueños. Si no lo hacemos así, puede que vaguemos errantes toda nuestra vida hasta que llegue un día en que nos preguntemos: «Pero ¿qué es realmente la vida? ¿Por qué estoy aquí?».

CÓMO FUNCIONA NUESTRO SUBCONSCIENTE

La mente humana se parece a un ordenador gigante que funciona según un sistema de acción y reacción en función de aquello para lo que se ha programado. Todos sabemos que, con demasiada frecuencia, los programas están llenos de errores, fallan y nos hacen perder tiempo. Esto nos ocasiona una infinidad de problemas e incluso puede que lleguen a ser la razón de que abandonemos nuestro camino.

Si bien es cierto que nuestro programa interior empieza a funcionar el mismo día que nacemos, no debemos olvidar que existe un número importante de influencias que marcan de algún modo nuestro consciente mucho antes de que nazcamos: por ejemplo, estamos condicionados respecto de lo que está «bien» y de lo que está «mal». Se nos dice continuamente lo que podemos y lo que no podemos hacer, o lo que deberíamos llevar a cabo y lo que no. Nos dicen también si somos buenos, malos, astutos o tímidos, demasiado viejos para esto o demasiado jóvenes para lo otro. Incluso puede que oigamos el típico comentario sobre que actuamos «igual que tío Joe» (que es un poco cortito o que pesa bastantes kilos más de la cuenta); con ello se quiere dar a entender que nosotros tenemos esos mismos defectos. Aunque desconocido para la mayoría de nosotros, ¡el subconsciente *asimila todas estas afirmaciones como si fueran verdad!* Y más tarde, en nuestra vida diaria, puede que nos preguntemos por qué tenemos tal o cual problema que no sabemos cómo solventar y cuya solución se halla, evidentemente, en el subconsciente.

Luego, las cosas se complican todavía más cuando vamos a la escuela –y quizá también cuando vamos a la iglesia– donde más ideas de todo tipo –muchas veces erróneas, basadas en prejuicios que denotan una mentalidad muy estrecha o que, simplemente, son falsas– se van añadiendo a las que ya teníamos. Y, encima, los psicólogos nos dicen que todos somos «parte de lo que vemos, oímos y sentimos» (pensemos en los programas de televisión o en los anuncios, por ejemplo, que tan profundamente arraigan en nuestro subconsciente). Toda esta información, buena o mala, verdadera o falsa, *llena sin cesar* nuestro subconsciente *a menos que –y hasta que– hagamos algo para evitarlo.*

Estos conceptos erróneos en apariencia tan inofensivos quedan profundamente integrados en nuestro almacén de conocimientos y en nuestro *sistema fundamental de creencias,* que es de donde tomamos continuamente las decisiones sobre lo que debemos hacer en cada momento.

Ideas del tipo «la obesidad es cosa de familia», «no vas a sacar nada de ahí», «el sexo es algo sucio», «tienes que trabajar duro para ganarte la vida», «no llegarás a nada en la vida», «Dios proveerá» o «el dinero es la raíz de todos los males», todas ellas –y otras que podríamos citar– van ocupando nuestra mente en un momento en que somos demasiado jóvenes para darnos cuenta después de que son falsas; la consecuencia de todo ello es que estas «creencias» ejercen una influencia decisiva en nuestras vidas y en las decisiones que tomamos… ¡y sin que ni siquiera nos percatemos de ello!

A medida que crecemos vamos recogiendo de aquí y de allá más mentiras que verdades y, tarde o temprano, en algún momento de nuestra vida, nuestros deseos e instintos acabarán por entrar en conflicto con esas falsas ideas. Un ejemplo clarísimo de esto lo tenemos en el caso de las mujeres a las que se les inculcó en su momento la idea de que «el sexo es una cosa sucia». ¡Y lo cierto es que muchas mujeres no lograron resolver este problema! Les colgaron las etiquetas de frígidas, incompatibles u otras peores. Muchos de nuestros problemas actuales tienen su origen en estos falsos conceptos que tan arraigados están en nuestro subconsciente.

Nuestros sueños actúan a modo de sistema de guía: nos ayudan a localizar, corregir y eliminar los errores y las creencias nacidas de la ignorancia, y que no sólo nos impiden progresar, sino que llegan a ser incluso la fuente de numerosos conflictos internos. Nuestros sueños nos guían, corrigen, animan, recuerdan hechos olvidados, nos dan nuevas ideas y nos hacen ver otras formas de hacer las cosas; es decir, nos ayudan a resolver cualquier tipo de problema que ocupe nuestra mente en el momento de dormirnos, por muy difícil y complejo que sea.

CÓMO LE PUEDEN AYUDAR LOS SUEÑOS A VIVIR MEJOR

Los sueños no sólo tienen que ver con problemas y asuntos que ocupan nuestra mente justo antes de retirarnos a descansar, sino que también nos proporcionan intuiciones y nos revelan aspectos sobre:

RELACIONES: es decir, cómo nos va con los demás, qué problemas hay y qué soluciones podemos encontrar. Puede que le muestren la raíz de la dificultad actual o algún aspecto que le había pasado desapercibido. Los sueños le ayudarán a ver las cosas desde otro punto de vista para que así pueda comprenderlas mejor.

ACTITUDES: Todos tenemos diferentes actitudes hacia el trabajo, la gente y las circunstancias en general; además, hay unas creencias que acompañan a esas actitudes. Todas, tanto unas como otras, afectan en gran modo a nuestra vida cotidiana. Los sueños suelen indicar los conceptos falsos o la mala comprensión de éstos que nos están privando de progresar; además, nos señalan cuál es la mejor forma de corregir esas situaciones difíciles.

LA CONCEPCIÓN QUE TIENE DE SÍ MISMO: Un sueño es un espejo del alma que nos da la imagen perfecta de nosotros mismos y de las situaciones en las que nos encontramos —de las que tenemos que sacar algo en claro—. En numerosas ocasiones, los sueños nos revelarán contenidos muy importantes, nos mostrarán aspectos de nosotros mismos que desconocíamos y nos permitirán saber con precisión qué papel jugamos en cada circunstancia de nuestra vida; finalmente, nos describirán la imagen que creemos que damos al exterior para que podamos compararla con la *real*. (Los personajes que aparecen en los sueños nos ayudan a tomar conciencia de todos estos aspectos.) En sueños puede que hagamos de reyes o de sirvientes, de caballerizos, de solitarios, de derrotados o de vencedores. Unas veces guiamos y otras somos guiados, empujados a hacer algo, ignorados o incluso manipulados. Todas estas situaciones nos proporcionan información muy valiosa acerca de nuestro estilo de vida, lo que debe ayudarnos a entendernos mejor y a dar una mayor plenitud y satisfacción a nuestra vida.

SUCESOS OCULTOS: Cuando alguien intente engañarnos, a lo mejor soñaremos esa misma escena, o quizá veamos a alguien que lleva una máscara, un traje o cualquier otro elemento simbólico, situación que nos está diciendo: «Algo no está claro en esto, hay algo falso u oculto». Si en un sueño nos encontramos en un lugar oscuro, la señal es evidente: la información que tenemos sobre un determinado asunto no es suficiente, necesitamos más luz para ver con claridad antes de ir más allá; puede que sea una pista que nos advierta de la presencia de un peligro inminente del que no nos hemos percatado y que tiene que ver con una circunstancia cotidiana.

AVISOS: Los sueños también nos muestran huidas, afirmaciones que nos provocan un conflicto interior, la inconsistencia de algunas de las ideas en que más firmemente creemos, falsedades o pequeños engaños que se nos pueden haber pasado por alto durante el día... Los sueños sacan a la luz todo esto con suma delicadeza, algo que es parte de su estrategia para poder protegernos.

PROBLEMAS: Durante el día solemos tratar los problemas de una forma puramente física, especialmente cuando la cosa no va bien. Usamos la fuerza física para insistir en algo, para cerrar una puerta de golpe o para tirar los objetos; de la misma forma, lloramos, exteriorizamos nuestro mal humor, gritamos cuando no estamos de acuerdo con algo o queremos renegar... Además, recurrimos a la fuerza mental para vencer en una conversación a nuestro oponente. Sin embargo, puede que acabemos el día con una sensación de miedo, habiendo perdido el orgullo o con una buen dosis de estrés. A lo mejor estas tácticas sirven para salir del paso en un momento dado, pero no solucionan de verdad el problema. Luego, cuando nos metemos en la cama, nos dedicamos a repasar mentalmente lo que hemos hecho durante el día y cómo ha ido todo: este proceso casi siempre va acompañado de un sueño que nos comenta cómo nos hemos enfrentado —o no— a esa situación conflictiva. En ese instante puede sobrevenir la intuición y la información que necesitamos: puede que aparezcan escenas en las que se nos muestren las actitudes equivocadas que adoptamos o el falso orgullo que nos sirvió de escudo. El sueño nos sugerirá medidas alternativas, nuevas maneras de comportarnos. Una pesadilla, por ejemplo, puede revelar nuestros miedos e indicarnos que es mucho mejor no huir de ellos. ¡Los sueños también nos pueden animar a levantarnos de nuestro estado de postración para reclamar nuestros derechos!

Los sueños nos informan por vez primera de cuáles son los problemas que están pendientes de resolución. Si ignoramos nuestros sueños, puede que éstos se vuelvan recurrentes; y si, además, no nos enfrentamos a ellos, los sueños probablemente acaben convirtiéndose en pesadillas. Desde el punto de vista físico, un dolor de cabeza puede ser el signo de problemas aún no resueltos: si no los analizamos y tratamos de corregirlos tal como los sueños nos sugieren, nuestro campo electromagnético sufrirá las consecuencias: aparecerá en nuestra aura una mancha oscura. Más adelante, el dolor se convierte en una enfermedad cuya causa puede pasar completamente desapercibida, o puede que tengamos un accidente o que nos hagamos daño en una zona determinada. Los doctores más modernos y ortodoxos –al contrario que los de la vieja escuela– no ven ninguna relación entre nuestros problemas mentales y emocionales y las disfunciones de nuestro cuerpo, pero los doctores homeópatas saben ya hoy que el cuerpo, la mente y el espíritu funcionan como un todo: lo que funciona en una parte redunda en el bien de las otras dos, al igual que una pequeña piedra lanzada a un estanque de aguas tranquilas. Ya la sabiduría de la Antigüedad hablaba de la correspondencia entre las emociones y las enfermedades derivadas de ellas, así como de áreas muy definidas del cuerpo íntimamente relacionadas con determinadas actividades humanas. Por ejemplo: la cabeza representa el pensamiento; los pies, la capacidad de comprensión.

Manipulaciones: Mucha gente –sobre todo nuestros padres pero también nuestros jefes– tiene una forma tan sutil de manipularnos que normalmente no nos damos ni cuenta de que lo hacen, ni tan siquiera cuando ello nos afecta. Esto hace que nos irritemos sin saber muy bien el origen de nuestra exasperación o, lo que es peor, nos sentimos frustrados por no ser capaces de entender el motivo de esa turbación.

Pero esto no nos sucede sólo con nuestros padres; casi todas las figuras que denotan autoridad –incluyo aquí también a familiares y amigos– nos obligan a hacer cosas que realmente no queremos realizar. Grabe esto claramente en su mente: hay una *gran* diferencia entre *ser útil* y *ser utilizado*; en el primer caso, *nosotros decidimos* qué queremos dar y dónde, cuándo y cómo entregarlo; en el segundo, nos damos cuenta de que estamos haciendo algo que no nos apetece hacer, y acabamos preguntándonos: «¿Cómo he llegado a este punto?». Los sueños no pasan por alto estas manipulaciones y nos ayudan a observar la situación tal como es, de forma que podamos enfocarla con sensatez y sin presiones emocionales exteriores.

El simbolismo relacionado con la manipulación recurre a diferentes imágenes: alguien conduce nuestro coche, se nos empuja a algún lugar, nos sacan a pasear cogidos de una cuerda, etc. Búsquelos en sus sueños, pues son realmente importantes. Dios no le engendró para que sirviera a otros, sino para que fuera libre, feliz y alcanzara la plenitud personal. Los sueños le llevarán indefectiblemente en esa dirección.

LA VERDADERA MAGIA DE LOS SUEÑOS

Los sueños le ayudan a entrar en contacto con su yo superior, su yo verdadero, con la parte divina que hay en usted; y lo harán de tal forma que le inspirarán absoluta fe en la belleza, el amor, la sabiduría, la fuerza y las maravillas que hay *dentro de usted*. Gracias a los sueños, usted puede lograr esa conexión superior con Dios: ¡ésta es la verdadera magia de los sueños!

Capítulo 2

Los templos antiguos
y modernos de los sueños

¿Sabe la gente que el sueño es la manera más usual que Dios tiene de revelarse al hombre?

TERTULIANO

Aunque prácticamente la mitad de nuestra vida nos la pasamos durmiendo, pocos comprendemos de verdad el proceso del dormir y del soñar y pocos somos conscientes de la tremenda importancia de los sueños para nuestro desarrollo espiritual y nuestros asuntos cotidianos.

LA ANTIGÜEDAD DE LOS SUEÑOS

Pero las cosas no eran así en el pasado, pues en aquella época se tenía un alto concepto de los sueños: se construyeron bellísimos templos para atraer y facilitar la llegada de los sueños. La gente era capaz de viajar miles de millas con el único objetivo de disfrutar del privilegio de entrar en el templo de los sueños, pues se sabía que los sueños son una fuente inagotable de profundas verdades que pueden servir para curar, resolver problemas o guiarnos en cuestiones de salud, dinero, felicidad o conocimiento.

En aquellos tiempos, una persona afectada por una grave enfermedad o por un problema acuciante recorría –a menudo a pie– las muchas millas que la separaban de uno de estos templos: el más famoso de ellos se encontraba en Epidauro, cerca de Corinto. En estos templos, inspirados por Esculapio –el tan adorado dios griego de la curación– como centros de peregrinación, pronto se pusieron camas; éste fue el origen de los primeros hospitales de la Historia: tan potente era la fuerza curativa de los sueños. Incluso la vara de este dios, en la que se observa una serpiente enroscada, se adaptó al caduceo, que era entonces el símbolo de la curación, tal y como lo sigue siendo hoy.

Los que no podían viajar al templo enviaban en su lugar a amigos de confianza o a parientes para que les procurasen la curación o les trajeran la respuesta que necesitaban para solucionar un problema crucial.

Una vez allí, el cansado viajero era recibido por los amables auxiliares del templo y, tras un baño y un poco de comida y de bebida, hablaba con el sacerdote acerca de sus problemas. Los solícitos sacerdotes del templo estaban muy bien entrenados en el arte de interpretar sueños y eran muy hábiles a la hora de descubrir, a partir de la información aportada por el sueño, la causa de la enfermedad o la curación requerida. Podían incluso predecir el futuro a través de un conocimiento mínimo obtenido fugazmente de un sueño.

Después de la consulta y de una noche de descanso, el día siguiente (a veces algo después) se dedicaba a la oración, al ayuno y, en general, a los preparativos necesarios para la curación, los consejos o las respuesta provenientes de los sueños. A esto le seguía un largo baño de purificación a base de deliciosos aceites perfumados. El peregrino, ya a punto, se vestía con ropas de un blanco inmaculado y entraba en el templo, en cuyo interior se realizaba un pequeño sacrificio acompañado de música, cantos y una impresionante ceremonia encabezada por el sacerdote. Éste era el encargado de implorar a Esculapio que acudiera en ayuda del suplicante. Finalmente, llegaba un elaborado ritual de preparación al sueño, seguido de una bien merecida noche de descanso en el templo de los sueños, en un aposento especialmente preparado para ello.

No era extraño que, en el transcurso de esa tan esperada noche, sobrevinieran al durmiente visiones en las que aparecía el gran dios ofreciendo la solución deseada, un sabio consejo o quizá algunas hierbas, pócimas o cualquier otro remedio que pudiera ser útil para la curación.

En circunstancias especiales, el propio Esculapio llegaba a tocar el cuerpo del enfermo para curarlo personalmente: el peregrino se despertaba al instante totalmente restablecido. Según cuenta la leyenda, los viajeros entraban con muletas o encima de un carro –a causa de la imposibilidad de valerse por sí mismos– y salían bailando, dando saltos y llenos de gozo.

Nuestras técnicas y prácticas actuales de preparación al sueño se basan en esta ancestral verdad y son sorprendentemente efectivas.

LOS SUEÑOS Y LA BIBLIA

Uno de los libros más antiguos que se conoce es la Biblia. En ella se alude a unos setecientos sueños y visiones, aproximadamente, todos ellos estrechamente relacionados con la vida, milagros y forma de ser de los personajes en cuestión. Uno de los más conocidos aparece en Mateo 2, 13-14, cuando José recibe del ángel una advertencia: tiene que huir a Egipto con María y Jesús para evitar la ira de Herodes. En los versos anteriores, los sabios de Oriente también reciben un aviso: «No volváis al palacio de Herodes; tomad otro camino de regreso a casa». Los dos primeros capítulos de Mateo contienen nada menos que cinco sueños que dan consejos y advertencias valiosísimos. Las historias de Daniel y José que se cuentan en el Antiguo Testamento también guardan una estrecha relación con los sueños.

«Todos los grandes escritores cristianos de los dos primeros siglos de nuestra era creían que en los sueños se ofrecía una posibilidad de curación y guía dada por Dios a los hombres», nos dice el reverendo John Sanford, autor de *Dreams: God´s Forgotten Language* («Sueños: el olvidado lenguaje de Dios»). En su libro se lee: «Empecé a recordar y a memorizar mis sueños; así inicié una increíble aventura vital con la parte onírica de mi persona. En seguida me percaté de que los sueños me ayudaban a salir del estado de confusión en el que me encontraba y que me daban la posibilidad de relacionarme conmigo mismo de otro modo: para mí era como la voz del Espíritu Santo». Tan grande es el poder que ejercen los sueños en aquellos que les prestan atención.

INVESTIGACIONES MODERNAS

A pesar de todo lo que hemos dicho, sólo unos pocos siglos después los psicólogos empezaron a proclamar públicamente que los sueños eran «meandros de la mente»: ésa es la causa de que mucha gente, incluso hoy, crea que los sueños no tienen sentido.

Sin embargo, los psicólogos de hoy están realizando importantes progresos en la investigación de los procesos y de la utilidad de los sueños.

Sigmund Freud, en su libro *The Interpretation of Dreams* («La interpretación de los sueños») –publicado en 1900–, volvió a llamar la atención sobre la importancia de los sueños. Carl Jung partió de las investigaciones de Freud y realizó avances importantes. Recientemente, el doctor Calvin Hall trabajó sobre 10.000 sueños para elaborar su libro *The Meaning of Dreams* («El significado de los sueños»). En la actualidad existe una docena de laboratorios –o quizá más– que se dedican a la investigación de este intrigante fenómeno.

En su incesante búsqueda de más información sobre el sueño y su modo de proceder, los investigadores se han dedicado a reclutar voluntarios dispuestos a dormir en un laboratorio en determinadas condiciones –como la conexión de cables en la cabeza–. Mediante unos aparatos que miden las ondas cerebrales llamados electroencefalógrafos, más conocidos como máquinas EEG, se ha descubierto que existen diferentes niveles de conciencia que quedan reflejados en los patrones que nos dan las ondas cerebrales. Las ondas más rápidas, llamadas beta, se originan durante el estado de vigilia –estados conscientes de actividad–, en el que llegan a fluctuar a una media de doce o catorce ciclos por segundo (cps). Puede haber ligeras variaciones de una persona a otra, teniendo en cuenta que a mayor grado de tensión o excitación, mayor número de ondas.

También se ha descubierto que siempre que nos aburrimos o adormilamos, las ondas de nuestro cerebro se mueven cada vez más lentamente y los ojos se nos van cerrando poco a poco: en ese momento estamos entrando en el patrón de onda alfa, que oscila entre ocho y trece cps. En este estado entramos y salimos de lo que normalmente llamamos «realidad». Los estados de alteración de la conciencia empiezan aquí. Es como si fuéramos a la deriva, como si fuéramos un corcho a merced de las olas, entrando y saliendo varias veces del estado beta y alfa antes de adentrarnos por completo en los niveles del sueño más profundo.

Paralelamente a esto, las ondas cerebrales prosiguen su proceso de pérdida de velocidad a la vez que vamos atravesando los estados alfa, theta y delta sucesivamente.

MOVIMIENTOS RÁPIDOS DEL OJO

Unos noventa minutos después, las ondas cerebrales empiezan nuevamente a ganar velocidad, con lo que regresamos del estado theta al alfa. En este punto del proceso, nuestro cuerpo alcanza un profundo estado de reposo, como si estuviéramos a la espera de que sucediera algo, lo cual es cierto: en esta quietud acaecen los sueños.

Nuestros ojos se empiezan a mover rápidamente bajo los párpados, signo inequívoco de que se ha iniciado el sueño. Los investigadores han dado a este «movimiento rápido de los ojos» el nombre de *REM*, movimiento que nos sirve para reconocer tanto el momento de inicio como el de finalización del estado onírico.

Una vez transcurridos entre tres y cinco minutos de REM, nuestra conciencia regresa de nuevo al patrón lento característico de las ondas cerebrales de la fase delta: así permanece unos noventa minutos antes de volver una vez más a la alfa en un segundo ciclo de sueños. Todo este proceso se repite a intervalos de noventa minutos a lo largo de toda la noche, lo que da un total de cuatro o cinco sueños nocturnos según el número de horas empleadas en dormir.

A medida que se aproxima la hora de levantarnos –unas ocho horas después de acostarnos–, la conciencia empieza a emerger lentamente de los niveles más profundos del sueño, lo cual la lleva a pasar por el estado alfa hasta alcanzar el beta: éste es el proceso onírico desde los límites inferiores de la fase alfa hasta llegar al momento del despertar. Este último sueño puede llegar a durar una hora y es el que se acostumbra a recordar con más facilidad, ya sea de una forma consciente o no.

LOS NIVELES DE CONCIENCIA

Alfa

La fase alfa está formada por varios niveles que no poseen una denominación específica. La primera fase, alfa I o al-beta, no es ni alfa ni beta sino una combinación de ambas. En ella, las ondas cerebrales varían de doce a catorce ciclos por segundo. El cuerpo se relaja y la mente se calma —eso sí, sin dejar de estar alerta y atenta a los estímulos sensoriales provenientes del exterior y en conexión con los niveles alfa de intuición mental—, lo que constituye un equilibrio perfecto entre la energía de la parte derecha y la de la parte izquierda del cerebro: ¡el *ritmo del genio!*

Es el nivel en el que nos encontramos cuando nos sobrevienen ataques de locura, cuando nos adormilamos o cuando sintonizamos con la *consciencia cósmico-universal:* ahí acaecen las ideas más geniales y novedosas.

En el estado alfa II, a una media de diez o doce ciclos por segundo, la mente se encuentra en un delicado equilibrio entre el estado de vigilia y el de sueño. La entrada de energía sensorial exterior parece cortarse del todo o, por lo menos, enmudecer, a la vez que la mente sigue alerta, vigilante, muy sensible, en un estado extremadamente receptivo. La ensoñación, la meditación relajada, el conocimiento intuitivo, la consciencia cósmica, la percepción extrasensorial (PES), las fugaces intuiciones e incluso las visiones, todo ello puede sobrevenir en esta fase.

Sin embargo, debido a ese delicado equilibrio entre los dos niveles, raramente podemos permanecer en ese estado durante mucho tiempo: o nos sumimos en un sueño más profundo o nos despertamos súbitamente.

Pero si logramos mantenernos en esa fase durante un buen rato, entramos en lo que se llama *ensoñación*, un estado en el que se tiene conciencia de estar soñando o, cuando menos, de estar en una situación anómala. Aquí nuestra *lucidez y percepciones* entran en una nueva dimensión: poseemos un control absoluto sobre nuestros sueños, cuya acción y contenido podemos variar a nuestro antojo. Podemos iniciar un viaje astral a cualquier lugar que deseemos, tener una experiencia extracorporal (EEC) o seguir adelante hasta alcanzar las experiencias espirituales más elevadas, que constituyen el objetivo principal de los sueños.

El estado alfa III suele asociarse con la meditación profunda, el trance, las fases de hipnosis y el sueño ligero. Estos ciclos varían entre ocho y diez ciclos por segundo, con ligeras fluctuaciones a la alza o a la baja en distintos intervalos. En alfa III a menudo nos creemos que estamos despiertos, ya que somos capaces de oír sonidos como el de un avión, un pájaro o voces a nuestro alrededor. Con todo, a no ser que algo nos sobresalte, de nuevo caemos en el estado beta súbitamente, como si nos arrastrasen, hecho que nos suele sorprender debido a que, en realidad, nunca habíamos sido plenamente conscientes de que estábamos «idos»: no olvidemos que los estados de consciencia son difíciles de describir y de fijar.

En un nivel ligeramente inferior alcanzamos el estado alfa IV, la fase en la que soñamos y en la que parece ser que nuestro subconsciente almacena los sueños. (Esto explica cómo es que somos capaces de recordar un sueño que nos parecía haber olvidado después de que se hubiera terminado el estado de meditación y de ensoñación.) En la actualidad se cree que estos estratos se hallan muy próximos y relacionados entre sí. Todos los que se dedican a la meditación conocen perfectamente estas fases.

Theta

El siguiente nivel es theta, que oscila entre cuatro y siete ciclos por segundo: es una fase de sueño profundo en la que tiene lugar un tipo especial de sueños o de proceso de pensamiento que los científicos llaman *no-REM* o *NREM*. Aquí notamos perfectamente que la mente, incluso en el momento de sueño más profundo, parece no estar completamente tranquila.

Delta

El estado delta varía entre medio y tres y medio ciclos por segundo: se trata del nivel más profundo de la consciencia. Aquí no soñamos, sino que éste es el punto del proceso en el que el cuerpo se recupera y restablece por completo, lo que puede que explique por qué se suele decir que el sueño profundo es tan terapéutico. La delta es la única fase en la que se lleva a cabo este proceso de restablecimiento. Esto resulta muy significativo para comprender el proceso de envejecimiento de las personas adultas, pues –según los hallazgos científicos más recientes– no existe *ninguna causa real por la que debamos perder nuestro aspecto juvenil*, ya que el cuerpo se renueva por completo cada noche. Como ya se sabe, las personas mayores tienen un sueño muy ligero: pues bien, ello puede ser debido a la imposibilidad de alcanzar el nivel delta, lo que explicaría esa apariencia característica de la vejez.

SONAMBULISMO

Los investigadores creen que tanto los estados de sonambulismo como de incontinencia durante el sueño suceden únicamente durante la fase delta. En la actualidad, los doctores opinan que el sonambulismo tiene su raíz en conflictos emocionales que han tenido lugar durante el día, pero de los que se toma conciencia durante el sueño profundo. (Un buen ejemplo para entender lo que queremos decir sería el del sonámbulo que está a régimen y que se dirige en ese estado a la nevera.)

A. E. Powell, en su libro *The Astral Body* («El cuerpo astral»), afirma: «Nuestro cuerpo físico puede funcionar automáticamente, por la fuerza del hábito, fuera del control del propio hombre. Podemos encontrar ejemplos en el caso de los sirvientes que se levantan durante la noche y [...] retoman sus tareas domésticas según tienen por costumbre, o [...] cuando el cuerpo lleva a cabo [...] la idea que ocupó nuestra mente poco antes de caer dormidos». Algunos doctores piensan que estos rasgos pueden ser funciones psicológicas susceptibles de pasar de padres a hijos.

MOJAR LA CAMA

El problema de la incontinencia durante el sueño se ha relacionado recientemente con los problemas familiares y el estrés que conllevan, en especial cuando nos referimos a padres emocionalmente inestables o de fuerte carácter. Parece ser que el miedo al padre o a la figura autoritaria dentro del contexto familiar es el principal responsable de este fenómeno, aunque existen otros casos, como los del miedo a la oscuridad, a los fantasmas, a las películas de miedo que se ven poco antes de ir a dormir o a cualquier otra clase de situaciones emocionalmente turbadoras, que pueden resultar factores decisivos que desencadenen esta anomalía. Hubo un caso en el que se descubrió que la causa del problema era un terrorífico y (para el niño) atemorizante cuadro colgado en una de las paredes cercanas al cuarto de baño. Una vez quitado, se acabaron las sábanas mojadas.

RONCAR

Los investigadores opinan que la causa de que una persona ronque no se limita a la posición en que duerme –en este caso, boca arriba–, sino que tiene que ver también con las fases no-REM y que cesa durante el estado onírico. Las alergias y la sinusitis, que suelen tapar los conductos nasales, son la causa principal de este problema, mientras que los alimentos ricos en grasas, las comidas pesadas y el alcohol o las drogas pueden ser otros factores que contribuyen igualmente a su aparición.

APRENDER DURMIENDO

En esta área se han hecho importantes progresos: los resultados obtenidos de los tests demuestran que aprendemos durmiendo cuando aparecen ondas alfa en el electroencefalograma; este tipo de aprendizaje suele ser esquemático, dado que la mente está principalmente ocupada en soñar. Además, sólo aprendemos durante los estadios iniciales del sueño, dado que en las fases no-REM la información exterior que recibimos de nuestros cinco sentidos está fuertemente censurada: nuestra atención parece concentrarse exclusivamente en los sentidos interiores, como si fuera un circuito cerrado de televisión.

NO-REM (NREM)

Los estados no-REM (no-sueño) se dan durante las fases theta y delta. En ellas, las ondas cerebrales son muy lentas, la respiración resulta pesada y el pulso y el bombeo del corazón disminuyen sensiblemente. Quienes se despiertan durante estas fases hablan de «pensamientos a la deriva» para describir sus experiencias, algo parecido a percatarse de ciertas cosas o a observar y aprender sin ninguna ayuda, algo similar a lo que encontrábamos en las fases REM. Elsie Sechrist, autora de *Dreams, Your Magic Mirror* («Sueños, su espejo mágico»), dice: «La mayor revelación suele producirse sin ninguna clase de sonido ni de dibujo ni de perturbación emocional. Se trata de una experiencia intuitiva, como una voz tranquila que nos hablara con suavidad».

La importancia de nuestros sueños

Al investigar la importancia de los estados REM, a los estudiantes que se sometieron a las pruebas se les permitió disfrutar de un total de ocho horas de sueño, pero se les *privó de sus períodos oníricos habituales*: se les despertaba al principio de cada sueño. Al cabo de sólo tres días sin REM, algunos de los estudiantes se mostraron visiblemente excitados, con claros síntomas de irritabilidad y desorientación; sufrían alucinaciones, se comportaban de un modo anormal y, en algunos casos, mostraban signos de incipiente psicosis. Los síntomas eran muy parecidos en todos ellos, si bien en algunos eran menos pronunciados. Sin embargo, *todos* mostraban indicios de disfunciones mentales y de conducta: ¡un joven rehusó tajantemente seguir con las pruebas tras sólo una noche sin sueños! Parece que la pérdida de sus sueños le turbó profundamente.

Cuando finalizaron las pruebas de privación de los estados REM, se permitió a los estudiantes que volvieran a gozar de una noche normal de sueño ininterrumpido, durante la cual no sólo recuperaron su tono normal, sino que, durante las noches inmediatamente posteriores, emplearon *mucho más tiempo del habitual* en las fases REM: ¡era como si intentasen subsanar lo más rápidamente posible la pérdida de sueños! Evidentemente, nuestros sueños son de gran importancia para nuestros procesos mentales y para el sentido de equilibrio y bienestar.

El Dr. W. Dement, muy conocido por sus investigaciones sobre el hecho de dormir y sobre los sueños, ha escrito muchos artículos sobre ellos y ha sido citado en muchos más. En uno de estos escritos (Dement 1976), anunció que «los sujetos privados de los estados REM muestran ansiedad, irritabilidad y tienen dificultades a la hora de concentrarse». Más tarde manifestó estar absolutamente convencido de que lo que se conoce como *delírium trémens* es «una acumulación de falta de REM».

Quiénes nos impiden soñar

Los estudios sobre los sueños han revelado también que el consumo de drogas, alcohol, somníferos y otro tipo de medicinas como los antihistamínicos es el causante de que la conciencia se quede en los niveles delta más profundos, lo que priva a la persona de los períodos REM, que tan necesarios son para el equilibrio y la salud. El Dr. Dement afirma: «Las píldoras a las que recurre la gente para lograr regularizar el sueño son la causa de *profundas perturaciones de éste* [la cursiva es nuestra]». Se trata de uno de los factores determinantes a la hora de explicar la incapacidad para recordar los sueños.

RECORDAR LOS SUEÑOS

Los investigadores explican también que las personas que se despiertan durante un sueño o nada más finalizar éste son capaces de recordarlo con absoluta precisión y viveza, pero si a esas mismas personas se las despierta cinco minutos después de haber finalizado el sueño, parte de éste se habrá perdido ya irremisiblemente; si incrementamos el lapso de tiempo hasta los diez minutos, sólo recordarán un pequeño fragmento. De ello se deduce que hemos de aprender a despertarnos al terminar el sueño, pues sólo así lo recordaremos a la perfección.

Aunque hay quien recomienda entrenarse en lo que acabamos de decir, yo opino que no es necesario; en primer lugar, por una razón muy sencilla: actuar de esa forma acaba por interferir en el proceso normal de un buen sueño, y seguro que estaremos de acuerdo en que es una razón de suficiente peso; y, en segundo lugar, porque los primeros sueños suelen ser simplemente una serie de ejercicios destinados a resolver determinados problemas: descartan las alternativas menores y trabajan sobre las realmente importantes. En cambio, este último sueño opera con las mejores soluciones posibles y las combina de la forma más provechosa (ya sean respuestas, consejos, recuerdos de hechos pasados o cualquier otra forma de revelación) para ofrecernos un resultado final que nos sobreviene poco antes de despertarnos. Éste es el sueño que se debe recordar, grabar en la memoria y comprender en profundidad, ya que, no lo olvide, los sueños encierran una gran sabiduría.

PATRÓN GENERAL DE SUEÑO
(Basado en medidas de onda enviadas por el cerebro al electroencefalograma)

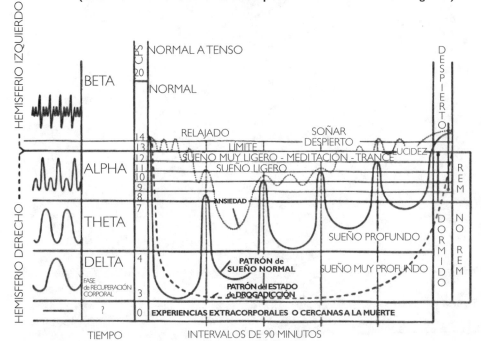

Capítulo 3

El reino de los sueños

Cuando estamos ociosos, cuando soñamos,
es el momento en el que la verdad más oculta sale a la superficie.

VIRGINIA WOOLF

A la mayoría de nosotros nos han enseñado que no somos «más que humanos», simplemente un cuerpo físico. ¡Pero eso es lo mismo que decir que un carpintero no es más que el martillo que utiliza!

Uno de los primeros principios que hay que asimilar lo antes posible cuando se empieza a estudiar los sueños es que, igual que la mente humana posee diferentes niveles ocultos de funcionamiento —desde el beta hasta el delta—, también el cuerpo está conformado por algunos estratos no visibles. Lo cierto es que somos mucho más que entes físicos que podemos vernos en un espejo, ya que inmediatamente alrededor de nuestro cuerpo se encuentra lo que los científicos llaman un *campo electromagnético*. Este «campo» es una prolongación de nosotros mismos y de nuestra sensibilidad más refinada y, aunque no puede ser observado por medio de la visión normal, sí puede ser percibido, oído y escuchado por quienes poseen una sensibilidad muy desarrollada. Eso exterior que vemos se conoce como el aura humana o, más familiarmente, el halo que se ve en la cabeza y el cuerpo de algunos santos.

Hoy en día existe un tipo especial de fotografía llamada *Kirlian*, que puede recoger en una instantánea ese aura que nos rodea también a nosotros, a la gente normal.

CUERPOS MUY OCUPADOS

Este campo de energía electromagnética rodea el cuerpo humano y se interrelaciona con él; es como una capa oval —en forma de huevo— que se proyecta hacia el exterior aproximadamente un metro o más, según el nivel de desarrollo personal y la condición de cada individuo. Se le puede ver en forma de diferentes estratos bien distintos que rodean el cuerpo y que son visibles para todos aquellos que poseen lo que se llama *visión extendida o clarividencia*.

La capa más cercana al cuerpo es la *etérea* o *cuerpo vital*, que se proyecta hacia fuera entre uno y cinco centímetros: se la considera integrante de la parte física del hombre; a continuación encontramos el *cuerpo emocional*, también conocido como *cuerpo astral*; a éste le sigue el *cuerpo intelectual* (*cuerpo mental* o de *mente inferior*) y, por último, hallamos el cuerpo intuitivo, también conocido como cuerpo *búdico, causal* o de *mente superior*.

CAMPOS ENERGÉTICOS QUE ABARCAN EL AURA HUMANA

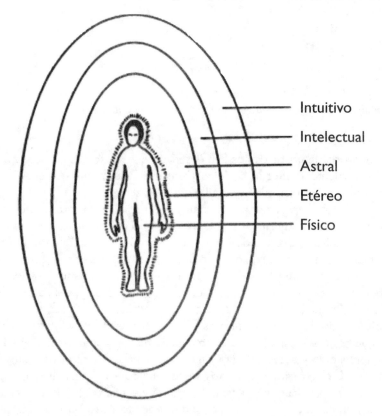

Intuitivo

Intelectual

Astral

Etéreo

Físico

Todos estos cuerpos están integrados en lo que se llama el *yo real*. Nuestro yo real los incluye a todos, y no sólo al cuerpo físico, como generalmente se cree, el cual, en realidad, es tan sólo un vehículo que utiliza el espíritu y a través del cual opera. Sólo cuando pensamos y actuamos desde la *totalidad* de nosotros mismos somos *uno*, plenos o *santos*.

Dado que una experiencia onírica puede ocurrir en cualquiera de estos cuerpos sutiles, a partir de este momento emplearemos la expresión *cuerpo onírico* para referirnos de modo genérico a estos cuerpos no físicos. Su cuerpo onírico puede entrar y salir del cuerpo físico en cualquier momento, por ejemplo, cuando usted esté a punto de dormirse, al desmayarse o al «salir» (del cuerpo) debido a las drogas, a una fuerte impresión emocional, a una herida o a un anestésico. Los libros usan a veces nombres diferentes para referirse a él: lo llaman fantasma, astral, etéreo, alma e incluso cuerpo espectral (esto último por dos razones: porque posee la misma figura que el cuerpo físico que acaba de abandonar y porque es bajo esa apariencia como puede ser visto y reconocido por otros).

Cuando el cuerpo onírico deja al físico, puede alcanzar diferentes *niveles* o *planos de existencia* y experimentarlos plenamente. Para distinguirlos de los del cuerpo físico, emplearemos la expresión *planos interiores*, la misma expresión que se emplea en la *Biblia* cuando se dice que el Reino de los Cielos está en nosotros, y que nos servirá a la perfección para referirnos a los mundos de nuestras experiencias oníricas.

ENTREMOS EN EL MUNDO DE LOS SUEÑOS

«Caer» dormido

Si usted ha tenido alguna vez a un niño en brazos, se habrá dado cuenta del repentino cambio que experimenta el retoño en el momento de caer dormido. Quizá haya llegado a comentar: «Se ha ido» o «Ya viaja», sin pararse a pensar seriamente en sus palabras. Sin embargo, ¡cuánta verdad hay en ellas!

No importa la cantidad de cosas emocionantes y maravillosas que puedan ocurrir alrededor del niño dormido, pues él está completamente ausente. Definitivamente, él *no está allí*: cierta parte de su consciencia ha salido de su cuerpo y ha entrado en otro plano existencial donde las formas y los sonidos del mundo físico parecen no tener cabida. Pero usted no se preocupa lo más mínimo, porque sabe que él *volverá* en breve. Lo mismo sucede con todos nosotros al irnos a dormir.

Empecemos nuestro viaje hacia el mundo de los sueños

A medida que nos vamos relajando, nuestros cuerpos no físicos, moviéndose como uno solo, empiezan a salir lentamente de su morada física a la vez que vamos pasando por los estados alfa y beta. Puede que nos entretengamos un momento en ese límite entrando y saliendo; en ese intervalo las ondas cerebrales se ralentizan todavía más. Finalmente nos soltamos y nos vamos por completo: nuestra consciencia regresa a casa, a los planos interiores, dispuesta a experimentar todo aquello que pueda reportarle algún aprendizaje o la solución a algún problema.

Nos solemos referir a este proceso con el nombre de *viaje astral*: es muy posible que usted haya experimentado alguno de los fenómenos que guardan relación con este viaje sin saber exactamente de qué se trataba. Por ejemplo, cuando usted se encuentra muy cansado, habrá notado que le cuesta mucho conciliar el sueño. Y justo cuando empiezan a cerrársele los párpados, basta el más mínimo ruido o contracción de un músculo para volver a encontrarse con los ojos abiertos como platos. Es más, eso puede que se repita varias veces antes de que logre, una vez relajado ya su cuerpo completamente, *caer* definitivamente en brazos del sueño. Esta sensación como de ir a trompicones tiene su origen en el cuerpo onírico, que se resiste a abandonar su vehículo físico después de haber estado parcialmente fuera de él. Pero una vez que el cuerpo onírico se ha soltado por completo rumbo a los planos superiores de la existencia, puede que tenga usted la sensación de estar volando. Muchos sueños en los que volamos o flotamos no son más que recuerdos de esta fascinante experiencia.

En caso de emergencia —como el tañido repentino de una campana–, su cuerpo onírico posee la facultad de regresar con extrema rapidez al cuerpo físico, en ese momento que está soñando. Muchos de los llamados «sueños en que se cae» son sólo sensaciones recordadas a medias de este repentino regreso al cuerpo físico motivado por los ladridos de un perro, el teléfono que suena, el despertador o cualquier ruido que no nos resulte familiar o que nos produzca intranquilidad. Esto no supone ningún peligro, porque el cuerpo onírico está siempre perfectamente conectado al cuerpo físico gracias a un hilo al que la *Biblia* llama *cordón de plata* (Ecl. 12,6).

Gran parte de las personas que han sido capaces de recordar a la perfección sus viajes nocturnos nos han contado que han visto este cordón unido a ellas y que las arrastraba tras de sí. Al menor signo de amenaza para el cuerpo físico dormido, el subconsciente envía un aviso a través del cordón a nuestro espíritu errante, el cual responde inmediatamente volviendo a territorio seguro. Todo esto sucede de forma natural y delicada *a no ser que* seamos nosotros mismos quienes turbemos el proceso a través de drogas, sustancias químicas o alcohol.

Quizá pueda acordarse usted de alguna ocasión en la que estuviera profundamente dormido y oyera cómo alguien le llamaba desde muy, muy lejos, mientras que, al despertar (al regresar a su cuerpo), resultara que esa persona se hallaba exactamente a su lado: eso sucede porque, en realidad, ¡era *usted* quien estaba verdaderamente lejos! O puede que haya experimentado la sensación de estar en un lugar muy profundo y que, al llamarle alguien, le llevara mucho tiempo salir a la superficie. Ambos casos son ejemplos de salidas del cuerpo ocurridas durante el sueño. No es nada extraño ni místico, es algo de lo más natural. Todos abandonamos nuestro cuerpo físico al dormirnos; lo que sucede es que no siempre recordamos la experiencia de salir de nuestro cuerpo y de regresar a él.

De hecho, al enseñar cuestiones relativas a los sueños en las sesiones que se organizan sobre estos temas, la pregunta más habitual que me formulan se refiere siempre a los sueños en los que estamos cayendo. La gente quiere saber si moriríamos en el caso de que no nos despertáramos antes de tocar suelo. Evidentemente, la respuesta es no: la experiencia de la caída es sólo una reminiscencia de ese retorno al cuerpo dormido, pero sí que a veces puede que volvamos de golpe, lo cual hace que experimentemos una sensación de sacudida en el momento de despertarnos.

Al dormir, ¿dónde vamos realmente?

Según la sabiduría de la Antigüedad, en nuestros viajes astrales no sólo vamos a otros países, sino incluso a otros planos de existencia y a otros planetas. Ya habrá notado que la palabra *astral* significa «estrella»; por consiguiente, *viaje astral* significa «viaje a través de las estrellas».

Yo misma puedo recordar numerosas ocasiones en las que, al despertarme, he exclamado: «¡Bueno, ya estoy de vuelta!»; siempre de mala gana y con desilusión. ¡Está claro que el lugar del que venía era bastante más bello e interesante que aquel al que volvía! Esto me recuerda una anécdota que me gustaría compartir con usted.

Yo estaba pasando por un momento muy difícil de mi vida; llevaba como podía todos mis asuntos. En realidad, dormir parecía ser la única forma posible de reposo; pero siempre que al hacerlo me hallaba en un lugar tranquilo y apacible, acababa llegando la hora de regresar al mundo real..., y volvían todos los problemas. Recuerdo con toda viveza cómo golpeaba con rabia los pilares de mármol y me negaba con tozudez a dejar los planos celestes; no quería volver a la Tierra. Pero, en una ocasión, sentí una repentina fuerza angelical que me empujaba por la espalda, lo cual me despertó súbitamente: me hallé en la cama confundida y asombrada de que ellos pudieran hacer cosas como ésa (¿cómo *podían* hacerlas?)... ¡también asombrada de mí misma! (El apóstol San Pablo escribió acerca de estos «cielos» en su carta a los Corintios 12,2.)

Experiencias extracorporales

A medida que más y más gente ha ido adquiriendo conciencia de sus fases oníricas, han aumentado los testimonios que relatan cómo después de dejar el cuerpo físico las personas regresan a la habitación y pueden observar el cuerpo dormido desde un punto elevado del aposento –a veces de hasta ocho o diez metros de altura–; esto indica que esas personas están observando la escena desde algún lugar por encima del techo y del tejado de la casa..., ¡sin el más mínimo problema!

La primera vez que ocurre una cosa de este tipo, uno puede asustarse mucho o, cuando menos, asombrarse con razón al verse a sí mismo (o a otra persona, si se da el caso) en dos lugares a la vez. Hoy en día esto se considera ya como un fenómeno de lo más común. Sucede lo mismo cuando nos desmayamos o quedamos inconscientes (cuando nos «hacen salir» de nuestro cuerpo), ya sea debido a un accidente, a las drogas, a una fuerte emoción, a la bebida, al dolor, a una anestesia o a cualquier otra causa. Nuestro lenguaje explica el fenómeno a la perfección, como cuando decimos: «Ya no está».

Otra expresión muy utilizada es: «No estaba en sí», con lo que queremos decir que la emoción ha sido tan fuerte que el cuerpo onírico se ha desviado de la alineación normal y ha aparecido al lado del cuerpo en lugar de dentro de él. De hecho, a veces decimos: «¡Hoy no estoy entero!».

Puede que lleguemos a exclamar: «Hoy no me entero de nada» o «Parece como si no estuviera». De hecho, todas estas frases indican una disminución de la capacidad de percibir con clarividencia todos estos fenómenos o de darse cuenta de cuándo el cuerpo espiritual se encuentra fuera del físico o no alineado correctamente con él. Si bien estas experiencias son habituales, con frecuencia se las interpreta mal. Seguro que usted ha oído o leído alguna cosa referente a alguien que «murió y volvió a nacer después de muerto»; es decir, que tuvo «una experiencia extracorporal» (EEC) o que realizó un viaje astral a algún lugar lejano y lo recordaba a la perfección. Hoy en día se pueden hallar numerosos libros y artículos sobre personas que relatan estos sucesos con una seguridad absoluta y una convicción rotunda. En la actualidad, tanto los doctores como los líderes religiosos ya han empezado a tomarse en serio todos estos relatos sobre experiencias de «muertos» que regresan para contarlo.

Lo más interesante es que todos estos relatos —que proceden de personas de diferente condición, cultura, lugar y edad— dicen básicamente lo mismo: sólo difieren en unos pocos detalles. La mayor parte de estas personas cuenta que sintieron que flotaban (ya sea después de un accidente o de haber recibido anestesia) y llegaron a una posición desde la cual pudieron observar su cuerpo *inanimado*. Todas ellas tienen la clara sensación de estar fuera de sus cuerpos y de estar observando sin ningún tipo de emoción cómo los otros trataban de reanimarlas para lograr que *regresaran*. Tras esto, visitan algún lugar del reino celestial y al Ser que es todo amor y luz, el cual suele preguntarles: «¿Qué has hecho por los demás?»; a continuación les dice que tienen que esforzarse por llegar al final de su camino. Por último —y *contra su voluntad*—, regresan para contarnos sus aventuras. Muchos de estos relatos han sido examinados con cuidado, grabados y explicados por eminentes doctores.

¿Qué hay de verdad en todo esto? Lo cierto es que no hay nada de extraordinario en ello; simplemente desconocemos el tema. Todos nosotros abandonamos nuestro cuerpo cuando nos dormimos; hay incluso quien lo deja cuando medita. (La sensación de estar flotando que muchos experimentan está causada por la suave salida del cuerpo onírico.) En el caso de que esto provoque terror o espanto, tenemos la facultad de abrir los ojos e inmediatamente volvemos a fusionarnos con nuestro cuerpo físico.

Durante el día hacemos uso de nuestro vehículo físico, pero al llegar la noche lo abandonamos y regresamos a los planos interiores de los que provenimos. Es interesante resaltar que ese tan temido acto de morir —tabú para la mayoría— es tan simple, inofensivo y banal como irse a dormir: la única diferencia es que, a la mañana siguiente, no regresamos a nuestro cuerpo físico.

El viaje delta

En circunstancias normales, cuando nos hundimos en el sueño, nuestro cerebro continúa enfrascado en los problemas de la vigilia sin cesar de revisar sus expedientes internos a la búsqueda de información, hechos o ideas que contribuyan a esclarecer los problemas que nos preocupan.

A su vez, nuestro ángel de la guarda (o yo superior) añade a ello conocimientos e instrucciones del reino superior –por decirlo de alguna manera–, algo que, sin duda, ayudará a nuestra mente a reunir y analizar las posibles –y más plausibles– soluciones a las dificultades en que nos hallamos.

Escuela nocturna

A medida que nuestro sueño se hace más profundo, las ondas cerebrales se ralentizan en el punto delta, que –recordémoslo– es aquel en el que el cuerpo se restablece de su desgaste cotidiano. En él, el cuerpo onírico no deja nunca de recibir un intenso aprendizaje. Las instrucciones que se le dan y las experiencias a que es sometido son a veces tan intensas y profundas que no se pueden traducir en palabras. Es lo que se llama *sueño sin sueños* o *no-REM*. Es mucho lo que aprendemos en estos niveles de profundidad.

En este punto del viaje, quizá nuestras lecciones empiecen por cómo solucionar un determinado problema que nos preocupa. También podemos ser aleccionados sobre el desarrollo y el progreso espiritual de nuestro ser; puede que incluso los dos planos se entremezclen, de forma que el problema físico nos empuje a buscar una determinada lección espiritual. Seguro que usted sería capaz ahora mismo de recordar algo de la escuela, de la universidad o de cualquier otro lugar en el que recibió algún tipo de enseñanza o formación específica; e incluso puede que, al volver al mundo real, recuerde a alguno de los profesores o de sus compañeros de pupitre.

Ocasionalmente nos despertaremos con la alegría inmensa de haber hallado la solución, la respuesta o el recuerdo que necesitábamos para resolver determinado problema. Pero, en la mayoría de las ocasiones, regresamos al estado de vigilia sin ser conscientes del proceso de aprendizaje a que hemos sido sometidos en los planos más profundos de nuestro interior, aunque sí sabemos que poseemos la solución que no éramos capaces de encontrar el día anterior y que tanto necesitábamos para poder resolver esa situación que nos angustiaba.

A lo largo de la noche, tenemos que elegir entre diferentes posibilidades destinadas a ayudarnos a zanjar esa confusa situación. Puede que escojamos la mejor, lo cual conlleva que al día siguiente nos despertemos con una respuesta viable en la cabeza o, cuando menos, con un punto de partida con el que poder empezar a hacer algo.

Pero también es muy frecuente que no sepamos nada del proceso que ha tenido lugar durante la etapa de sueño; quizá no recordemos ni tan siquiera haber soñado y mucho menos la solución que hemos obtenido. No es hasta que volvemos sobre el problema que, de repente, «tenemos una idea» o una inspiración fugaz: entonces *sabemos* lo que hemos de hacer. Pero lo cierto es que raramente preguntamos de dónde ha venido esa solución o relacionamos ese «nuevo» conocimiento con nuestra vida onírica.

Cuando viajamos a los planos interiores de la existencia, podemos alcanzar cualquier conocimiento que deseemos. Muchos de los que han recibido el calificativo de *genios* no eran más que gente sencilla, pero, eso sí, muy consciente de su capacidad para traer a la conciencia toda esa información sumergida en los estadios oníricos.

Albert Einstein, por ejemplo, admitía sin reparos que la *teoría de Einstein* no era suya, sino que se le ocurrió en un estado de ensoñación. Thomas Edison, que sabía que la mejor manera de adquirir conocimientos era a través de los sueños, instaló un catre en su lugar de trabajo y, siempre que necesitaba ideas frescas, echaba «una cabezadita» con la atención centrada en la tan deseada solución. Se dice que, al menos un cincuenta por ciento de todas las ideas creativas, artísticas, musicales, así como las relativas a nuevos inventos, provienen de nuestros sueños.

Grabar las enseñanzas

Después de aproximadamente noventa minutos recibiendo enseñanzas, regresamos al estado alfa, donde los conceptos que hemos aprendido son condensados y esquematizados en un sueño simbólico que se conserva en el mismo nivel alfa (recuerde que puede alcanzarlo mediante la simple meditación); en otras palabras: el sueño se archiva en un lugar al que podemos acceder en cualquier momento. Después de esto, volvemos al estado delta, y sólo a partir de este momento dejamos de adentrarnos en lo más profundo de nosotros mismos, pues entonces ya se inicia el camino que nos llevará de vuelta a la consciencia en suaves ciclos, sin que por ello se detenga en toda la noche el proceso de aprendizaje.

Deberes para hacer en casa

Cuando hayan finalizado estas clases, seguramente nos traeremos algunos ejercicios que nos puedan ayudar a poner en práctica los conocimientos que hemos adquirido en nuestra visita a los planos interiores. Con frecuencia, ayudamos a las personas que conocemos o que nos importan, especialmente las que nos son más cercanas o están siempre presentes en nuestras oraciones. Le damos vueltas a todo lo que puede ser de alguna ayuda a nuestros amigos, familiares o incluso a gente extraña. Pero dentro del lapso de tiempo en que vivimos, también visitamos a amigos y parientes que ya no están con nosotros.

Visitas a los llamados «muertos»

Sólo depende de nosotros el hecho de que los contactos con los que ya «dejaron» esta vida sean habituales y sencillos. Si se trata de alguien muy querido por usted y que hace poco que «se ha marchado», puede que no sea capaz de recordar, al menos durante un tiempo, un encuentro onírico con esa persona, por la sencilla razón de que es todavía demasiado doloroso traer a la memoria determinados recuerdos —algo que, por otra parte, suele prolongar el dolor que se experimenta en el plano físico—. Pero podrá recordar esas visitas posteriormente, cuando la experiencia resulte ya menos traumática y emocionalmente más tolerable.

Dele un sentido a su vida

James Allen, escritor y filósofo muy popular, asegura que «el hombre siempre está allí donde puede aprender algo, donde puede madurar. Y, a medida que va asimilando las lecciones espirituales que las circunstancias individuales van poniendo en su camino, esas lecciones son superadas y dejan su lugar a otras». Lo más importante que podemos hacer cuando llega la noche es meditar sobre el sentido de nuestra vida y el rumbo que le queremos dar. Edgar Cayce, el clarividente más famoso de América, dijo una vez que nunca nos sucede nada importante que no *haya sido visto previamente en nuestros sueños* (Bro 1970). No sólo lo prevemos, sino que también lo *planeamos* por anticipado.

A llegar la noche, hablamos de nuestra vida con nuestro ángel de la guarda o profesor espiritual, con el que planeamos y decidimos los próximos acontecimientos importantes que experimentaremos y en los que debemos *estar de acuerdo* con él. *Sabemos* lo que sucederá (percepción extrasensorial) porque... *¡somos nosotros quienes escogemos los sucesos del futuro!* Nuestra alma sabe qué necesitamos aprender; de ahí que seleccionemos las circunstancias y situaciones idóneas para recibir esas lecciones que tanto anhelamos. Cuando esta situación acaba, nosotros mismos somos los encargados de valorar si las cosas han ido como queríamos y si hemos aprendido o no la lección que tanto deseábamos. De acuerdo con ello, daremos a nuestra vida una dirección u otra.

¡Nada nos sucede por casualidad! Todo sigue un plan; no es que todo esté predestinado, pero sí planeado por anticipado por nosotros en aras a nuestro crecimiento espiritual. Así que, desde un punto de vista puramente intelectual, podemos decir: «¡Yo *nunca* habría planeado algo parecido!» o «¡Nunca se me habría ocurrido algo así por mí mismo!». Puede que sea verdad, pero ahora ya sabemos que, desde los planos interiores de la existencia, vemos las cosas con más claridad y precisión; es ahí donde todo se desarrolla desde una perspectiva de progreso espiritual imparable: nuestros juicios no están influidos por nada, no se basan en prejuicios, son justos y de largo alcance.

Todo esto le parecerá muy extraño hasta que no se dedique seriamente al análisis de sus sueños. Sólo entonces comenzará a sentir que está asistiendo a una escuela, que va a clase y que existen importantes proyectos de futuro. De repente, puede que se dé cuenta de que está absolutamente de acuerdo con determinadas circunstancias de su vida, o puede que piense: «Sé positivamente que tengo que hacer esto...», pero sin recordar el *porqué*. Incluso podría ser usted consciente de lo que va a pasar en breve o de lo que alguien va a decirle. Casi todos hemos pasado por experiencias de este tipo.

Tomar decisiones

En algunas ocasiones, experimentamos una intensa experiencia onírica en un momento de nuestra vida en el que sabemos que debemos tomar decisiones de suma importancia. Es muy posible que, en una serie de sueños sucesivos, analicemos un número más o menos amplio de alternativas o posibles direcciones que se deben seguir. Este proceso puede durar varios días o quizá incluso una o dos semanas, el tiempo que necesitamos para elegir lo que más nos conviene en esa determinada situación. Tomamos las decisiones pensando en nuestro crecimiento espiritual y en el bienestar de nuestra mente, no en nuestra comodidad y tranquilidad física, aunque sí es cierto que se nos permiten pequeños períodos de descanso entre un problema y otro, sobre todo cuando las dificultades que hemos tenido que vencer han sido considerables.

¿Qué es lo más importante que tenemos que aprender? Sin duda alguna, *a amarnos los unos a los otros*. Aunque intelectualmente sabemos de la veracidad de este precepto, pocos somos los que hemos aprendido a vivir según él. En definitiva, de lo que se trata es de ser completamente pacíficos tanto física como mentalmente y de desear con sinceridad lo mejor para todo el mundo. Debemos desarrollar una actitud de absoluta buena voluntad hacia todo el mundo *sin* excepción, pues siempre que haya algo de mala voluntad, odio o venganza en nuestro corazón, es que nos queda todavía algo que aprender.

Casi todas las lecciones que recibimos de la vida proceden de nuestra actitud hacia las personas, la relación que mantenemos con ellas y las circunstancias de ésta. Si hemos aprendido de verdad a obrar siempre con amor y a llevarnos bien y pacíficamente con todo el mundo y con todas las cosas, entonces nuestra tarea en esta vida ha finalizado y ya no es necesario que regresemos a la Tierra. Seguiremos adelante hacia nuevas metas, en pos de un aprendizaje superior, allí donde la nueva morada está expresamente preparada para nosotros.

REENTRADA

Cuando ya empieza a entrar la luz del sol por la ventana y es hora de volver a nuestro cuerpo dormido, pasamos por los estados delta y theta hasta el alfa sin dejar de soñar.

Si estamos físicamente descansados, nuestra consciencia puede remolonear unos instantes en los distintos niveles alfa, lo cual puede ocasionar que cobremos conciencia de que estamos soñando: es lo que se conoce como *estado de lucidez*. Aquí sólo permaneceremos unos instantes antes de seguir hasta el estado beta —el punto en el que nos despertamos—, pero también puede suceder que nos quedemos en el estado de lucidez, algo que nos permitirá tomar el control de nuestros sueños y decidir dónde queremos ir y qué queremos hacer.

Despertarse de estos niveles superiores alfa es sencillo, agradable y no plantea ningún tipo de complicación, ya que el cuerpo onírico está en perfecto equilibrio y siempre rondando al cuerpo físico, preparado para entrar en él en cualquier momento, siempre, claro está, que nuestro cuerpo se encuentre en buen estado y que hayamos dormido lo suficiente.

ATERRIZAJE FORZOSO

Cuando estamos muy cansados, sufrimos de exceso de estrés o estamos enfermos o bajo la influencia de toxinas de cualquier clase, puede que nos despertemos bruscamente, por ejemplo, al sonar el despertador. Como nuestra consciencia no ha descansado todavía lo suficiente, se ve forzada a regresar a la superficie a toda velocidad desde los niveles inferiores de delta, que es donde el cuerpo se recupera: así sucede muchas veces cuando empieza a sonar el maldito despertador. Si es así, penetramos rápidamente en el nivel físico sin haberles dado a nuestros cuerpos el tiempo suficiente para alinearse antes de completar la fusión: la consecuencia de ello es que sufrimos un auténtico aterrizaje forzoso.

Tras esto nos despertamos de una sacudida; este violento regreso puede producir un ligero dolor de cabeza, malestar general e incluso palpitaciones, que se pueden prolongar por algunos minutos. Algunas personas han experimentado también un poco de desorientación; otras pueden llegar a no saber exactamente dónde se encuentran, dado que quizá se hallen inmersas todavía en el sueño y necesiten un poco más de tiempo para orientarse.

Si esto le sucede a usted, estírese de nuevo e intente volver a dormirse o, cuando menos, relájese en estado alfa durante unos instantes para dejar que su cuerpo se alinee del todo y se sincronice correctamente. Si no lo hace, se despertará como quejándose y saltará de la cama con una terrible sensación de cansancio y completamente fuera de lugar, lo cual es literalmente cierto.

Cuando el cuerpo no ha descansado bien del todo, puede que tengan que pasar algunos minutos —si no horas— antes de que vuelva a sentirse como siempre. Esto se debe en parte al aterrizaje forzoso y al desalineamiento de los cuerpos físico y onírico que resulta de él. La sensación de sentirse «fuera de sitio» suele desaparecer cuando los cuerpos se alinean de nuevo y alcanzan la posición correcta. Entonces ya puede decir que «todo vuelve a estar en su sitio».

PROBLEMAS DE SUEÑO

Hay quien sufre cada mañana problemas de desorientación. Quizá conozca usted a alguien que es muy desmañado, que no sincroniza correctamente y a quien le cuesta mucho mantener el ritmo de cada día más allá de una o dos horas después de haberse levantado: es esa gente «incapaz de hacer nada si no se toman antes un café». Pero —como usted ya habrá imaginado— el problema no es la falta de café, sino el incorrecto alineamiento de los cuerpos. Esto se puede solucionar fácilmente sólo con irse a la cama un poco más temprano de lo normal e incrementar las horas de sueño nocturnas: puede que el cuerpo necesite una hora extra para ponerse completamente al día o que la persona sufra ligeros trastornos del sueño que, como comprobará usted, son fácilmente subsanables.

ESTRÉS Y ANSIEDAD

Una de las definiciones que podríamos dar de preocupación es «dar vueltas y más vueltas a un asunto sin llegar a ninguna conclusión concreta». Si a usted le sucede esto, no dude de que está perdiendo valiosísimas horas de sueño. Lo que tiene que hacer es pactar con usted mismo: o alcanza una solución al problema o lo aparca durante la noche para poder descansar de verdad. Pero el mejor remedio es concentrarse en esas intuiciones y respuestas que está buscando y dormirse pensando en ellas.

El estrés es más difícil de tratar, pero debe saber usted que una de las mejores maneras de enfrentarlo es el ejercicio físico. Eso alivia de forma natural la tensión que le atenaza; dicho de otro modo: la tensión se apodera de sus músculos todo el tiempo que usted tarda en hallar la solución a sus dificultades. Normalmente, el estrés tiene su origen en una acumulación excesiva de problemas no resueltos.

Sea valiente y encare el problema en *cuanto* aparezca; no lo soslaye confiando en que ya se resolverá por sí mismo. Aquí encontramos de nuevo un ejemplo de cómo le puede ayudar el análisis y el contacto continuado con sus sueños. Pregúntese: «Pero ¿qué me está molestando exactamente?», «¿cómo puedo delimitarlo con claridad?» y, finalmente, «¿cuál es la mejor forma de llevar adelante el asunto?». Si no tiene una respuesta inmediata para todas estas preguntas, tiene que anotarlas en su libro personal de sueños y esperar a que a la mañana siguiente pueda ya disponer de la respuesta o revelación deseada.

CÓMO ACABAR CON EL ESTRÉS MEDIANTE SIESTAS

Si puede hacerla, una pequeña siesta durante el día le hará sentirse menos cansado por la noche, con lo que no tendrá tanto sueño a la mañana siguiente: es la mejor manera de rendir al máximo. Y no olvide que un sueño provocado por las drogas no es realmente reparador.

INMOVILIZACIÓN

Algunas veces nos despertamos con la sensación de no poder movernos en absoluto. Ni qué decir tiene que es una experiencia horrible y muy desagradable. Si esto le sucede a usted, no sucumba al pánico. Es tan simple como que sus cuerpos no han acabado de juntarse, así que relájese, respire profundamente y deles tiempo suficiente para que puedan ocupar su lugar antes de intentar moverse de nuevo. No durará más de unos pocos segundos. A pesar de que no es una experiencia muy habitual, puede sucedernos a cualquiera de nosotros.

LAS DROGAS Y LOS SUEÑOS

Hay muchas cosas que pueden afectar nuestro sueño: los antihistamínicos, las píldoras para dormir, los alucinógenos, el alcohol, la marihuana, las sustancias químicas y las medicinas. Todas ellas actúan como agentes tóxicos y son los causantes del descenso de las vibraciones del cuerpo —entendido como un todo–, especialmente de las ondas cerebrales. Cuando alguien se va a dormir bajo los efectos de alguna de estas sustancias, el cuerpo onírico sale del físico —como es normal en él–, pero no puede llegar a los planos espirituales que le corresponderían normalmente. Sus vibraciones, ralentizadas por las drogas o la bebida, no poseen la fuerza suficiente para acceder a esa esfera superior. Así, pues, deambula erráticamente cerca de su media naranja durmiente a la espera de que pasen los efectos de esas sustancias, pues sólo entonces podrá alcanzar los niveles delta y recibir el aprendizaje deseado. La recuperación, el restablecimiento y la revitalización en general del cuerpo no tendrán lugar hasta que el cuerpo onírico se sienta absolutamente libre. Es muy fácil comprobar cómo la toma de ciertas sustancias estupefacientes o de esas copas al acabar la jornada afectan seriamente el normal funcionamiento de nuestros sueños, las lecciones espirituales que queremos recibir, la recuperación de nuestro cuerpo y su rejuvenecimiento, así como nuestro equilibrio espiritual, pues quedan perfectamente reflejados en los experimentos de REM negativo citados unas páginas más arriba.

Si se ingieren dosis demasiado elevadas de sustancias químicas o tóxicas, el cuerpo onírico, una vez separado de su compañero, puede tener problemas para regresar al cuerpo físico bajo esas circunstancias especiales; no podrá hacerlo hasta que no se restablezca el equilibrio físico y mental normal.

En cualquier caso, en estas situaciones no se dan sueños ni se reciben clases, no alcanzamos los REM y toda posible comunicación queda truncada de raíz. Si hubiera algún problema grave, como, por ejemplo, un incendio, el subconsciente emitiría una señal débil y obtusa, pero el cuerpo onírico sería incapaz de volver a entrar en el físico —que se halla bajo los efectos de las drogas– para activarlo y sacarlo del peligro en que se encuentra: será necesario esperar a que parte de los efectos de los estupefacientes remitan. Así que no lo olvide: ¡puede resultar muy perjudicial para su salud!

Capítulo 4

Diferentes tipos de sueño

Edgar Cayce, el gran físico americano (1877-1945), explica los tres tipos principales de sueños que existen: los físicos, los subconscientes y los superconscientes («Sus sueños»).

EL SUEÑO FÍSICO

Esta clase de sueños se origina exclusivamente por elementos molestos de carácter físico, tales como sirenas de policía, bocinas, maullidos, ventanas cerradas de golpe o cualquier otro tipo de sensación desagradable, como comer demasiada pizza, escabeche o helado, sentir un codo presionándonos la espalda, una corriente de aire o el contacto de ráfagas de lluvia; o quizá sea el culpable un animal de compañía que salta a nuestra cama y trata de jugar con nosotros. Estos sueños son generalmente de naturaleza física y se olvidan fácilmente. Sin embargo, puede que se dé una combinación de sueños de diferentes clases, especialmente cuando la mente introduce sensaciones y sonidos físicos en un sueño de profundo significado; así que reflexione atentamente antes de descartar un sueño.

SUEÑOS DEL SUBCONSCIENTE

Este tipo de sueños acostumbra a darse bajo un ropaje y argumento simbólicos que necesitan ser interpretados. La mayoría de las veces se refieren al cuerpo —simbolizado por vehículos—, la mente —representada por el cabello y las ropas— y las emociones —que aparecen muy frecuentemente con la forma del agua—. Estos sueños nos sirven para tomar conciencia de nuestros problemas y ayudarnos a solucionarlos. A esta categoría pertenecen la mayoría de sueños que tenemos.

Sueños del superconsciente

Se los suele calificar de visiones, experiencias espirituales o revelaciones y no deben ser interpretados de la misma forma que los simbólicos. Los sueños de tipo PES (percepción extrasensorial) pueden pertenecer a este género.

Los sueños simbólicos

Los sueños procedentes de los niveles del subconsciente son básicamente de naturaleza simbólica, ya que están cargados de todo tipo de símbolos. Algunos son muy evidentes; por ejemplo, si en él aparece usted conduciendo un coche pintado como una cebra o vistiendo unas ropas que no le pertenecen y que, quizá, no se le hubiera ocurrido ponerse nunca. Puede que sueñe que vive en una casa en la que hace muchos años que no está o que fue demolida hace mucho tiempo. Todos estos elementos que no se adecuan a la realidad son simbólicos y requieren ser cuidadosamente interpretados para poder desentrañar su significado oculto.

Bajo el título genérico de «sueños simbólicos» se agrupa una gran variedad de sueños; algunos los veremos más detalladamente en capítulos posteriores.

Acción e inacción

Si en sus sueños usted toma parte activa en lo que sucede, eso significa que todo marcha bien: usted está en actitud positiva, abierto al aprendizaje que va a recibir, y sigue todo el proceso con interés. Por el contrario, si usted aparece sentado, echado, viendo la televisión u observando cómo los demás hacen cosas, esto puede ser un indicio de falta de interés o de participación por su parte, algo que debe empezar a preocuparnos.

Si esto último sucede sólo de vez en cuando, lo que quiere decirle el sueño es que usted no está haciendo nada en tal o cual asunto o que simplemente se dedica a observar la situación y cómo evolucionan los acontecimientos. Los sueños pueden ser indicadores de secretos ocultos, así como de la falta de objetivos concretos en un momento dado de nuestra vida (especialmente si se tiene una serie de sueños relativos a la inactividad, a estar sin hacer nada). Quizá le estén recordando que no lo está intentando de verdad, que no está poniendo todo de su parte, que no está plenamente involucrado en los asuntos que más le incumben... cuando lo que debería hacer es todo lo contrario.

Ensoñaciones

Todos tenemos ensoñaciones de vez en cuando, las cuales, por regla general, son de dos tipos: las que formamos a voluntad sobre algo que deseamos enormemente y las que no son más que sueños que nos sobrevienen como cualquier otro. Sucede que nos ensimismamos con facilidad y, sin darnos cuenta, despertamos de forma súbita para entrar otra vez en la realidad: sólo entonces nos percatamos, avergonzados, de que realmente «estábamos muy lejos».

Este último tipo de ensoñación está cargado de auténtico significado: puede ser un signo revelador de nuestras esperanzas, anhelos y deseos más ocultos –que reprimimos con excesiva frecuencia–. Si tenemos este tipo de ensoñaciones es que hay algo en nuestro interior que lucha por salir a la superficie, por adquirir expresión en nuestra vida.

Estos sueños merecen toda nuestra atención, ya que nos intentan transmitir una información esencial para nosotros; así que no dude en anotarlos en su cuaderno de sueños, no sea que se le olviden.

Sueños incoherentes

A veces tenemos sueños en los que pasamos rápidamente de una escena a otra sin que exista conexión aparente entre las dos. Cuando esto sucede, solemos preguntarnos si el sueño tiene realmente algún sentido para nosotros. En el caso de que cada parte del sueño sea comprensible y posea un significado por separado, lo que el sueño estará tratando de decirnos es que una cosa lleva a la otra. Por ejemplo, si usted hace *eso*, sucederá *esto* otro, lo cual a su vez ocasionará esta otra situación. Si su sueño es así, lo único que tiene que hacer es analizar cada fragmento aisladamente, como si se tratara de *palabras* que han de acabar formando una frase con sentido completo; una vez haya reconocido todos los «vocablos», lo último que tiene que hacer es disponerlos todos juntos de forma que configuren una secuencia que le dé el significado deseado. Ver *«Multiple Dream Themes»* («Temas relativos a los sueños») en *Further Exploration of Dreams* («Análisis exhaustivo de los sueños»).

Sin embargo, si el sueño es muy vago y los símbolos poco claros, hay que aceptar la estructura incoherente del sueño y tratar de recomponer las piezas. Debe aceptar que quizá se trata de una cuestión que a usted no le agrada: precisamente por eso puede tratarse de algo más importante de lo que usted se imagina. Esfuércese por comprender los símbolos y la relación que guardan entre sí. Pero si a pesar de eso no logra solucionar el problema, entonces deberá buscar ayuda en otro sueño más clarificador. En casos como éste, en que determinado *asunto* no se nos va de la cabeza, resulta necesario recibir el mensaje fragmento a fragmento, pues de ese modo nos vamos acostumbrando mejor a los cambios que debemos realizar en nuestra forma de ser de cara a situarnos en la dirección correcta.

Un sueño dentro de un sueño

En algunos sueños, en lugar de actuar, aparecemos durmiendo e incluso nos despertamos dentro de ese mismo sueño. Esto significa que usted está muy lejos de prestar la atención debida al asunto del que el sueño trata de informarle. Lo que sucede después de que usted se despierte dentro del sueño recibe más énfasis si cabe y, en consecuencia, usted debe analizarlo con mucha más atención de la que habitualmente pone. Su subconsciente le está recalcando la importancia del asunto, así que, aunque el hecho de soñar dentro de un sueño no sea más que un fragmento, no dude en aplicarse a su análisis con todo el interés que sea capaz, ya que se le está enviando la señal decisiva: ya es hora de *despertarse* y de mirar lo que está sucediendo *a su alrededor*.

Por otra parte, soñar dentro de un sueño puede ser también signo de que usted se está dando perfecta cuenta de estar soñando, lo cual puede llevarle al estado de lucidez.

PEQUEÑOS FRAGMENTOS DE SUEÑOS

Cuando empezamos a interesarnos por el mundo de los sueños, es muy frecuente que al principio se recuerde sólo un fragmento, aunque sabemos que es mucho más largo. ¡No se desanime por ello! Acepte ese trozo como la parte más relevante de su sueño, la que contiene el verdadero mensaje, la línea clave, *el núcleo central*. Acostúmbrese a analizar lo que tiene y no dude en aplicar a su vida lo que aprenda de ese fragmento. Es un hecho demostrado que, a medida que aprendemos a sacar rendimiento de lo que nos llega de nuestro mundo onírico, los sueños van haciéndose más y más largos; además, ganan en claridad y recordarlos resulta más sencillo.

Tenemos un claro ejemplo de esto en el fragmento onírico que yo llamo *La fuente de fruta*, de gran simplicidad pero cargado de enorme significado:

FRAGMENTO ONÍRICO: LA FUENTE DE FRUTA

Encima de una mesa hay una fuente de fruta. Yo acerco mi mano para tomar alguna, pero, aunque lo intento dos o tres veces, sigo con las manos vacías.

Fuente llena: Se trata de un ofrecimiento, un regalo, una invitación a aceptar algo bueno, algo que podemos tomar libremente.

Extender las manos hacia la fuente: Deseo de tener, esperanza de alcanzar y de recibir.

Apartarse con las manos vacías: Declinamos el ofrecimiento, somos incapaces de aceptar ese presente. Nos negamos a nosotros mismos.

Significado del fragmento: Estoy rehusando aceptar las cosas buenas que se me están ofreciendo.

Es un fragmento simple, directo y muy GRÁFICO.

Caemos

En nuestro sueño también podemos experimentar la sensación de estar cayendo; o quizá el sueño mismo trate de una caída. Resulta muy desagradable y nos produce gran espanto. Normalmente no solemos llegar a chocar con el suelo, lo cual confirma que todo ello no es más que otra parte de nuestra experiencia extracorporal; es decir, lo que verdaderamente sucede es que recordamos un momento de nuestro viaje de regreso al cuerpo físico dormido.

También es posible que en el sueño tropecemos y caigamos o que seamos empujados y nos demos un golpe contra el suelo o contra alguna superficie. Este tipo de caídas nos indican que existe algún peligro real en alguna de las decisiones que hemos tomado o en los planes que hemos trazado para nuestro futuro más inmediato. Quizá sea usted «el próximo en caer» o el sueño le advierte de que debe tener cuidado con la gente que «pasa por encima de los demás». Si usted trabaja en la bolsa, esto puede ser un aviso de un posible descenso del valor de sus acciones, sobre todo si se fue a dormir con esa idea en la cabeza.

Puede ser que estos sueños aludan a una caída de tipo físico o social, a un mal negocio, a que podemos ser despedidos o a que podemos caer en desgracia. Por todo ello, preste mucha atención a la visión general del sueño, a la acción que se desarrolla, a sus sensaciones y al momento actual en el que usted se encuentra: así es como logrará descubrir la clave secreta.

Volamos

Los sueños en los que volamos no son más que el recuerdo de todo o de parte de su viaje astral de salida del cuerpo físico dormido y de regreso a él; no forman parte de nuestros sueños propiamente dichos, pero pueden aparecer en ellos de forma ocasional. También pueden ser un indicio de que usted está entrando en el estado de lucidez, es decir, de que está a punto de cobrar consciencia de estar soñando.

Si usted se encuentra volando en un sueño simbólico (uno con argumento), puede que lo que se nos quiera transmitir es que debemos elevarnos por encima de ese problema o situación; se nos puede estar sugiriendo que quizá sería más provechoso ver las cosas desde un lugar más elevado o, lo que es lo mismo, desde un punto de vista más espiritual.

Si esto nos sucede en un sueño que tiene muchos vaivenes, que parece no seguir un hilo argumental, lo más seguro es que se trate de una reminiscencia de nuestro viaje astral. Una vez más: puede tratarse de un aviso (de que estamos cerca de la fase al-beta, a medias entre el sueño y la vigilia, en ese punto en el que empezamos a percatarnos de que estamos soñando y que puede llevarnos al estado de lucidez). Pero le ruego que tenga aún un poco de paciencia: de esto último hablaremos en el capítulo titulado «*Sueño lúcido*».

SUEÑOS ZIGZAGUEANTES

Estos sueños cambian de escenario sin una lógica aparente y nos dan la impresión de carecer por completo de trama o de hilo argumental. Parece que, en un primer momento, estamos aquí pero, de repente, nos hallamos allí sin que haya sucedido nada especial. Si tiene varios sueños de este tipo, el mensaje es claro: no hay progreso en su vida, usted está vagando erráticamente por este mundo sin objetivos concretos ni metas claras; el consejo es que se marque nuevos retos para que su vida adquiera auténtico sentido.

SUEÑOS ULTRAJANTES

Los sueños que calificamos de ultrajantes no son más que un signo de nuestra actitud más mordaz, un inocente sarcasmo que le dedicamos a lo que hemos estado haciendo; pero si se analizan detenidamente los símbolos que aparecen, se puede sacar gran provecho de ellos.

SUEÑOS RECURRENTES

Los sueños se repiten cuando no hemos descubierto el mensaje central que intentan transmitirnos, cuando no hemos entendido la situación que describen o no hemos tomado parte en un problema que nos afecta y del que ellos tratan. Quizá le estén diciendo: «Así es como realmente percibes el asunto», «Este problema te afecta a ti» o «Esto es lo que de verdad piensas de tu vida». Sueños como éstos suelen repetirse hasta que se hace la luz en nuestro interior. Pero recuerde: si logra olvidarlos, le dejarán tranquilo un tiempo pero acabarán regresando como... ¡pesadillas!

También es posible que estos sueños recurrentes –o temas oníricos– tengan su origen en traumas de la infancia o de algún momento del pasado. Los sueños en que caemos, nos ahogamos, nos caen bombas, estamos en medio de una guerra, nos disparan o nos matan pueden resolverse y superarse situándolos en el contexto de otros sueños; analice símbolos de sueños del pasado, especialmente ropas, edificios y paisajes, pues suelen ser los principales causantes de dolor, temor, miedo, emociones angustiosas o remordimientos que es necesario reconocer y afrontar.

SUEÑOS ESTÚPIDOS

Cuando nos despertamos de estos sueños, creemos firmemente que carecen por completo de cualquier tipo de significado. Cuanto más simbólicos son, más absurdos les parecen a nuestra conciencia. Debido a nuestra tendencia generalizada a rechazar todo lo que no posee para nosotros un significado inmediato, debemos ser muy cautelosos al desechar estas supuestas fantasías sin sentido.

Una de las primeras cosas que debe usted aprender al introducirse en el estudio de los sueños es a aceptar y anotar todos los sueños sin hacerse preguntas: sólo con el tiempo se aprende a descifrar esos sueños divertidos, ultrajantes o estúpidos, que acabarán por darnos información valiosísima acerca de nosotros mismos.

SUEÑOS DEL SUPERCONSCIENTE

Una de las formas más seguras de reconocer un sueño espiritual es el tipo de escenario en que se desarrolla la acción; suele ser al aire libre, en lo alto de una montaña o en un bello río de aguas refrescantes. Los colores son vivos, diáfanos y brillantes; la luz del sol lo inunda todo y abundan los árboles frondosos, las flores fragantes, los pájaros que nos deleitan con sus cantos: es una naturaleza exuberante. Tenemos la sensación de que el amor, la paz, la serenidad, la alegría y la inspiración flotan en el ambiente: no en vano son una parte muy importante de los sueños espirituales.

Puede que se vea a usted mismo escalando una montaña; las montañas suelen ser símbolos de los planos superiores de la consciencia, por lo que esa escena en la que usted escala una montaña significa que cada vez está más cerca de Dios. Sus sensaciones, el modo que tiene de realizar la ascensión y las sucesivas alturas que va –o no– alcanzando le indicarán si está progresando o si está en un punto muerto. Sobre todo preste atención a los obstáculos que se encuentra por el camino.

Si en el sueño usted aparece nadando, la alusión se refiere a actividad espiritual, sobre todo si lo hace en un lago o en un río tranquilo de aguas cristalinas. También puede que se encuentre perfectamente relajado en un bote que mecen con suavidad las aguas. El sentido es todavía más positivo si se trata de un barco de grandes dimensiones y de mayor belleza, pero atención: si tiene una vía de agua interior, es que debe descubrir un posible «agujero» o grieta en su forma de pensar, de realizar o de percibir las cosas. Puede que usted esté solo o en medio de una multitud tratando de avanzar penosamente entre la gente; quizá navegue suavemente viento en popa o, por el contrario, no avance en absoluto.

Los sueños en que navegamos o en que aparece un capitán con su tripulación siguiendo un rumbo determinado son claros símbolos de su viaje espiritual: el capitán es Dios mismo o su yo superior, usted se representa a usted mismo o a su consciencia y la tripulación hace referencia a otros aspectos de su persona. En estos sueños, fíjese en la cooperación y la armonía –o en la carencia de estas virtudes– de los símbolos que aparezcan.

Pescar denota actividad espiritual: no olvidemos que el pez casi siempre simboliza a Cristo, al cristianismo o al alimento espiritual. Las cañas de pescar indican nuestro deseo de cosas espirituales o de alcanzar un conocimiento superior. En estos sueños reflexione sobre si pesca algo o no; si pican, no dude en tratar de averiguar qué es lo que pesca.

El arco iris es signo de promesas de Dios, de sus bendiciones o de su protección, mientras que un rayo de sol puede significar sabiduría, conocimiento, felicidad o iluminación interior. También es importante en esta clase de sueños prestar atención a las sensaciones; sólo así alcanzaremos su sentido completo.

Curaciones

Aunque los sueños curativos pueden aparecer con un disfraz simbólico, lo cierto es que su origen está casi siempre en el superconsciente. La curación puede sobrevenir en la cama, en la «naturaleza» o en una iglesia. Puede ser directa, como si un ángel nos tocara, o quizá esté simbolizada por la visita de un doctor, de un sacerdote o de alguien desconocido pero que es todo amor. Puede que le den a tomar unas hierbas, una píldora, una inyección, puede que sea operado o tal vez alcanzado por un rayo de luz; es posible que esto vaya acompañado de algún cambio en su dieta, en sus hábitos, en su forma de pensar o en cualquier otro aspecto de su vida que le ayude a restablecerse del todo. Los resultados pueden ser inmediatos y muy visibles o puede que tarden cierto tiempo en acabar de completarse. En todo caso, este momento marcará un punto de inflexión importante en el desarrollo de la enfermedad. Estas curaciones son también resultado de las plegarias que realizamos nosotros, los demás o todos juntos.

Visiones

Podemos tener una visión completamente despiertos, medio dormidos o en pleno sueño, pero lo más habitual es lo segundo. Las características principales de las visiones son la perfecta combinación de colores vivos (a veces se trata incluso de colores que no hemos visto antes) y la intensidad y profundidad de los sentimientos que experimentamos, todo ello en perfecta armonía. Las visiones suelen dejarnos en estado de reverencia e ir acompañadas de sentimientos de devoción y gratitud: nos dejan completamente *impresionados*.

Las visiones encierran mensajes de crucial importancia. Puede tratarse de algo que tenemos que aprender o de la revelación de los propósitos más ocultos de nuestra alma, especialmente si nos hemos estado preguntando por esto último con cierta asiduidad. (En algunas tribus deben acaecer *visiones* en el transcurso del rito que marca el paso al estado de madurez; sin ellas, no lo alcanzaríamos.) Estas visiones también pueden revelarnos el futuro. La mayoría de ellas, a diferencia de lo que sucede con los sueños PES, (percepción extrasensorial) *no* pueden ser cambiadas por otras (aunque sí alteradas o eliminadas, pero sólo cuando se reúne una cierta cantidad de gente con un mismo fin y dispuesta a cambiar en positivo su forma de pensar y de actuar).

La visión siempre es básicamente la misma, a excepción de algunos casos especiales (por ejemplo, una montaña nevada en su cumbre indica un estado superior de consciencia, planos espirituales más elevados, mayor cercanía a Dios, meditación intensa y espiritualidad muy desarrollada, entre otras); pero el sentido fundamental permanece invariable: lo que sucede es que puede ser expresado de diferentes formas en función de la capacidad de entendimiento de cada uno. Lo más importante en estos casos es ser consciente de la visión madura, pues esto puede ayudarle, con el tiempo, a percatarse del profundo y oculto significado que encerraba el mensaje original.

Informe de progreso espiritual

Es probable que, al empezar a prestar atención a los sueños, lo primero que podamos recordar y narrar sea lo que yo llamo *informe de progreso espiritual*. Estos sueños parecen revelar siempre al soñador el estado en que se encuentra su evolución espiritual y suelen ser más largos y detallados que los demás. Los intervalos de repetición de estos sueños son una pista importante a la hora de valorar nuestros progresos o la falta de éstos, pero sin olvidar que lo más importante es siempre cómo terminan, puesto que nos indica cómo van las cosas: si nos levantamos felices y de buen humor, es que todo marcha bien; si, por el contrario, nuestro despertar es triste, ceniciento y estamos bajos de moral, debemos tomárnoslo como un aviso claro de que estamos descuidando en exceso el lado espiritual de nuestra vida o de que estamos a punto de dar un paso que va a ser muy negativo para nuestro crecimiento personal.

Este tipo de sueños puede retrotraernos a nuestra infancia y hacer traer al escenario onírico a personas y hechos que, en su momento, afectaron profundamente nuestra vida. Éste es el momento idóneo para descubrir las ideas erróneas que hay en nosotros o los «fallos de programación» de nuestro interior, así como otras posibles influencias equivocadas que hemos recibido en el pasado.

En resumen, podemos decir que los sueños del superconsciente proceden de nuestro yo superior y que son indicios, avisos o mensajes que deben tranquilizarnos y ayudarnos a mantener el rumbo correcto en nuestro peregrinaje por esta vida. No lo olvide: nunca vamos solos.

Capítulo 5

Objetivos

Cada vez que nos marcamos objetivos y mantenemos firmes nuestros ideales, los sueños nos ofrecen su guía y su ayuda.

EDGAR CAYCE *

Los sueños nos muestran cómo es nuestra vida en general, pero se centran especialmente en los problemas y sucesos del día anterior para ponerlos *en relación con los objetivos que nos hemos marcado.* Por eso es tan importante anotar también las metas que nos imponemos: sólo así podremos juzgar luego de forma acertada la calidad de nuestros posibles progresos. Si entendemos bien esto, nos será mucho más sencillo desentrañar después el significado oculto de nuestros sueños e interpretarlos correctamente.

Quizá crea usted que lo que pensaba que sería de mayor a los diez años no tiene nada que ver con lo que actualmente le está sucediendo, pero no es así; de hecho, los objetivos que nos marcamos entonces –los recordemos o no– siguen ejerciendo profunda influencia en nosotros. Lo cierto es que nuestro subconsciente conserva intactos los viejos ideales y creencias de aquellos años y –lo crea o no– nuestra vida se desarrolla según las directrices de ese proceso iniciado hace ya muchos años –y así será *hasta que suceda alguna novedad* importante que varíe el curso de los acontecimientos–. No se asuste si descubre que, al ponerse al día, resulta que todavía está intentando complacer a sus padres o empezando a trabajar por un sueldo muy modesto.

Si no tenemos objetivos, andaremos siempre errantes por esta vida. ¿Vamos a aceptar sin más que sean los *demás* quienes *hagan* cosas o que nos *digan* qué tenemos que hacer? Si pensamos así, siempre seremos los vencidos, nunca los vencedores. Dice la Biblia: «La gente muere si no tiene una visión». ¿Cuál es su visión? ¿Su visión le dice: «No lo intentes, no hay nada que hacer», o más bien le ofrece una imagen de su situación actual positiva y llena de optimismo? Si no está seguro de lo que quiere, si no se ve capaz de aprovechar ese *momento decisivo que siempre acaba por salir a nuestro encuentro*, los demás manipularán su vida a su antojo y se verá atrapado por los objetivos y los deseos de otras personas... y eso sólo le traerá frustración.

¿No cree que merece la pena pararse un momento a pensar y plantearse seriamente la posibilidad de nuevos retos que den auténtico sentido a su vida? Verá que no es tan arduo como parece; además, no sólo se le abrirán horizontes antes insospechados para usted, sino que le resultará de enorme ayuda a la hora de profundizar en el estudio y comprensión de los sueños.

Empecemos por unas preguntas muy sencillas acerca de lo que le ha sucedido desde la infancia hasta el momento presente; el resultado nos servirá de punto de partida.

TEST RETROSPECTIVO

1. ¿Qué piensa de su VIDA actual? ¿Siente que tiene que perdonar algo a alguien, quizá incluso a usted mismo? Haga una lista de lo que le venga a la cabeza.

2. ¿Cuál ha sido hasta ahora el OBJETIVO PRINCIPAL en su vida?

3. ¿Qué ha hecho usted para hacer realidad las metas que se había marcado?

4. ¿Qué piensa de su TRABAJO actual?

5. ¿Qué piensa de su CUERPO?

6. ¿Qué piensa de la CASA en la que vive?

7. ¿Qué piensa de su VIDA ESPIRITUAL?

8. ¿Qué nuevos objetivos se ha fijado en cada categoría y qué cambios cree que debería introducir en ellas?

Si ya ha acabado, haga un breve resumen de los resultados finales y anótelo en su libro personal de sueños: le será muy útil cuando empiece sus investigaciones sobre los sueños. No se olvide de anotar esas nuevas metas: no sería mala idea hacerlo en rojo, por ejemplo, para resaltarlos mejor y tenerlos siempre muy presentes.

NUEVOS OBJETIVOS

Objetivos físicos:
    Cuerpo:
    Casa:
    Carrera profesional:
    En general:

Objetivos mentales y emocionales:

Objetivos espirituales:
    Oración/Meditación:
    Estudio:
    Ejercicios:

En cuanto usted se ha marcado claramente nuevos retos, le vienen inmediatamente a la cabeza montones de ideas, de planes y de proyectos que usted cree que van a ayudarle a hacer realidad lo que ahora no son más que buenas intenciones. Se le abren muchas puertas, hay muchos puntos diferentes sobre los que apoyarse, el dinero y las herramientas necesarias para llegar a buen puerto surgen espontáneamente, como de la nada: ahora ya no hay quien le desvíe del camino que lleva al éxito. Pero si usted no se compromete de verdad, a muerte, en este nuevo proyecto, no alcanzará el objetivo deseado. Ya lo dijo James Allen: «Hasta que nuestros pensamientos no se concretan en un objetivo claro, no llegan los resultados… Quienes no tienen metas por las que luchar en esta vida son presa fácil de angustias y miedos absurdos y no dejan de autocompadecerse, lo cual es una clara muestra de debilidad».

UN CONSEJO

Hay tres causas fundamentales del estrés y la frustración: lo que esperamos de los demás, lo que ellos esperan de nosotros y lo que esperamos de nosotros mismos.

Lo que esperamos de los demás. Todos creemos saber cómo deben comportarse las demás personas, cómo deben cumplir con su deber o cómo deben mantener sus promesas. En el fondo, damos por sobreentendido que nos aprecian y que tienen una buena imagen de nosotros (me refiero sobre todo a la gente con la que vivimos y trabajamos cotidianamente). El problema surge cuando la realidad no concuerda con la imagen que nos habíamos forjado: eso nos decepciona, nos frustra, nos enerva, nos perturba… Reconozcámoslo: nos hace daño. Pero si comprendemos que son todas esas *falsas* *expectativas* las que en verdad nos hieren, tenemos la posibilidad de reflexionar con más realismo sobre la situación y, de ese modo, reconducirla: entonces será momento de abandonar las aspiraciones que albergábamos con respecto a los otros y concentrarnos en las únicas personas a las que verdaderamente tenemos alguna posibilidad de cambiar: nosotros mismos.

Lo que los demás esperan de nosotros. De la misma manera, nuestros amigos y familiares —y muy especialmente nuestros padres— proyectan sobre nosotros *sus propias* ilusiones de lo que —según ellos— deberíamos ser. Y si no respondemos a sus expectativas, a la imagen ideal de lo que ellos creen que debemos ser, nos hacen sentir culpables por no encajar en *su* ideal. Es cierto que esas imágenes falseadas son necesarias cuando somos pequeños, pero al llegar a la madurez dejan de tener validez. No lo dude nunca y afronte con coraje este tipo de situaciones: *rompa los espejismos que deforman la imagen que tienen los demás de usted* y cree la suya propia; es el paso imprescindible para alcanzar la madurez y la independencia. Mientras no lo haga, los demás le manipularán y no podrá dirigir su vida con autonomía: les pertenecerá.

Lo que esperamos de nosotros mismos. Por desgracia, es también muy frecuente que nos impongamos metas que no podemos cumplir, con lo que nos condenamos nosotros mismos al fracaso y a la desilusión. Es mucho más aconsejable e inteligente marcarnos metas *razonables*, tener ideales que podamos lograr: ello sí que nos permitirá alcanzar el éxito, disfrutar de la satisfacción de ver recompensado nuestro esfuerzo, comprobar que nos hemos superado y que lo hemos dado todo en el empeño. Así es como llegamos a *sentirnos bien con nosotros mismos*, y sólo sobre esta base será posible marcarnos nuevos y más ambiciosos objetivos —eso sí, siempre dentro de los límites de nuestras propias posibilidades—. No lo olvide: el éxito atrae al éxito, y éste es el único camino que nos permite triunfar en la vida.

EL CAMINO ESPIRITUAL

Una vez que usted ha hecho ya el voto solemne de seguir con firmeza el *Camino* que se ha propuesto y se esfuerza por progresar en su desarrollo espiritual, los sueños se convierten automáticamente en un sistema de guía y señalización perfectamente preparado para ayudarle en su crecimiento y mejora personal. Hágase preguntas como las siguientes: «¿Cuáles son los principales obstáculos que me impiden alcanzar el conocimiento superior?» o «¿En qué debo concentrar mis mayores energías?»; busque las respuestas que harán que usted siga, de un modo más fácil, su camino con más confianza y seguridad. Además, como usted está realmente interesado en este proyecto, sus sueños no dejarán de proporcionarle intuiciones que le revelarán cuál es el siguiente paso que debe dar o qué cambios tiene que introdu-

cir en tal o cual aspecto. Sucede que la gran sabiduría nos llega frecuentemente a través de los sueños; el problema es que normalmente no estamos
preparados para recibirla.

En este proceso la meditación juega un papel decisivo; si la practicamos
con regularidad, nuestros sueños se tornarán más claros y diáfanos, sobre
todo a la hora de analizarlos y sacar de ellos la información más valiosa para
nuestra vida. La meditación ayuda también a mejorar su grado de consciencia
y a entrar y salir con mayor soltura de los niveles alfa, lo cual redundará en
bien del resto de sus actividades físicas. Con esa combinación de sueños, objetivos y meditación, aumenta el número de las revelaciones interiores y aprendemos a amar con mayor intensidad a nuestro prójimo y a todo el Universo.

PENSAMIENTO POSITIVO

Nuestra vida se apoya cada vez más en afirmaciones positivas, en modos de
pensar optimistas: así son estos tiempos. Por tanto, lo mejor es que compare
su forma de pensar actual con la de esta actitud positiva y que se anime a
revisar los fundamentos de su subconsciente y, si fuera preciso, a variarlos. Si
se esfuerza en esa dirección, acabará por darse cuenta de que los sueños le
ayudan en este proceso, pero desde otro ángulo. ¿Cómo? Pues le brindan
puntualmente la información exacta sobre el verdadero estado en que se
encuentran sus logros y éxitos —si es que los hay. Por ejemplo, suponga que
los sueños le indican con insistencia que su baja autoestima le está impidiendo progresar. Pues bien: una forma de mentalizarse en sentido positivo podría
ser no dejar de repetir una frase del tipo «Soy una buena persona, amo a los
demás y en este mismo momento estoy atrayendo sobre mí el éxito y la
buena fortuna». A medida que repita más y más veces esta frase —verbalmen-
te o por escrito—, verá cómo empieza a realizar usted mismo de modo natural ciertos cambios en su vida. Pero, seguramente, lo que de verdad querrá
saber es si sus esfuerzos por cambiar su actitud sirven realmente para algo o
no. En momentos así suele producirse un sueño que no duda a la hora de
revelarnos el estado todavía incompleto de esa nueva mentalidad que estamos tratando de adquirir y sobre la que —no lo olvide— conviene que no dejemos de apoyarnos constantemente.

Pongamos otro caso. Imaginemos que usted llega justo de dinero a fin de
mes y que decide que ya es hora de que su economía mejore. El próximo
sueño seguramente aluda a sus problemas de dinero y quizá acabe por demostrarle que usted alberga en su interior una creencia del tipo: «El dinero es la
raíz de todos los males», o puede que parezca darle la sensación de que el
dinero es una responsabilidad muy grande; son muy variadas las imágenes de
las que puede servirse el sueño para decirle que hay algo en su mente que le
impide mejorar en el aspecto económico. De hecho, todos los que no tenemos un interés especial por el dinero y que no vivimos en la opulencia albergamos en nuestro interior fuertes reticencias subconscientes hacia la riqueza.

Lo mismo sucede con respecto a la salud. Quienes están enfermos han aceptado esa situación por alguna motivación interior: los sueños pueden ser un buen camino para descubrir el porqué de esa necesidad de sentirse enfermo. Mucha gente se mortifica de las formas más extrañas y por motivos más raros todavía, pero debemos tener siempre presente que lo que se ha hecho puede deshacerse siguiendo el mismo proceso pero a la inversa: el camino del pensamiento positivo.

Los sueños también le indicarán si necesita cambiar de metas o si sus creencias espirituales le llevan realmente por el camino de la auténtica verdad.

PREGUNTAS Y RESPUESTAS

Cuando meditamos sobre el universo, somos como niños que preguntan algo en clase: levantan la mano, formulan la pregunta y el profesor responde para darles las enseñanzas pertinentes. No dude en imitarlos: pregunte y se le responderá. No debemos vacilar a la hora de buscar un estadio superior a aquel en el que nos encontramos, pues la verdadera vida consiste en perseguir sin cesar el crecimiento continuo, y para ello debemos estar siempre aprendiendo cosas nuevas; en ese proceso, los sueños son una excelente vía de acceso a las respuestas cruciales.

Quisiera completar este punto con los casos hoy ya perfectamente documentados de lo que se conoce con el nombre de *Experiencias cercanas a la muerte* (ECM). Las primeras se conocieron a principios de los sesenta, pero desde entonces ha habido una auténtica avalancha de testimonios de personas que fueron consideradas muertas o «casi» muertas por los doctores poco antes de «regresar» a la vida. Todas estas historias son muy similares (Ring 1984): describen una sensación de paz y tranquilidad después de haber abandonado el cuerpo y hablan de una luz muy intensa; además, las personas supuestamente fallecidas, a la vez que avanzan llenas de gozo hacia la luz, ven perfectamente a los demás tratando de mantenerlos con vida. Describen el sentimiento que les embarga como de amor y de aceptación hacia ese *Ser de Luz;* también a muchos les pasó fugazmente la vida entera ante sus ojos. Algunos recibieron la orden de regresar porque habían dejado cosas de su vida inacabadas, mientras que a otros se les daba a escoger entre quedarse o volver. A muchos se les preguntaba: *«¿Qué has hecho por los demás?»*, una buena pregunta que, por lo que parece, todos tendremos que responder tarde o temprano.

Piense en ello detenidamente cuando se plantee los nuevos objetivos y escriba lo que piensa en su diario personal. Considere con atención cuáles pueden ser las preguntas más acertadas que le hará a su yo superior para tratar de averiguar cómo alcanzar la plenitud vital y ser completamente feliz.

Capítulo 6

Su diario, una herramienta perfecta para el análisis de los sueños

La verdad está en nuestro interior; aunque nos cueste creerlo, no procede de lo que hay fuera de nosotros. Todos tenemos un centro interior en el que reside la verdad en toda su plenitud… El conocimiento se alcanza cuando se abre una vía de escape por la que nuestra claridad interior pueda salir al exterior, y no cuando se intenta crear una entrada para que nos llegue una luz de fuera.

BUDA

Su diario de sueños puede ser una herramienta muy útil para interpretar correctamente sus experiencias oníricas y para dejar constancia de su desarrollo espiritual: la única condición es que cada noche se tome la molestia de revisar los sucesos del día, sus acciones y reacciones y las sensaciones que ha experimentado. No se equivoca si piensa que es bueno anotar tanto los éxitos como los fracasos, las decepciones, las esperanzas, los temores, los proyectos y, muy especialmente, las metas más inmediatas, pues son éstas últimas las que *sirven de referencia* a sus sueños a la hora de valorar los pensamientos y las acciones del día anterior.

Puede sorprendernos que, cuando alguien nos viene a ver para pedirnos consejo, al empezar a hablar de sus problemas esa persona sea capaz, de forma natural, de decirnos con toda exactitud qué va bien y qué va mal en su vida, así como la forma de corregir lo que es erróneo; de hecho, está demostrado que lo único que necesitamos es una oportunidad para poner en palabras nuestros pensamientos: es así como los problemas se aclaran y acaban surgiendo las tan deseadas respuestas. Eso mismo es lo que nos proporciona el diario de sueños… ¡con la ventaja de ahorrarnos la tan embarazosa situación de tener que pedir el consejo de otro!

Cuando usted establece sus ideales y objetivos, el diario le sirve para concentrarse en lo que le está sucediendo ahora y para averiguar qué piensa realmente de su vida. Pero esta experiencia le será muy útil para profundizar mucho más en su propia vida, en lo que está haciendo y por qué lo está haciendo; o, lo que es lo mismo, a dónde va, qué está aprendiendo y qué cambios es necesario introducir en su vida para que ésta sea más plena y feliz. Y no sólo eso: esta actividad le ayudará también a llevar mejor las riendas de su vida. Si intenta fundamentar su existencia sobre una base sólida como ésta, no tardará mucho en comprender cuál es la conexión oculta que existe entre los diferentes acontecimientos de su vida y qué tipo de manipulaciones, juegos y situaciones curiosas se producen a su alrededor. Hágalo y comprobará que está perfectamente preparado para comprender la naturaleza de los retos que se ha propuesto y para acometerlos sin miedo; si no lo hace, nunca dejará de ser un juguete en manos del destino.

SU DIARIO

El diario puede convertirse en el lugar idóneo para conversar con el mejor amigo que tiene (es decir, usted mismo), quien le da los mejores consejos. Anote los sucesos y sensaciones de cada día y verá que la razón central de sus problemas le parece tan clara como la luz del día; después de esto le será muy sencillo averiguar cuáles son las preguntas que debe formular y que conformarán el marco de trabajo de sus futuros sueños.

Si quiere trabajar de verdad sobre los sueños, lo primero que debe hacer es escribir con la máxima sinceridad posible un diario personal en el que irá anotando al final del día todos sus pensamientos, sentimientos y experiencias. Se suele recomendar que al acabar la jornada uno mismo haga revisión y examen de cómo han ido las cosas, pues nos ahorramos tener que hacer esa misma tarea cuando estemos dormidos; así podremos dedicar más tiempo de nuestros sueños al verdadero y fundamental aprendizaje. Es una tarea muy sencilla que le ocupará muy poco tiempo. Para facilitarse el trabajo, anote sus sueños, reflexiones y juicios sobre usted mismo en una sola libreta o bloc y con la misma fecha: esto siempre resulta más útil que tenerlo todo distribuido en diferentes libretas. Descubra qué método es el que le va mejor a usted.

Lo que pretendo es que usted sea capaz de analizar los sucesos del día con absoluta *imparcialidad* y considerar atentamente su forma de actuar, reaccionar y llevar el asunto en cada circunstancia concreta. Sopese las distintas decisiones que tomó siempre *a la luz de los retos que usted mismo se ha impuesto* (sin olvidar sus sentimientos y sensaciones hacia ellos). *Sea generoso* a la hora de juzgar lo que hizo y trate de descubrir en qué podría mejorar la próxima vez y cómo podría hacerlo. No se trata de flagelarse ni de infravalorarse a cada mínimo error que descubra: simplemente es cuestión de saber analizar y juzgar lo que hemos hecho y de valorar las diferentes formas que tenemos de hacerlo mejor la próxima vez. No se olvide de incluir en todas estas reflexiones los libros que lee, la música que escucha, las películas que ve, las clases a las que asiste, etc., pues todo ello ejerce gran influencia en su forma de pensar y, por consiguiente, en su forma de vivir.

No sea demasiado duro con usted mismo. No olvide nunca que cada error que descubre es un paso adelante más que da en su proceso de aprendizaje y superación: de ahí que no deba despreciar y condenar sus fallos, sino comprenderlos y valorarlos en su justa medida. Trate de aceptarse tal como es, gústese; tiene que comprender que la gente y las situaciones de su vida que le suponen un problema constituyen, en el fondo, una fuente de conocimientos acerca de alguna cuestión *de la que usted mismo ha decidido aprender o extraer algo.* Acepte estos retos como lo que son: *las enseñanzas que le da la vida.* De ahí que escribir este diario personal pueda acabar convirtiéndose en una muy provechosa práctica nocturna de autoevaluación que realizará teniendo siempre muy presentes sus esperanzas y proyectos más queridos.

Esta observación continuada de cuáles son sus objetivos, motivaciones, formas de actuar y tipo de vida en general le será de gran ayuda a la hora de juzgar correctamente los progresos que vaya haciendo en su vida y de entender el origen y naturaleza de los problemas que le ocupan en cada momento. Además, le permitirá asimilar con mayor eficacia la información que le suministran los sueños y vencer los obstáculos y las dificultades que se le presenten con mayor presteza y velocidad. Asimismo, puede servirle de preparación para que, partiendo de su yo superior, pueda transitar por sus sueños y su mundo onírico en general con mayor facilidad y control de la situación, algo que le llevará a vivir sus sueños con plena lucidez, que es, al fin y al cabo, el objetivo principal que nos proponemos.

POSIBLES SUGERENCIAS PARA ELABORAR SU DIARIO

1. OBJETIVO/S ACTUAL/ES (repítalo/s brevemente para no olvidar en ningún momento qué es lo que quiere hacer de verdad).
2. VISIÓN GLOBAL de cómo se han desarrollado los hechos de la presente semana (o mes).
3. ¿Ha SUCEDIDO algo especial hoy? Lo que ha ocurrido, ¿sigue un mismo PATRÓN YA CONOCIDO por mí?
4. ¿Ha habido, por mi parte, ACCIÓN / REACCIÓN ante esos sucesos? ¿Y ante la gente?
5. ¿He actuado siguiendo LA LÍNEA marcada por mis objetivos?
6. ¿Cómo me SIENTO después de estos acontecimientos?
7. ¿Qué creo que debo aprender o recordar de todo ello? ¿Quizá algún RETO que se me plantea? (Cualquier cosa que aparece con cierta frecuencia debe ser analizada e investigada en profundidad.)
8. ¿Qué me DICEN MIS SUEÑOS acerca de este asunto?
9. ¿Qué he hecho hoy en relación con mis OBJETIVO/S PRINCIPAL/ES? (No dude en felicitarse ante cualquier mejora o éxito al respecto.)
10. ¿Qué CAMBIOS debo introducir o qué mejoras debo realizar en este terreno?

Cómo preguntar a nuestros sueños

Cuando haya acabado con este repaso, debe pensar en la pregunta que formulará a sus sueños, que es la que le ayudará a obtener de ellos nuevas ideas, consejos provechosos o auxilio eficaz. Anótela cuidadosamente porque, aunque a la hora de acostarse le parezca que es muy clara y que no la va a olvidar, puede suceder que, a la mañana siguiente, ¡no logre recordarla! Una vez me desperté por la mañana con un bellísimo sueño en la mente, que venía, además, acompañado de una respuesta muy valiosa…, ¡el problema fue que *no lograba acordarme de cuál había sido la pregunta*!

Una vez escrita la pregunta, el siguiente paso consiste en simplificar la cuestión lo más posible. Por ejemplo, si acaba de tomar el diario para hacer las anotaciones del día, puede que desee escribir algunas líneas acerca de lo que ha sido su vida hasta la fecha, de qué dirección debería tomar de ahora en adelante o qué cambios debería introducir en ella. Acto seguido, trate de elaborar una afirmación simple y concisa que encierre el significado general, algo del tipo: «Repaso el pasado y decido la dirección que debo tomar en el futuro»; o si lo prefiere con rima: «Pasado y futuro, dejadme ver, pues mejor persona quiero ser».

Lo importante es que la pregunta quede grabada en su mente con palabras sencillas, que le resulte muy fácil recordarla y repetirla continuamente cuando se acueste, pues no olvide que el último pensamiento antes de caer dormido es el que marcará el contenido de sus sueños. Todavía puede hacer más: coloque la pregunta debajo de su almohada para –literalmente– ¡*dormir con ella*!

Una vez realizados todos estos pasos, usted se halla ya en condiciones de empezar a vivir aventuras increíbles en sus sueños.

Capítulo 7

Cómo recordar sus sueños

Dormir es ese tiempo en el que nuestra alma hace inventario de lo que nos ha sucedido en el intervalo que media entre un período de descanso y otro.

EDGAR CAYCE*

Con frecuencia oímos este comentario: «Yo no sueño nunca». Sin embargo, la ciencia ha demostrado que todos sin excepción soñamos, y no una vez, sino varias en una sola noche. Lo que sucede simplemente es que la mayoría de las personas no lo recuerda.

¿POR QUÉ OLVIDAMOS NUESTROS SUEÑOS?

Olvidamos nuestros sueños porque *en realidad no los queremos recordar*. Ello es así por diferentes motivos. Unas veces porque no queremos que nuestra mente se ocupe de cuestiones espirituales; otras, por factores exteriores que influyen en el mayor o menor cansancio de nuestro cuerpo, como las pastillas para dormir, las drogas o los medicamentos en general…, incluso la bebida. Pero, en realidad, la principal razón está en la educación que recibimos durante nuestra infancia. Todos oímos cuando éramos niños esa frase que dice: «Olvídalo, sólo ha sido un sueño…», y, como niños obedientes, lo «hemos olvidado». Y nuestra mente, que es muy parecida a un ordenador, habiendo sido programada desde un principio para olvidar los sueños, no dejará de hacerlo hasta que la reprogramemos en sentido contrario. En este proceso, la única excepción la constituyen determinadas pesadillas o sueños muy especiales y extremadamente vivos, los únicos capaces de superar nuestras barreras defensivas.

Hay gente en quien una intensa pesadilla puede llegar a ocasionar el cierre automático a toda posibilidad de recordar posteriormente los sueños. La gente con sueños PES (percepción extrasensorial) de gran realismo –especialmente los que nos advierten de circunstancias muy dolorosas como, por ejemplo, la muerte– es propensa a experimentar un terror tremendo y a sentirse culpable en caso de que lo vaticinado en el sueño se convierta en realidad –como si hubiera tenido que hacer algo para evitarlo–. La consecuencia de esto es que este tipo de personas decide –muchas veces de forma inconsciente– no volver a soñar más, lo cual se muestra de una eficacia absoluta a la hora de no recordar al despertar lo que se ha soñado durante la noche.

Este tipo de gente tiene razones de peso para actuar como lo hace, pero el problema tiene fácil solución; sólo hay que repetirse: «*Quiero* recordar mis sueños *a excepción de* los PES (percepción extrasensorial)» o «No más sueños sobre la muerte». No olvide nunca que es usted quien tiene el control sobre los sueños y quien dicta a su antojo las normas del juego según sus propias necesidades. Su subconsciente es su humilde servidor y le obedecerá sin rechistar.

Otros factores que nos pueden impedir recordar nuestros sueños podrían ser el ruido procedente de una radio o un/a compañero/a de cama excesivamente hablador/a. Incluso los propios pensamientos conscientes pueden erigirse en factores de distracción y ser los causantes de que el recuerdo de nuestros sueños sea borrado por completo antes de que aflore a la superficie de nuestra consciencia.

Otra razón que explica lo desmemoriados que somos respecto de nuestros sueños es el poco interés que mostramos hacia ellos. Además, con frecuencia dormimos en exceso después de que el sueño haya finalizado: recuerde que tan sólo cinco minutos después de que el sueño haya terminado, la mitad de su contenido se pierde, y en diez minutos la cantidad imposible de recuperar es ya del noventa por ciento.

Son varios los recursos de que dispone para volver a recordar sus sueños; he aquí algunos:

- *Elimine* todo obstáculo que frene el recuerdo de los sueños.

- *Dígale* a su subconsciente que usted *quiere realmente recordar sus sueños.* (Repítaselo por lo menos tres veces.)

- *Recurra a una libreta especial* para anotar sus sueños.

- *Programe su subconsciente* para que éste no olvide que usted quiere volver a acceder a él cuando esté de vuelta al cuerpo físico.

- *Lea* libros y artículos que traten de los sueños.

- *Hable de sueños* con los amigos, sobre todo con aquellos que se interesan por ellos, claro.

- ¡*Preste atención* a sus sueños! Trate de recordar el último que haya tenido y esfuércese por penetrar en su significado.

- *Respete y aprecie sus sueños*, actúe con ellos como si contuvieran información de incalculable valor para usted.

- Si puede, *participe* en reuniones que traten de los sueños.

- ¡*Piénselo dos veces antes de menospreciar un sueño*!

CÓMO RECORDAR NUESTROS SUEÑOS

Lo primero que debe hacer, evidentemente, es eliminar todos esos factores que hemos citado anteriormente y que son los responsables de que no pueda recordar sus experiencias oníricas. Aunque es imposible deshacernos de nuestro despertador o de nuestro compañero/a de cama, sí podemos mentalizarnos para despertarnos cinco minutos antes de que el despertador suene (o de que se levante nuestra media naranja). Esto es muy fácil de conseguir, ya que el subconsciente se pliega totalmente a las órdenes que le envía el consciente. Usted sólo tiene que expresar su deseo y repetirlo varias veces para que quede firmemente asentado en el subconsciente. (Repita la orden antes de acostarse, aunque sea sólo para fijarla con más firmeza.)

En segundo lugar, lo que usted necesita es convencerse de que *realmente desea acordarse de sus sueños*: es muy importante que no cese de repetirse esto durante todo el día, y muy especialmente antes de dormirse.

RESPETE EL ORIGEN DE SUS SUEÑOS

No escriba sus sueños en un pequeño y mísero trozo de papel: cómprese una libreta nueva *exclusivamente para ello*. (Este hecho, además, le confirmará nuevamente a su subconsciente que desea realmente recordar sus sueños.) Tanto la libreta como el bolígrafo deben estar siempre a su alcance. Si le va mejor utilizar una grabadora, adelante: lo importante es que emplee el método que le sea más fácil y provechoso.

Como, por lo general, los sueños se refieren a los sucesos y problemas del día anterior, lo más aconsejable es que escriba su diario de noche, al final de la jornada, antes de ir a dormir, ya que, cuanto más reflexione sobre lo que sucede en su vida y cuanto mejor se autoanalice y se concentre para obtener las revelaciones que deben ayudarle a solucionar un problema concreto, tanto más fácil le será después analizar e interpretar los sueños: si las cosas están claras antes de acostarse, las respuestas se obtienen y se entienden con mayor facilidad. No dude en repetirse varias veces su pregunta antes de dormirse: no olvide que lo último en que piensa y que recuerda mientras permanece todavía consciente es lo que más influirá en el contenido de sus experiencias oníricas.

¿Cómo obtener respuestas a sus preguntas?

• Concéntrese en lo que desea averiguar de lo que le ha sucedido durante el día (por ejemplo: «Esta noche quiero tener alguna intuición sobre mi problema de salud»).

• Escriba su pregunta en su libro de sueños.

• Tenga siempre a mano el libro de sueños y un bolígrafo, pues la respuesta *puede llegar* en cualquier momento.

• No pare de repetirse: «Quiero recordar mis sueños y voy a hacerlo».

• Haga un esfuerzo por despertarse al acabar su sueño y por recordarlo.

• Tenga siempre en la cabeza la pregunta en el momento de irse a dormir.

Si usted está afrontando en estos momentos de su vida un reto muy importante, puede que tenga que esforzarse durante tres días seguidos en esa misma cuestión, pero no se desanime: *siempre* se acaba obteniendo una respuesta.

Esté atento, pues a veces la solución no llega en forma de sueño, sino que la tenemos que hallar a través de una persona, en un libro, en una revista, en un programa de televisión o de cualquier otra forma completamente imprevista. Esto nos ha de obligar a estar siempre alerta ante cualquier signo especial que llame nuestra atención. Venga de donde venga, seguro que es la respuesta que usted está buscando y que va a demostrarle que hay alguien ahí arriba que *se preocupa por usted* y por lo que le sucede.

AL DESPERTAR

Tiene que aprender a despertárse con suavidad, sin brusquedades, a quedarse estirado unos instantes en lugar de levantarse de golpe o de darse media vuelta para seguir durmiendo. Una vez lo haya conseguido, trate de recordar todo lo que haya soñado antes de que su mente dirija la atención a otros asuntos. (Usted mismo podrá comprobar cómo, si empieza a pensar en lo que le espera ese día, se le van por completo de la cabeza los contenidos oníricos que tanto desea rememorar en esos instantes.)

Cómo capturar un sueño huidizo

Dado que nuestros sueños tienen lugar en las fases alfa, es necesario que usted los *haga salir* del subconsciente y se los grabe bien en la mente. Cuando se despierte, intente recordar cualquier fragmento del sueño —por pequeño que sea— y analícelo desde su estado de consciencia; finalmente, pregúntese: «¿Qué más tenemos?». Repita este proceso todas las veces que sea necesario hasta que logre recuperar la mayor cantidad posible de sueño. Una vez realizada esta operación, concéntrese en recordar las sensaciones que le suscitó el sueño y los detalles de éste —colores, paisajes o cualquier otro elemento que pueda resultar significativo–. Cuando haya terminado, vuelva a situarse en posición de dormir para ver si le viene algo más a la cabeza: se sorprenderá de la información adicional que puede obtener con esta última acción.

Sólo cuando haya hecho todo lo que está en su mano por recuperar el máximo de información posible, tomará su libro de sueños para empezar a escribir; eso sí, anótelo con celeridad antes de que los detalles se esfumen o se difuminen en exceso.

No se desanime si no logra recordar el sueño. Esfuércese por escribir aunque sea *algo* –un símbolo, el sentimiento que le embargó al despertarse, *cualquier* detalle o fragmento del sueño, por muy minúsculo o insignificante que pueda parecerle: al menos ya tiene por donde empezar. El hecho de dejar algo escrito en su libro de sueños forzará a su subconsciente a aceptar que usted está firmemente decidido a recordar sus aventuras oníricas; si así lo hace, no dude de que la próxima vez le irá muchísimo mejor.

Grabar el sueño

Es muy importante que durante esos momentos en que trata de recordar y –posteriormente– de escribir su sueño, nadie ni nada le moleste: si es necesario, enciérrese en el cuarto de baño. (Sería fantástico que contagiara a su compañero de cama su interés por recordar sus sueños; si no lo logra, que por lo menos respete el derecho que usted tiene de analizar los suyos.) Es imprescindible que este momento de reflexión y rememoración permanezca inviolado cada día, como si la información onírica que está tratando proviniera de Dios, lo cual, en el fondo, es verdad.

Lo mejor es que intente escribir todo el sueño lo antes posible: asegúrese de que no ha olvidado incluir colores, nombres, números, canciones, títulos de libros o cualquier otro detalle que le venga a la cabeza. Cuando haya acabado, será el momento de dar el toque final a su sueño con un título apropiado. Para ello, resulta de gran utilidad seguir las seis preguntas de oro del buen periodista: quién, qué, dónde, cuándo, cómo y por qué.

El incalculable valor de los símbolos

Si no es capaz de expresar en palabras algún elemento del sueño, haga por lo menos un dibujo de él para que no se pierda el símbolo que encierra. De hecho, es bueno que realice tantos bocetos como necesite, pues son de gran valor para ayudar a la memoria a recordar; con frecuencia, estos símbolos poseen significados ocultos que tiempo después salen a la superficie. Si le agrada hacer garabatos, no dude en hacerlos para expresar algunos de los símbolos y sentimientos que le suscita el sueño; y luego, piense en ellos durante la jornada por si se le ocurre algo más.

Expresar sensaciones

Asegúrese de que quedan registrados los sentimientos y las sensaciones que acompañaron al sueño. Al despertar, puede que parezca que no tienen importancia, pero a la hora de interpretarlo, su valor es incalculable. Así, pues, no olvide incluir como información privilegiada los sentimientos y sensaciones suscitadas por el sueño cuando vaya a interpretarlo.

Fragmentos oníricos

Si sólo cuenta con trozos dispersos del sueño, no se desespere: al menos tiene por dónde empezar y, lo más importante, la dirección correcta –sobre todo si hace tiempo que no se dedica a intentar recordar sus sueños–. Felicítese por tener al menos un fragmento: anótelo con cariño y dé gracias de que obre en sus manos; trabaje con lo que tiene, reconózcale la importancia que se merece y no deje de pensar en él a lo largo del día, siempre a la búsqueda de su sentido oculto. Dedique a analizarlo el mismo tiempo que emplearía con un trozo más extenso. Todo ello es útil para estimular su mente e impulsarla a que recuerde con mayor viveza el sueño, así como para animar al subconsciente a elaborar sueños cada vez más largos.

Entretanto, considere el fragmento que obra en su poder como una parte importante de un sueño mucho más extenso, la mejor parte sin duda, la que está cargada de mayor significado. ¡No se tome ese *fragmento a la ligera!*

Si no dispone de mucho tiempo para escribir al levantarse, acostúmbrese por lo menos, antes de ir al trabajo, a anotar –aunque sea a toda prisa– la *sensación* que le ha dejado el sueño, cómo se *siente* al pensar en él, el *hecho más destacado* y los *símbolos principales*. Prometa que va a ocuparse de los detalles a la menor oportunidad, quizá durante la comida o nada más salir del trabajo. Si tiene a mano una grabadora, utilícela mientras se baña, desayuna o se viste. O si puede acceder a un ordenador, puede resultarle divertido utilizarlo para sus tareas de análisis onírico. En definitiva, emplee lo que mejor le vaya.

SOÑAR EN FIN DE SEMANA

Pero no todo el mundo tiene tiempo de dedicarse a sus sueños todas las mañanas o la energía necesaria para ello, a pesar de que todos lo intentamos sinceramente con todas nuestras fuerzas; no se desanime: siempre se puede *soñar los fines de semana.*

Repítase con firmeza que está realmente interesado en sus sueños, y en el caso de que su jornada laboral no le deje nada de tiempo para escribir sueños de cierta longitud por las mañanas, puede optar por una de estas dos opciones: escribir el mensaje principal del sueño de la forma más breve y concisa posible o dedicarse a los sueños los fines de semana. (Esto le deja un poco de tiempo por si descubre algo que requiere respuestas urgentes.)

Si ha optado por lo segundo, el siguiente paso consiste en mentalizarse firmemente de que las mañanas del sábado y del domingo son, en primer lugar y *ante todo,* para reflexionar acerca de sus visiones oníricas. Consagre ese tiempo *exclusivamente* a sus sueños y felicítese luego por haber sido capaz de cumplir la promesa de concentrarse durante ese tiempo en ellos.

Lo primero que debe hacer es prepararse: sitúe su diario o libro de sueños cerca de su cama; la noche del viernes escriba como lo habría hecho si hubiera cumplido con el ritual todos los días y, finalmente, anote la pregunta *con la seguridad* de que la información que desea obtener va a salir a la luz durante los dos días que usted ha dedicado a estos menesteres.

Hay gente que lo hace de este modo con resultados muy satisfactorios.

SUEÑOS ESTÚPIDOS

Destierre de su cabeza la idea de menospreciar todos aquellos sueños que parecen estúpidos o carentes de sentido. La solución fácil es no prestarles atención, pero piense que rechazar un sueño implica no poder recordarlo nunca más. De hecho, hoy en día sabemos que en los llamados sueños estúpidos o absurdos aparecen algunos de los símbolos más importantes y de mayor carga significativa; haga la prueba: trate de interpretarlos y verá cómo resultan de suma importancia para su progreso personal. Acostúmbrese a tratar todos sus sueños con el respeto que se merecen; sea disciplinado y anótelos todos sin excepción: si ahora no le apetece, ya los analizará después... pero por lo menos ya los tiene por escrito.

También puede usted sentir la tentación de rechazar un sueño porque se parece increíblemente a una película o a un programa de televisión que ha visto recientemente, pero ésa es una forma incorrecta de razonar; no olvide que sus sueños emplean cualquier recurso para expresar ese simbolismo cuyo sentido, más tarde, deberá usted desentrañar: ¡de ahí que todas las fuentes de imágenes y símbolos sean igual de válidas! Lo único que puede estar sucediendo en un momento determinado es que los símbolos provenientes de una película, por ejemplo, estén más frescos en su memoria: tendrá que descodificarlos como lo haría en cualquier otro caso.

¡No caiga en la tentación de rechazar sin más un sueño! Hay tres razones por las que caemos en ella:

1. Es un sueño tonto y absurdo. (Pero, en realidad, todos lo parecen al despertarnos.)
2. Sólo tengo un «fragmento», una parte del sueño.
3. No quiero saber de qué trata, me desagrada hacerlo.

Los sueños que normalmente olvidamos, rechazamos o preferimos ignorar son casi siempre *los más importantes* y de mayor relevancia para nosotros: ¡por eso son precisamente los que tenemos que escribir e interpretar! Así, pues, adquiera la disciplina de dejar por escrito todos y cada uno de sus sueños, y no sólo los que aparentemente le convienen: puede que el que rechace sea el que más necesita.

Tenga siempre esto presente: sus sueños son mensajes codificados cuyo remitente y destinatario es usted mismo.

Capítulo 8

Cómo interpretar los sueños

Un sueño que no se comprende es como una carta que se deja sin abrir.

TALMUD

Los sueños son siempre fascinantes: con ellos nunca se sabe qué va a pasar. Pero hay algo seguro: siempre nos revelan algo interesante de nosotros mismos. Si usted acaba de iniciarse en la interpretación de los sueños, lo mejor es que empiece este viaje con una mentalidad abierta y dispuesto a adoptar un ritmo de trabajo adecuado, algo totalmente imprescindible para desarrollar sus aptitudes de interpretación onírica. A continuación le ofrezco una versión adaptada del contenido de *Five Step,* de Montague Ullman, M. D., que se basa en los principios de Edgar Cayce sobre la interpretación de los sueños. Mi consejo es que siga estas indicaciones durante un mes aproximadamente y que, luego, adapte los procedimientos que se indican como más le convenga.

PROCEDIMIENTO

Al despertar
Piénseselo bien antes de desechar un sueño por considerarlo estúpido o porque le ha llegado en fragmentos. Échese de nuevo un poco más y trate de recordar los detalles, pues a veces, al despertar y reflexionar sobre el sueño desde la fase al-beta, si se formula la pregunta correcta, puede que se reciba tanto una interpretación del sueño como una impresión muy fuerte que le ayudará a comprender mejor su sentido oculto. Pruébelo.

Escribir
Anote *en su libro de sueños* —y con la máxima precisión posible— todo lo que recuerde de él y, por favor, ¡no lo haga en el primer trozo de papel que en-

cuentre! Tiene que habituarse a manejar los sueños como si de valiosos documentos se tratara. Si no dispone del tiempo necesario para escribir todo lo que querría, es aconsejable que relea las secciones del capítulo anterior *«Grabar el sueño»* y *«Soñar en fin de semana»*.

Sensaciones

Una vez que haya acabado de anotar el sueño, acostúmbrese a dejar también por escrito las sensaciones que le produjo: felicidad, alegría, tristeza, gozo, inquietud, frustración, determinación, miedo o cualquier emoción o estado de humor en que se encontrara al despertar. Tómese todo el tiempo que necesite para aclarar sus sensaciones; precíselas lo máximo posible (por ejemplo, «muy decepcionado», «medianamente frustrado» o «extremadamente feliz»).

También debe anotar de qué tipo de sueño cree usted que se trata: PES (percepción extrasensorial), lúcido, visión, pesadilla, simbólico, superconsciente o de cualquier otro tipo.

Símbolos principales

Este apartado es especialmente importante para todas aquellas personas que, antes de empezar la jornada, no disponen del tiempo necesario para analizar con detalle los sueños. Los que consideren que les sucede esto tienen que escoger un símbolo destacado del sueño y tratar de averiguar qué significa.

Acción del sueño o tema central

Examine su sueño, a ser posible con un bolígrafo de un color llamativo o con un rotulador fluorescente; subraye los verbos: esto le permitirá hacerse con rapidez una idea general de la acción principal del sueño. Trate de resumirla en una breve frase del tipo: «Alguien está comprándose ropa», «Hay alguien subiendo una escalera» o «En el sueño aparece una persona jugando». Así es como hallará el tema fundamental del sueño.

Con frecuencia se encontrará con varios temas menores dentro de un mismo sueño, de forma que en la aventura onírica aparece una persona que corre, otra que esconde algo, otra que juega a algo indeterminado e *incluso* una última que se dedica a mirar con atención. No se entretenga demasiado: se trata sólo de hacerse una idea rápida del argumento general del sueño antes de pasar al análisis pormenorizado de los símbolos; lo que con ello se pretende es que tenga una visión más amplia de todo el conjunto. (Puede hallarse información más detallada acerca de sueños con múltiples temas en *Further Exploration of Dreams*.)

Escenario

¿Dónde se desarrollan los sucesos oníricos? ¿Es en un lugar interior o al aire libre? ¿Le recuerda su casa o algún lugar relacionado con su familia? ¿O quizá con su trabajo? ¿Tiene algo que ver con la salud? ¿Está oscuro o hay luz? ¿Qué edificios aparecen? ¿Son conocidos de hace tiempo y familiares para usted, o más bien los acaba de conocer hace poco? ¿Qué sensación le produce el escenario en general? ¿Le inspira confianza y seguridad, o intranquilidad?

Todas estas preguntas pueden ayudarle a comprender a qué parte en concreto de su vida quiere darle más énfasis el sueño: sus sensaciones deben confirmarlo. De no ser así, estará usted obligado a comprobar con más detalle de qué escenarios se trata. Cuando haya averiguado cuál es la acción principal y a qué aspecto de su vida se refiere, habrá dado ya un paso decisivo de cara a descubrir el objetivo del sueño; entonces estará verdaderamente preparado para adentrarse en los detalles.

Haga un boceto de los símbolos especiales

Tanto si se considera un *manitas* del dibujo como si no, es muy recomendable que intente realizar un sencillo boceto, un pequeño dibujo, aunque sean unos garabatos o una caricatura, de tantos símbolos oníricos como le sea posible. La razón es muy sencilla: ésta es la mejor manera de encontrar el sentido oculto del símbolo de un sueño. Si ello le supone demasiado esfuerzo o requiere más tiempo del que usted puede dedicar a ello, intente dibujar al menos los símbolos menos habituales, sobre todo los que le resultan más difíciles de describir con palabras. Esto nos ayudará a no olvidarlos, pues no es raro que el sentido simbólico que encierran se nos aparezca con toda claridad días –e incluso meses– después; si esto sucede, verá la enorme alegría que siente al ir de nuevo a los bocetos que realizó en su día y que ahora le resultan tan útiles para comparar con sus averiguaciones más recientes.

Palabras clave

Vuelva a repasar lo que escribió sobre el sueño una vez más; subraye las palabras, oraciones, retruécanos y frases hechas más importantes. Debajo del sueño que ha anotado, confeccione una lista con las palabras clave como si de una muestra se tratase, dejando entre ellas espacio suficiente para poder anotar los comentarios, sensaciones y significados que le sugieran; empiece siempre por la más sencilla y clara. No olvide nunca que sus sueños no son más que escenificaciones de sus propias actitudes y emociones destinadas a indicarle determinados hábitos de comportamiento, darle las respuestas que usted está buscando o, sencillamente, verter luz sobre alguna área de su vida que requiere un determinado cambio.

Busque las expresiones coloquiales, los juegos de palabras y los retruécanos; sobre todo, esté muy atento a los vocablos o símbolos que se repiten dentro de un mismo sueño o que aparecen varias veces en una serie de sueños. Puede que llegue a encontrar símbolos diferentes que aludan a un mismo significado, y eso en un solo sueño. Sin duda, estas repeticiones quieren *subrayar la importancia de un determinado asunto*, lo cual hará que se sienta seguro de que va a lograr descifrar el enigma, ¡claro que sí! Si tiene ordenador en casa, no dude en usarlo, pues facilita mucho el trabajo de interpretación, sin olvidar que, al acabar, tendrá un documento limpio y perfectamente impreso.

Entreténgase tanto tiempo como sea necesario en anotar –antes de consultar cualquier libro especializado– lo que significa para usted cada palabra o frase, pues son *sus* sensaciones, emociones, recuerdos y respuestas los que encierran dentro de sí los símbolos oníricos: de ahí que el significado *verdaderamente importante* es el que ellos tengan para usted, el único correcto.

Pongamos un ejemplo: el perro. Para la mayoría de la gente, los perros simbolizan la fidelidad, la amistad, la devoción y la protección. ¡Muchos perros llegan a ser una parte muy importante de la familia! Pero no sentirá lo mismo quien haya sido mordido por uno o haya tenido cualquier experiencia desagradable por culpa de ellos: esa persona los asociará con el miedo, el dolor y la desconfianza. Hay personas para quienes los perros son la cosa más pesada del mundo, animales estúpidos que se pasan toda la noche ladrando o que se dedican a hurgar entre la basura y los restos de animales muertos. En el fondo, toda interpretación es válida para la persona que la ha elaborado.

Como todos los símbolos son potencialmente duales en cuanto a su sentido, lo más importante es que usted se muestre *completamente sincero* consigo mismo a la hora de decidir *qué significa el símbolo para usted.*

Al descubrir cuál es el significado real de un determinado símbolo, se suele experimentar una sensación agradable, un ligero escalofrío, como si dijéramos mentalmente «¡Ajá!», signo inequívoco de que lo hemos interpretado correctamente.

Si después de haber estudiado el símbolo con detenimiento no está seguro de saber con certeza qué significa, guíese por su intuición: escriba sin pensarlo todo lo que se le ocurra que puede significar; le sorprenderá comprobar lo certeras que pueden llegar a ser nuestras intuiciones. Pregúntese: «¿Qué sensaciones me provoca este símbolo? ¿Qué recuerdos trae a mi memoria? ¿Qué asociaciones suscita en mi mente? ¿Cómo reaccioné yo ante el sueño?». Tenga siempre presente que trata de su situación actual, de sus sentimientos y del punto de vista que usted tiene en este momento acerca de la realidad.

Palabras habladas. En los sueños, la mayoría de contactos que se establecen son telepáticos. Se suelen decir pocas palabras –por no decir ninguna–. Es por ello que las afirmaciones suyas o de cualquier otra persona en un sueño son cruciales: con mucha frecuencia se trata de la auténtica clave del sueño. Por lo general, cualquier cosa que usted comente en el sueño en voz alta es de máxima relevancia, algo que usted, en el fondo, se está diciendo a usted mismo; así que debe prestarle toda la atención del mundo.

A veces sucede que el primer comentario es su respuesta a algún aspecto, circunstancia o situación de su vida: la respuesta que usted da constituye lo que *verdaderamente* piensa acerca de ese aspecto.

Timbres que suenan. El teléfono, el timbre de la puerta, el despertador, el interfono o cualquier tipo de sonido semejante a una campana que aparezca

en el sueño tiene por cometido llamar su atención sobre lo que se está diciendo o lo que se va a hacer inmediatamente. No es más que una forma de
recalcar la importancia de esa parte concreta del sueño; por ello es por lo
que debe estar muy atento a lo que vaya a pasar de inmediato.

Las personas que aparecen en sus sueños. Desde un punto de vista
general, toda persona, animal o cosa que tome parte en uno de sus sueños
simboliza algún aspecto de usted mismo: puede tratarse de la parte más variable de su carácter, del comediante que lleva dentro, de la figura paterna o de
su propia naturaleza animal. Al mismo tiempo, la acción que realiza le muestra cómo actúa y se relaciona usted con cada uno de estos fragmentos de
usted mismo. (Nuestra respuesta a estos símbolos representados por seres
vivos suele ser negar la parte menos amable de nosotros mismos o, al menos,
renegar de ella.) Anote cualquier conflicto que se suscite e intente, a su vez,
mentalizarse de que *todo lo que le está diciendo el sueño es decisivo para usted.*

Significado

Una vez que haya acabado el análisis de los símbolos y de las palabras clave, se
halla ya en disposición de decidir qué trata de decirle el sueño. Antes de seguir
adelante, considere los tres elementos principales que componen un sueño:

- *Sensaciones* (al despertar)

- *Acción principal* (quién hace qué y a quién)

- *Escenario general* (casa, salud, carrera profesional, etc.).

Examínelos detenidamente; averigüe en qué punto se adecuan a su pregunta
onírica, a su problema actual o a su estilo de vida presente, y de qué forma.
Para comprender mejor de qué trata el sueño, puede ayudarse de la pregunta de su sueño o de su diario. Si es necesario, repase el sentido que le atri-
buye al escenario general del sueño por si hay todavía claves ocultas o algo
que se le haya pasado por alto.

Habrá días en que los símbolos encajarán con facilidad en la hipótesis que
usted formula y en que el significado no tarda en hacerse claro, pero también
puede suceder que haya alguna palabra o frase importante que se le resista.
En casos así, no se precipite: analice detenidamente el posible significado,
tómese para ello todo el día si fuera necesario; se trata de que ese mismo día
alcance alguna conclusión acertada sobre el sueño. Consulte los posibles significados que este mismo libro le ofrece y, *en el caso* de que uno le parezca el
correcto, utilícelo; si no es así, continúe la búsqueda, pues seguro que el *significado* que se le resiste le está *esperando* en algún lugar. Sólo usted puede
interpretar correctamente sus sueños, así que *confíe en usted mismo.*

Una vez que se haya dedicado concienzudamente a analizar la acción, el escenario general, la gente, las palabras clave y los posibles objetivos que el
sueño alberga, será necesario que redacte qué cree usted que quiere trans-

mitirle el sueño. Si no está seguro de ello, guíese por la intuición: se trata sólo de que escriba una afirmación general acerca del significado más acertado que tiene para usted el sueño.

Resumen

Después de escribir el significado del sueño –algo que siempre es de gran ayuda para aclarar nuestra manera de pensar–, es aconsejable finalizar la tarea con un breve resumen –puede ser una simple frase afirmativa– para consultar a lo largo de nuestras reflexiones del mes. Este resumen nos servirá también como pozo de ideas para nuestras meditaciones personales.

Título

Si ya ha alcanzado el sentido del sueño, será fantástico darle un buen título, como si de una película se tratase. El título le ayudará a recordar mejor todo el sueño en general y le ofrecerá un punto en el que agarrarse en la interpretación o sobre el que meditar en futuras investigaciones.

Tomar una decisión

Sirve de muy poco descubrir el mensaje que encierra un sueño si no lo vamos a utilizar para nada. Los sueños son un sistema muy importante de autoayuda destinado a inspirar, iluminar y enriquecer su vida; pero si no aplica los conocimientos que revelan, perderán toda su fuerza. Cuando trabaje sobre sus sueños, pregúntese cómo va a utilizar las revelaciones que le brinda el sueño. Piénselo detenidamente, no lo deje de lado; tome finalmente una decisión al respecto y escríbala.

Aplicación

El siguiente paso consiste en aplicar lo que ha aprendido. Puede que en este punto del proceso necesite nuevos objetivos o afirmaciones sobre cómo va a enfocar las cosas de ahora en adelante, o quizá una nueva lista de posibles proyectos de futuro, que puede anotar en una agenda como «Cosas que tengo que hacer».

Seguir adelante

Hágase la firme promesa de no abandonar, de seguir adelante hasta el final; anote los pasos que considere necesario dar para llevar a cabo esta idea.

RETOQUES FINALES:

- *Grabe nuevos símbolos.* Para anotar nuevos símbolos, utilice el espacio en blanco que este libro destina a ello.

- *Seguimiento semanal.* Repase sus sueños una vez por semana y escoja un día como el de *la versión definitiva*; analice entonces los títulos y los resúmenes. Busque los símbolos y sueños recurrentes, los temas que se repiten o las posibles series de sueños. (La idea que usted tenga de todo ello puede ir variando conforme usted va aceptando determinadas aptitudes de usted mismo e integrándolas en su personalidad.)

- *Repaso mensual.* Examine los sueños del mes para tratar de descubrir posibles patrones comunes, series, temas y aspectos recurrentes. Haga una lista cada mes de los títulos que ha ido poniendo a los diferentes sueños y de los resúmenes que de ellos ha elaborado. Realice un breve compendio de todos los mensajes del mes.

- *Repaso anual:* Haga un examen general de los títulos y resúmenes del año; una vez más, trate de descubrir posibles significados, temas y esquemas recurrentes, y vuelva a elaborar un breve compendio de aquellos mensajes e inclinaciones personales que juzgue más destacados: le servirá como guía general para resolver los problemas del año siguiente.

A primera vista, todo esto parece una tarea muy ardua, pero es de una utilidad tremenda: nos aportará mucha información y, gracias a su amplio radio de acción, obrará importantes transformaciones en usted; no deje de repetirse que ejecutar todo este proceso merece todo el tiempo y esfuerzo que dedique a ello. Sea generoso con usted mismo y, sobre todo, quiérase; pues si no es capaz de quererse a usted mismo, será incapaz de querer a los demás… ¡y de lo único de que se trata en el fondo *es de amar*!

Si adopta esta rutina, estará usando un método que yo utilizo desde hace mucho tiempo y cuya eficacia me la asegura los muchos años de aplicación del mismo: se trata, sin duda, del mejor sistema y del más sencillo que yo haya descubierto hasta hoy para trabajar sobre los propios sueños; mi consejo es que lo utilice con seriedad y precisión antes de empezar a introducir algún cambio en él. Sólo cuando su sistema general de funcionamiento se torne ya un hábito para usted, será cuando pueda estar seguro de no dejarse ningún elemento esencial para el análisis e interpretación de sus valiosos sueños.

Cuando haya trabajado seriamente sobre unos pocos sueños, se familiarizará de verdad con esta necesaria rutina: a partir de ahí, lo único que se necesita es algo que le recuerde los pasos que debe seguir. Al final del presente capítulo encontrará, a modo de ejemplo, un sueño interpretado según los pasos del método que propongo y un esquema general por si le resulta de alguna utilidad.

Le ruego encarecidamente que tenga siempre presente los siguientes pasos, imprescindibles para sacar el máximo provecho de los propios sueños; debe seguirlos *al pie de la letra*:

- Escriba sus sueños.

- Descubra con todos los detalles posibles cuáles son los símbolos.

- Decida un significado para ellos.

- Haga un resumen.

- Reserve una hoja aparte para los resúmenes y títulos del mes.

- Examine sus sueños sobre una base segura.

Esto no sólo le dará una visión general perfecta del contenido del sueño sino que, además, le acercará a su Yo Superior –que siempre le guía con cariño y amor– y le dejará ver algunos destellos del rumbo que sigue su vida y de los objetivos de su propia alma.

Ejemplo de interpretación de un sueño

Fecha: 3 de abril de 1988

Anotación en el diario: «He intentado con todas mis fuerzas escribir en el diario, pero durante toda la semana pasada me he visto constantemente interrumpido, así que me siento muy frustrado por no haber podido hacer demasiado».

Sueño: «Voy conduciendo mi coche por la ciudad y me adentro por un desfile con mucha gente y múltiples cosas; me veo obligado a desviarme a un lado. Acabo aparcando en un sitio en el que tengo la sensación de que está prohibido hacerlo, pero no puedo hacer nada por remediarlo. De hecho, hay un montón de cajas que me impiden el paso. Me digo a mí mismo: "Tengo que salir de ésta como sea"».

Sensación: «Frustración».

Temas: «Conduzco; estoy bloqueado; quiero salir de ahí».

Escenario: «El centro de la ciudad, área empresarial, asuntos materiales, prisas, bullicio, ajetreo. Es el centro de la actividad».

Símbolo más importante: «El desfile».

Lista de palabras clave:

Conducir el coche: «Yo controlo, yo soy quien ha escogido el estilo de vida y la situación en que me encuentro, así que está en mi mano cambiarlo todo».

Centro de la ciudad: «Parte activa de mi vida. Asuntos prácticos y materiales».

Adentrarme: «Hay algo que me impide seguir mi camino, que me impide progresar».

Desfile: «Hay una larga hilera de personas, sucesos, actitudes y aspectos de mí que se exhiben, que son claramente visibles. Hay algo que no puedo pasar por alto, que debo considerar detenidamente. Tengo que pararme un momento y pensar en ello. Me parece que esto también representa el "desfile" de mucha gente que forma parte de mi vida en la actualidad; las visitas, el teléfono y todo tipo de interrupciones en general me impiden llevar a cabo la tarea que más deseo cumplir».

Apartarse a un lado: «Está claro que se refiere a un alejamiento de los objetivos, de las metas trazadas».

Aparcar: «Completamente parado, sin dirección, no hay progreso».

Un lugar en el que no debería estar: «Aviso, no debo permitir que este estado de detención se prolongue, esta situación es anómala. Tengo que hacer algo».

No puedo hacer nada: «No puedo actuar o no voy a hacerlo; nadie me puede ayudar».

Bloqueado: «Así es como me siento: algo bloquea mi progreso, mi vida, y no sé cómo salir de esta situación».

Un montón de cajas: «Hay muchas cosas que me bloquean, límites, barreras que me encajonan; sin embargo, las cajas están vacías, no pesan, se pueden mover fácilmente. Me he quedado bloqueado en una situación de parada por culpa de mis ideas sobre cómo manejar mis asuntos y soy yo quien está permitiendo que esto suceda. Tengo que encontrar una salida, un lugar por el que escapar de esta situación».

Afirmación: «Tengo que salir de esta situación; debo encontrar una salida ahora, no puedo permitir que esto se prolongue ni un minuto más».

Significado: «Estoy permitiendo que alguien me desvíe del camino que me ha de conducir a los objetivos que me he marcado, estoy dejando que esa dificultad me bloquee; permito que me encajonen, limiten, desvíen de mi propósito principal, ya sea por culpa de una forma de pensar equivocada o por dejar que las ideas, las metas y las visitas (desfile) me impidan alcanzar mis objetivos. He deseado de verdad enseñar metafísica y escribir mi libro de sueños, pero ciertos problemas con mi familia y un exceso de llamadas y de visitas de amigos se han interpuesto entre mis metas y yo. Soy consciente de que sigo obcecado en mi afán de tratar de "gustar a la gente", lo cual es debido a mi falta de autoestima. Debo mejorar en este aspecto si quiero encontrar una manera armónica y satisfactoria de salir de esta situación embarazosa».

Resumen: «Me he dejado apartar de mi camino por culpa de mi afán de querer "gustar a la gente". Debo volver como sea al camino correcto».

Título: El desfile.

Decisión: «Debo encontrar la manera de poder dedicar tiempo a acabar esa tarea interrumpida sin dejar de ver a la vez a mis amigos; tengo que hallar el equilibrio entre esos dos aspectos de mi vida: así es como eliminaré la frustración. Debo valorarme a mí mismo y dar por bien empleado el tiempo que dedique a ser creativo por medio de la escritura: ése es el regalo que le hago al mundo. Una manera de ayudar a que esto se haga realidad es comprar un contestador automático. No pienso contestar al teléfono entre las nueve de la mañana y las cinco de la tarde, palabra de honor: así es como pienso respetarme a mí mismo y como voy a atender mis necesidades».

Aplicación:
1. «Esta misma semana voy a comprar un contestador automático».
2. «¡Voy a cumplir este horario de nueve de la mañana a cinco de la tarde sin excepción alguna!».

A continuación:
1. «En la próxima lista de la compra tengo que incluir un contestador automático».
2. «Llamar a un par de amigos para consultarles qué modelo es el que más me conviene».
3. «Hacer saber a mis amigos cuál es mi nuevo horario».
4. «Escribir el horario en el calendario para tenerlo siempre a la vista».
5. «Afirmar con convencimiento:"¡Sé sincero contigo mismo!"».

ESQUEMA ABREVIADO PARA LA INTERPRETACIÓN DE LOS SUEÑOS

Noche. Es preciso: 1. Escribir el diario
2. Formular la pregunta para el sueño de la noche

Mañana. Es preciso: 1. Tratar de recordar
2. Escribir
3. Sensaciones
4. Símbolo principal

SI DISPONE DEL TIEMPO SUFICIENTE, SIGA CON:
1. Tema del sueño
2. Escenario
3. Palabras clave
4. Significado
5. Resumen
6. Título
7. Decisión
8. Aplicación
9. A continuación

Capítulo 9

Trabajando con los símbolos del sueño

Probablemente todos nos hemos preguntado alguna vez por qué soñamos símbolos. La respuesta la encontramos en la frase «una imagen vale más que mil palabras». Un símbolo en un sueño es una imagen que nos muestra, de la forma más sencilla posible, una situación o una emoción que podría necesitar cientos de palabras para ser descrita en su totalidad. Podríamos imaginarnos que los sueños son parecidos a un juego en el que una idea o frase se representa mediante acciones.

De hecho, todos —nos demos cuenta o no— pensamos en símbolos. No entendemos verdaderamente un concepto hasta que tenemos su representación mental; entonces decimos: «Ya *veo* lo que quieres decir» o «Ya me lo imagino». ¿*Veis* lo que quiero decir?

Básicamente, los símbolos nos hacen pensar. Quizá nos habremos dado cuenta de que Jesús transmitió las enseñanzas más importantes mediante parábolas llenas de formas simbólicas, de manera que todas las personas, fuera cual fuera su estilo de vida, hubiera estudiado o no, pudiese entender el significado por sí mismas. Un símbolo verdaderamente pintoresco puede quedarse en la mente durante años, mientras que una conferencia enrevesada se olvida en unos minutos. Fijémonos en el ejemplo de la parte superior de la página siguiente.

SÍMBOLOS UNIVERSALES

Todos nosotros percibimos símbolos a diario. Asociamos el símbolo de la cruz con la religión, los peces con el cristianismo, el león con el coraje, el elefante con la buena memoria y la luz —desde la de una vela a los rayos del sol— con la sabiduría, el aprendizaje, el conocimiento y la comprensión. La publicidad está llena de símbolos y logotipos que nos resultan familiares. De la misma manera, algunos de los nuevos símbolos internacionales son diseñados sin palabras para que sean entendidos por todo el mundo.

SÍMBOLOS NACIONALES

Algunos símbolos, tales como la bandera nacional, la Torre Eiffel, la Estatua de la Libertad, el Big Ben, las pirámides, los tótems, los símbolos tribales indios, etc., son propios de una raza, religión o nación en particular. Los símbolos son una manera rápida de transmitir un mensaje, tanto si «hablamos el idioma» como si no.

EJEMPLO DE SÍMBOLO: UN CARRO DE CRISTAL

A pesar de que tenía el pie roto, había estado trabajando muy duro para poder hacer muchas cosas. Esa noche tuve un sueño en el que sólo aparecía un carro de cristal, uno anticuado, de los que se usan para trabajar en una granja. (El vehículo representa el propio cuerpo o estilo de vida.) Ese símbolo me llenó de angustia.

Me quejé a mi Yo superior: «¿Un carro de *cristal*?». ¡Vaya tontería!

YO SUPERIOR: ¿Ah, sí?

YO: Pero ¿por qué de cristal? ¿Por qué no de madera?

YO SUPERIOR: Piénsalo.

YO: Bueno, un carro de granja sirve para realizar trabajos duros, pero uno de cristal se rompería...

YO SUPERIOR: Muy bien.

CARRO DE *CRISTAL*: vehículo frágil que debe tratarse con cuidado.

Ahora este símbolo me recuerda constantemente que debo tener cuidado con mi cuerpo y evitar sobrecargarme de trabajo.

SÍMBOLOS PERSONALES

Los símbolos personales son aquellos que tienen un significado para nosotros y otro diferente para otra persona. Pensemos en un avión, por ejemplo: cuando alguien me habla de volar, yo pienso en viajar, vacaciones, libertad y alegría; para un piloto comercial, puede ser simplemente la rutina de trabajo; para algunas personas puede conllevar miedo porque temen volar; para otras, puede representar el nerviosismo y la excitación de saltar en caída libre o de pilotar su propio aeroplano, una fumigación aérea, un incendio, un deporte...

Los símbolos personales pueden estar llenos de juegos de palabras que, a menudo, usan nuestras frases o clichés favoritos, tales como «hace que me suba por las paredes». Entonces, si soñamos con conducir el coche subiendo por una pared, seguramente diremos: «Ése sí que fue sin duda un sueño *tonto*».

Los juegos de palabras en los sueños, aunque están muy generalizados, son difíciles de conseguir. Las monedas, por ejemplo, pueden significar cambio –un cambio pequeño o muchas variaciones en la vida de uno– y no tener nada que ver con el dinero. Generalmente, los sueños tienden a jugar con las mismas palabras y el mismo argot que uno usa. Debemos vigilar las frases y expresiones pegadizas, títulos de canciones, libros y películas, así como cualquier juego de palabras, como que «cultivable» signifique «culpable» o que «arma» quiera significar «alma».

Puede haber muchos nombres sugestivos; «el señor Malhumorado» puede representar nuestro estado de ánimo; otros apellidos como Molinero, Gamo, Sastre o Herrero, además de otros más o menos sutiles, pueden definir algún aspecto de nuestra persona.

Algunos símbolos pueden disponer de más de un significado. El fuego puede querer decir que estamos «quemados» por algo, pero puede representar también la calidez, el confort, algo que se está cociendo, la desinfección, la transformación, la purificación, el miedo o una fiebre atroz. Para escoger la decisión correcta entre estas posibilidades, necesitamos recordar cómo nos sentíamos con ese fuego; lo conseguiremos cerrando los ojos durante unos momentos y retrocediendo mentalmente en nuestro sueño. Debemos aprender a usar el propio sentido común más que a depender de un libro o una persona. De nuevo, nuestra recomendación es *¡confiemos en nosotros mismos!*

SÍMBOLOS CAMBIANTES

De vez en cuando podemos encontrarnos con un símbolo que cambia y cuya representación pasa de un objeto a otro o de una persona a otra. Este tipo de transición significa a menudo cómo una persona, cualidad o característica puede conducirnos a otra; también designa a veces la conexión entre un tipo de actitud o acción y sus efectos últimos. Puede desvelar las relaciones o las causas entre una acción y otra, y demostrar cómo una cosa, cualidad o actitud –si continuamos por ese camino– podrá provocar otras situaciones o problemas que ni queríamos ni esperábamos. Unas veces las transiciones indican lo que es probable que pase, mientras que otras nos enseñan cómo provocar un cambio en una situación desagradable que nos lleve a otra de nuestro agrado.

Por ejemplo, es posible que soñemos que estamos hablando con alguien a quien consideramos amable y cordial, pero que después de tomar una copa o dos se convierte en un lobo gruñón o en un oso viejo y refunfuñón. ¡Esto podría perfectamente indicar lo que nos ocurre a *nosotros* cuando bebemos! Así que vigile atentamente estos símbolos cambiantes para ver qué dirección toman los acontecimientos.

Los objetos en los sueños pueden ser sencillamente descriptivos y pretender enseñarnos algo; si es así, actúan como si se tratara de calificativos para describir el símbolo, la acción o los sentimientos principales. Debemos poner especial atención en los sentimientos cambiantes y las emociones que de éstos derivan.

SÍMBOLOS AMPLIADOS

Cualquier elemento que aparezca ampliado en el sueño, por norma general, ha sido acentuado o exagerado para darle importancia. Por ejemplo, una taza de café muy grande puede estar sugiriendo que tomamos demasiado café. De la misma manera, cualquier cosa desproporcionada en tamaño o forma sería un énfasis sobre el objeto o la situación para que prestemos nuestra atención al hecho de que está desequilibrada y necesita corregirse, ajustarse o adecuarse.

SÍMBOLOS EXCEPCIONALES

Generalmente, hay un símbolo excepcional en todos los sueños. Una buena costumbre es dibujarlos o escribirlos en los márgenes de nuestro diario o en algún sitio especial de fácil acceso, ya que son importantes y a menudo llegan a ser reiterativos.

SIGNIFICADOS ARBITRARIOS

Debemos ser cautelosos con los libros sobre sueños que nos ofrecen significados tópicos como «las arañas significan mala suerte» o «los osos significan hibernación». Podría ocurrir que así fuese, pero podría también tener una docena de significados distintos. Un oso puede simbolizar algo que tenemos que soportar, nuestra autoridad, la paciencia, algunos hechos ocurridos, el mal temperamento, el mal aliento, etc., según el resto del sueño. El punto principal es: *¿Qué significa para nosotros?* Cuando trabajemos con los símbolos de los sueños, debemos pensar en qué asociamos con esa palabra, qué recuerdos, sentimientos, ideas, sentimientos de culpabilidad o experiencias nos evoca. Debemos preguntarnos: ¿Cómo relacionamos esto con lo que hemos pensado, sentido, programado o hecho últimamente?

Hay que ser consciente de que los sueños suelen estar relacionados con los hechos y problemas del día anterior, a menos que hayamos formulado una pregunta específica. A menudo sugieren maneras nuevas y creativas para saber cómo afrontar situaciones o señalan la causa principal o cualquier factor que juegue un papel importante en una dificultad actual.

Raramente soñaremos con cosas que dominamos, aunque sí con las áreas de nuestra vida que más necesitan una reorientación por nuestra parte. La mayoría de los sueños nos cuentan nuestros problemas, metas, estado de salud o preocupaciones físicas con el propósito expreso de conducirnos a niveles altos de plenitud y perfección. La práctica regular de la meditación nos ayuda muchísimo en estos procesos, especialmente en el crecimiento espiritual y en la memorización de los sueños.

MANERAS NUEVAS DE TRABAJAR CON NUESTROS SÍMBOLOS

Cada símbolo de nuestro sueño —ya sea una persona, un objeto o una situación— *representa una parte de nosotros mismos*, aunque no seamos capaces de descifrarlos. El sueño hace una afirmación sobre nosotros, nuestras actitudes, hábitos y relaciones con el resto del mundo. Las únicas excepciones serían las personas que hemos *programado* para que se representen a ellos mismos, sus amigos y posesiones (véase el capítulo «*Gente*»).

A veces un símbolo parecerá que desafía cualquier intento de interpretación. Cuando no estemos seguros de qué significa una palabra o una frase, debemos intentar el proceso de *renombrarlo*: se trata de sustituirla por palabras o frases que signifiquen lo mismo, de reformular la frase de manera diferente. Por ejemplo, el «escalón inferior» puede ser el primer escalón, el último escalón, el escalón del principio, un escalón pequeño, un escalón que sube o incluso un escalón que nos lleve a donde queremos ir. Hay que intentar jugar con las palabras y las frases, divertirnos con ellas y mantener un toque inteligente y de sentido del humor a todas horas.

Cuando un símbolo es particularmente elusivo, podemos usar diferentes hojas de papel para escribir todos los significados posibles, sus asociaciones, sentimientos y conexiones que se nos ocurran para ver si una o más de esas definiciones son adecuadas. Tenemos que recordar que los sentimientos dan vida y claridad a los símbolos, así que tendremos que usar nuestras habilidades lo mejor que podamos.

TRUCOS

Cuando se nos escape por completo el significado de un símbolo, debemos cerrar los ojos e imaginar el objeto tal como era en el sueño; hay que darle la vuelta, mirarlo desde todos los ángulos; incluso abrirlo y observar el interior. Esta práctica puede aportarnos nuevas y sorprendentes perspectivas. Podemos intentar incluso hacer un esbozo del símbolo, pues a menudo nos puede ayudar a establecer contacto con su significado.

PROCESO DE AMPLIFICACIÓN

Si todo eso falla, intentemos, con los ojos cerrados, hablar mentalmente con el símbolo. Preguntémosle: «¿Qué estás haciendo en mi sueño? ¿Qué quieres decirme? ¿Qué representas?».

Experimentemos la unión con el símbolo. Por ejemplo, si es un violín, mentalmente podemos *convertirnos en el instrumento* y luego preguntarnos: «¿Cómo me siento?». ¿Atractivo? ¿Creativo? ¿Alegre? ¿O enfadado, usado, despreciado y agotado? Lo importante es ponernos en contacto con nuestros sentimientos *reales*, los que ese símbolo representa. Otro método es preguntarse:

- ¿Qué significa para mí?

- ¿Con qué significados lo asocio?

- ¿Cómo me siento por ello?

Después de cada pregunta, debemos relajarnos y permitir que la mente subconsciente nos hable: hemos de frenar las preguntas que nos vengan a la mente y simplemente sentir. Después escribiremos nuestras impresiones y reflexionaremos sobre ellas para ver si, desde el interior, nos proporcionan una respuesta positiva. Lo importante es ser receptivo a nuevas ideas, posibilidades e impresiones, estar atento y no bloquear la entrada durante el proceso de preguntas.

Si todavía nos sentimos inseguros, podemos probar con un diccionario normal o con un diccionario enciclopédico para significados adicionales. Nos proporcionarán posibles interpretaciones o, como mínimo, sugerencias para intentar encontrar significados *que nos resulten útiles*.

Habrá ocasiones en que nada nos parecerá adecuado; tendremos que dejar entonces a un lado la parte que no entendemos y continuar meditando sobre su significado a ratos durante todo el día. A menudo, cuando menos lo esperemos, aparecerá la respuesta.

COMPARTIR SUEÑOS CON OTRAS PERSONAS

Cuando parece que nada funciona, incluso después de agotar todas las asociaciones que se nos ocurran, podemos intentar hablar del sueño con un/a amigo/a de confianza que sea comprensivo/a. Con frecuencia, otra persona puede ver aspectos o hacer consideraciones que nosotros seríamos incapaces de descubrir. Compartir los sueños con otras personas, ya sea a solas o en grupo, supone una de las mejores maneras de aprender cómo interpretar los sueños.

LOS PENSAMIENTOS SE CONVIERTEN EN REALIDAD

Nuestros pensamientos son mucho más importantes de lo que nos han enseñado. Son, por naturaleza, totalmente creativos. Si insistimos en decir o pensar cosas como «ese pesado me da dolor de cabeza», la vida nos garantiza que en unos pocos días tendremos dolor de cabeza o de garganta, tortícolis o cualquier circunstancia similar directamente relacionada con el pensamiento que teníamos en mente (y que, por tanto, hemos construido nosotros mismos).

James Allen afirma: «Somos lo que nuestros pensamientos nos han hecho ser. No podemos escapar del resultado de nuestros pensamientos». El gran Edgar Cayce solía remarcar: «La mente es quien construye» (lectura 1.436) y añadía: «Los pensamientos se convierten en realidad» (lectura 1.562-1).

De hecho, los pensamientos que tenemos en mente dan forma a lo que puede verse mediante la clarividencia. Incluso aquellos de nosotros que no tengamos esta facultad, podemos llegar, al menos, a sentirlos. Estos pensamientos provocan las circunstancias de nuestra vida. Si no nos gusta el mundo tal como es, tenemos que cambiar la forma de pensar. Muchas de las corrientes ideológicas englobadas en el movimiento New Age ponen énfasis en este punto; pero ya en un principio Jesús dijo: «El hombre es aquello que piensa con el corazón». ¿Qué pensamientos han cruzado nuestra mente durante el día? ¿Qué tipo de mundo estamos creando? ¡Nuestros sueños nos lo mostrarán!

En nuestros pensamientos no todo es bonito. Cuando caemos en pensamientos de odio, rabia, avaricia y negatividad, creamos formas que permanecen en nuestras auras. (Lo que proyectamos vuelve a nosotros y eso es lo que a menudo vemos en nuestros sueños.) Algunas de las situaciones desagradables que nos aparecen en los sueños son nuestros propios pensamientos de odio que hemos construido a lo largo del tiempo. Cuanto más insistimos mentalmente en un pensamiento de miedo, más grande, fuerte y sólido se vuelve. Si no paramos, corregimos, purificamos, perdonamos o borramos esos pensamientos, a la larga tomarán apariencia física y se manifestarán en nuestras vidas como una experiencia amarga. La mente es una herramienta muy poderosa.

Nuestros sueños intentan mostrarnos exactamente lo que estamos creando mediante una constante representación de los resultados de nuestros pensamientos, miedos, prejuicios, expresiones cariñosas, maneras de actuar o reaccionar... Por esta razón, nuestro diario debería reflejar al menos una parte de lo que hemos estado pensando y sintiendo durante el día. Al plasmar esas ideas sobre papel, entendemos mejor el tipo de pensamientos, objetivos, emociones e ideales que nos traen los sueños. Entender este proceso facilita sobremanera la interpretación de los sueños.

El objetivo final es conseguir controlar nuestro viaje espiritual por encima de nuestro cuerpo físico, emocional y mental de manera que únicamente puedan prevalecer los pensamientos positivos. Los sueños pueden ayudarnos a alcanzar el objetivo que pretendemos con sólo señalar las actitudes erróneas; nos proporcionan una perspectiva más alejada que hará que desaparezcan de manera saludable los miedos y las emociones dañinas. Nuestro diario, nuestros pensamientos y nuestros sueños estarán fuertemente entrelazados.

Si estamos muy interesados en nuestro viaje espiritual, los sueños y el diario, junto con los objetivos claramente definidos, acelerarán en gran medida nuestro paso. El crecimiento espiritual no ocurre de manera espontánea, sino que se desarrolla directamente a partir de los pensamientos, objetivos, ideas, deseos y esfuerzos diarios. Sin objetivos no hay progreso.

SÍMBOLOS RECURRENTES

Algunos sueños recurrentes están enraizados en nuestra vida pasada, aunque la mayoría de ellos son un intento de enfatizar un problema que no hemos resuelto todavía, una situación que hemos estado evitando o un mensaje que todavía no hemos captado. Es importante que investiguemos en nuestro interior para aprender qué, cómo o por qué.

En mis propios sueños, las cajas han sido un símbolo recurrente muchísimas veces. Finalmente he aprendido que, para mí, representan obstáculos, bloqueos y limitaciones que *yo he permitido* que obstruyeran mi camino. La pregunta que debo hacerme es *por qué*. Normalmente, la respuesta la encontramos en algún tipo de miedo a lo desconocido o a lo que podría ocurrir si yo llegara a cumplir lo que deseo; o quizá en otras inseguridades que he permitido que llegaran hasta mi pensamiento. Las cajas representan comportamientos viejos, titubeantes o desacertados que interrumpen mi progreso.

Aprendemos a tiempo que un sueño no nos da —no puede darnos— todas las respuestas, pero que una serie de sueños sí pueden hacerlo. Por eso es necesario revisar y volver a pensar en los sueños de vez en cuando, especialmente si los mismos símbolos insisten en aparecer. Ésa es una señal segura de que un problema requiere nuestra atención.

Algunos símbolos se usan repetidamente para representar nuestro progreso, crecimiento o maduración. Por ejemplo, en lo que a la salud se refiere, podemos soñar con un automóvil que represente nuestro cuerpo en condiciones muy precarias, con los parachoques abollados, la pintura que se desprende y quizá algunas partes oxidadas. A menudo se nos muestra que el vehículo fue fabricado el año en que nacimos para enfatizar que simboliza nuestro cuerpo y no nuestro estilo de vida —que puede ser muy moderno—. Entonces, si empezamos a hacer ejercicio, tomar vitaminas, vigilar la dieta y, generalmente, empezar a cuidar más nuestro cuerpo, veremos cómo el coche tiene cada día un mejor aspecto hasta que, finalmente, puede parecernos nuevo, o incluso haberse convertido en un Mercedes o en un Rolls Royce.

El estado de nuestra mente normalmente está representado por cualquier tipo de edificio. Podemos observar que empezamos viviendo en una cabaña de troncos y que, poco a poco, vamos añadiendo gradualmente habitaciones y mejorándola hasta que tenemos un edificio verdaderamente bonito. De cualquier manera, esto puede llevarnos unos cuantos años, así que no nos daremos cuenta a menos que hagamos nuestra revisión y resumen de sueños de vez en cuando, de modo que consigamos tener una visión global de la evolución de las representaciones oníricas.

Capítulo 10

Sueños lúcidos

Vivimos nuestra verdadera existencia cuando estamos despiertos en sueños.

THOREAU

A primera hora de la mañana, cuando nuestros cuerpos están totalmente descansados, nuestra conciencia pasa de las fases de sueño más profundas a las fases superiores del nivel alfa; entonces dedicamos más tiempo a soñar. Después, cuando nos estamos despertando, cerca de la frontera entre el alfa y el beta, nos damos cuenta de las incongruencias de nuestros sueños y, de repente, somos conscientes de que *estamos soñando*.

En un instante, todo se vuelve más *lúcido*, claro y mucho más fácil de entender: razonamos con más claridad, actuamos rápidamente y dominamos la situación que se nos presenta. Misteriosamente, también somos capaces de cambiar el guión o de escribir de nuevo la escena, hacer que las cosas sucedan de acuerdo con nuestros deseos más nimios. Parece que estamos en un mundo nuevo donde nuestras facultades no tienen límites.

A veces, esta situación dura sólo uno o dos segundos antes de volver al sueño normal. Otras, sin embargo, puede continuar hasta que nos despertamos por la mañana. En principio, para mantener este estado de lucidez se requiere un sentido de equilibrio y de conciencia. Muchas personas no han experimentado nunca un sueño lúcido; otras, sólo en raras ocasiones. No obstante, existen individuos que tienen frecuentemente sueños lúcidos largos y hacen excursiones a otros planos de la existencia.

El doctor Stephen LaBerge, del Centro de Investigaciones Oníricas de la Universidad de Stanford, en California, define los sueños lúcidos como «una capacidad humana que apenas explotamos pero que dispone de un gran potencial para el autoconocimiento». Además, remarca que aprender a soñar lúcidamente es como «tener un laboratorio personal o un patio para poner a prueba nuevos comportamientos y maneras de ser». Describe la lucidez como un «estado mental ampliado» (Rubin).

Los maestros tibetanos y místicos de otras culturas siempre han sostenido que *soñar de verdad* –como a veces también se le llama– es un nivel de alta conciencia espiritual, un lugar donde la sabiduría y el conocimiento se pueden ampliar; es decir, que se trata de un camino para llegar hasta el estado más deseado. Por fortuna, la lucidez es una habilidad que se puede enseñar y aprender; si alguno de nosotros quiere saber más, puede, sin duda, profundizar en ello. Hay muchas maneras de mejorar nuestras oportunidades de tener sueños lúcidos, como también de prolongar estas experiencias.

BASES PARA TENER SUEÑOS LÚCIDOS

Los requisitos más importantes para soñar con lucidez parecen ser los siguientes: una mente bien disciplinada y gran capacidad de concentración. La gente que nunca ha aprendido a concentrarse tiene menos posibilidades de reconocimiento y de mantenerse lúcido, y tiende a vivir sueños *confusos*. Aquellos que disponen de una autodisciplina moderada probablemente tendrán momentos lúcidos, pero muy pocas veces los podrán retener. Sólo una mente bien disciplinada será capaz de contar más frecuentemente con sueños claros y lúcidos; así podrán cruzar la puerta de Dios y entrar en otras dimensiones.

Charles Leadbeater declara en su libro titulado *Sueños* que «para que una persona coseche, en su conciencia despierta, el beneficio de lo que su ego ha aprendido durante el sueño, es absolutamente necesario que tenga el control de sus pensamientos, que domine todas las pasiones inferiores y que armonice su mente con los entes superiores». Como base para cualquier tipo de progreso espiritual se recomienda practicar regularmente el yoga, hacer ejercicios corporales o utilizar otras técnicas que requieran disciplina mental. Trabajar con los sueños y descifrar sus mensajes es otro tipo de entrenamiento mental.

EL PLAN DE ACCIÓN

Si alcanzamos el punto en el que nos damos cuenta de que estamos soñando y empezamos a movernos hacia el tan deseado estado de lucidez antes de haber desarrollado un plan de acción, probablemente caeremos en el sueño normal. Los soñadores lúcidos con experiencia programan su mente para obtener una curación o una respuesta a una pregunta concreta, para rezar, meditar, tener experiencias espirituales y alcanzar determinados deseos. Están preparados y a la espera de conseguir que la mayoría de sus oportunidades se conviertan en sueños lúcidos, ya que saben que poseen las condiciones para un gran progreso mental y espiritual. Tal como dijo un soñador lúcido, «me di cuenta de la presencia de Dios y, de repente, sentí una gran alegría».

El plan personal de acción debe incluir:

- El anhelo de conseguir la iluminación espiritual, la unión con Dios, la curación, la transformación, el aprendizaje o la superación de los problemas y de los miedos.

- Una tarea, acción o pregunta predeterminada, o una experiencia relacionada con el anhelo anterior. Poner esto en forma de afirmación o poema y repetirlo antes de ir a dormir nos ayudará a recordarlo con más facilidad. Puede que prefiramos anotarlo y repetirlo durante el día para que quede grabado en nuestras mentes.

- Respeto por el proceso lúcido como una experiencia que se aprende y que eleva el espíritu. Debemos tener ganas de enfrentarnos y cooperar con los símbolos de los sueños.

Al recuperar esa lucidez, primero debemos concentrarnos en un símbolo fijo para estabilizarla y, después, en nuestro propósito final.

DETERMINACIÓN

A menudo, las ganas de tener un sueño lúcido ayuda a precipitarlo, sobre todo si repetimos esta petición cuando nos estamos durmiendo. Muchas veces es necesaria una preparación mental, emocional y espiritual para esa experiencia, sobre todo si nunca hemos experimentado un sueño de este tipo. Podemos empezar por afirmar que estamos buscando un significado verdadero, un encuentro que nos inspire; a continuación, debemos escribir las peticiones o decir a nuestra mente subconsciente que estamos plenamente decididos a correr esa aventura. Tenemos que aclarar nuestros objetivos y fortalecer nuestras intenciones.

AFIRMACIÓN

Debemos repetirnos durante el día: «Esta noche tendré un sueño lúcido», «Hoy quiero ser consciente de que estoy soñando» o «Esta noche soñaré y seré consciente de ello». Tenemos que encontrar la frase que más nos convenga y repetirla durante el día, sobre todo antes de acostarnos. Si nuestro objetivo es conseguir la iluminación más que correr una aventura, probablemente se cumplirá.

En la página siguiente podemos encontrar un resumen de unos ejercicios que podemos hacer cada día para incitar el sueño lúcido. Puede que estos ejercicios sean suficientes para muchos principiantes. Sin embargo, para aquellos que están buscando una iluminación espiritual profunda y más consciente de lo que nos ocurre, a continuación tienen unas palabras del libro *El cuerpo astral*, de A. E. Powell:

«Antes de acostarnos, deberíamos tomar la decisión de hacer algo práctico en el plano astral, como, por ejemplo, auxiliar a alguien que tiene problemas, usar nuestra voluntad para mandar fuerzas a un amigo que se siente débil o que está enfermo, tranquilizar a alguien que está inquieto u otras actividades similares […]; a menudo, en el mundo físico recibimos indicaciones de que hemos alcanzado resultados con ellas».

El señor Powell afirma que si llevamos a cabo estas acciones, pasaremos del estado de sueño normal al plano astral o lúcido. Además, añade que tenemos que llevar a cabo «un esfuerzo firme y persistente para hacer desaparecer la neblina interior [...] decidirnos a hacerlo cuando abandonamos el cuerpo para despertar y ver [...] o hacer algo de provecho». Da mucha importancia a «pensar en cosas superiores y nobles antes de dormirnos [...]. La lucidez debería de ser practicada regularmente por aquellos que deseen controlar sus sueños».

EJERCICIOS DIARIOS PARA CONSEGUIR SUEÑOS LÚCIDOS

MEDITACIÓN. Obligarnos a meditar profundamente cada día, con amor y devoción, con el propósito de buscar una luz más intensa.

PUESTA EN PRÁCTICA. Decidirnos a llevar el tipo de existencia que vivimos en los sueños y en la meditación.

PRÁCTICA DE LA OBJETIVIDAD y de la AUTOOBSERVACIÓN a lo largo del día; cuanto más mejor.

AMABILIDAD. Practicar la amabilidad y ser una persona atenta con los demás todos los días.

REPETIR el deseo de tener un sueño lúcido de forma regular durante el día.

PREGUNTARSE con frecuencia: «¿Estoy soñando?»; después, hacer algo para asegurarnos de que estamos despiertos.

EJERCICIO. Trabajar vigorosamente cada día para conseguir un sueño profundo.

EVITAR las bebidas fuertes y cualquier tipo de droga, incluso los fármacos que no hayan sido recetados.

EJERCICIOS PARA ANTES DE ACOSTARNOS

1. Escribir un diario de sueños de forma fiel para reflexionar, evaluar, fijar objetivos y ponernos al día.

2. Fijar un objetivo claro para tener un sueño lúcido y decidir por adelantado qué nos gustaría hacer cuando lo consigamos. Esto es *muy importante*.

3. Antes de acostarnos, leer literatura que inspire o que eleve el espíritu.

4. Situarnos en el estado espiritual más alto que podamos alcanzar antes de dormirnos, a través de la oración, de la meditación o de ambas.

5. Acordarnos de estar atentos a las incongruencias de nuestros sueños.

6. *Tomar la decisión* de volar en sueños esta noche.

7. Repetir que queremos volvernos lúcidos al dormirnos.

RECONOCER EL ESTADO PRELÚCIDO

Un paso clave para reconocer el estado prelúcido, el cual nos asegura prácticamente la lucidez, es una actitud predeterminada de vigilancia analítica y crítica. Debemos decidirnos a reconocer cualquier suceso extraño, incongruente o absurdo que pueda hacernos conscientes de que estamos soñando.

A menudo percibimos señales que nos avisan de que la lucidez se está acercando. La más común es la de la sensación de volar o de flotar. Cuando percibamos *esta señal*, tenemos que decirnos: «*Debo de estar soñando*» y movernos hacia una claridad y conocimiento mayor. Es decir, nos estamos dando cuenta de que soñamos.

Otra señal que a menudo se nos aparece es la de soñar que estamos durmiendo (reconocer que estamos dormidos) y despertarnos en el sueño. Otra vez, ésta es nuestra señal de que nos estamos dando cuenta de que estamos soñando.

En otras ocasiones, una luz brillante, blanca o dorada nos indica la posible llegada de la lucidez. Si los objetos adquieren un color más brillante o, simplemente, modifican su aspecto externo sin aparente sentido, también es una señal inequívoca de que hemos conseguido un estado receptivo a la lucidez.

De hecho, cualquier acontecimiento que no se ajuste a los hechos reales puede hacer que nos demos cuenta de que estamos soñando. Debemos hacer que nuestro subconsciente esté pendiente de estas señales, y continuaremos soñando a pesar de percibir fenómenos absurdos. Entonces, tendremos que programar rigurosamente nuestro subconsciente hasta que reciba el mensaje.

Un símbolo personal puede que sea la visión de un gran camión que vuela; quizá sea hablar con un difunto, flotar, volar, caer, conducir un coche que no nos pertenece o la visión de un acontecimiento extraño e inusual. En el momento en que nos encontremos en un estado de consciencia del sueño como tal, podemos empezar a sospechar que la lucidez se acerca.

Cualquier cosa que aumente nuestra percepción del sueño como tal puede ser nuestro símbolo de prelucidez. Si anotamos mentalmente *estos símbolos especiales,* probablemente todo funcionará bien. En el caso de que descubramos muchos, debemos apuntarlos para que nos sirvan como futuras referencias. De este modo veremos que nuestro *vocabulario* de símbolos aumenta día tras día.

EL ESTADO SEMILÚCIDO

Existen muchos grados de lucidez y día tras día se están descubriendo más e investigando mejor. Uno de ellos es el estado semilúcido; en él, podemos experimentar una luz más intensa, un punto de sensibilidad emocional más alto y una claridad más profunda de nuestra mente, todo ello sin ser del todo conscientes de que estamos soñando. Una buena prueba para saber qué grado de conocimiento y lucidez hemos conseguido es intentar volar. Dejemos que el acto de volar sea la prueba y la afirmación de reconocimiento en el sueño.

DESPERTARSE EN EL INTERIOR DEL SUEÑO

Puede que esto ocurra dentro o fuera del estado semilúcido y a menudo precede al estado lúcido completo.

ACERCARSE AL ESTADO LÚCIDO

El estado lúcido es tan claro, racional y vivo como el de vigilia, y por eso a veces resulta muy difícil distinguirlos. Sin embargo, una vez que nos hemos percatado de que estamos soñando, parece que nos movemos hacia un conocimiento más alto. Todo se vuelve excepcionalmente claro y muchas veces hay un sentido de inquietud o de emoción más profunda, ya que percibimos más luz, colores más brillantes y un espacio mucho más amplio. Tanto la vista como las ideas y los sonidos se experimentan con mucha intensidad.

Cuando esto ocurre, sabemos que hemos alcanzado un estado de lucidez y que tenemos que decidirnos a mantener el equilibrio entre el contenido del sueño y el conocimiento consciente sin que ello nos devuelva al sueño normal o, simplemente, nos despierte. Para mantener la concentración, debemos establecer una referencia estable; normalmente se tiende a escoger las propias manos o alguna otra parte de nuestro cuerpo, lo cual permite mantener la lucidez. A menudo es necesario seguir estos consejos con mucha concentración para realizar lo que hayamos programado cuando alcancemos el estado lúcido.

Una vez que hayamos conseguido concentrarnos, podemos cambiar la orientación y el contenido del sueño. Puede que encontremos la solución a un problema, formulemos preguntas, superemos obstáculos, descubramos nuevas maneras de hacer cosas, inventemos algo u obtengamos ideas, alternativas o inspiración. Podemos pedir ayuda, curación o una experiencia espiritual. Puede que visitemos Júpiter, Neptuno o las pirámides de Egipto. Controlaremos el Universo. Nos tendremos que acordar, sin embargo, de que debemos mantenernos centrados, estar en paz y reafirmar nuestros propósitos para cuando alcancemos el estado lúcido.

PROLONGAR LA LUCIDEZ

En el libro de Carlos Castaneda *Un viaje a Ixtlan*, su profesor le enseñó el delicado arte de soñar; le recordó, primero, que «cada vez que miramos algo en sueños, le cambiamos la forma. El truco no sólo consiste en mirar las cosas, sino en sostener su visión». (Otra vez la concentración.) Más tarde sugiere que para poder hacer esto uno necesita centrar su atención en las manos como punto de partida y después orientarla hacia otros objetos. «Si sólo echamos una ojeada, las imágenes no cambian», afirma.

Existe una tendencia constante a combinar los símbolos de los sueños, lo cual nos lleva de vuelta al argumento del sueño o nos acerca al estado de vigilia. Por esta razón es muy importante que mantengamos un balance equilibrado entre la vigilia y el sueño. También es preciso que, a su vez, seamos capaces de distinguir claramente entre nuestra persona y las imágenes de los sueños: hay que *mantener una distancia* respecto a ellos. Por eso tenemos que mirarnos las manos o un punto de nuestro cuerpo hasta que nuestra identidad en el estado de lucidez sea firme y nosotros *sepamos* tenerlo todo bajo control.

APRENDER A ESTAR LÚCIDOS

Ken Kelzer, un psicoterapeuta y ávido soñador lúcido, dice que «el sueño lúcido es la metáfora perfecta para el conocimiento del alma humana hacia un estado más alto de consciencia» (Kelzer 1978).

Una parte importante del sueño lúcido es ser capaz de enfrentarse y aceptar partes o rasgos nuestros que hemos rechazado, de los que hemos renegado o que no podemos aceptar. En nuestros sueños (o pesadillas), sobre todo cuando oscurece, vemos aparecer gente amenazadora; intentamos escapar despertándonos en lugar de enfrentarnos a lo desconocido o hacer las paces con esta misteriosa dimensión que forma parte de nosotros. En el sueño, las peleas y los conflictos simbolizan muchas veces una lucha con nuestro consciente o con rasgos que nos resistimos a aceptar. Por decirlo de algún modo, debemos enfrentarnos a nosotros mismos.

Carl Jung declara (Jung, 1961) que «una persona no siempre puede pensar y sentir lo correcto, lo verdadero y lo bonito; y mientras intenta mantener esta postura ideal, todo lo que *no se corresponde* con esto es automáticamente reprimido». Son estas partes reprimidas o desconocidas y de las que renegamos tan a menudo con las que tenemos que enfrentarnos y trabajar. Por ejemplo, los solteros intentarán reprimir todas sus necesidades sexuales, porque están fuera de lugar o no son aceptadas socialmente. Reconocer en nuestros sueños estos sentimientos como parte esencial de nosotros mismos no significa que tengamos que ser promiscuos, pero nos permitirá aceptarlos abiertamente para que podamos trabajar con ellos con honestidad y definir, así, medidas apropiadas, como ejercicio físico u otros medios aceptables para aliviar estas presiones.

Es importante recordar que lo estamos controlando todo y que es deseable que saquemos provecho de lo que nos ocurre en los sueños en vez de escapar o elegir despertarnos. Recordemos que los sueños son oportunidades para incrementar nuestras capacidades y descubrir nuevas alternativas para nuestros problemas. El doctor LaBerge cree que las experiencias y emociones experimentadas durante nuestros sueños lúcidos tienen efectos reales en nuestras condiciones mentales y psíquicas; reconoce que un sueño lúcido es un tipo de modelo de trabajo a través del cual podemos poner a prueba una gran variedad de ideas y alternativas. Podemos enfrentarnos y superar nuestros miedos, solucionar los problemas complejos e incluso iniciar procesos curativos dentro de nuestros cuerpos. La lucidez parece que nos abre mundos nuevos enteros por descubrir y parece que las posibilidades son infinitas. Desde la plataforma de la lucidez, podemos tener visiones o experiencias espirituales y religiosas, curar y hacer viajes fuera del cuerpo, por nombrar sólo algunas de las posibilidades. En este campo, la investigación acaba de empezar.

Experiencias fuera del cuerpo

No es muy habitual pasar del estado lúcido a una experiencia fuera del cuerpo. A veces esto ocurre sin tener el control consciente —de repente, nos encontramos en una ciudad diferente, en otro estado, en otro país o incluso en otro planeta—. Mientras los colores sean brillantes y nuestras percepciones, claras, sabemos que estamos en un estado lúcido y, *si queremos*, podemos controlar la acción desde ahí.

Algunas veces es agradable salir a dar una vuelta para ver lo que está pasando. Es posible que nos encontremos en países extranjeros, entre costumbres diferentes, y que probemos comidas exóticas. Una vez más, nuestros deseos tienden a predeterminar el escenario, tanto si lo conocemos como si no.

Supongamos que estamos perplejos por algo y queremos entender cómo funciona y con qué principios se rige. Nos deben mostrar, detalle tras detalle, exactamente aquello que hemos deseado saber. ¡En sueños todo es posible! Por otra parte, si siempre hemos querido ir, por ejemplo, a Egipto, puede que de repente nos encontremos allí sin tener el control de nosotros mismos y que inesperadamente estemos de vuelta a casa. Tratemos de recordar que tenemos el control. Al más mínimo deseo de volver al cuerpo... ¡zas! ¡Ya estamos allí!

ELIMINAR OBSTÁCULOS PARA LA LUCIDEZ

Si ha intentado alguna vez tener un sueño lúcido y ha fracasado en el intento, puede que sea necesario formular algunas preguntas clave en su diario para descubrir cuál es el problema. Pregúntese cómo y por qué está bloqueando estos sueños espirituales y qué puede hacer para inducirlos.

ALCANZAR LA LUCIDEZ

Uno de los aspectos más difíciles en los sueños es conseguir estar alerta en todo momento y conocernos lo suficiente a nosotros mismos para identificar las incongruencias que nos ayudan a darnos cuenta de que estamos soñando. Nos ayudará mucho programarnos persistentemente para este reconocimiento; de este modo, al despertarnos, podremos *detectar* como mínimo una docena de incongruencias que nos hubieran pasado inadvertidas. Debemos tener estos símbolos en la mente: nos van a resultar muy útiles.

Los soñadores lúcidos aseguran que alcanzan ese estado durante las primeras horas de la madrugada, entre las cinco de la mañana y la hora habitual de despertarse. Lógicamente, éste es el mejor momento para que los principiantes practiquen el arte de soñar con lucidez.

Para intentar conseguir esta experiencia lúcida justo al acostarnos, es mejor que elijamos alcanzarla una mañana en la que podamos dormir un poquito más; recuerde que debemos repetirnos a nosotros mismos que queremos conseguir esa iluminación. Por la mañana, cuando estemos a punto de despertarnos pero todavía no hayamos alcanzado la vigilia —es decir, cuando estemos medio dormidos—, debemos pararnos y repasar el sueño que acabamos de vivir. No debemos despertarnos del todo, pero sí prolongar este estado de *semidormidos*. Si no nos podemos acordar del sueño, no pasa nada: intentemos acordarnos de lo que nos ha quedado claro, mantenerlo en la mente y revivir todos los sentimientos que lo acompañaban. Debemos recoger todas las incongruencias que puedan haber sido avisos de prelucidez. Después, con el contenido del sueño en la mente, podremos reconstruir el sueño en nuestro consciente, pararnos en la primera incongruencia y decirnos: «Sé que estoy soñando».

A partir de este punto, debemos empezar a reconstruir el sueño de una manera positiva y provechosa. De esta forma estaremos practicando el arte de alcanzar la lucidez onírica y puede que nos encontremos soñando de verdad antes de que el ejercicio haya finalizado. Si no es así, habrá otras oportunidades. En realidad, cualquier momento en que nos despertemos por la noche es bueno para ponerlo en práctica. Posiblemente, la persistencia nos traerá beneficios.

Un camino para conseguir la lucidez es soñar con volvernos a dormir inmediatamente después de habernos despertado. Si estamos relajados, volver al estado de sueño es relativamente fácil. Todo lo que hay que hacer es dirigir nuestros pensamientos mientras nos estamos durmiendo hacia los temas en los que deseemos *profundizar*; recuerde que controlamos todo lo que nos ocurre. Es muy fácil cruzar la fina línea que separa este estado del de vigilia: si no estamos centrados, es muy fácil despertarse. Intentemos, de forma apacible, mantener nuestra conciencia bajo control.

ALGUNOS TRUCOS

Muchos soñadores lúcidos «expertos» creen que la práctica de meditación durante 10 o 15 minutos después de despertarse, durante las primeras horas de la madrugada, es muy productiva, puesto que se alcanza con cierta facilidad el estado de lucidez, especialmente cuando hemos preparado nuestra mente para ello.

Una manera muy simple de estimular el sueño lúcido es usar como un trampolín para despegar las técnicas generales de incubación de sueño descritas en el capítulo siguiente. Posiblemente tendremos que practicar estas técnicas por lo menos durante tres días o más si queremos obtener buenos resultados.

Otra manera de desencadenar la lucidez es intentar programarnos para volar o flotar mientras estamos incubando el sueño. Le sugiero que lo practique durante tres días como mínimo. De todos modos, cuanto más practique, mejores oportunidades tendrá de obtener buenos resultados.

Otra técnica que podemos practicar es la de beber muchos vasos de agua antes de irnos a dormir; de este modo, tendremos que levantarnos durante la noche. Después, al volver a la cama, podemos intentar llevar a cabo alguno de los ejercicios propuestos. Si nos volvemos a dormir, no pasa nada; pero mientras tanto, estaremos disfrutando de algunos momentos para practicar la manera de solucionar nuestros problemas en el sueño o el estado de semisomnolencia.

Es preferible probar con diferentes técnicas hasta encontrar la que mejor nos funcione; de todas maneras, sea cual sea la técnica que utilicemos, debemos acordarnos de grabar todos los símbolos prelúcidos personales que descubramos.

PUNTOS DE CONTROL FINAL

La lucidez suele aparecer normalmente cuando:

- realmente deseamos y *esperamos* tener una experiencia lúcida (siempre, eso sí, con determinados objetivos espirituales);
- trabajamos con respeto y usamos el material que nos proporcione el sueño;
- meditamos profundamente con regularidad;
- nos observamos y observamos con objetividad regularmente nuestras reacciones ante los sucesos de la vida;
- desprendemos amor profundo, confianza y atención a los demás;
- estamos dispuestos a enfrentarnos con figuras y situaciones que aparezcan en el sueño, e
- intentamos mantener nuestra conciencia despierta al dormirnos.

De nuevo, debemos probar cuál de estas prácticas nos resulta más eficaz; sin embargo, es conveniente que trabajemos una de ellas por lo menos una vez a la semana. Sea cual sea la técnica utilizada, debemos anotar los resultados en nuestro diario.

¡Que los sueños nos traigan mucha sabiduría!

MIS SÍMBOLOS PRELÚCIDOS PERSONALES:

_____

_____

_____

_____

_____

_____

_____

_____

_____

_____

_____

_____

_____

_____

_____

_____

_____

_____

_____

_____

Capítulo 11

La exploración profunda de los sueños

Puede que las circunstancias nos sean desfavorables, pero no tienen por qué seguir así si perseguimos un ideal y nos esforzamos por conseguirlo. Sin ideales no podemos viajar a nuestro interior y permanecer en paz.

JAMES ALLEN

Una vez dominados los conceptos básicos del trabajo con sueños para obtener información y consejo, podemos desear ampliar nuestros horizontes con técnicas adicionales para obtener información específica y moldear nuestras capacidades para interpretar los sueños.

Impulsar sueños claros y con significado es un arte. El doctor Richard Goldwater, psiquiatra, declara que «los sueños son como las hadas: no aparecen si no creamos para ellas un lugar apropiado» (Barasch). Las investigaciones en el campo de los sueños que se han llevado a cabo en la Asociación para la Investigación e Iluminación, han concluido que soñamos con más frecuencia y que los sueños tienden a ser más claros y más constructivos si días antes se ha practicado la meditación. Los resultados son incluso mejores si ésta se ha llevado a cabo regularmente; si hemos puesto en práctica lo aprendido, los sueños resultan con más frecuencia claros, específicos y de gran ayuda.

INCUBACIÓN DE SUEÑOS PARA OBTENER INFORMACIÓN ESPECÍFICA

Existen algunas técnicas que podemos llevar a cabo para ayudar a armonizar nuestras mentes y obtener información específica siempre que sea necesario. Uno de estos procedimientos es la incubación. La técnica de incubación de sueños que se describe a continuación es una variación del método que fue descrito por primera vez por Gayle Delaney en su libro *Viviendo tus sue-*

ños (Delaney 1979). La doctora Delaney ha hecho grandes contribuciones en el campo de los estudios de los sueños, y su trabajo es altamente recomendado para aquellos que deseen profundizar en esta materia.

TÉCNICAS PARA LA INCUBACIÓN DEL SUEÑO:

1. Poner la petición debajo de la almohada para dormir literalmente «encima de ella».

2. Hacer algunos cambios a la hora de dormir, como, por ejemplo:

   - Dormir en un lugar diferente; por ejemplo, en la habitación de los huéspedes o en el recibidor. Si no es posible, podemos simplemente cambiar la posición de la cama.
   - Utilizar ropa de cama especial (nuestras mejores sábanas, un saco de dormir, una funda de satén para la almohada o una almohada especial).
   - Usar ropa de dormir que no utilicemos normalmente (camisones, pijamas, nuestra camiseta favorita, etc.). En el caso de que durmamos desnudos, deberíamos vestirnos con cualquier pieza de las citadas anteriormente.
   - Encender una vela perfumada, quemar incienso o poner flores fragantes en la cama antes de ir a dormir.

3. Tener tiempo suficiente para escribir el sueño entero y los sentimientos que nos ha provocado, antes de salir por la puerta precipitadamente como cada mañana.

4. Tener muy claro que no vamos a rechazar un sueño por muy irrelevante, corto o tonto que parezca. (Siempre parecen tontos a primera hora de la mañana.)

5. Tener el diario de sueños preparado y a mano por si aparece la respuesta.

6. Repetir la petición mientras nos estamos durmiendo.

Empecemos por recordar los detalles de nuestras preocupaciones actuales. Debemos anotarnos los ingredientes principales. Por ejemplo:

- ¿Cuándo empezó el problema?
- ¿Cuál fue la causa?
- ¿Cómo lo hemos atajado hasta ahora?
- ¿Cómo nos sentimos?

- ¿Cómo se podría solucionar?
- ¿Qué nos gustaría que ocurriera?
- ¿Cómo se acopla este problema a los objetivos de nuestra vida?

Mientras hacemos todo esto, tenemos que ir preparando el terreno en nuestro diario para ideas nuevas que se nos ocurran o intuiciones que nos asalten. Cuando ya tenemos el tema general del problema, debemos escribir detalladamente la petición. Acto seguido, podemos reescribir el sueño de la manera más breve posible para recordarlo con más facilidad. Cuantas menos palabras, mejor. También lo podemos poner en forma de poema o mantra. Es conveniente que encontremos el método que nos resulte más útil.

A continuación, debemos encontrar la manera de que nuestra petición nos quede grabada en la mente. Podemos elegir cualquiera de las sugerencias que se encuentran en esta página.

Para obtener mejores resultados debemos utilizar los pasos del uno al seis y hacer las variaciones que nos convengan. Probablemente encontraremos que las técnicas para la incubación de sueños son muy útiles para peticiones concretas y ocasiones especiales, pues si las usamos mucho ya no serán tan efectivas.

TRABAJAR LA TEMÁTICA DE LOS SUEÑOS

Parece que muchos soñadores tienen un tema principal que siempre se repite; todas las acciones son una variación de este tema, tal como podemos encontrar en el sueño que he descrito anteriormente, donde el argumento entero se centra en el desfile. Otros sueños pueden tener temas más complejos; por ejemplo, puede que en la primera parte del sueño se desarrolle una determinada acción mientras que en la segunda suceda otra distinta. También es posible que aparezcan una serie de escenas y acciones tan diferentes y sin ningún tipo de relación aparente entre ellas que haga que no estemos seguros de si hemos tenido un sueño o más de uno con temas diferentes.

EL SUEÑO MULTITEMÁTICO

Cuando empecemos a trabajar con el sueño multitemático, anotaremos los sentimientos y, después, extraeremos cada tema por separado con una breve afirmación que describa cada segmento. Por ejemplo:

Tema 1: Estoy conduciendo rápido y con dificultades.
Tema 2: Veo cómo un hombre choca contra un muro.
Tema 3: Alguien está agitando un arma y disparando a todo el mundo.
Tema 4: Alguien está enfermo y quiere morir.

Una vez extraídos estos temas, hay que volverlos a unir, porque estos sueños nos indican cómo ciertos objetos, situaciones o acciones conducen a otros.

En el tema 1, el que sueña se ve a sí mismo conduciendo su coche (conduciéndose a sí mismo) rápido y con dificultades.

En el tema 2, ve que alguien choca con una barrera. Esta persona representa un aspecto suyo que:

- Se dirige a un muro porque es demasiado exigente consigo mismo.
- Se crea barreras y limitaciones a sí mismo y bloquea su progreso porque no tiene tiempo para pensar en las cosas.
- Se causa sus propios problemas.
- Todas las anteriores.

En el tema 3, alguien dispara a todo lo que ve. Disparar podría significar «irse de la lengua», hablar mal de alguien, una explosión de temperamento o la pérdida de control. El soñador no se reconoce como ese alguien.

En el tema 4, alguien está enfermo. Esto podría significar que:

- Algo de su persona está enfermo debido a su comportamiento.
- Un modelo de comportamiento puede conducir a enfermedades físicas.
- Todas las anteriores.

Si el soñador obtiene todos estos símbolos, podría significar que:

- Se exige mucho a sí mismo.
- Se provoca sus propios problemas y se bloquea, pero no se reconoce culpable.
- Habiéndose impuesto límites físicos, mentales o emocionales, pierde el control de su temperamento y hiere a los demás sin ser consciente de su culpabilidad.
- Está enfermando durante el proceso.

La decisión final se tendría que tomar en función de si el soñador reconoce su comportamiento o continúa pensando que se trata de otra persona.

Si necesitamos alguna pista sobre el significado de un sueño, podemos dirigirnos al siguiente apartado. Allí obtendremos preguntas que nos interpelarán y conseguirán que nos demos cuenta de aspectos que puedan ser de gran utilidad.

Una vez que hemos probado todos estos caminos para llegar a comprender nuestro sueño, si seguimos sin llegar a una conclusión de lo que el sueño nos quiere transmitir, podemos intentar escribir lo que significa para nosotros e ir tirando de momento con esta interpretación. Debemos tomar una decisión y continuar como si fuese la verdadera. Puede ser que estemos en el buen camino. Mientras tanto, juguemos mentalmente con los símbolos durante el día: intentemos indagar en otros posibles significados. Al tiempo que ponderamos nuestro sueño, probablemente descubriremos capas más profundas. Si los sueños han sido correctamente interpretados, deberían tener sentido en la situación existencial actual y ayudarnos a hacer cambios constructivos. Probablemente nos estén indicando cómo son las cosas o cómo las percibimos, pero nunca nos desilusionarán. Debemos recordar que originariamente los sueños son espirituales y que están ahí para ayudarnos –*nunca* para bloquearnos o para criticar–, así que no debemos dejar que los sueños nos desanimen.

Los sueños suelen aparecer en serie: exponen una determinada situación una y otra vez de manera diferente hasta que saquemos el entresijo. De todas maneras, no nos interesa permanecer indecisos, dubitativos, expectantes sin hacer nada. Debemos darnos tiempo para anotar nuestra interpretación, incluso cuando no estemos seguros. Después tendremos que decidir cuándo pondremos en práctica lo que hayamos descubierto. Si no acertamos, obtendremos una corrección o una reorientación. Lo que queremos evitar es la terrible costumbre de no llegar a ninguna conclusión, ya que ésa es la manera en que la mente consciente nos dice: «¡No quiero enfrentarme a esto!».

PREGUNTAS PARA ACLARAR LOS SUEÑOS

1. ¿Cuál es el tema o la acción principal del sueño? (Es decir: ¿Quién hace qué y a quién?) ¿Estamos involucrados? ¿En qué medida?
2. ¿Qué importancia tiene el sueño?
3. ¿Quién lo controla?
4. ¿Qué tipo de sueño es? ¿Simbólico? ¿De percepción extrasensorial? ¿Físico?
5. ¿Expresamos nuestros sentimientos? ¿De manera adecuada?
6. ¿Tocamos a alguien? ¿Trató alguien de entrar en contacto con nosotros? ¿Nos acercamos o huimos de ellos?
7. ¿Cuál es nuestra mayor preocupación existencial actualmente?
8. ¿Guarda el sueño algún tipo de relación con nuestras preocupaciones?

Seamos conscientes de las maneras de que disponemos para intentar evitar un tema o para engañarnos a nosotros mismos repitiéndonos que no entendemos algo. Es un viejo truco de nuestra mente. ¡No nos dejemos engañar!

EXTRAER MÁS INFORMACIÓN DE LOS SUEÑOS

He descubierto que cuando alguien está estudiando una materia en particular o está leyendo algo difícil de entender, cabe la posibilidad de pedir intuición, conocimiento o comprensión al autor o al universo, y conseguir la información que necesitamos a través de los sueños. Algunas veces puede que nos responda el autor en persona.

Nuestras aventuras en los sueños son algo parecido al espejo mágico de *Alicia en el País de las Maravillas*, ya que nos pueden llevar a lugares maravillosos donde correr aventuras interesantes.

He aquí algunos ejemplos de preguntas que podemos formularnos:

- ¿Estoy inspirado para mi última pintura, poema, historia, invención, etc.?
- ¿Cuál es la causa del problema que ha surgido entre...   [nombre de la persona] y yo?
- ¿Cuál es la lección que debo aprender?
- ¿Qué progresos espirituales he observado en mí hasta la fecha?
- ¿Qué tipo de progreso tendría que imponerme?
- ¿Cuál es la causa de mi enfermedad, heridas, sufrimiento, etc.?
- ¿Cuál es la causa de mi problema de peso?
- ¿Por qué tengo miedo de...   [la causa]?
- ¿Por qué no me gusta...   [nombre de la persona]?
- Enséñame una manera mejor de tratar a...   [nombre de la persona].
- ¿Qué me está bloqueando [aspecto de sí mismo]?

Sin duda, se nos pueden ocurrir más preguntas a medida que vamos avanzando: éstas nos darán un empuje para explorar el maravilloso mundo de los sueños teniendo al genio a nuestro alcance para solucionar problemas que vayan surgiendo en nuestro camino.

Otro paso sería dirigir la pregunta o la petición a nuestro yo soñador, como, por ejemplo:

Yo soñador, por favor, enséñame nuevas ideas y maneras agradables de prosperar. Muchas gracias.

o...

Yo soñador, por favor, enséñame lo que tengo que hacer para mejorar mi salud. Muchas gracias.

En este tipo de temas, sería mejor que repitiésemos la pregunta durante una semana como mínimo e incluso durante un mes, si así lo deseamos. Podría proporcionarnos una multitud de ideas e información útil sobre el tema.

Provocar sueños de percepción extrasensorial

De vez en cuando puede que queramos programar o incubar un sueño de percepción extrasensorial, lo cual también es posible. De hecho, casi todo lo que necesitamos saber, siempre que sea dentro del reino de lo que llamamos «nuestros asuntos», se puede preguntar y contestar a través de los sueños.

COMPARTIR LOS SUEÑOS

En el campo de la interpretación de los sueños, nos encontramos con que hablar de sueños con los amigos, familiares o con un grupo de personas que se encuentran con un objetivo determinado, no sólo nos conduce a soñar mejor, sino que también promueve un mejor desarrollo de las habilidades interpretativas. A menudo vemos que otra persona puede percibir una conexión o correlación que nosotros no hemos sido capaces de ver o puede señalar un juego de palabras o un paralelismo con nuestras vidas del que nosotros nunca nos hubiésemos percatado.

Si los miembros de nuestra familia están interesados en los sueños, podríamos alimentar una discusión de sueños mientras desayunamos, para compartir ideas e intuiciones que tengan que ver con problemas familiares, personales o de la comunidad. Mi familia se encuentra dispersada, pero seguimos en contacto por carta o por teléfono, sobre todo cuando nuestros sueños tratan necesidades, problemas, cuestiones de salud o hacen referencia a algún miembro de la familia.

De este modo nos damos cuenta de las necesidades de los demás, incluso si están muy ocupados o si son demasiado orgullosos como para pedir ayuda o apoyo. Es una buena manera de mantener juntos a los miembros de la familia.

Si no es posible compartir los sueños con la familia o esto no forma parte de nuestra manera personal de enfocar los asuntos, podemos hacerlo con un amigo o dos de forma regular o encontrarnos cada semana con un grupo de personas interesadas en este tema para discutir sobre los sueños. Nos sorprenderá en gran manera ver lo mucho que podemos aprender sobre nosotros mismos de estas actividades. El doctor Montague Ullman, el psicoanalista que escribió el libro *Trabajando con los sueños,* declara que «la gente tiene la necesidad de compartir partes íntimas de sí misma en un contexto social seguro. En grupos donde se trabaja con sueños, la gente aprende que compartir experiencias y descubrir facetas nuevas de uno mismo son los primeros pasos para la comunión fraternal».

En la página siguiente se pueden encontrar una serie de reglas propuestas para trabajar con grupos que comparten sueños.

EL CRECIMIENTO ESPIRITUAL

Los sueños son parte del plan de Dios, nuestro mapa de carreteras para darnos cuenta del gran potencial que poseemos. Los sueños promueven armonía entre nosotros y lo que nos rodea. Aquellos que realmente están interesados en el progreso espiritual pueden obtener grandes cosas a través de los sueños, porque éstos son herramientas que unen el vacío entre la vida física y la espiritual. Representan nuestra línea del amor, la sabiduría y la comprensión. Las preguntas sobre temas espirituales se responden de buena manera. La ayuda se da a quien realmente la busca.

También hay un regalo que podemos hacer en los planos espirituales, tal como he mencionado antes: ofrecernos a ayudar a los demás mientras dormimos. Esta práctica nos va a ayudar a obtener conocimientos, a incrementar la capacidad de crecimiento y comprensión, a acelerar la evolución en todos los sentidos y a desarrollar la lucidez. No hay nada que perder con esta práctica.

Mi mayor esperanza es que nuestras mentes se amplíen mucho y que nuestras vidas se enriquezcan inmensamente trabajando regularmente con los sueños.

¡Que Dios nos bendiga!

REGLAS PARA COMPARTIR SUEÑOS EN GRUPO

1. No tenemos que complicar los encuentros: la comida y la bebida suelen distraernos y nos quitan un tiempo maravilloso.
2. Debemos dejar que las personas traigan escrito su sueño más reciente para compartirlo.
3. Primero hay que compartir los sueños completos e indicar el objetivo o la intención del mismo. Después dejemos que los demás compartan ideas y puntos de vista.
4. Si no podemos descifrar el sueño en su totalidad, podemos trabajar por partes según sugerencias del grupo.
5. Si es necesario, analicemos sólo un símbolo del sueño.
6. Dejemos que el soñador decida si la interpretación es la correcta o no. Después debemos continuar. Nadie puede imponer su opinión.
7. Si hay algún problema, analicemos símbolo a símbolo. Dejemos que tanto la conversación como la acción continúen entre símbolo y símbolo hasta que el significado o la relación sean claros.
8. Si el grupo es numeroso, puede que queramos trabajar solamente una sección de cada sueño de cada persona, para dar a todos la oportunidad de aprender y compartir. (Muchas veces entendemos la mayor parte del sueño, pero aun así hay cosas que se nos escapan.)

SEGUNDA PARTE

Capítulo 12

Los animales

Muchas sociedades respetan y veneran a los animales por sus magníficas cualidades, como la fuerza, el coraje, el ingenio, la agudeza de visión, la rapidez o la precisión; pero las llamadas sociedades «civilizadas» todavía tienden a identificar al reino animal con algo que se explota para conseguir comida, pieles, colmillos, etc. A causa de esto, muchas de las interpretaciones sobre lo que deben simbolizar los animales dependerán de nuestra honestidad y de las características que asociemos a un determinado miembro del reino animal.

Los animales que aparecen en nuestros sueños a menudo simbolizan el instinto, el hábito o la facultad que les atribuimos y que, además, encontramos en nosotros mismos. Esto incluiría tanto a los animales buenos como a los llamados «malos». Los animales pueden simbolizar nuestras cualidades emocionales fuertes, el instinto de supervivencia, nuestra actitud y comportamiento, los impulsos subconscientes o los deseos incontrolados –nuestros deseos y tendencias más salvajes–. También pueden representar nuestros sentimientos y expresiones alegres o desinhibidos, los impulsos naturales y la intuición.

Como a cada animal se le atribuyen determinadas características o peculiaridades especiales, el animal soñado normalmente representa este aspecto de nuestra persona o esa fase de nuestro desarrollo vital. Puede también mostrarnos cómo nos vemos o, más exactamente, cómo nos ven los demás, o un poco de cada.

Los perros y los gatos representan grandes poderes sensoriales y habilidades telepáticas, así como fidelidad, lealtad y un comportamiento disciplinado. A pesar de esto, siempre hay cierto grado de imprevisión en un animal que se debe tener en cuenta, ya que, en ciertas condiciones, pueden volverse malvados y atacar (igual que cualquier persona).

Tanto las personas como las criaturas que aparecen en nuestros sueños representan *casi siempre nuestras* características, cualidades y tendencias, pero ocasionalmente pueden representar una cualidad negativa y posiblemente traicionera de una persona o situación con la que estamos tratando en ese momento. *Puede ser una advertencia*. De cualquier manera, en ese caso estas cualidades animales probablemente aparecerían simbolizadas por un animal doméstico de la persona en cuestión. Si no es así, debemos considerarlo una característica *nuestra*.

Animales corriendo:

Pueden representar nuestros miedos físicos, emociones o cosas de las cuales querríamos alejarnos corriendo.

Manada de animales domésticos: Las ideas, sentimientos, creencias y energías deben ser agrupadas, dirigidas, controladas, guiadas, vigiladas y/o protegidas de influencias externas y de sentimientos negativos. Según el tipo de animal y la acción soñada, puede significar un grupo descontrolado de instintos animales.

Manada de animales salvajes:

Podría representar instintos comunitarios –de grupo–, acciones conjuntas, cooperación, poder en un grupo, una característica o cualidad demasiado presente, un exceso o un tipo de persona o cosa que «merodea» a nuestro alrededor. Debemos considerar si estamos atrayendo a este tipo de gente o de sucesos, qué significan estas acciones conjuntas y cómo nos hacen sentir. Nota: muchas cualidades que son positivas si se ejercitan con moderación pueden llegar a distorsionarse si se ejercitan en exceso. La naturaleza animal puede referirse a este tipo de situaciones, donde la característica en sí misma es buena, pero nos resulta repulsiva cuando se utiliza incorrectamente o en demasía.

Niños o animales jóvenes:

Aparecen a menudo en el proceso de crecimiento y desarrollo, y simbolizan normalmente las cualidades no cultivadas, indisciplinadas o no desarrolladas. *Nota:* a veces los animales jóvenes simbolizan niños.

Rebaño:

Puede representar instintos de grupo (simbolizados por el tipo de animal), consciencia de comunidad, histeria masiva, sumisión a la muchedumbre o actividades de grupo, como ocurre en el símbolo de la *manada*.

ANIMALES DOMÉSTICOS Y DE COMPAÑÍA

Animales de compañía:

Nuestro *propio* animal puede representar un proyecto que nos apetece, molestias que alguien nos causa o incluso algo que nos complace. Claro que también puede representar... la parte animal que todos tenemos. Los sueños pueden avisarnos de un problema de salud u otras dificultades por las que esté pasando nuestro animal antes de que esta situación se manifieste. Si queremos estar seguros de lo que significa, podemos programar nuestra mente subconsciente para que, cuando soñemos, nuestro animal sea siempre él mismo; entonces, cualquier otro animal de compañía que aparezca puede representar nuestras cualidades interiores.

Animales demasiado grandes:

Un animal demasiado grande o con una parte del cuerpo desproporcionada indica un énfasis especial sobre la cualidad que simboliza ese animal.

Animales domésticos:

En general, pueden representar aspectos propios poco formados o nuestros intentos de enseñar, formar y controlar nuestra naturaleza animal.

CONTROL

Intentar *atar* o *colocar una brida* o un *collar* a un animal puede indicar el grado de esfuerzo que necesitamos para controlarnos y disciplinarnos a nosotros mismos, es decir, disciplinar nuestro temperamento. Que un animal lleve un collar o una brida o esté, simplemente, atado, indica que tenemos como mínimo un control parcial sobre la situación que representa el sueño.

Animales corriendo en libertad:

En función de lo que sintamos, puede indicar falta de control o de libertad.

Bridas:

Instrumento de control. Si está en su lugar, la capacidad de amordazar al animal puede indicar el grado de control conseguido. El acto o intento de poner las bridas puede simbolizar la necesidad de tener más control o disciplina por nuestra parte.

Collar:

Puede tener una función decorativa, identificadora o ambas. Significa propiedad, no control (a menos que se trate de una cuerda, cadena o correa).

Correa:

Instrumento de control para las tendencias animales. Si no la sostenemos con firmeza en la mano, puede denotar falta de control o la necesidad de controlar mejor una determinada situación. Estará en función de lo que soñemos y de los sentimientos que despierte en nosotros.

Montar:

Puede indicar el grado de control sobre la acción del animal. Simboliza el dominio que ejercemos en el área representada por el animal que estemos montando.

Riendas:

Bastante parecido al significado de la correa. ¿Quién tiene el control?

Silla de montar:

Una manera de «sentarnos» sobre lo más alto de nuestros instintos animales. El grado de control lo mostraría la acción soñada.

ACCIONES DEL PROPIETARIO

Alimentar:

Fomenta, amplía y mejora las características representadas. Si se trata de una característica que queremos mejorar a través del sueño, ésta es una buena señal; en cambio, si representa una situación con carga negativa, como, por ejemplo, una pelea descontrolada, podría ser una referencia a lo que nos estamos haciendo a nosotros mismos.

Azotes:

Puede indicarnos el intento de ponernos «a raya» o de ejercer más control sobre nosotros mismos; también puede simbolizar la necesidad de ser más disciplinados en el área de la cualidad simbolizada en el sueño. Debemos fijarnos en los sentimientos con los que relacionamos los azotes para determinar si nos estamos «castigando» demasiado o si necesitamos de verdad disciplinarnos.

Bañar a un animal:

Puede implicar la necesidad de limpiar nuestros actos, o bien de aclarar algunas condiciones o de desinfectar algún aspecto de nuestra persona (de una ofensa o de una carga negativa, por ejemplo).

Esquilar:

Puede tener varios significados. Puede sugerir la necesidad de recortar, dar forma o «limpiar» los rasgos o hábitos simbolizados, o que debemos prestar más atención a nuestro aspecto exterior, según el propósito del sueño. Puede representar el anhelo de conseguir el máximo beneficio de la cualidad simbolizada por el animal o podría ser que alguien «nos dejará pelados» o «desplumados».

Existe también la posibilidad de que éste sea un símbolo para que «recortemos» nuestro peso en general o alguno de los excesos que comete nuestra dimensión animal.

Marcar el ganado:

Puede representar propiedad. Quizá simbolice que hemos hecho señales en nuestra vida para identificarnos a nosotros mismos o a los demás. También puede indicar posesión.

Peinar o cepillar:

Nos indicaría que estamos dando a nuestra cualidad animal el amor, atención y cuidados que necesita; también representa el intento de mantener esas características bien cuidadas. Puede ser que esos atributos de nuestro aspecto nos gusten y que intentemos fomentarlos. El peinado también puede simbolizar que deseamos conseguir lo máximo tanto de nuestras faltas como de nuestras capacidades.

Vallar un terreno:

Que el animal esté encerrado podría indicar que existe algún tipo de control sobre un determinado rasgo o puede decirnos que lo hemos restringido en un área. Tenemos que jugar con esa idea para ver si la valla es una protección, una restricción o un problema.

REFUGIOS

Caseta del gato:

También conlleva un significado que debemos reconocer. Podría referirse a «salir a ligar» o, si tenemos gatos juguetones en casa, puede referirse a las ganas de divertirse. ¡Quizá debamos jugar más!

Caseta del perro:

Puede significar que tenemos problemas, que no estamos en armonía con un compañero o amigo; o que nos están castigando o condenando al ostracismo.

Corral de cerdos:

Es otro símbolo con más de una interpretación. Normalmente lo asociamos con hábitos descuidados, insensibilidad, apatía o suciedad, entre otras cosas. Los cerdos a menudo son equiparados con la gula y generalmente con un comportamiento repulsivo e inaceptable. Un *corral de cerdos* puede traernos a la mente la historia del Hijo pródigo, la vida en una granja o cualquier otro recuerdo relacionado con la vida en el campo. Debemos fijarnos en lo que un corral de cerdos significa para nosotros. Preguntémonoslo y dejemos que la respuesta aparezca por sí misma en nuestra mente.

Cuadras:

Pueden simbolizar un lugar o un estado de nuestra conciencia donde mantenemos las características animales y las alimentamos, protegemos o descuidamos. También puede ser un refugio o un encierro, o tal vez podría, en nuestra mente, estar fuertemente conectado con nuestra infancia, los juegos e incluso con la experiencia sexual, según los sentimientos y las asociaciones que ese sueño nos provoque.

Esta misma idea serviría para otros refugios de animales.

Edificio sin ventanas:

Podría insinuar que estamos cerrando los ojos ante algo, o que estamos en un punto muerto y no vemos la salida a la situación, que buscamos protección para que no nos vean, que nos escondemos. También representa que una persona intenta, mediante subterfugios deliberados, esconderse (quizá de ser visto, quizá para cazar a otra persona).

Zoológico:

Puede significar la libertad limitada, la cautividad o el encierro de nuestra parte más animal, de los instintos naturales, de las cualidades, de los talentos y de las habilidades que simbolizan los animales que podemos ver en un zoológico.

GATOS

Los gatos son intuitivos, instintivos, reservados, indiferentes, telepáticos, provocativos, independientes, a veces despreocupados, furtivos, orgullosos, curiosos, sensuales, tranquilos, poco cooperadores, caprichosos y juguetones. Pueden representar cualquiera de estas cualidades o todas ellas, así como también el rencor y la malicia. Puede que simplemente simbolicen miedos escondidos o recuerdos agradables y amistosos, según la experiencia y las asociaciones que haga la persona que sueña. Por ejemplo, conozco una encantadora y decorosa esposa de un ministro —ya abuela— que, con la mera visión de un gatito pequeño e indefenso, chilla horrorizada. No se acuerda de haber tenido ningún problema con los gatos durante su vida actual, pero recuerda que, en una vida pasada, había sido pasto de los leones en el tiempo de los romanos. Para ella, un gato de cualquier tamaño representa miedo, horror y una muerte dolorosa. Debemos preguntarnos cómo nos hacen sentir los gatos, y recordar que son nuestros sentimientos los que determinan las definiciones que aquí ofrecemos.

Hay que considerar con mucho cuidado la situación del sueño e interpretarla junto con nuestros sentimientos personales y con lo que hemos asociado a los gatos, para determinar de este modo qué instinto, ya sea total o parcialmente reprimido, representa.

Camada:

Puede significar desorden o alboroto.

Caja vacía de gatitos: No tenemos dónde ir. No hay salida para dejar escapar nuestras emociones felinas.

Cachorros:

Puede que las características propias de los gatos sean de poca importancia al principio, pero se harán más y más grandes; podrían representar nuestras recién nacidas habilidades psíquicas.

Garras:

Potencial para herir a otros, incluso en el juego. Necesidad de ser más cuidadoso con las palabras y con los hechos.

Gato callejero:

Puede simbolizar la naturaleza nocturna, la intuición, las ansias de ligar, las habilidades físicas, la capacidad y actividad sexuales, la promiscuidad, la falta de moral y, en general, poco gusto.

Gato de porcelana:

Atractivo. Puede simbolizar que estamos orgullosos de nuestro comportamiento o que deseamos presumir de manera libidinosa. Es una indicación de que creemos que ésa es la manera elegante, quizá femenina, de ser. Es un indicio de que poseemos características «felinas» y de que estamos orgullosos de ellas.

Gato desconocido:

Representa las características que no reconocemos u observamos en nosotros pero que debemos vigilar atentamente. Pueden ser buenas, malas o buenas y malas a la vez.

Gato despertándose:

Simboliza que se nos está despertando la naturaleza de gato, que estamos adquiriendo las características de lo que asociamos a ellos. Representa la posibilidad de adquirir poderes psíquicos o intuitivos.

Gato dormitando:

Puede significar que dormir un ratito de vez en cuando podría resultarnos positivo. También puede simbolizar que estamos «dormidos» o no nos damos cuenta de nuestra faceta más negativa y rencorosa.

Gato juguetón:

Puede significar que necesitamos dejar sueltos nuestros instintos juguetones o quizás que jugamos demasiado, según la acción que llevemos a cabo en el sueño y los sentimientos que despierte en nosotros. Podría representar cómo utilizamos nuestra naturaleza o características «gatunas» para jugar.

Jugando con un ratón: Representa las burlas, el terror, los miedos. Puede simbolizar que estamos usando nuestra superioridad, posición o influencia para herir, manipular o forzar a otros a obedecer. En tal caso, el sueño nos dice que jugueteamos con los sentimientos y las emociones de las personas y disfrutamos con ello. También podría ser una alusión a cómo nos sentimos por la manera en que nos tratan.

Gata que tiene o ha tenido gatitos:

Podría indicar un aumento de nuestras cualidades maliciosas, que pueden ser o no favorables. De tal palo, tal astilla.

Grupo de gatos:

Todos se parecen. Podría indicar que nuestras propias características maliciosas afectan a otras personas y sacan a relucir esas mismas características en ellos. También puede simbolizar que atraemos a las personas maliciosas.

Nuestro gato:

Representa las características «gatunas» que reconocemos en nosotros y asumimos que son nuestras. Se trata de las peculiaridades que poseemos de las que somos conscientes.

Pasos felinos:

Se trata de una aproximación suave, un tacto dulce, un trato cuidadoso; podría representar que estamos intentando que no nos vean ni nos oigan. Se asocia a lo secreto.

PERROS

Según la simbología de los sueños, todos los animales domésticos representan aspectos parcialmente inducidos o suavizados de nuestra personalidad, a menos que el animal pertenezca a otra persona. En ese caso, representa las características del dueño. Debemos tener en mente *esta posibilidad* cuando interpretemos los símbolos asociados al perro. Hace falta un examen cuidadoso para saber con precisión qué significa el perro para nosotros; para ello, es conveniente analizar tanto el contenido del sueño como las características, aspectos y facultades que más relacionamos con ese animal.

Podemos notar una gran diferencia entre las asociaciones que establecemos respecto a un animal grande y a uno pequeño, a un animal de compañía (que conocemos) y a otro callejero (desconocido), etc.

Los perros también pueden representar otros aspectos, como apostar a las carreras, seguir los pasos de alguien, que alguien nos acosa para hacer algo o la conciencia que nos presiona.

Nuestro perro:

Representa un aspecto de nosotros mismos parcialmente domesticado o sin formar completamente que reconocemos como propio y que intentamos controlar o educar. Es conveniente detectar las características especiales que creemos que tiene nuestro perro y hacer una lista de ellas para referencias futuras. Si trabajamos sobre los sueños recurrentes, éstos, cada cierto tiempo, nos enseñarán el progreso que hacemos *en esta área*.

Perro amigo:

Representa la lealtad, la protección, el coraje, la compañía y la fidelidad, así como otras características que podamos observar en ese perro en particular. ¿Qué sentido le hemos dado a estas cualidades?

Perro amigo que se convierte en enemigo:

Puede estar advirtiéndonos de que un amigo está o se volverá contra nosotros, de que alguien cercano nos traicionará; no podemos confiar en él.

Perro del vecino:

Un vecino significa algo cercano a nosotros, así que las características que asociemos con ese perro representan algo con lo que tenemos que convivir o que tenemos que escuchar o mirar a menudo. Las características probablemente sean nuestras, pero no las reconocemos como tales. (Las carencias que observamos en los demás son las nuestras; por eso nos molestan tanto.)

Perro desconocido:

Representa los instintos animales y características que no reconocemos como nuestras, pero a las que debemos enfrentarnos.

Perro doméstico:

Puede representar una costumbre, hábito o característica indisciplinada o molesta de nosotros mismos que no queremos abandonar. Acariciar o alimentar a un perro que tiene alguna característica especial sería fomentar el crecimiento continuo de esa característica en nuestro interior.

Perro enemigo:

Si un perro nos hubiera mordido o asustado, ese animal representará el miedo, la traición, el dolor y la pérdida, así como cualquier otro sentimiento fuerte que asociemos con los perros. Tenemos que fijarnos en cómo nos hemos enfrentado a nuestros miedos.

Perro molesto:

Para el portero, el basurero o incluso para el vecino, los perros pueden significar frustración, molestias e inconvenientes, según la experiencia de la persona que sueña. Para estas personas, los perros representan sentimientos incontrolados o no deseados de frustración, posiblemente miedos reprimidos que no se han tratado adecuadamente; todo depende del contexto del sueño.

ACCIONES REALIZADAS POR LOS PERROS

Agitar la cola:

Expresión de amor, placer, alegría, diversión, entusiasmo y aprobación.

Cachorros juguetones:

Acciones incontroladas, falta de madurez o disciplina. Puede ser un indicio de que deberíamos ser más juguetones.

Enterrar un hueso:

Puede significar que estamos intentando esconder algo a los demás, quizá un hábito perjudicial o algo que no queremos que sea visto. Puede haber un juego de palabras con «enterrar» el hacha de guerra y nuestros resentimientos y rencores. Puede ser una manera de indicarnos que enterrando heridas y rencores sólo los apartamos temporalmente pero no los eliminamos por completo de nuestra vida.

Estropear o romper algo:

Puede significar el daño que nuestros hábitos descontrolados nos están produciendo a nosotros mismos y a los demás.

Gruñir:

Estamos demasiado a la defensiva y nos irritamos con los demás. Todo ello a causa de nuestros miedos e inseguridades.

Ladrar:

Puede representar nuestra costumbre de ladrar a las personas, en vez de hablarles con amabilidad; también puede simbolizar que «ladramos» a la hora de dar órdenes. Puede significar que nos quejamos mucho y sin motivo de las condiciones que nos rodean o que molestamos a los demás, ya que nos caracterizarían los malhumores habituales.

Morder a alguien:

Puede indicarnos que estamos echando broncas a los demás, que les estamos hablando bruscamente o que intentamos abarcar mucho más de lo que podemos.

Morder la mano que le da comida:

Posiblemente, la orientación o tendencia a morder o cortar, ya sea mental, física o emocionalmente, representa la relación con la persona que nos sirve o nos cuida. Simboliza una falta de respeto, gratitud o amor hacia esa persona. Si es *nuestro perro*, puede significar que no nos queremos, cuidamos o respetamos lo suficiente a nosotros mismos. Quizá somos nuestro peor crítico y nuestro peor enemigo.

Morder o roer algo:

Puede representar algo que nos corroe, o quizá que hemos mordido a alguien al hablarle sobre algún tema. También puede reflejar alguna área de nuestra vida dañada por nuestra falta de disciplina, o mostrarnos cómo nos estamos haciendo daño, castigándonos o lastimándonos a nosotros mismos. Debemos fijarnos atentamente en el objeto que está siendo mordisqueado. ¿Es algo que tenga valor para nosotros? ¿Cómo lo estamos devaluando? ¿Cómo nos estamos infravalorando a nosotros mismos? ¿Nos esforzamos por cambiar la situación?

ACCIONES REALIZADAS POR LOS PROPIETARIOS

Acariciar:

Puede indicar una tendencia a sentirnos bien cuando nos entregamos a nuestras características caninas o a nuestros instintos animales. Puede ser una seguridad emocional para nosotros, especialmente si acariciamos a nuestro animal después de que se haya portado mal.

Adiestrar:

Acto de enfrentarnos a nuestros hábitos o aspectos ofensivos: tenemos que esforzarnos por mejorar.

Alimentar:

Representa el deseo de fomentar nuestras características perrunas, posiblemente entregándonos a ellas.

Castigar:

Podría simbolizar nuestra tendencia a hacernos daño. También representaría el esfuerzo que nos hace falta para educar o corregir cualquier característica ofensiva.

Cepillar:

Acto de intentar que nuestros hábitos caninos tengan mejor apariencia. Puede representar el esfuerzo por mejorar esas costumbres, pero no por mejorar nuestro carácter en sí mismo. Comprar un perro: Podría indicar la tendencia a «comprar» a nuestros amigos o a comprar favores y cumplidos. También puede indicar la necesidad que sentimos de encontrar compañía o incluso de tener un perro.

Lavar:

Simboliza el acto de limpiar nuestros actos y costumbres o la necesidad que sentimos de hacerlo; o podría representar expulsar los «parásitos» de nuestro alrededor.

Mostrar nuestro perro:

Indica el acto de presumir o mostrar nuestras cualidades caninas dejando que todos vean nuestras características animales. Significa que estamos orgullosos de nuestra naturaleza animal. También podría denotar una tendencia general a presumir de cualquier aspecto de nuestra persona.

Pasear:

Puede ser el acto de ejercitar, usar y reforzar nuestras cualidades, aspectos e instintos caninos. ¿Lo hacemos con orgullo? ¿Mostramos un aspecto desafiante? ¿Nos protegemos? ¿O es, quizá, un indicador de que *debemos* caminar más y hacer más ejercicio?

Poner bozal o correas:

Representa el intento de controlar nuestras pasiones y nuestros impulsos o la necesidad de hacer un esfuerzo para ser más disciplinados.

Vestir a un perro:

Esfuerzo por ocultar características y costumbres no deseadas, por disimularlas, por esconderlas y protegerlas.

RAZAS DE PERROS

Basset, beagle y perros policía:

Conocidos por sus excelentes dotes cazadoras y su magnífica habilidad para seguir olores. Los beagle son también conocidos por su tendencia a aullar alto durante horas, lo cual puede ser *extremadamente* molesto para otras personas. ¿Nos está dando alguna pista?

Bulldog:

Representa la tenacidad, la determinación, la inflexibilidad, el afán de posesión, el optimismo y la guardia. Es un perro dependiente y tiene mucha fuerza.

Cocker Spaniel:

Engreído, valiente y de actitud juguetona.

Collie:

Inteligente y trabajador como el pastor alemán. Se le puede adiestrar fácilmente. Conocido y apreciado por su gentileza.

Chihuahua:

Diminuto, muy nervioso, ruidoso; sobre todo es un animal para ser mostrado.

Pastor alemán:

Originariamente usado como perro de guerra; es conocido por su obediencia y capacidad para ser adiestrado. A menudo se utiliza como perro guardián y puede ser entrenado para atacar o para ayudar —se trata de un excelente perro lazarillo—. Impredecibles si se les ha criado con instinto asesino. Tiene un significado dual: un amigo que puede volverse enemigo, capaz de protección o ataque. A veces es fiel, pero puede cambiar de forma inesperada. Debemos dejar sitio a la duda o al menos a la precaución. Si este perro pertenece a un amigo en quien confiamos, el sueño puede ser una advertencia sutil: el perro podría representar estos aspectos de nuestro amigo o amiga.

Perro ganador:

Ganador o favorito para ganar, seguramente tendrá éxito. Forma parte de una imagen dual: en los sueños oponemos la representación de perros ganadores (nuestra parte próspera) y la representación de perros perdedores (nuestro yo miedoso, con poca confianza en sí mismo, necesitado, pobre).

Perro perdedor:

Perdedor, que viene desde atrás, desventajado; también puede representar un perro que parece inválido. Puede simbolizar que nuestra actitud es la de un perdedor, que permitimos que se metan con nosotros, que no sabemos imponer nuestro criterio. Podría señalar igualmente nuestra necesidad de luchar por nuestros derechos, de tener más confianza en nosotros mismos, de no dejarnos vencer tan pronto o con tanta facilidad por las circunstancias. La batalla todavía no ha empezado. *Nota:* Si encontramos perros perdedores en nuestros sueños muy a menudo, probablemente necesitemos entender cómo los hemos creado, qué pensamientos los han originado, la situación en la que nos encontramos, nuestras creencias y la incapacidad de hacer frente a las situaciones.

Pointer:

Podría representar estrechez de miras o podría estar señalando algo del sueño que tenemos la necesidad de ver, hacer o corregir.

Poodle francés:

Asociado mayoritariamente con la ostentación, la pompa, la riqueza, la extravagancia y la autocomplacencia; generalmente es mimoso. A menudo se presenta acompañado de una dueña rica que lo colma de atenciones, atenciones que sería mucho mejor depo-

sitar en las relaciones humanas o en otras direcciones. Podría ser un indicador de emociones y valores desubicados.

Terrier:

Generalmente valiente, un buen perro de guardia, pero a menudo demasiado nervioso, excitable y conocido por sus constantes ladridos (críticas, cotilleos, riñas). Podría ser un juego léxico con la palabra terror.

Perro de juguete:

Generalmente representa a un perro de muestra o un tipo de perro que sólo sirve para presumir; está asociado con la diversión y, a menudo, el prestigio, la pompa y el *glamour*. Puede representar una tendencia a presumir a pequeña escala.

PECES

Peces:

Símbolos antiguos del cristianismo, de Cristo, de las creencias cristianas, de las *ideas espirituales* o de *alimento para la mente*. Puede implicar ser resbaladizo y difícil de agarrar. Puede implicar algo sospechoso, poco habitual, un peligro escondido; también simboliza la necesidad de ser cauteloso, según el contexto del sueño.

Pez fuera del agua: Puede ser un juego de palabras que refleje cómo nos sentimos: estamos «fuera de nuestro elemento» o en una situación extremadamente incómoda. Significa que necesitamos ayuda.

Ballena:

Puede implicar una gran idea, una «salida a chorro». También se refiere a algo impresionante, a una exageración, a un exceso, a una gran dosis de algo, a que una situación resulta tan inmensa que ya no somos capaces de manejar o a una cantidad enorme de alimento para el pensamiento.

Carpa:
Lo más probable es que este tipo de pescado simbolice un peligro escondido o esquivo, algo con lo que hay que tener cuidado.

Delfín:
Amistoso, juguetón, muy inteligente y con capacidad para ser adiestrado. Se sabe que goza de la facultad telepática. Soñar con un delfín puede sugerir precisamente capacidad telepática, comunicaciones alfa, la habilidad de estar en contacto con la naturaleza, el puro placer de la vida espiritual o la consecución de las cumbres más altas y de los recovecos más profundos del pensamiento espiritual.

Estrella de mar:
Significa la regeneración y la reconciliación.

Marisco:
A menudo simboliza las primeras fases de la revelación, de la reclusión, de la aparición de nuevas ideas y del nacimiento de creencias estructuradas. También puede referirse a que existe un marco que limita nuestra actividad o nuestra naturaleza instintiva. Si estamos trabajando con afirmaciones, puede reflejar que éstas empiezan a tomar forma.

Peces dorados:
El color dorado –el color espiritual– representa el alimento espiritual puro, las ideas y conceptos espirituales, los objetivos trascendentes.

Peces tropicales:
Simbolizan algo especial, poco habitual, raro, bello.

Peces voladores:
Suelen representar ideales espirituales altas.

Sirena:
Mitad pez, mitad humano. La sirena es el símbolo de la combinación de lo corporal y lo espiritual, de lo humano y lo divino.

Tiburón:
Representa el peligro escondido, el ataque por sorpresa, la maldad.

CABALLOS

En inglés existen varios juegos de palabras con el término *horse* (caballo): *horse sense*, por ejemplo, significa «sentido común» o «sentido práctico», mientras que *horsing around* se refiere a «hacer el tonto»; sin embargo, los caballos por lo general representan fuerzas físicas poderosas, energías, chakras o emociones tempestuosas que nos pueden hacer perder el control. Nuestra capacidad para controlar el sueño nos indicará el grado de dominio que tenemos de estas fuerzas.

Por otro lado, si vivimos en una granja de caballos o trabajamos con estos animales, el significado podría variar, ya que entonces podría indicar tanto nuestra situación laboral como el poder que tenemos para controlar nuestras propias fuerzas o las fuerzas de los demás.

Nombre de caballos:
Pueden contener cargas significativas importantes.

Posesión:
Si en el sueño el caballo es de nuestra propiedad, probablemente nuestras fuerzas y energías estén simbolizadas por las del animal. Si el caballo pertenece a otra persona, esto puede que se refiera a fuerzas exteriores o desconocidas que influyen en nuestras vidas.

ACCIONES REALIZADAS POR CABALLOS

Caerse:
Se refiere a la pérdida de control o a la incapacidad de seguir con nuestros planes. También puede simbolizar rechazo a la autoridad.

Correr en las carreras:
Puede ser un buen ejercicio y un buen desarrollo si el caballo está bajo control; podría significar también que nos estamos exigiendo demasiado, que vamos contra reloj o que estamos haciendo una buena carrera, según lo que sintamos durante el sueño.

Guiar a un caballo:
Indica que guiamos, dirigimos, tenemos el control de las propias energías y fuerzas.

Herrar:
Simboliza el intento de controlar o la necesidad de dominar la energía involucrada.

Manada de caballos:
Puede implicar el poder de la fuerza de grupo. Debemos fijarnos en si están en libertad o encerrados y en si se mueven felices o con miedo.

Cuatro caballos: Normalmente se refiere a los cuatro chakras inferiores. En este caso, el color, la acción y la cooperación son pistas importantes.

Siete caballos: A menudo indican los siete centros, es decir, el sistema completo de chakras. Debemos fijarnos en el grado de cooperación y en si todo va como la seda.

Pasar la mano por el lomo de un caballo:
Simboliza que hemos de cuidar atentamente nuestras fuerzas y energías y tener una buena relación con nuestros poderes interiores.

Retroceder, encabritarse:
Se refiere al rechazo a avanzar según las formas convencionales o los deseos ajenos.

TIPOS DE CABALLOS

Caballo elegante:
Representa el engreimiento, el orgullo, la arrogancia, la pompa.

Caballo blanco:
Puede representar la pureza o la purificación de nuestras emociones.

Caballo de carreras:
Especialmente alimentado para competir. Podría representar cómo corremos nuestra vida, que estamos haciendo una buena carrera o que tenemos que disminuir el ritmo de nuestro paso.

Caballo de trabajo:
Puede indicarnos la imagen que tenemos de nosotros mismos o la necesidad de mejorar en algún aspecto.

Caballo herrado:
Es un caballo entrenado o controlado de algún modo.

Caballo negro:
Puede representar lo desconocido, lo misterioso e incluso las fuerzas ocultas.

Caballo oscuro:
Normalmente simboliza lo desconocido que está ante nosotros, la oportunidad de adentrarnos en ello. También se refiere a la capacidad de arriesgarse en un área todavía sin experimentar.

Caballo rojo:
Puede representar nuestras energías, nuestro temperamento o nuestro chakra fundamental.

Caballo salvaje:
Se refiere a las energías descontroladas y salvajes.

Caballo y jinete:
A menudo se refiere a un mensaje de las esferas más altas de la consciencia. También pueden ser energías dirigidas mentalmente.

Cabriola:
Puede representar métodos pasados de moda, maneras anticuadas, ideas caducas; si el marco del sueño tiene un aire antiguo, puede tratarse de la visión de una experiencia en una vida anterior.

Poni:
Podrían ser fuerzas juguetonas o un poder todavía no experimentado, sin desarrollar, indisciplinado. Puede simbolizar una fuerza interior en crecimiento.

Potro:
Puede ser una fuerza nueva, todavía sin experimentar. Puede representar una energía que está emergiendo.

Yegua:
Puede simbolizar fuerzas intuitivas o psíquicas.

OTROS ANIMALES

Ardilla:
Representa los negocios, la rapidez, el bullicio. La ardilla es una gran trabajadora, un animal capaz de «ahorrar».

Bestia:
Normalmente representa nuestros miedos, instintos animales, temperamento. Simboliza la bestia que llevamos dentro, el poder incontrolado que late en nosotros.

Bestias salvajes:
Aspectos emocionales violentos o instintos animales absolutamente incontrolados, sin educar, impredecibles.

Burro:
Podría significar cómo nos vemos o juzgamos.

Mula:
Símbolo de terquedad, falta de cooperación. Es una bestia de carga, fuerte pero no muy inteligente.

Cabra:

Podría representar a una persona que nos saca de quicio. Se refiere a nuestro antagonista; es símbolo de oposición –a veces sin motivos–. En la cabeza de los arietes se tallaba la figura de una cabra, por lo que simboliza la insistencia, la terquedad, el conflicto –a menudo de ideas–. O también puede indicar intromisión. Además, podría representar al escalador que avanza con pie seguro para llegar a lo alto de la montaña.

Caimán:

Tiene la piel dura. Es símbolo de traición.

Camaleón:

Es variable, inconsistente, cambia de color en cada situación hasta llegar a confundirse con el entorno, con lo que le rodea. Es discreto; a menudo no lo vemos o lo pasamos por alto.

Camello:

Un camello es una bestia de carga, por lo que podría referirse a nuestra capacidad para llevar pesos espirituales; posiblemente indica que estamos cargando con más problemas y responsabilidades de las necesarias. Los camellos también son conocidos por su rugir largo y alto, de queja, como si protestaran por la carga que transportan; si soñamos con un camello, ello podría significar nuestro lamento por alguna carga que se nos haya impuesto. Los camellos son capaces de transportar cantidades prodigiosas de agua (emociones) durante largos períodos de tiempo, lo cual implicaría que tendemos a aferrarnos a daños emocionales, disgustos o sentimientos que nos causan dolor, que nos quejamos y protestamos de experiencias negativas mucho tiempo después de que hayan tenido lugar. Este símbolo podría estarnos sugiriendo que perdonemos y olvidemos, que nos quitemos el peso de encima. También puede indicar que hacemos nuestras cargas más pesadas de lo necesario o que tomamos más responsabilidades de las necesarias. Fijémonos en qué medida todo esto encaja con nosotros.

Cangrejo:

Puede significar una naturaleza hosca, irritable, que se deja llevar por los vaivenes emocionales. Disponen de pinzas que pueden herir y con las que se pueden aferrar a las cosas; simboliza, pues, afán de poseer y perseverancia.

Canguro:

Podría representar que estamos consiguiendo avances espectaculares en el proceso de descubrimiento de alguna faceta de nuestra vida…, o quizá que tenemos los pies muy grandes.

Carnero:

Es el signo de Aries. Se caracteriza por poseer un gran instinto para conseguir cosas: el instinto animal de imponerse. Mete baza en asuntos y conversaciones, fuerza las situaciones, lucha e insiste para alcanzar lo que desea. Simboliza la agresividad y la falta de tacto. También representa a Marte, la masculinidad, el poder, la guerra, el liderazgo y la lucha.

Castor:

Se caracteriza por ser un buen trabajador, ambicioso, inteligente, habilidoso, perseverante y cooperador; además, cuando el trabajo está hecho, es muy juguetón.

Centauro:
Símbolo antiguo de la humanidad.

Cerdo:
Muy asociado con el egoísmo, la codicia, la glotonería, las malas maneras. Se caracteriza por querer monopolizar siempre cualquier acto o ser el centro de atención. Está relacionado con la costumbre de llenarnos demasiado mental o físicamente. Simboliza también la falta de consideración hacia los demás.

Ciervo:
Representa la naturaleza, la belleza, la gracia, la gentileza y la paz; asimismo, puede significar la consecución de un objetivo, normalmente un trofeo o algo que nos es muy estimado. Dos ciervos pueden simbolizar algo que queremos demasiado. (Véase *Venado* en este capítulo.)

Ciervos macho:
Los ciervos grandes pueden significar mucho dinero. Muchos ciervos, mucho dinero. También pueden referirse a una rebelión contra el sistema, contra una persona o contra una idea. Asimismo, puede indicar virilidad, masculinidad, fuerza, agilidad o la capacidad para afrontar nuestras responsabilidades.

Cocodrilo:
Simboliza la falsedad o emociones falsas. Si en un sueño aparecen cocodrilos, nos advierte de un peligro escondido: es como una señal de alarma.

Conejo:
Puede ser calmado, tranquilo, gentil y cariñoso, pero también puede representar un cambio brusco, una multiplicación apresurada o la reproducción rápida de algún aspecto de nuestra vida. El conejo es un símbolo conocido por su habilidad sexual y por los cambios rápidos de pareja. También puede simbolizar que alguien, tranquilamente, nos está despojando de nuestros recursos, sobre todo si en el sueño el conejo aparece en el jardín de nuestra casa.

Cordero:
Simboliza la inocencia, la indefensión, el desamparo, la gentileza. Puede indicar vulnerabilidad o la posibilidad de sacrificio. Quizá necesitemos sacrificarnos de alguna manera o quizá sintamos que nos están sacrificando. Debemos comprobar el contexto del sueño para buscar pistas. Podría ser una advertencia. (Véase *Oveja* en este capítulo.)

Criaturas míticas, desconocidas o sin nombre:
Si son amistosas, pueden representar las tendencias desconocidas e inexploradas, mágicas o místicas que existen en nuestro interior. Pueden ser nuestro enlace con el reino mágico o la llave del conocimiento superior. Pueden representar nuestros intereses no desarrollados o no intencionados que tienen relación con aspectos extraterrestres y/o inexplicados. Si son desagradables o aterradoras, normalmente representan nuestros miedos desconocidos a los que no nos hemos enfrentado nunca, miedos inexplorados que se basan en la suposición y en el mito más que en los hechos en sí mismos. Son, al fin y al cabo, una advertencia para que plantemos cara y examinemos qué nos da miedo y por qué.

Culebra:

Generalmente representa los miedos, el juego sexual, la tentación, el sexo. Jugar con una serpiente puede reflejar «juguetear» con el sexo o con aspectos relacionados. (Véase *Serpiente*.)

Culebra entre las hierbas: Viejo símbolo que representa el sigilo, los chivatazos, las malas pasadas.

Foso de culebras: A menudo, un foso de culebras que se retuercen es un símbolo del acto o de la necesidad de superar un problema o una tentación. Están fuertemente relacionadas con los ritos de iniciación del antiguo Egipto y pueden ser un símbolo de las pruebas que tenemos que pasar antes de recibir la iniciación. Puede ser también una visión de una vida anterior.

Dragón:

Es un animal mítico, producto de la imaginación. A menudo representa los miedos y el hecho de que éstos no sean reales, sino imaginarios. Es un símbolo religioso de creencias falsas y resistencia a la verdad. Simboliza nuestras facetas e impulsos más bestiales.

Elefante:

Se caracteriza por disponer de una excelente memoria. Simboliza la grandeza, el poder, el conocimiento, la inteligencia y la lentitud. Puede representar el karma.

Escorpión:

Es el signo de una muerte repentina. Está relacionado con el veneno, los comentarios venenosos e hirientes, la venganza, las acciones encubiertas o secretas y los chivatazos.

Esfinge:

Simbólicamente conocida como *La habitante del umbral*, representa los miedos, las ilusiones, las costumbres viejas a las que cuesta renunciar. Puede también simbolizar al guardián de todo lo sagrado, la sabiduría antigua, los misterios secretos de Egipto y/o un ser del orden divino (por ejemplo, un ángel). Se dice que existe una antigua escuela de misterios situada en un área cercana a la gran Esfinge.

Foca:

Estos encantadores animales son muy inteligentes y conocidos por su habilidad para jugar y aplaudirse a ellos mismos. Pueden representar nuestra necesidad de ser más a menudo un poquito más juguetones, alegres y confiados. Asimismo, puede significar que aprobamos una situación sobre la que hemos estado dudando.

Ganado:

Probablemente significa los instintos animales en general, las energías de la manada o del grupo, así como la falta de personalidad o de criterio a la hora de tomar una decisión.

Grifo:

Significa vigilancia.

Gusano:

Son, en general, insectos que provocan en nosotros un sentimiento de rechazo, incluso de asco; también pueden representar algo que se nos acerca sigilosamente.

Gusanos nocturnos: Se refiere a algo que sólo sale de noche, que trabaja a escondidas, en la oscuridad. (De hecho, estos insectos sirven a un buen propósito, pero el simbolismo de arrastrarse por la noche en sueños podría implicar que algo puede arremeternos por la espalda, sin que nos demos cuenta.)

Hadas:

El hecho de que aparezcan hadas en sueños puede simbolizar que disponemos de una habilidad innata para ver de verdad, más allá de lo que aparece simplemente ante nuestros ojos o, al menos, nos resulta útil para percatarnos de la existencia de esos diminutos seres. Quizá es un indicio de que debemos aprender más sobre los seres invisibles o podría ser que estamos preparados para comunicarnos con las hadas. Ver hadas, gnomos y criaturas similares en sueños puede fomentar y expandir nuestras tendencias y habilidades místicas no realizadas. Posiblemente las asociemos con la magia y con el hecho de conseguir que los sueños se hagan realidad.

León:

Es el símbolo de la tribu de Judá, así como de las grandes cualidades de fuerza, coraje, poder, capacidad de liderazgo, fuerza de voluntad y dominio. Estas cualidades son positivas, siempre y cuando se haga buen uso de ellas. Debemos fijarnos en la acción que transcurre en el sueño. Domesticar un león mostraría nuestra habilidad para controlar nuestros instintos inferiores.

Lobo:

Está asociado con aspectos furtivos de nuestra personalidad, con la astucia y la codicia, con las acciones taimadas, maliciosas, engañosas y poco fiables.

Mandrágora:

Simboliza los poderes andróginos.

Mapache:

A menudo representa a los ladrones y bandidos. Se refiere a alguien que toma pero que no da.

Mofeta:

Puede ser una verdadera «apestosa», pero, aunque huela mal, es tranquila. Resulta repulsiva y desagrada a la gente.

Mono:

Representa la mímica y las imitaciones. Soñar con un mono simboliza que estamos haciendo el tonto, que no nos tomamos la vida en serio. Puede simbolizar que estamos tomando una conducta imitativa, que usamos las ideas y las indicaciones de los demás en vez de decidir por nosotros mismos.

Monstruos:

Representan los miedos que no queremos reconocer o afrontar. El hecho de que aparezcan monstruos en nuestros sueños –normalmente se trata de pesadillas– muestra una gran necesidad de enfrentarnos y resolver un problema de forma abierta.

Monstruo de ojos verdes: Simboliza celos y/o codicia.

Mula:
Suele representar la terquedad, pero puede referirse, a su vez, a nuestra capacidad para cargar peso o para soportar el sufrimiento e incluso el modo en que nos vemos a nosotros mismos.

Ocelote:
Es como un gato, pero algo más grande y salvaje.

Oso:
Representa una gran fuerza y poder. Puede significar que somos personas autoritarias; asimismo, puede representar que alguien usa su poder para intimidar a los demás hasta conseguir que se muestren sumisos o hasta que les aplasta con sus palabras y actitudes. Puede ser muy destructivo y amenazador; es capaz de mostrarse airado y enojado ante cualquier circunstancia adversa. Del mismo modo, puede resultar juguetón, protector y muy cariñoso. Es conocido, además, por su mal aliento, mal temperamento y por su costumbre de hibernar. Podría significar estrictamente los hechos ocurridos en el pasado pero que se manifiestan en el presente. También puede simbolizar que hemos resuelto alguna situación de nuestra vida precipitadamente.

Oso de peluche: Es símbolo de seguridad, amor y cariño.

Oso hormiguero:
Normalmente se le equipara con la curiosidad a causa de su larga nariz. De todas formas, es inofensivo.

Oveja:
Es tranquila, dócil y gentil. Un sueño en el que aparece una oveja simboliza que se nos puede «esquilar» fácilmente o guiar por un camino o por otro más allá de nuestra voluntad. Asimismo, significa que nos mostramos incapaces de cuidar de nuestras propias necesidades, por lo que dependemos del rebaño. Véase *Cordero.*

Pantera:
Simboliza lo mismo que un gato, sólo que, al ser más grande y vivir sin domesticar, enfatiza los aspectos más agresivos.

Perezoso:
Es un animal de movimientos lentos, por lo que en el sueño representa pasividad, tranquilidad, pesadez, gentileza, retraimiento o incluso inmovilidad. A menudo se usa como símbolo de la pereza y de la falta de ambición.

Rana:
Es un antiguo símbolo que representa la suciedad, pero puede ser un príncipe disfrazado, un símbolo de magia, de cuentos de hadas o de brujería. También puede representar el potencial de cambio, de hacer algo inesperado. Puede significar que somos una ranita en un gran estanque (o que nos sentimos de esa forma); podría implicar, asimismo, que saltamos de una cosa a otra o que nos movemos a pasos agigantados.

Rata:
Estrechamente asociada con la suciedad, la porquería, la costumbre de realizar las cosas de forma poco limpia. Simboliza la falta de escrupulosidad. Se asocia con los robos, la enfermedad, la pobreza y la sordidez. También puede referirse a alguien que «chilla» o chismorrea sobre los demás. Véase *Ratonera* en este capítulo.

Ratón:

Se asocia con una personalidad poco fuerte o con la docilidad, el miedo y la falta de confianza en sí mismo. Puede representar nuestros sentimientos de incapacidad o insignificancia. También podría simbolizar pequeños problemas, irritaciones y molestias menores que afectan a nuestra conciencia. Debemos fijarnos en el contexto para obtener más pistas.

Ratonera:

Representa el hábito de recoger y guardarlo todo, tanto si es útil como si no lo es..., y la mayoría de cosas no lo son. Puede representar las cosas que nos «corroen» o indicar el hábito de «coger cosas prestadas» y no devolverlas nunca.

Rinoceronte:

Conocido por ser imprevisible, agresivo, temperamental y algo necio.

Serpiente:

Símbolo del poder de la mente, la sabiduría, la fuerza creativa, el misticismo, la clarividencia y la conciencia espiritual. Asimismo, si el sueño no es positivo, puede representar la sutileza, las mentiras y la decepción. También puede aludir al sexo, a los deseos, a las tentaciones, a lo bueno y lo malo. Depende en gran medida del serpenteo y de los sentimientos de la persona que sueña. Véase *Culebra*.

Serpiente en la cabeza o en un tocado:
Antiguo símbolo del gran Kundalini, tal como se observa en los tocados egipcios.

Serpiente enroscada:
Antiguo símbolo cristiano que a menudo denota las fuerzas elevadoras de Kundalini, del Todo, de la unión con Dios.

Serpiente que se muerde la cola:
Es un antiguo símbolo de Dios, del Todo, de la unión, de la eternidad.

Serpiente voladora:
Representa el misticismo y la sabiduría, los estados alterados de la consciencia, la superconsciencia; se le atribuyen todos los atributos positivos de la serpiente sin ninguna característica negativa. Símbolo del triunfo sobre el Yo Inferior. La serpiente puede simbolizar también lo astuto, rápido, taimado e impredecible: es un depredador, al fin y al cabo.

Taltuza:

Puede significar «ir a por algo»; es decir, que nos usan o manipulan, que los demás nos ven como el chico de los recados. Podría representar un tipo de persona que piensa: «¡Ve y consíguelo!» o «¡A por ello!». Podría indicar que deberíamos ponernos en marcha para conseguir lo que pretendemos. Una taltuza también es un animal que vive bajo tierra y se esconde en su agujero cuando el peligro le amenaza.

Tejón:

Puede indicar que algo o alguien nos atormenta, nos irrita a nosotros o a los que están a nuestro alrededor. Esa persistencia nos resulta molesta y nos produce frustración.

Tigre:

Es un animal rápido, de desplazamientos felinos, con una gran fuerza y poder de superación. Simboliza el «ir y conseguir» lo que se desea. Véase *Gato* para significados adicionales.

> *Tigre de papel:* Simboliza los miedos falsos o infundados.

Topo:

Conocido por su capacidad de destrucción. Trabaja bajo tierra y sin ser visto hasta que el daño ya está hecho. Podría advertirnos de un peligro que no vemos y que puede resultar devastador, posiblemente algo que estamos haciendo y que de alguna forma arruina nuestra salud, riqueza o felicidad.

Toro:

Puede simbolizar una mentira o una exageración, ya que es un animal con mucha fuerza, determinación y terquedad. Representa que debemos tomar una actitud valiente y no rendirnos aunque hiramos nuestro progreso o el de otra persona. Puede referirse, asimismo, a la tendencia a unos hábitos antiguos, a permanecer en la rutina y a rechazar el cambio. Puede implicar, viéndolo por el lado positivo, una gran habilidad para llegar al final de las cosas cuando los demás han abandonado. Implica, pues, estabilidad y capacidad de control. Se corresponde con el signo zodiacal de Tauro.

> *Toro alado o buey:* Es el símbolo de San Lucas.

Tortuga:

Simboliza el progreso lento pero seguro. Puede sugerir la necesidad de aminorar el paso o de «estirar el cuello» para seguir adelante. Las tortugas tienen tendencia a esconderse o retirarse en su caparazón cuando un problema les amenaza.

Unicornio:

Representa la pureza, los ideales elevados, el misticismo, la virginidad y el nivel superior de Capricornio.

Vaca:

Generalmente paciente, pasiva, obediente y sin hacer preguntas. Es una buena proveedora de leche, es decir, de alimento. Es de naturaleza plácida, con tendencia a vivir en grupo y a seguir al resto.

Zorro:

Se asocia con un ser furtivo, habilidoso, avaro, vicioso, engañoso y que no es de fiar.

MIS PROPIOS SÍMBOLOS DE ANIMALES

_____

_____

_____

_____

_____

_____

_____

_____

_____

_____

_____

_____

_____

_____

Capítulo 13

Lugares y entornos

El contexto de nuestros sueños es algo parecido al telón de fondo de una obra, puesto que marca el lugar, el tiempo y las condiciones en las que los actores desarrollan sus papeles. La mayoría de las veces nos encontramos dentro de edificios, casas y habitaciones que representan determinados estados de la consciencia mental; pero a veces nos encontramos en el exterior, quizá simplemente en el jardín trasero (en los márgenes exteriores de un cierto estado mental) o quizá en espacios abiertos. Estemos donde estemos, el contexto es un ingrediente importante a la hora de entender el propósito del sueño y el área específica de vida de la que nos habla el sueño.

AL AIRE LIBRE

Siempre existe la posibilidad de que sea un sueño de percepción extrasensorial o un sueño que nos indica que «todo está en el exterior». La naturaleza puede representar los pensamientos e ideas inmateriales, pero la mayoría de las veces los sueños al aire libre

son de naturaleza espiritual, especialmente si la escena es soleada, clara, limpia, tranquila y bonita. En estas escenas, normalmente nos vemos subiendo una montaña (acercándonos a Dios), nadando (ejercitando nuestra dimensión espiritual), pescando (buscando alimento interior) o paseando en barca (realizando un viaje espiritual). Esto nos revela cuál es nuestro estado interior en el camino de la espiritualidad y nos proporciona una idea de nuestro progreso general o de la falta de éste. Los mensajes que aquí se nos proporciona tienen mucho significado. Véase *Diferentes tipos de sueño*.

EN CASA

Cuando las actividades del sueño tienen lugar en el interior de edificios, se nos está mostrando un estado de la consciencia: lo que allí se represente se referirá a ideas, ideales, conceptos mentales e intelectuales que están dando vueltas por nuestra cabeza. Véase el capítulo de *Edificios*.

LUGARES ANTIGUOS O HISTÓRICOS

Las ciudades, los países y territorios de tiempos pasados con edificios y costumbres antiguas son normalmente el marco de un recuerdo o experiencia de una vida pasada. Están relacionados en su mayoría con conseguir una conexión en nuestra mente para saber cómo influyen los hechos ocurridos en el pasado en nuestra vida actual; también pueden estar presentándonos una situación o problema que tiene las raíces en otra vida para ayudarnos a entender qué ocurre en niveles más profundos y así ver cómo podemos resolverlos. Véase *Contextos históricos*.

LUGARES VARIOS

Aeropuerto:

Es un lugar de ideales altos, de ideas ambiciosas. Puede representar, asimismo, un punto de conexión con otros planos más elevados o de partida hacia ellos; se trata, pues, de un área de comunicación y/o de transportación. Puede representar el ir y venir de grandes esperanzas, ideas, ideales, anhelos, afirmaciones, formas de pensamiento, bendiciones o maldiciones liberadas mentalmente, que salen y se multiplican según su naturaleza y vuelven a su fuente de procedencia: *nosotros*.

Aguas tranquilas:

A menudo son un símbolo de paz profunda, de protección y de renovación espiritual: «Él me guió por las aguas tranquilas».

Anochecer:

Es el final del día. Nos indica que se termina un ciclo, una era o una circunstancia determinada. Es tiempo de recibir bendiciones especiales, de dar gracias, de extraer conclusiones. Se trata de un período de descanso, de renovación y de evaluación.

Arenas movedizas:

Simboliza que nos encontramos sobre suelo inseguro —necesitamos, pues, comprensión o apoyo—, sobre terreno peligroso, sin una base suficientemente sólida a partir de la cual defendernos. No tenemos un suelo sólido, una creencia firme en la que sostenernos. Puede ser que nos estemos implicando en algo que nos sobrepasa.

Existe una base acuosa en las arenas movedizas que pueden sugerir el embrollo emocional en el que estamos enzarzados. Estos sueños pueden representar cómo nos sentimos y cómo estamos debatiéndonos en esta situación, y señalar la necesidad de tomar decisiones firmes (sólidas), de enfrentarnos literalmente a nosotros mismos y a nuestras emociones antes de seguir adelante. Necesitamos una buena comprensión y patrones fuertes en los que basarnos antes de seguir actuando. Véase *Ciénagas* en este capítulo.

Arco iris:

Es siempre un símbolo de la gracia divina, del perdón y de la protección. Simboliza las promesas de Dios a sus hijos. Se trata de un símbolo de bendición, de bondad y de aprobación divina.

Barranco:

Puede representar el miedo a caer, a equivocarnos. Simboliza a su vez el peligro, el final o lo más lejos que podemos llegar en esa dirección. Resulta una advertencia de que nos estamos dirigiendo a una caída.

Bosque:

Para mucha gente, ir al bosque es el acto de acercarse a la naturaleza y a sus maravillas. Los árboles irradian paz, bondad y sabiduría cuando estamos relajados y «a tono». Es un sitio maravilloso, refrescante y renovador. Para otros, significa que «los árboles no nos dejan ver el bosque»; si es así, puede que nos indique que nos hallamos en un lugar en el que somos incapaces de ver nuestro camino de forma clara, en el que sólo podemos dar un paso cada vez. Incluso puede ser aterrador para algunas personas. Debemos pararnos a pensar qué significa el bosque para nosotros y qué simboliza en nuestro sueño.

Callejón sin salida:

Representa el final, la necesidad de elegir un camino nuevo, de tomar decisiones, de elegir entre las posibilidades que se encuentran ante nosotros, de dar la vuelta a nuestra vida.

Camino de herradura:

Puede referirse a caballos y a las energías que éstos representan, así como a los caminos que pueden recorrer; puede representar asimismo un novio/a y el camino hacia el matrimonio.

Campo:

Puede indicarnos que debemos esforzarnos en algún terreno, puesto que somos capaces de llegar muy lejos. Igualmente, puede representar un área de plantación y crecimiento, de siembra y cosecha. Puede ser un campo amplio, con mucho espacio, y despertar en nosotros un sentimiento de

libertad. Para algunas personas, podría ser un área de trabajo duro o un sitio de tranquilidad, en el que pasear tranquilo, sin tensiones. Si vivimos o hemos vivido en el campo, debemos tener muy presentes nuestras experiencias concretas. Véase *Hogar*, en el capítulo *Edificios*.

Campo de batalla:

Siempre representa un lugar de conflicto, ya sea mental, emocional o físico. La batalla puede ser con nosotros mismos. Véase *Luchas, conflictos y peleas*.

Campo de batalla conocido: Puede estar indicándonos que ya hemos estado ahí, que lo hemos hecho infinidad de veces, que a menudo estamos pisando el mismo terreno, que es una batalla antigua sobre asuntos pasados que nunca hemos resuelto y que tiene que resolverse de una vez por todas. Implica una necesidad real de encontrar una respuesta nueva, una manera distinta de manejar este problema.

Campo de batalla nuevo: Representa nuevos mundos por conquistar, nuevas situaciones, una nueva área de conflicto, un problema nuevo que resolver o nuevos acuerdos o compromisos a los que llegar.

Viejo campo de batalla: Puede significar que ya hemos luchado muchas veces en este terreno, idea, creencia o problema o que es un problema viejo que nunca hemos resuelto; también puede significar la necesidad de llegar a un acuerdo, a un pacto, a enterrar el hacha, a una conclusión satisfactoria y definitiva. Debemos fijarnos en si llevamos ropa moderna o no, pues *podría indicar* un problema de una vida anterior que nunca se resolvió. Véase *Historia*.

Campo de fútbol:

Se trata de un lugar de juego relacionado con la vanidad y presunción. Asimismo, simboliza el lugar en el que dos grupos luchan por la supremacía. En él, pues, se enfatiza la competición, no la cooperación.

Campus:

Lugar de aprendizaje, de crecimiento mental, de ampliación de horizontes, de dar y recibir conocimientos.

Carnaval:

Tiempo de diversión, de juegos, de apariencias, de decepción, de farsa y de mentiras.

Cementerio:

Representa el lugar donde reposan finalmente las ideas pasadas y los aspectos de nuestra personalidad desechados. Puede representar un lugar donde hemos enterrado algo que no nos gustaba de nosotros o un sentimiento de pérdida y de luto. Para algunas personas, puede ser un lugar de miedo a lo desconocido.

Ciénagas:

Se trata de un terreno peligroso, un suelo inseguro. Simboliza los miedos escondidos, el área de lo que nos es desconocido, incierto, inseguro o inestable. Una gran parte del problema se debe a que el agua (las emociones) se mezcla con la tierra (hechos materiales); representa, pues, que la inestabilidad emocional es la base de la dificultad que nos indica el sueño.

Ciudad:

Por un lado, es el centro de actividad y, por otro, es el encuentro de diferentes tipos de gentes, ideas, creencias, culturas, costumbres, intereses y deseos. Así, pues, es el lugar donde se nos presentan muchas posibilidades, un sitio práctico donde puede hacerse dinero, un área de negocios al fin y al cabo.

Centro de la ciudad: Es el centro de los negocios y el ajetreo, el lugar donde ocurren muchas cosas y muy rápidamente. Se trata, por lo tanto, del centro de las preocupaciones estrictamente materiales.

Ciudad nueva o capital: Representa un estado de consciencia completamente nuevo: nuevas ideas, proyectos y anhelos.

Ciudad pequeña: Simboliza encajonamiento, pensamiento limitado, habladurías, cotilleo. Nos indica que quizá seamos blanco de críticas desagradables e hirientes. Puede que nos muestre que nos falta privacidad y que las oportunidades escasean. Asimismo, puede representar un lugar seguro, agradable, encantador y familiar, según la experiencia de la persona que sueña.

Exterior de la ciudad: Puede simbolizar el hecho de estar fuera de nuestro lugar habitual, del sitio al que pertenecemos. Representa un territorio que no nos resulta familiar y que está fuera de nuestro alcance, lo cual nos provoca incertidumbre.

Gueto: Representa un área de pensamientos negativos, de pobreza de consciencia, de crímenes, de enfermedades, de ignorancia y de fealdad. Este contexto va asociado con sentimientos de privación y desesperanza, con vivir en los niveles físico, mental y espiritual inferiores.

Parque: Representa un área de paz, frescor, descanso, respiro y renovación. Simboliza lo que nos permite alejarnos de todo aunque sea por un momento, por lo cual se relaciona con la meditación y la espiritualidad.

Afueras: Es un área de actividad menos frenética. Este contexto en un sueño representa un paso algo más lento, más tranquilidad y sosiego, aunque, por pertenecer todavía a la ciudad, sigue siendo una amalgama de ideas y culturas.

Ciudad propia:

Puede ser un sitio maravilloso y feliz o un sitio terrible, según nuestras experiencias y las asociaciones que las acompañen.

Chatarrería:

Se refiere al lugar en el que desechar las cosas viejas que ya no queremos: chismes y objetos caducados, trastos viejos, recuerdos, esperanzas y antiguos anhelos.

Desierto:

Es un paraje salvaje, estéril, seco; en él no hay personas, no hay posibilidad alguna de conseguir ayuda o apoyo. Va asociado, pues, al sentimiento de soledad, a las carencias y al vacío. Sin embargo, puede ser un lugar de belleza exótica, en función de lo que asociemos a él. Puede ser un área de descanso tranquila que nos proporciona

tiempo para meditar, contemplar y evaluar nuestra existencia. Jesús y casi todos los profetas de la Biblia pasaron algún tiempo en el desierto en la más rigurosa de las soledades para, de este modo, prepararse para el trabajo de su vida. Parece ser un paso necesario en nuestra evolución. Puede ser una experiencia de vacío en nuestras vidas o una vivencia maravillosa. Implica un área salvaje, sin posibilidad de cultivar, sin caminos, sin senderos abiertos, una nueva área que explorar y entender, un nuevo camino todavía por trazar.

Egipto:

Símbolo antiguo que representa, por un lado, el cautiverio, las limitaciones, las carencias y la esclavitud, y, por otro, los templos antiguos, el misticismo, las iniciaciones, la magia y el misterio.

Estaciones del año:

Debemos prestar atención a qué estación del año es. A menudo es un reloj que señala el margen de tiempo de los sucesos soñados.

Estado:

Puede representar el estado de nuestra mente, el lugar donde vivimos, una situación en la que nos gustaría (o no nos gustaría) estar, un lugar donde solíamos estar, las circunstancias o el estado de nuestra consciencia.

Fondo arenoso:

Nos muestra la ausencia de apoyos, de cimientos seguros. Simboliza la inseguridad, el terreno inestable, los fundamentos débiles.

Granja:

Se refiere al lugar donde uno puede ponerse en contacto con la tierra, donde pueden plantarse ideas productivas. Del mismo modo, puede ser un sitio de paz y tranquilidad o de trabajo duro, según los sentimientos que despierte en nosotros y con qué la asociemos.

Inundación:
Puede ser una inundación de emociones o de sentimientos, que despierta la sensación de estar abrumados por lo que se mueve en nuestro interior o por las responsabilidades que ello acarrea. Quizá estemos trabajando demasiado y nos sintamos dominados por esta sensación, o quizá sea una advertencia de una percepción extrasensorial de que algo catastrófico va a suceder.

Jardín:
Se trata de un símbolo que se asocia normalmente con un lugar de paz, quietud y belleza. Si abundan las flores, los árboles frutales y las plantas, puede representar prosperidad y armonía. También puede representar un lugar de reposo, lo cual nos indica que necesitamos descanso, o quizá un lugar donde plantar las semillas de aquello que queremos manifestar con más intensidad. Puede denotar la persistencia y el esfuerzo necesario para alejar las malas hierbas, es decir, los pensamientos que no deseamos en nuestro jardín mental. Véase el capítulo de *Jardines*.

Jungla:
Simboliza la profundidad de la vida. Se asocia al crecimiento, a la naturaleza en su estado puro. Puede también considerarse un área primitiva, salvaje, sin domesticar, impredecible y peligrosa, según nuestro punto de vista.

La Tierra:
Representa la tierra, el suelo donde plantar y una base sólida donde construir. Está asociada con las preocupaciones prácticas básicas, con los cimientos de nuestra vida.

Lago:
A menudo es el contexto de un sueño espiritual. Representa la paz, la quietud, la tranquilidad y la renovación espiritual, siempre y cuando no esté enlodado o azotado por el viento. Véase *Mar*, en este capítulo; véase también el capítulo titulado *Agua*.

Lugar elevado:
A menudo representa un punto de vista superior, un punto de vista más espiritual. Puede tratarse de una referencia a un estado de exaltación o a nuestros miedos y retos. Puede simbolizar también que estamos cerca de Dios.

Lugar turístico:
Podría indicar nuestra necesidad de descansar, de reducir el paso, de divertirnos un poco más; igualmente puede estar advirtiéndonos de que necesitamos unas vacaciones. También puede significar que necesitamos alcanzar un estado mental más tolerante.

Luna:
Es un antiguo símbolo que representa la mente subconsciente, los ciclos vitales, los sentimientos, la simpatía, la vida

doméstica, los instintos naturales, la receptividad, la naturaleza femenina, los recuerdos pasados, los sueños y la sensibilidad.

Luz:

Moverse hacia la luz, encenderla o conseguir que haya más luz en una estancia normalmente refleja lo que necesitamos hacer, no lo que ya hemos hecho. Estos sueños simbolizan que deseamos movernos hacia una iluminación más intensa de algún aspecto de nuestra existencia y/o hacia una fuente espiritual. Un lugar iluminado siempre es una señal de que tenemos la información necesaria con la que trabajar, y la acción que transcurre puede guiarnos hacia la dirección –la decisión– que debemos tomar. Quizá debamos tener en cuenta el tipo de luz: brillante, tenue, intermitente, cegadora... Una luz brillante que se nos acerca probablemente sea un ser espiritual elevado.

Luz de luna:

Se trata del símbolo del reflejo de la luz de Dios (el Sol). Puede indicar la cantidad de luz que estamos reflejando.

Llanuras:

Son el símbolo bíblico para designar el nivel de la gente común. Representan, sin duda, la diferencia que existe respecto a las montañas y las alturas espirituales. Se trata, pues, de estados inferiores de la consciencia, normalmente relacionados con el materialismo.

Mar:

Representa un área de emociones, de sentimientos profundos, de pensamientos no manifestados, de esperanzas, deseos, ruegos y afirmaciones. El estado del mar nos da una pista sobre cómo están nuestras emociones. El embate de las olas y el ir y venir de las mareas normalmente simboliza nuestro estado de ánimo, nuestros ciclos, los trastornos emocionales, las subidas y bajadas por las que pasamos durante la vida. También podría significar que por alguna razón «estamos en un mar de dudas». Véase el capítulo *Aguas*.

> ***Agua cristalina y pura:*** Es el símbolo de nuestro estado interior o de nuestras actividades espirituales.

Meseta:

Se refiere a un estado de consciencia superior. Es un lugar de descanso temporal antes de dirigirnos hacia un lugar más elevado.

Montaña:

Casi siempre indica que se trata de un sueño espiritual. Las montañas designan conceptos elevados: que estamos cerca de Dios, que vivimos bajo un estado exaltado de la consciencia, que disponemos de ideales y de inquietudes elevados. Las montañas también representan un pensamiento libre y claro, una mente ordenada: simbolizan las cumbres del pensamiento abstracto, pero también pueden representar barreras y obstáculos que tenemos que superar.

Cadena montañosa: Puede tratarse de las alturas que queremos alcanzar o de las barreras que nos impiden llegar a donde deseamos.

La cima de una colina: Se trata de un ámbito elevado de nuestras vidas, el lugar desde donde podemos ver y ser vistos; representa unos puntos de vista y estados de consciencia superiores: nos sentimos cerca de Dios.

La cima de una montaña: Representa talentos superiores, un elevado estado de la consciencia o, posiblemente, la supraconsciencia.

Montaña coronada de nieve: Puede representar principios abstractos —los ideales nobles— o el punto más alto del pensamiento abstracto y de la sabiduría. El hielo puede implicar bienes congelados, ideas que no estamos usando actualmente o que tal vez ahora nos resultan inaccesibles.

Puerto de montaña: Simboliza el sendero o camino que atraviesa barreras o retos: es la autopista hacia el cielo.

Subir una montaña: Simboliza el acercamiento a Dios, el camino espiritual, la búsqueda de una mejor forma de vida, el deseo de conocer, la lucha por el éxito espiritual y la superación de obstáculos.

Navegar por el río:

A menudo muestra nuestro viaje espiritual, nuestros progresos, cómo van las cosas en general. Un bote pequeño podría mostrarnos que vamos solos o incluso que necesitamos realizar grandes esfuerzos. Cuanto más grande es el bote o el barco, mayor es nuestro progreso. A no ser, claro está, que en el sueño tengamos problemas para manejarlo; en ese caso, nos indica que algo no funciona bien en nuestro camino existencial.

Océano:

Los océanos y los mares pueden representar corrientes psíquicas, emociones, cambios de humor (mareas) o la mente subconsciente. Véase *Mar*, en este capítulo; véase también el capítulo *Agua*.

Oeste:

Estar o marchar hacia el oeste normalmente implica un área de gran libertad del cuerpo y de la mente, ideas nuevas y lugares nuevos, aventuras, mucho espacio y libertad para realizar nuestros propios proyectos. Nos muestra que existen nuevas cosas que hacer y probar.

Orilla del mar:

Lugar donde nuestras emociones (el mar) y los hechos materiales (la tierra) se encuentran. Un buen lugar para relajarse y reflexionar, si conseguimos que la orilla esté calmada. La orilla del mar es un sitio excelente para la renovación espiritual; nuestro sueño puede estar indicando la necesidad de refrescar nuestra mente y cuerpo tanto como nuestro espíritu.

Pasear por la orilla: Puede representar que reflexionamos sobre las cosas tranquilamente, que ponemos nuestra vida en orden, que nos relajamos, que nos unimos con la naturaleza, la renovación espiritual y la paz.

Orilla del río:

Puede representar algo con lo que contamos, algo de lo que dependemos para obtener seguridad y apoyo. Podría, asimismo, ser un obstáculo, una barrera, una carencia, un muro, el límite, la frontera de algo… o quizá un poco de todo ello.

Oscuridad:

Cada vez que nos encontremos en un lugar oscuro o poco iluminado se nos está advirtiendo de que no estamos muy iluminados en esa área o situación o de que no nos mostramos muy lúcidos ante ella. Esto implica que no conocemos todos los hechos, que en ese asunto hay más de lo que podemos ver; simboliza que sentimos una necesidad real de vislumbrar luz en esa materia antes de seguir adelante. La escasez de luz es un símbolo muy significativo.

Lugar oscuro: Representa el aspecto de nuestro sueño donde básicamente estamos sin luz. Puede representar un punto de miedo, algo que no queremos mirar o a lo que no deseamos enfrentarnos.

País extranjero:

Representa un lugar que nos resulta desconocido, nuevo, diferente, extraño a nuestra manera de pensar y de hacer. Va asociado a la idea de reto.

Parada de camiones:

Puede representar un punto de descanso, la oportunidad de repostar y recargar nuestros depósitos. También puede ser un sitio con mucha actividad, con diferentes tipos de personas e ideas, un lugar de cháchara, de intercambio de historias y sucesos, de dar y de recibir, de camaradería, de comunicación a todos los niveles.

Piscina de agua limpia:

Mientras el agua esté clara y limpia, la piscina es un área de actividad espiritual; es, por ejemplo, un lugar para rezar, para meditar, de devoción, de perdón, de atenciones, de servicio a los demás: en definitiva, un lugar para trabajar nuestras disciplinas espirituales. También puede representar la necesidad de empezar a llevar a cabo estas actividades. Debemos fijarnos en nuestro progreso —o en la falta de éste— y en si estamos nadando de manera correcta o a trompicones. Quizá indique que estamos inmersos en un trabajo espiritual.

Piscina de agua turbia:

El agua turbia representa nuestras emociones, así que tenemos una piscina de emociones con las que trabajar de alguna manera. Puede que estemos hasta el cuello de emociones (nuestras o de otra persona) o luchando para sobrellevar una situación emocional poco clara.

Playa:

Podría ser un sueño espiritual, especialmente si es una playa tranquila y estamos solos o con menos de tres personas. Puede representar la relajación, el frescor, la renovación, la desinfección y la estimulación psíquica. Véase *Mar*, en este capítulo.

Propiedad privada de otras personas:

Normalmente significa que nos hallamos fuera de los límites, en un lugar donde no deberíamos estar. Quizá estemos pisando el terreno de otros, sus creencias, proyectos y sentimientos, o quizá estemos invadiendo los derechos y la intimidad de otra persona.

Puente:

Simboliza una conexión importante, un acceso a otro lugar, un punto de unión o una manera de viajar. Puede representar el paso de la vida a la muerte, de un viejo estilo de vida a uno nuevo, de un estado de la consciencia a otro. A menudo significa el cambio, el área donde tomamos decisiones, donde dejamos atrás el pasado, donde caminamos hacia situaciones nuevas y diferentes. También podríamos utilizar el puente para llenar un vacío.

> *Puente cubierto:* Puede representar antiguos caminos que hemos dejado atrás o indicar un camino secreto, un cambio encubierto, unos movimientos escondidos o no percibidos. El *techo* del puente también puede indicar protección.

Rayos o raudales de luz:

Representa la luz de Dios, la guía, la protección, la presencia de un ser iluminado.

Reno:

Ciudad estadounidense conocida por el juego, las apuestas fuertes, las oportunidades o los divorcios (de una persona o de una situación).

Río o arroyo:

Reflejan un caudal de emociones, de ideas, de información. Simbolizan un cauce espiritual en el que nos hallamos o del que formamos parte. A menudo representan una fuente de renovación interior y de actividades espirituales si nos vemos en el sueño nadando, navegando o paseando junto a ellos.

Rocas que rompen el cauce:

Son lugares duros y rígidos. Simbolizan golpes duros, obstáculos en el camino.

Ruedo:

Es el terreno donde el hombre se enfrenta a la bestia. Representa la lucha entre nuestra naturaleza animal y nuestra naturaleza superior.

Selva:

Simboliza la profundidad de la vida, el crecimiento, la paz, la plenitud. Puede estar relacionado con el misticismo y con el retorno a la naturaleza, aunque también con el hecho de que los árboles no nos dejan ver el bosque.

Sinfonía:

Simboliza la cultura, el arte, la armonía, la cooperación de varios instrumentos para conseguir un todo sublime, la belleza, la gente creativa y la música exultante. Este símbolo onírico nos puede inspirar, expandir, renovar, refinar y refrescar, tanto física como mental, emocional y espiritualmente.

Sol:

Representa la fuente de luz, el manantial de energía radiante, el antiguo sím-

bolo de Dios, de la iluminación, de las bendiciones espirituales vertidas sobre nosotros.

Amanecer: Se trata del tiempo especial en el que las bendiciones de Dios se vierten sobre todos los seres; es el momento para la oración y la meditación. Nos habla del inicio de un nuevo día, de la aparición de nuevas oportunidades, de un nuevo comienzo, de nuevas condiciones. Se trata del anuncio de la promesa de que se acercan cosas nuevas.

Área iluminada por el sol: Simboliza la iluminación, la inspiración, la cercanía de Dios, la comprensión.

El sol entrando a raudales en una habitación: Representa la iluminación espiritual vertiéndose sobre nosotros (sobre nuestro estado de consciencia). A menudo es un preludio de una experiencia lúcida.

El sol saliendo entre las nubes: Simboliza el comienzo del camino que nos lleva a la verdad y la sabiduría espirituales.

Luz cegadora: Se refiere al amor de Dios, la luz, la sabiduría vertiéndose sobre nuestro estado de consciencia. También puede representar un estado iluminado de consciencia. A menudo los sueños brillantes y soleados son espirituales por naturaleza y pueden ser el preludio de sueños lúcidos.

Tomar el sol: Simboliza empaparse de luz espiritual, de conocimiento, de sabiduría, de verdad.

Valle:
Aunque normalmente alberga pueblos y gentes, a menudo representa ideales y pensamientos bajos, naturalezas inferiores, materialismo, consciencia de raza, falta de perspicacia, convencionalismo, mediocridad, falta de objetivos, depresión y tristeza... algo realmente horrible.

Volcán:
Es símbolo de confusión interna, de emociones que nos hierven en el interior: nos advierte de que nuestro temperamento está a punto de explotar. Puede significar que no podemos soportar algo, que nos hallamos en una situación problemática que debemos resolver antes de que literalmente nos devoren o antes de que explotemos y perdamos el control.

MIS PROPIOS SÍMBOLOS DE LUGARES

_____
_____
_____
_____
_____
_____
_____
_____
_____
_____
_____
_____
_____
_____
_____
_____
_____

Capítulo 14

Batallas, conflictos y peleas

La paz no es una ausencia de conflicto... es saber qué hacer con ella.

VIRGINIA SATIR

En sueños podemos encontrarnos a nosotros mismos discutiendo enérgicamente con otra persona; puede que sea una disputa verbal, un conflicto mental o una lucha física. Quizá nos sorprenda descubrir que estamos peleándonos con nosotros mismos. Como toda la gente con la que soñamos representa distintos aspectos de nuestra personalidad –a no ser que nos hayamos programado para que no sea así–, este tipo de sueño indica nuestros conflictos internos. A veces, una parte de nosotros quiere una cosa, mientras que otra prefiere algo diferente. A menudo esta ambivalencia representa un conflicto entre la mente consciente (aquello que creemos que queremos) y el subconsciente (aquello que se nos ha enseñado a creer). El superconsciente también puede estar involucrado.

Debemos fijarnos en que *cada vez que hay un conflicto de opiniones entre la mente consciente y el subconsciente, es la mente subconsciente la que gana.* Por ejemplo, si queremos perder peso, pero nuestro subconsciente ha sido educado para «acabarnos siempre todo lo que haya en el plato» o no desperdiciar nada (lo cual significa que debemos comernos todo lo que haya en el frigorífico), entonces se nos presenta un conflicto. Si utilizamos nuestra fuerza de voluntad, podremos ponernos a dieta y perder unos cuantos kilos, pero tan pronto se relaje, el subconsciente empieza a tener el control de nuevo e inmediatamente los recuperamos. El subconsciente anula todas las ideas desde el momento en que nuestra fuerza de voluntad descansa. La única manera de ganar la batalla es reprogramando la mente subconsciente.

Los conflictos en sueños representan estas discordias y nos permiten, así, ver realmente el problema y seguir los pasos necesarios para corregirlo.

Existe otro tipo de batalla que tiene que ver con la mente consciente y el superconsciente. En este caso, nuestra mente subconsciente (el Yo Superior, el poder superior o ángel guardián) tiene como objetivo nuestra alma y nos enseña el camino. El conflicto empieza cuando conscientemente decidimos ir en otra dirección. Podemos estar a punto de elegir unos estudios que van en sentido contrario a los que realmente, en lo más profundo del corazón, queremos realizar. Quizá pensemos que no tenemos el dinero, la preparación o lo que haga falta para seguir nuestros deseos y, por lo tanto, aceptamos algo inferior. Quizá alguien nos ha dicho que no podemos o no debemos escoger eso, o que «tenemos que» elegir una cosa diferente (su elección), y le dejamos que nos convenza de una decisión que no es la adecuada para nosotros. En esos casos no funciona la reprogramación del subconsciente. Siempre estará ahí, alentándonos a llevar a cabo nuestro propósito legítimo; cuando ignoremos estos sentimientos profundos (es decir, cuando ignoremos nuestra consciencia), nos sentiremos culpables. De vez en cuanto tenemos que romper con lo convencional, con las opiniones de los demás, con lo que se espera de nosotros, y hacer lo que nosotros pensamos; de lo contrario, nos encontraremos con ese duelo a muerte. En ese combate que soñamos, nos estamos diciendo literalmente: «Aquí sobra uno de los dos».

Por regla general, no nos damos cuenta de los desacuerdos internos hasta que nuestros sueños los descubren y sacan estos sentimientos profundos al exterior para que, de este modo, podamos resolverlos.

Las batallas que tienen que ver con el subconsciente pueden estar simbolizadas por los buenos luchando contra los malos –con sombrero blanco incluido– o por gente vestida de negro contra gente vestida de blanco, por policías y ladrones, o por otro símbolo que represente lo bueno contra lo malo, lo correcto contra lo incorrecto.

Soñar con combates nos puede estar diciendo que somos nuestros peores enemigos. La gente con mucha rabia contenida tiende a luchar y criticar durante toda la noche y normalmente tiene muchas pesadillas.

CONTEXTOS
QUE PUEDEN ALERTARNOS

El contexto nos puede aportar pistas para saber dónde está el problema. Por ejemplo, una pelea en casa indicaría un matrimonio conflictivo o unas relaciones familiares tensas; un conflicto en un banco mostraría dificultades en nuestras decisiones financieras; las discusiones en el lugar de trabajo podrían señalarnos que estamos a disgusto con el empresario, con las condiciones de trabajo o con una decisión laboral. Nuestro yo *real* puede querer una modificación en la orientación de la empresa, pero el yo programado no puede cambiar por alguna razón importante. Depende de nosotros que nos pongamos o no en contacto con las excusas que nos damos a nosotros mismos y a los demás para encontrar nuestro lugar en el mundo. Si con nuestra carrera profesional no nos sentimos realizados y felices, ya sabemos que estamos en el lugar equivocado y que necesitamos hacer algunos cambios. ¿Por qué pasar el resto de nuestra preciosa vida haciendo algo que no nos satisface? ¡La vida es para conseguir la felicidad!

Sea cual sea el problema, recordar nuestros sentimientos, pensamientos y emociones, así como también el contexto del sueño, nos ayudará a decidir lo que los sueños intentan comunicarnos.

PELEAS EN LA HABITACIÓN

Los conflictos que estallan en una habitación sugieren ideas conflictivas sobre el matrimonio, sobre el sexo o sobre ambos aspectos. Que el sexo es algo sucio es una de las creencias más comunes de nuestra sociedad y de ella debemos deshacernos aquí. Pero puede que éste no sea nuestro problema: quizá simplemente signifique que no queremos casarnos.

Debemos considerar si podemos estar teniendo problemas a la hora de descansar, de relajarnos, de dormir..., en definitiva, de cualquier aspecto que asociemos con nuestra habitación, tal como la privacidad, nuestro espacio personal, nuestro estilo de vida, etc. Debemos contemplar todas las posibilidades. Si todavía no estamos seguros, podemos pedir más sueños sobre ese tema para que nos aclaren la situación.

Si la pelea en la habitación es con nuestra pareja, existe la posibilidad de que nuestra relación esté pasando por dificultades; también podría significar un conflicto de voluntades. De todos modos, es más probable que esté fundamentada en la concepción que tenemos de nosotros mismos (quiénes somos, qué somos y cuáles son nuestros derechos). Puede que tengamos la autoestima muy baja, ya que los celos no existen cuando uno está totalmente seguro de su propia valía. Además, el amor verdadero no conoce ningún tipo de ataduras.

Básicamente, nuestras parejas tienden a reflejar los problemas y las debilidades que hay en nuestro interior. Lo que más nos disgusta de nuestra pareja es lo que más odiamos de nosotros mismos. El problema es que no podemos ver nuestros errores y tendemos a culpar a los demás sin detenernos a observar nuestro interior. Los sueños nos ayudan a descubrir la verdad sobre nosotros mismos.

DIFICULTADES EN EL COMEDOR

Podría ser, literalmente, una batalla contra nuestro peso: estamos luchando con la comida en general y con los problemas emocionales que se esconden detrás del hecho de comer demasiado (o demasiado poco), especialmente si estamos teniendo problemas en ese campo; o quizá se trate de una batalla contra un cierto tipo de comida que nuestro cuerpo no tolera. El sueño puede estar indicando las batallas internas que resultan cuando tomamos este tipo de comida o bebida en particular. Posiblemente haya una alergia involucrada o una intolerancia temporal causada por el estrés o por otros factores. Quizá el problema simplemente esté en la manera en que se ha servido el alimento.

PELEAS EN LA COCINA

Pueden representar un problema con el alimento para el pensamiento: no somos capaces de aceptar una idea. También existe la posibilidad de que el sueño signifique: «Odio cocinar».

Armas:

El deseo de matar es básicamente el deseo de aniquilar algo que creemos que es la causa de nuestro problema. Normalmente está simbolizado por una persona, grupo o animal que representa el rasgo que desdeñamos de nosotros mismos. Debemos entender que *cualquier enfado lo provocamos nosotros mismos*. Ésta es una verdad básica, o sea que si estamos enfadados, debemos mirar en nuestro interior. ¿Qué rasgo, actitud o costumbre que no nos gusta tiene la persona o el animal que queremos matar? O preguntémonos de qué manera hemos permitido que nos empujaran hacia una situación que nos molesta o que nos manipularan. Esforcémonos, pues, en encontrar la razón verdadera que se esconde tras nuestra rabia.

Armas de guerra modernas:

Son demasiado numerosas para hacer una lista, pero la mayoría tienen que ver con matanzas a gran escala de mucha gente, incluso de pueblos enteros. Están relacionadas con nuestro deseo de eliminar problemas o aspectos de nuestra personalidad que no son de nuestro agrado: deseamos destruir grandes áreas de consciencia, determinadas ideas o sistemas de creencia enteros. La voluntad de destruir un campo muy amplio o una parte de nuestro pensamiento implica una gran frustración y furia interna. Podría denotar una gran necesidad de liberar enfados reprimidos antes de que exploten violentamente.

Artillería pesada:

Puede implicar un problema «pesado», como, por ejemplo, el odio, el karma negativo, la furia o la frustración. Puede estar representando que necesitamos medidas extraordinariamente fuertes para rectificar esa situación.

Asesinato:

Puede representar que hemos asesinado una característica propia, ya sea una esperanza, un sueño o un ideal. Tal vez hayamos matado la parte opuesta u odiada de nosotros mismos y, por tanto, hemos ganado la batalla.

Asesinar a un bebé: Normalmente simboliza «matar» un proyecto, una idea que está todavía por llevar a cabo o un ideal que era o es importante para nosotros. Véase *Bebés*, en el capítulo *Gente*.

Atrapados en una guerra:

Las armas y las luchas pueden simbolizar la voluntad de reflexionar sobre el significado de la guerra, del odio, de la codicia, de la muerte y de todo lo que comportan los actos violentos. Puede implicar una necesidad de perdonarnos tanto a nosotros mismos como a las demás personas involucradas.

Bombas o granadas de mano:

Implican situaciones explosivas. Cuanto más grande y potente es la bomba, mayor es el enfado, el odio, la culpabilidad, el prejuicio o la frustración que debemos liberar. Puede ser una advertencia de conflictos internos y presiones a punto de explotar de forma violenta.

Cuchillos o tijeras:

Puede ser un símbolo sexual o estar indicando un «¡Para ya!». Fijémonos en lo que queremos cortar.

Disparar a otra persona:

Normalmente se refiere a humillar a alguien con palabras maliciosas, cotilleos o mentiras. Podría ser un aspecto propio o un espejo donde se refleja lo que hacemos a los demás.

Dispararnos a nosotros mismos:

Representa poner fin a nuestras malas costumbres o a los aspectos propios que no nos gustan (o quizá la necesidad de hacerlo). Puede significar que nos estamos «matando» de alguna manera, que nos estamos destruyendo... en definitiva, que somos nuestro peor enemigo.

Escudo:

Simboliza la protección y la defensa. Puede representar también que intentamos evadir un problema.

Espada:

Simboliza la destrucción, la agresión, la ambición, la fuerza, el coraje, la guerra o los conflictos. Por extensión, también se relaciona con la voluntad de deshacernos de las cosas, de dividir, de separar. Si se trata de una espada que cuelga de un hilo sobre nuestra cabeza, el sueño nos habla de una lucha en una vida pasada o, simplemente, de que queremos acabar con algo. También puede simbolizar la decisión y la fuerza de voluntad, o puede usarse para armar caballero a otra persona.

Espada de dos filos: Corta por ambos lados, por lo que simboliza que el daño que intentemos hacer a otros puede revertir sobre nosotros. También podría representar la consciencia dual, la dualidad o el guerrero luchando en una guerra.

Espada mágica: Representa el poder espiritual para conseguir lo imposible e implica contacto con las fuerzas espirituales: la «fuerza» mágica de la espada somos nosotros mismos.

Lanza:

Representa que perseguimos algo intencionadamente o por venganza. Puede simbolizar maneras primitivas o métodos pasados de moda, o puede sugerir que el conflicto tuvo lugar en una vida pasada. También puede simbolizar el espíritu vertebral del fuego y a Kundalini o ser un símbolo sexual, según el sueño.

Lanza sagrada: Puede representar el poder espiritual.

Pistola:

Simboliza una explosión de ira, de malicia, de odio, de codicia y de frustración. Puede representar una explosión emocional o un temperamento explosivo, que replica con palabras hirientes. Mayoritariamente, están dirigidas a «la otra persona», que es, de hecho, un aspecto o rasgo propio que esa otra persona simboliza. Véase el capítulo *Gente.*

Rifle y fusil:

Implican un enfado mayor y una gran urgencia por matar ese aspecto de nuestra personalidad que hemos proyectado sobre otros. De nuevo, la persona, raza, grupo o animal representa las características que no reconocemos en nosotros y que debemos descubrir.

Todos los conflictos entre la gente que soñamos muestran nuestros propios conflictos internos, representados para que veamos y entendamos las situaciones. Debemos fijarnos en el contexto, en las habitaciones, en lo que simbolizan las personas, en las acciones y en nuestros sentimientos. Luego

debemos considerarlo todo cuidadosamente y usar todas las pistas que
tengamos a nuestro alcance, pues estos conflictos que soñamos nos están
diciendo algo de vital importancia
sobre nosotros mismos.

MIS PROPIOS SÍMBOLOS
DE CONFLICTOS

_____

_____

_____

_____

_____

_____

_____

_____

_____

_____

_____

_____

_____

_____

_____

_____

_____

_____

_____

_____

Capítulo 15

Los pájaros

Por regla general, los pájaros son símbolo de alegría, de canciones, de gozo y de libertad. Representan un estado de amor, de felicidad, de éxtasis, de música y de armonía. También pueden simbolizar nuestro espíritu o nuestra alma y su capacidad para surcar las grandes alturas.

Una bandada de pájaros:

Puede representar los instintos de grupo, una acción colectiva, la cooperación o la abundancia de uno o de más rasgos de los descritos arriba. Puede ser un indicio que nos recuerde que los grupos están formados por personas de características similares y nos muestre lo que atraemos con nuestros pensamientos y manera de actuar. Debemos considerar el simbolismo del tipo de pájaro, la acción realizada por la bandada y los sentimientos que nos despierta.

Ala de pájaro:

Puede representar la libertad de la mente y el cuerpo, el ala que permite elevarnos durante la oración y también la protección. Simboliza igualmente la habilidad para sobreponernos a un problema.

Alimentar a los pájaros:

Si la acción está bien realizada, puede indicar que estamos alimentando o nutriendo nuestras características superiores o espirituales, especialmente si nos mostramos contentos al hacerlo o si los pájaros parecen felices. Pero también puede reflejar un «pequeño cambio» en el ámbito económico, ya sea en ingresos o en pagos. Puede representar recompensas insuficientes o indicar que nuestros esfuerzos son escasos e inadecuados, según el contexto del sueño. Simboliza, asimismo, pequeños cambios en nuestra vida.

Canto de pájaro:

Se trata de una expresión de alegría y armonía. Simboliza el acto de cantar alabanzas, de dar gracias, amor y gozo. Posiblemente nos esté diciendo que necesitemos expresarnos así más a menudo.

Casita para pájaros:

Podría implicar un estado alegre de la consciencia. Significa que nos sentimos felices, alegres, libres y en armonía, especialmente si somos nosotros los que estamos construyendo la casita.

Gallinero:

A menudo representa los pensamientos, las acciones, las ideas y las palabras que, por haber sido nefastas, se han vuelto contra nosotros. Representa la idea de «cosechar lo que hemos sembrado». Fijémonos en el tipo de pájaros o en qué es lo que se vuelve en nuestra contra.

Jaula:

Es la limitación o protección de los rasgos que simbolizan los pájaros, tales como la alegría y la libertad.

Pájaros enjaulados: Aunque quizá todavía canten alegremente, tienen las acciones limitadas y les falta la libertad en sus alas. Podría ser un indicio de que seremos felices estemos donde estemos, o podría indicarnos un aspecto de nuestra personalidad que se siente enjaulado o atrapado. Quizá represente una pérdida repentina de la libertad o cómo nos sentimos en nuestra vida amorosa; también puede simbolizar que alguno de nuestros rasgos está cautivo, según lo que sintamos al soñar.

Nido:

Simboliza un lugar alto y seguro, un refugio, el hogar de las dimensiones espirituales. Puede denotar también «hacer un nido», es decir, guardar dinero, ahorrar, la necesidad de construir a nuestro alrededor algo seguro y estable donde apoyarnos: nuestra independencia, al fin y al cabo.

Construir un nido: Puede representar el anhelo de conseguir un nido (un hogar) o la necesidad de trabajar para nuestra independencia y seguridad.

Percha:

Puede ser un lugar peligroso o puede indicar el lugar alto que hemos elegido para nosotros y para nuestros ideales. Puede implicar que estamos actuando desde niveles superiores de nuestra consciencia de forma poderosa.

Vuelo de un pájaro:

Podría representar la libertad, la capacidad para sobreponernos a las situaciones. Se relaciona igualmente con la objetividad del plano físico, con el hecho de ver las cosas desde un nivel superior. Se refiere también a los ideales, las esperanzas y los anhelos. Por otro lado, podría representar nuestro aspecto frívolo, las ideas que se nos escapan o la necesidad de elevarnos a niveles más altos de pensamiento.

TIPOS DE PÁJAROS

Águila:

Normalmente representa a los Estados Unidos, pero también simboliza grandes ideales, nobleza, superioridad, supremacía, perspicacia, poder, dignidad, talento: en definitiva, lo más alto a lo que podemos llegar.

Águila blanca: Es la sabiduría pura.

Águila dorada: Simboliza la sabiduría espiritual.

Águila evangélica: Es el símbolo de San Juan.

Águila ratonera: Se trata de un ave carroñera. Para la mayoría de la gente, es el símbolo de la muerte, de la pudrición, de la fealdad. A pesar de ello, es un pájaro muy útil.

Arrendajo:
Sobre todo es ruidoso, engreído y chillón. Sus hábitos resultan irritantes y tiende a «robar» a los demás pájaros. Puede simbolizar cómo los demás perciben nuestro comportamiento o representar algo que nos permitimos robar de nuestra alegría y talentos espirituales.

Ave fénix:
Se trata de un pájaro mítico consumido por el fuego que resucita de las cenizas completamente renovado. Simboliza, pues, la transformación hacia algo mejor. Es el símbolo perfecto para representar la purificación del cuerpo, de la mente y/o del alma. Se refiere a la habilidad –que todos poseemos– para transformarnos a nosotros mismos o para transformar una situación. Representa la metamorfosis, la transformación, la transmutación, la transfiguración, la reencarnación, la inmortalidad, el renacimiento y la renovación espiritual. Así, pues, se trata de un símbolo muy poderoso.

Avestruz:
Conocida por esconder la cabeza en un agujero cuando le amenaza un pro-blema. Representa la estupidez y la incapacidad o la aversión a enfrentarse con la realidad. Denota una ausencia de perspicacia. Elige deliberadamente no ser visto, no enfrentarse, ni afrontar o darse cuenta de la presencia de determinadas personas o situaciones.

Búho:
Normalmente simboliza la sabiduría, el conocimiento, la inteligencia y la capacidad de permanecer en silencio.

Buitre:
Ave carroñera, simboliza la muerte, la descomposición, la codicia, la decepción, la destrucción y la maldad en general.

Canario:
Conocido por su canto festivo, el canario simboliza la alegría y la armonía, especialmente cuando en nuestro sueño aparece *libre*. Si está enjaulado, podría representar la escasez de libertad.

Cigüeña:
Se trata del símbolo de la llegada de un bebé, ya sea un animal o un humano.

Cisne:
Representa la perfección, la belleza, la elegancia, la serenidad, la gracia, la naturaleza superior, el Yo Superior o el Espíritu Santo.

Cóndor:
Se caracteriza por sus majestuosos vuelos a gran altura; lo encontramos la mayoría de las veces en la costa oeste de los Estados Unidos. A menudo representa nuestros proyectos y anhelos más elevados, los ideales altos, los grandes objetivos, las ambiciones o la habilidad de elevarse por encima

del nivel físico para conseguir una visión más espiritual. Irónicamente, es una especie en peligro de extinción por más de una causa.

Cuervo:

Ave conocida por su inteligencia pero también por su costumbre de robar y por sus hábitos algo molestos.

Cuervo negro:

Representa la maldad y el deseo egoísta.

Gallina:

Tiene tendencia a presumir de pequeñeces. Posiblemente represente la cháchara, el cotilleo, incluso una despedida de soltera. También se relaciona con la limitación de nuestro alcance mental o la costumbre de meternos con los demás, en general, a decirles qué deben hacer.

Gallo:

Representa a alguien a quien le gusta jactarse, engreído, ruidoso, ostentoso, presumido, desconsiderado con los demás y no muy brillante.

Gallo Bántam: Es pequeño pero con rasgos muy combativos, descarado y despiadado; discutirá cualquier cosa por pequeña que ésta sea, a cualquier hora y en cualquier lugar.

Gallo pavoneándose: Simboliza el fanfarroneo, la exageración, la glorificación de uno mismo y la vanidad. También puede ser un símbolo bíblico de la negación o de los albores de la resurrección.

Ganso:

Se trata de un ave caprichosa, necia y despistada.

Gaviota:

Generalmente se la asocia con los océanos, mares y grandes lagos. Es apreciada por comer insectos y, por tanto, salvar cosechas. A causa de esto podría ser un símbolo de fe y de favores concedidos a la oración.

La gaviota de Jonathan Livingston: Ha llegado a ser un símbolo de osadía, de voluntad de hacer cosas nuevas, de ir más allá de lo aceptado socialmente, de probar lo que todavía no se ha experimentado, es decir, lo nuevo y lo poco habitual. Representa el coraje de ser diferente y el poder de llevar a cabo las propias experiencias sin que le importe lo más mínimo la opinión de los demás. Puede representar nuestro deseo o necesidad de hacer lo mismo.

Grulla:

Puede tener dos significados: o «jugarse el cuello» o la flexibilidad del cuello, o sea, de la voluntad.

Halcón:

Mientras que en nuestra sociedad el halcón es un ave de rapiña, en las tradiciones ancestrales es un símbolo de sabiduría educada, de intuición, de vigilancia y de precisión. Se trata de un símbolo espiritual muy positivo.

Murciélago:

Puede significar que actuamos de manera excéntrica, alocada, variable e impredecible, o puede simbolizar que estamos «ciegos» como un murciélago, que no vemos lo que tenemos delante de las narices o que estamos «revoloteando» con una vida nocturna activa. En general, todo el mundo considera repulsivos a los murciélagos, excepto los de su propia casta. Estos animales también son conocidos por su radar, lo cual puede representar la intuición, el oído fino, el saber escuchar o la capacidad de sintonizar con vibraciones superiores.

Pájaro azul:

Se trata del símbolo tradicional de la diversión, de la alegría de corazón y de los ideales espirituales.

Pájaro cantor:

Representa especialmente la alegría, el amor, la música, la armonía y la felicidad.

Pájaro de tormentas:

Para mucha gente, significa lo mismo que el águila en lo que se refiere al espíritu y al poder. Es también un importante símbolo tribal que representa los grandes ideales.

Pájaro grande:

Se trata de un personaje de tebeo asociado con la enseñanza de moralejas a los niños. Significa un comportamiento reflexivo.

Pájaros de amor:

Significan, sin lugar a dudas, que estamos enamorados. Representan el estado de nuestros sentimientos.

Pájaros de caza:

Mientras que los pájaros de caza pueden significar la libertad de movimiento y las altas miras, también tienen la característica de cazar a los demás. Si esto concuerda con nosotros, probemos a «rezar» por los demás, en vez de «cazarlos».

Pájaros espirituales:

La paloma, el cuervo, el pájaro de tormentas, el águila y el ave fénix pueden ejercer como mensajeros de los dioses.

Paloma:

Es el famoso símbolo de la paz, de la armonía y de la inocencia.

Paloma blanca: Suele significar el Espíritu Santo, un mensaje especial o la bendición para quien la recibe. También es un símbolo de aquel que ha abandonado cualquier pensamiento de guerra, de odio o de venganza, es decir, que tiene una actitud y una manera de actuar totalmente pacífica: alguien que tiene la voluntad de hacer sólo aquello que resulte bueno, agradable y que sirva de ayuda a los demás, alguien que ha prometido ser completamente inofensivo y pacífico.

Palomo:

Puede simbolizar un mensajero, pero también un chivato. Está relacionado con las habladurías y el cotilleo, o puede representar incluso al que acusan de ser un correveidile. Es un pájaro de ciudad al que algunos consideran repugnante y otros, un mendigo simpático.

Pato:

A menudo se asocia con la inocencia, el juego limpio, una posición vulnerable. Simboliza que debemos estar preparados porque quizá nos quieran cazar o que nosotros mismos nos estamos preparando para la caza, aunque su significado es extensible y también puede representar que estamos tratando de eludir un asunto, situación o algún tipo de responsabilidad. Asimismo, podría implicar que estamos adaptándonos fácilmente a alguna situación.

Pavo:

Se trata de un ave asociada normalmente a la irracionalidad y a la estupidez. Es considerado un pájaro inepto, pero, en general, todavía simboliza la acción de gracias y las vacaciones. Podría representar una referencia temporal, como el tiempo de la cosecha, el otoño, noviembre, el día de acción de gracias o, quizá, la Navidad.

Pavo real:

Representa el orgullo, la pompa, la vanidad, el pavoneo, el alarde, la prepotencia y el interés por uno mismo.

Periquito:

Es un ave amistosa e inteligente. Se le puede adiestrar como animal de compañía, e incluso puede pronunciar algunas palabras, aunque no destaca por ser un gran cantor. A veces se le considera un pájaro del amor. Podría significar la necesidad de ser más cariñosos con nuestra pareja.

Petirrojo:

Heraldo de la primavera, esta ave se relaciona con los inicios, con la llegada de un nuevo nacimiento. Podría estar indicándonos que el sueño se refiere a una determinada época —una vida pasada, por ejemplo—, especialmente en un sueño de percepción extrasensorial.

Pollo:

Normalmente está asociado con el miedo y los estados de pánico (recordemos, sin ir más lejos, la expresión «ser un gallina»). Simboliza la falta de

coraje, de valor y de fuerza de voluntad para ir contra el sistema o contra la jerarquía establecida. Podría representar que somos unos «calzonazos» o que permitimos que se metan con nosotros sin oponer resistencia; a veces también puede referirse a nuestra disposición y facilidad para meternos con los demás. El sueño quizá nos indique que deberíamos luchar por aquello que creemos que es correcto y justo, o puede ser que signifique que no necesitamos prácticamente nada para vivir. También podría significar que estamos en peligro de perder la cabeza o que, en general, somos demasiado alocados.

Sinsonte:

Se le conoce habitualmente como un pájaro burlón porque copia las canciones de otros pájaros y las mezcla con las propias. Es un pájaro muy listo, aunque quizá demasiado engreído; quiere lo que quiere y cuando quiere y no le importa reclamar sus derechos insistentemente.

MIS PROPIOS SÍMBOLOS DE PÁJAROS

_____
_____
_____
_____
_____
_____
_____
_____
_____
_____

Capítulo 16

Las partes del cuerpo

Desde la Antigüedad, a las diferentes partes del cuerpo se les han atribuido determinados significados simbólicos. Estas correlaciones, aunque no seamos conscientes de ello, son conocidas y entendidas por nuestra mente subconsciente.

EL ESQUELETO

Determina la estructura del cuerpo y su tarea es similar a los cimientos de una casa. Está relacionado con la capacidad de ser serio y responsable en aquello que se realiza y de luchar por los derechos propios. Así pues, el esqueleto se vincula al coraje, la fuerza, la estabilidad y la movilidad. Nuestra actitud general en la vida puede averiguarse fácilmente según la manera en que el esqueleto se mueva o camine.

SISTEMA MUSCULAR

Recubre todo el esqueleto y permite que se mueva. Simboliza los lazos que conectan todas las partes del cuerpo y constituyen una unidad. Cuando los músculos se niegan a funcionar en algunas áreas, la mente nos está diciendo que no queremos realizar este determinado trabajo o participar en el proyecto que requiere esa actividad.

SISTEMA NERVIOSO

Está íntimamente coordinado con el sistema muscular. Representa el centro de los mensajes que hacen que el cuerpo se mueva. Se trata, además, del sistema de alarma del cuerpo y forma un inmenso circuito eléctrico interior. El sistema nervioso simboliza la capacidad de dar y recibir mensajes desde los distintos niveles de existencia. Un fallo en el sistema nervioso puede inmovilizar una o más partes del cuerpo.

PIEL

Diríamos que es el traje del alma, los límites exteriores del cuerpo. La piel puede representar la sensibilidad, el tacto, los sentimientos, la vulnerabilidad, los hechos tal y como son, una situación básica o que «algo nos viene muy ajustado».

Desnudez:

Implica que alguno de nuestros sentimientos está desprotegido, expuesto a los ataques de otros: simboliza, pues, que somos vulnerables. Puede referirse, igualmente, a un problema con nuestra desnudez. Véase el capítulo *Desnudez*.

Marca de nacimiento:

Tanto si es real como si sólo existe en sueños, es un símbolo del alma, un recordatorio de algo que debemos hacer o de algo que no debemos volver a hacer. Se trata de una mancha en el alma, un compromiso o una señal de algo.

Partes desproporcionadamente grandes:

Pone especial énfasis en esa parte del cuerpo, nos llama la atención sobre ella. Posiblemente nos avise de que ha trabajado demasiado, de que la hemos obligado a trabajar demasiado o bien a trabajar mal, o simplemente de que se encuentre inflamada.

Vasos sanguíneos rotos:

Simboliza la rabia contenida.

CABEZA

La cabeza representa la mente, el intelecto, el pensamiento, las ideas, la voluntad, el orgullo, el ego, los poderes mentales, la lógica, la capacidad de liderazgo, la agresividad, el hecho de llevar a cabo las ideas, el ser «cabeza» de un grupo, la organización, los planes, las ideas y los proyectos.

Cabeza agachada:

Es signo de humildad, de actitud servicial, de conocimiento, de saludo, de gratitud, de reverencia, de alabanza o de reconocimiento hacia los demás.

Cabeza en alto: Se corresponde con la altivez, el orgullo, la arrogancia, el ego, la rebelión, la testarudez y el dominio.

Cerebro:

Representa el intelecto, el acto físico de pensar, las ideas materiales. Está relacionado con la necesidad de ver para creer.

Coronilla:

Es el punto más alto de la cabeza. Allí se hallan el chakra de la coronilla y la glándula pituitaria. Representa el tipo de pensamiento más alto, la intuición y el pensamiento abstracto.

Frente:

Simboliza el intelecto, la mente, la amplitud de miras, el chakra de la frente, el misticismo, la intuición y la clarividencia.

Orejas:

Están relacionadas con la capacidad de escuchar, de oír, de entender y de cooperar.

Buen oído: Un buen oído implica la voluntad de escuchar, de aprender, de obedecer y de cooperar; también nos indica que disponemos de una buena comprensión, percepción y compasión hacia los demás y hacia sus necesidades.

Problemas de oído: Un oído con problemas está directamente relacionado con la indisposición a escuchar, a prestar atención o a obedecer. Nos indica que no queremos saber algo o que hacemos oídos sordos a una persona.

Orificios nasales:

Representan nuestra capacidad para almacenar y conservar las emociones y los sentimientos no expresados.

Obstrucción y desobstrucción de las fosas nasales: Indican la necesidad real de llorar, de liberar la tristeza, el dolor o la pena que hemos intentado esconder, pasar por alto o negar. Los resfriados y los problemas nasales son maneras adultas y aceptables de liberar estos daños, especialmente para la gente que es demasiado orgullosa como para llorar abiertamente.

CARA:

La cara simboliza la capacidad para aceptar los hechos y enfrentarse a ellos, el coraje para asumir las situaciones y admitir los problemas. También puede significar que estamos perdiendo prestigio o que tenemos miedo a perderlo. El simbolismo de la cara está igualmente relacionado con la pérdida de la identidad, con la necesidad de reconocimiento personal, con la autoestima y con las apariencias.

Barbilla:

Simboliza la voluntad, la terquedad, el coraje, el envalentonamiento, la determinación y el orgullo.

Maquillaje:

Puede representar el deseo de ser más bellos, de mejorar nuestro atrac-tivo, de conseguir una buena apariencia. También puede jugar el papel de coraza, de encubrimiento, de elemento de distracción o de engaño.

Mejilla:

Puede significar que tenemos mucha cara o que somos dominantes. También puede representar que «ponemos la otra mejilla», es decir, una oferta de perdón, de dulzura o de gentileza cristiana.

Persona sin rostro:

Nos indica una persona sin nombre, invisible o discreta. Quizá represente que hay algo que no queremos aceptar o que carecemos en esos momentos de autoestima. Está relacionado con lo desconocido. Podría también implicar que hemos perdido prestigio en algún ámbito de nuestra actividad.

OJOS

Cejas:

Se trata de uno de los elementos más expresivos de la cara de una persona.

Ceja levantada: Puede indicarnos una pregunta, un determinado interés, asombro, sorpresa o incredulidad.

Fruncir el ceño: Es una muestra de preocupación, de temor, de disgusto o de desaprobación.

Ojos:

Son el símbolo de las ventanas del alma. Quizá impliquen consciencia, vista, percepción, entendimiento, aunque también pueden significar nuestro yo, el ego, uno mismo. Simbolizan, igualmente, nuestra capacidad para llorar, es decir, para expresar o liberar el dolor y la pena.

Algo en el ojo: Nos informa de que no podemos ver claramente nuestro camino o de que existen obstáculos en él. También puede indicarnos que vemos los defectos de los demás, es decir, que disponemos de percepción crítica. Asimismo, puede señalarnos que algo nos tapa la visión o que en nosotros existe un defecto del que debemos librarnos.

Bizcos: Nos informan de que no vemos directamente o que somos incapaces de ver claro y de comprender de manera inteligente: mezclamos los hechos.

Ciegos: Significan que disponemos de poca disposición a ver lo que sucede a nuestro alrededor, o incluso que somos incapaces de ello.

Dorados: Nos indican que disponemos de perspicacia espiritual para ver la parte anímica de las cosas, es decir, que disfrutamos de una mirada espiritual… y posiblemente de la facultad de la clarividencia.

Fuera de nuestro campo de visión: Tal como dice el refrán: «Ojos que no ven, corazón que no siente». Nos indica que algo está más allá de nuestra comprensión; podría ser algo que ocurre a nuestras espaldas o más allá de lo que podemos controlar.

Gafas de color rosa: Nos indican que vemos el lado brillante, rosa, encantador y feliz de las cosas. Se trata, sin duda, de un sueño positivo.

Gafas oscuras: Nos indican una percepción poco clara de lo que nos rodea. También pueden sugerirnos que vemos el lado oscuro o negativo de las cosas, o que no queremos ver ni ser vistos y que nos escondemos, o que evitamos una confrontación directa.

Gafas reflectantes: Representan que nos miramos a nosotros mismos: se trata, pues, de la capacidad de reflexión. También pueden indicarnos que en el sueño se muestra cómo nos ven los demás o que estamos recordando cosas de nuestro pasado.

Llevar gafas o lentes de contacto: Puede ser un indicio de que necesitamos gafas, es decir, una ayuda para ver algo, o de que las necesita la persona que las lleva. También puede simbolizar que debemos corregir nuestras «visiones», o puede tratarse de una señal de alarma de que necesitamos comprender mejor lo que percibimos, es decir, que necesitamos una visión más clara, una pista para observar las cosas con más profundidad.

Mirar a lo lejos: Implica que no queremos ver algo, que no queremos saber de una situación ni aceptarla.

Montura: Se trata del marco a través del cual vemos las cosas.

Ojos demasiado grandes: Implican que disponemos de una visión muy buena, que todo lo ve; también podría significar que padecemos insomnio, que no podemos dormir o que vemos demasiado algo o a alguien.

Párpados:

Son la protección del ojo, pero también la capacidad de oscurecer nuestro campo de visión. Representan, pues, la posibilidad de impedir la percepción.

Abiertos: Nos indican la capacidad de mirar, de ver, de estar atentos, receptivos, observando.

Cerrados: Muestran que somos poco receptivos en algún campo, es decir, que disponemos de poca disposición para darnos cuenta de lo que ocurre a nuestro alrededor, probablemente porque estemos asustados por lo que podemos ver. Nos sugieren que estamos cerrados, que nos excluimos o escondemos, que rehusamos mirar, saber, unirnos a los demás, participar en actividades o comprometernos con una determinada causa.

Medio cerrados: Nos indican que sólo estamos medio atentos, sólo parcialmente abiertos a algo. Al fin y al cabo nos dicen que estamos asustados de mirar, aunque en realidad queramos ver. También pueden representar que estamos disimulando, que no queremos que otros sepan aquello que sabemos, por lo cual intentamos parecer desinteresados u ocultar y esconder nuestros secretos. Podrían indicar también que somos coquetos o tímidos, o quizá demuestran un sentimiento de culpabilidad o de vergüenza.

NARIZ

Puede reflejar la curiosidad, las ganas de preguntar, la capacidad de investigación o la intromisión en general. Asimismo, puede igualmente representar el conocimiento, la intuición («me huelo que…») y el instinto.

Nariz larga:

Pone especial énfasis en las características que la nariz simboliza.

Nariz rota o herida:

Puede referirse a que metemos la nariz donde no nos llaman, o puede implicar peligro si seguimos por el camino inquisitivo. Podría implicar que somos algo distintos a los demás en algún aspecto de nuestra personalidad, que somos algo raros, o que la nariz no acaba de cumplir sus funciones correctamente. Quizá estemos juzgando las cosas de manera incorrecta o injustamente.

Un dedo que nos señala la nariz:

Es símbolo de acusación o amenaza.

BOCA Y LABIOS

Dientes:

Son los símbolos de las palabras que pronunciamos y de cómo éstas afectan a la gente que nos rodea.

Caries: Se refieren al lenguaje obsceno, sucio, lo cual denota una mente perversa. Sin embargo, también pueden ser un signo de percepción extrasensorial.

Cirugía en la boca o en los dientes: Puede representar las lecciones, la disciplina o las situaciones que necesitamos para corregir una falta o para eliminar las mentiras. También está relacionada con el cotilleo, la capacidad crítica, el lenguaje obsceno o inútil y el hablar por hablar.

Dentadura postiza: Simboliza las palabras falsas, los esfuerzos engañosos y la deshonestidad.

Dientes que se mueven: Representan palabras simples, pensamiento simple, expresiones poco precisas, inexactitud, exageraciones o poca precisión en lo que se dice.

Dientes que se nos caen: Nos indican que estamos perdiendo el control de lo que decimos, es decir, que hablamos sin pensar.

Dientes que se pudren: Son símbolo –y resultado físico, no lo olvidemos– de palabras falsas u obscenas. Representan una necesidad imperiosa de mejorar nuestra manera de hablar.

Dientes torcidos: Representan las palabras torcidas, las medias verdades, el intento o la costumbre de engañar.

Nos sacan un diente: Se trata de una gran necesidad de deshacernos de palabras o de afirmaciones ofensivas de nuestro vocabulario.

Ortodoncia: Podría simbolizar una necesidad física de enderezarnos los dientes, pero probablemente indique la necesidad de dejar de hablar tanto o de corregir la manera en que lo hacemos. Quizá deberíamos reprimirnos nuestra capacidad crítica.

Labios:
Están relacionados con las palabras, los discursos, las conversaciones, los besos, las cosas que no decimos en serio o el hablar a otra persona superficialmente o con palabras hirientes.

Morderse el labio: Significa armarse de valor o intentar no caer en el llanto. También puede estar relacionado con el pensamiento positivo y la insistencia.

Pintarse los labios: Puede ser un intento de resultar más atractivos de una manera puramente física, o quizá simbolice un intento de conseguir que nuestras palabras sean aceptadas aunque sea dándoles una capa de pintura. Pintarse los labios está relacionado con las palabras dulces y con el encubrimiento.

Lengua:
Representa las palabras que decimos al expresar nuestras opiniones, así como el modo en que afectan a la gente que nos rodea. También está relacionada con el hecho de «tragarnos» ideas, es decir, de ingerir alimento para el pensamiento. Una herida en los labios podría ser una advertencia del daño que estamos haciendo con la boca para que así podamos llevar a cabo las correcciones necesarias o presentar nuestras disculpas.

PELO

El pelo es un símbolo de sensibilidad, una manifestación externa de nuestras opiniones, de nuestro pensamiento, de nuestras ideas y actitudes.

Algo que nos cae del pelo:
Si sale del interior de la cabeza, significa que estamos olvidando algo.

Atado:

Muestra control, disciplina, dirección e inhibición, o posiblemente la necesidad de todo ello.

Bigudíes:

Simbolizan el hecho de pensar en círculo. Indican que nos estamos preocupando, que damos excesivas vueltas al mismo problema sin llegar a una conclusión. Podrían sugerirnos también la necesidad de una remodelación deliberada de nuestra forma de pensar.

Brillante:

Implica dejar entrar la luz, permitir que la luz de Dios llene nuestra mente y nuestros pensamientos, es decir, que estamos espiritualizando nuestra mente. También está relacionado con la capacidad de ser nosotros mismos, de tener pensamientos cariñosos.

Calvicie:

Simboliza la pérdida de ideas o que no nos tomamos el tiempo suficiente para estudiarlas. Nos está indicando que no tenemos ideas nuevas o que carecemos de crítica constructiva, es decir, que nos falta la fuerza del pensamiento positivo.

La calvicie también está relacionada con los monjes y con órdenes religiosas masculinas, así como con razas que se afeitaban la cabeza; a partir de ahí, la calvicie representa una marca de un voto o estado especial. Por esta razón la calvicie puede significar un compromiso religioso o moral.

Canoso:

Es símbolo de sabiduría, de madurez y de don.

Cortar el pelo:

Representa la capacidad de arreglar, de dar forma, de disciplinar nuestra manera de pensar. También puede simbolizar que recortamos algo, es decir, que interrumpimos una idea, que limitamos nuestro repertorio de ideas, que remodelamos nuestro pensamiento o que eliminamos los pensamientos o las costumbres que no nos gustan.

Cubierto:

Nos indica que existen pensamientos y planes escondidos; hay, pues, una referencia al secreto. También es un símbolo relacionado con la necesidad de amparo.

Desarreglado:

Un pelo alterado, enredado y confundido representa la imposibilidad de concentrarse. Es un símbolo de desorden mental.

Despeinado:

Representa la necesidad de enderezar nuestro pensamiento, de reflexionar, de reevaluar nuestra situación.

Dorado:

Representa ideales espirituales. Está relacionado, pues, con el pensamiento puro y espiritual.

Electricidad estática:

Refleja nuestro magnetismo personal o el magnetismo externo que influye en nuestra vida.

Enmarañado:

Representa una mente no armoniosa, un pensamiento desordenado: nos indica que existe confusión en nuestra mente. También puede referirse a un problema mental antiguo.

Enredado o despeinado:

Indica que en nuestra mente residen incertidumbres, ideas confusas y poco claras. Indica una necesidad imperiosa de tomarnos tiempo para aclararlas.

Gris:

Denota miedos, preocupaciones y pensamiento negativo.

Largo:

Representa pensamientos amplios y extensos. Nos sugiere que quizá pensemos demasiado, o que lo hagamos cuidadosamente. Se refiere también a los planes a largo alcance, a los proyectos importantes. Denota, sin duda, que disponemos de una gran capacidad de concentración. Si actualmente llevamos el pelo corto, puede estarnos sugiriendo que normalmente pensamos durante mucho tiempo en una idea, sugerencia o situación nueva antes de tomar una decisión.

Lavar el pelo:

Necesidad de purificar la forma de pensar y las actitudes, de deshacernos de la negatividad o de las influencias de otras personas.

Marcado:

Representa el intento de educar nuestros hábitos de pensamiento, es decir, la necesidad de tener la mente bajo control.

Nudo:

Simboliza los enredos o negaciones que existen en nuestra manera de pensar. Implica que pensamos que algo es demasiado para nosotros, que no somos capaces de llevarlo a cabo. Sin embargo, quizá esté representando que nuestra capacidad para pensar es muy disciplinada, de manera que en nuestra mente todas las cosas están en su sitio, que no hay cabos sueltos.

Peinado:

Puede significar que hemos asumido una idea, un concepto, una manera de pensar, una actitud o imagen completamente nueva. También puede simbolizar que somos conscientes de pertenecer a una determinada comunidad.

Peinarse:

Indica que estamos poniendo los pensamientos en orden. También se refiere a que tenemos claro lo que pensamos, que lo tenemos todo bajo control. Igualmente, representa nuestra capacidad para evaluar situaciones, sopesar opiniones y usar nuestra capacidad de discriminación para decidir lo correcto.

Peine: Simboliza el instrumento que usamos para enderezar las ideas y para expulsar las perversiones de nuestro pensamiento.

Pelo rojo:

Normalmente simboliza peligro o que estamos hartos de algo.

Peluca:

Representa la falsedad, la confusión, las ideas o los pensamientos engañosos, las actitudes «robadas» a los demás. Se refiere, por extensión, a las ideas preconcebidas o a las falsas impresiones; así pues, nos advierte de que estamos asumiendo las ideas y opiniones de los demás de un modo poco crítico en vez de analizarlas. Nos indica que no somos fieles a nuestras creencias y a nuestra forma de pensar, es decir, que preferimos las ideas de otra persona antes que las nuestras.

Perder la peluca o mechones de pelo: Podría significar que estamos perdiendo nuestra paz interior o que perdemos la compostura. También podría ser una advertencia de una «pérdida» parcial de nuestra serenidad interior (si es un mechón de pelo) o total (si se trata de la peluca). Sin embargo, también puede significar que nos estamos deshaciendo totalmente de viejas ideas.

Rizado:

Nos advierte de que no nos concentramos o no pensamos con claridad. Quizá sea porque existen todavía muchos problemillas sin solucionar...

Rizar u ondular:

Rizar u ondular el pelo significa que cambiamos deliberadamente de aspecto, de actitud, de manera de pensar. Generalmente intenta imitar un estilo o manera de pensar que creemos que está de moda. A menudo representa una manera de pensar de una determinada comunidad o grupo (seguimos el estilo actual o la moda, aceptamos las ideas de las demás personas, nos disolvemos en las ideas de la masa...) aceptada sin la más mínima crítica. Puede significar que pensamos en círculo o que no pensamos en absoluto, sino que seguimos la corriente. El énfasis está en nuestro *aspecto exterior*: quizá seamos uno más de la multitud y hayamos perdido nuestra propia identidad. Debemos tener claro si estamos *desarrollando nuestro propio estilo* o si simplemente estamos siguiendo una tendencia externa. Este sueño podría estar indicándonos que tenemos que ser nosotros mismos, que debemos potenciar nuestra personalidad.

Se nos cae el pelo:

Se refiere a olvidos, a la incapacidad de seguir un hilo de pensamiento, a la poca agilidad mental. También puede indicarnos que perdemos demasiado a menudo los nervios y la compostura.

Secarse el pelo:

Puede significar que necesitamos aclarar nuestras ideas. También puede que represente ideas nuevas.

Teñido:

Nos indica que nuestro pensamiento tiene un determinado color, es decir, que estamos muy influidos por determinados prejuicios.

Tieso:

Representa la rigidez mental, la incapacidad o la aversión a cambiar nuestros hábitos de pensamiento; somos, pues, incapaces de aceptar ideas nuevas.

Trenzas:

Podrían significar que nos estamos reprochando algo a nosotros mismos o a otra persona. También pueden representar unos patrones de pensamiento ingeniosos y positivos.

CUELLO Y GARGANTA

Esta parte del cuerpo está relacionada con el riesgo, con «jugarse el cuello». También puede tener correspondencias con el orgullo, la voluntad, el uso de nuestra fuerza de voluntad para llevarlo todo a su fin o las ideas de otras personas.

Cuello estirado:

Denota orgullo, actitud altiva, incapacidad para ser doblegado, aversión a cambiar o a aceptar cosas nuevas.

Garganta:

Está relacionada con la testarudez, la fuerza de voluntad, el poder de las palabras, la claridad de nuestras opiniones y de nuestros deseos, etc. También puede ser la capacidad de tragarnos o de negarnos a tragar el orgullo.

Chakra de la garganta: Se trata del centro de energía asociado con el uso de la fuerza de voluntad.

Dolor de garganta: Simboliza problemas porque decimos lo que pensamos y no lo que deberíamos decir, o porque decimos algo que hubiera sido mejor no decir. El dolor también puede denotar que nos hemos tragado el orgullo, las opiniones, etc.

Laringe:

Es la caja de la voz, el lugar de donde sale la palabra autoritaria, donde toma cuerpo nuestra fuerza de voluntad. Los problemas en la laringe implican un mal uso de las palabras, ya sea porque decimos cosas que hubiera sido mejor no decir o porque no las dijimos en el momento apropiado.

ESPALDA

La espalda representa la fuerza y la capacidad para sobrellevar cargas. Está relacionada, pues, con la responsabilidad y la seguridad.

Columna vertebral:

Está relacionada con la energía y la resistencia. Simboliza la capacidad de luchar por nuestros derechos, de ser responsables de nuestros ideales y de mostrarnos enérgicos.

Dar la espalda:

Simboliza rechazo, es decir, que rehusamos ayudar o enfrentarnos a algo. También puede que nos esté informando de que estamos dando un giro a nuestra vida. Además, puede indicar la necesidad de echarnos atrás en algo.

Espalda dolorida:

Todos los sueños de enfermedades o heridas pueden ser sueños de percepción extrasensorial, aunque éste podría también indicar la necesidad de dar marcha atrás en alguna decisión ya tomada, de descargarnos o de calmarnos en algún aspecto. Si andamos encorvados también puede indicar que nos estamos «doblando» a causa de una gran cantidad de responsabilidades, que nos estamos haciendo daño o que estamos limitando nuestra capacidad de carga porque nos exigimos demasiado. Reflexionemos sobre ello.

Espina dorsal torcida:

Puede intentar decirnos que si continuamos por el camino que llevamos, acabaremos perjudicando a nuestras capacidades futuras para mantenernos firmes o para luchar por nuestros derechos.

Músculos de la espalda:

Representan la fuerza, el poder para elevarnos y movernos. Si parecen largos, suelen representar una gran fuerza y capacidad.

HOMBROS Y BRAZOS

Alas:

Normalmente salen en la zona de los hombros. Representan la capacidad para surcar grandes alturas, la espiritualidad y los pensamientos que elevan el espíritu, así como la capacidad de reflejar amor, buena voluntad y paz hacia los demás.

Brazos:
Significan nuestra energía para llevar a cabo los proyectos. También están relacionados con nuestra capacidad para tender una mano.

Brazos cruzados: Se trata de una postura de defensa. Denota una actitud cerrada y poco receptiva.

Brazos desnudos: Pueden significar el poder de nuestros brazos, de nuestros dones, así como la capacidad para manejar algo. Quizá en nuestro caso estén relacionados con la desnudez y la exhibición.

Codo: Está relacionado con la costumbre de abrirse paso a codazos. Demuestra, por lo tanto, mala educación. El codo también puede representar el esfuerzo y la buena voluntad.

Muñeca: Simboliza la flexibilidad.

Hombros:
Representan la capacidad para asumir responsabilidades, llevar cargas –incluso las de los demás– y trabajar duro. Están relacionados también con las preocupaciones.

MANOS

Las manos simbolizan servicio, trabajo, capacidad de implicarse, de repartir, de compartir, de dar, de recibir, de sentir y de tocar. Se trata, sin duda, de una de nuestras principales maneras de expresarnos. También pueden significar la habilidad o la disponibilidad a echar una mano.

Algo que cae de las manos:
Podría significar una pérdida o una situación que se nos va de las manos.

Aplaudir:
Simboliza aliento, agradecimiento y aprecio.

Dobladas:
Representan sumisión, humildad, paz, paciencia u oración.

Mano derecha:
Está relacionada con el hecho de dar y de servir. Se trata del instrumento del que disponemos para ayudar. Puede implicar algo que está bien.

Mano izquierda:
Normalmente implica receptividad, pero puede representar un cambio de dirección equivocado, especialmente si está señalando o dirigiendo.

Mano izquierda abierta: Simboliza la capacidad o la disposición para recibir cortésmente.

Mano izquierda cerrada: Representa la aversión o la incapacidad de recibir.

Manos abiertas:
Nos sugieren que somos personas abiertas, preparadas para dar y recibir, para ayudar a los demás.

Manos ásperas:
Denotan carencia de gentileza y de cuidado a la hora de tratar con los demás.

Manos bonitas:
Demuestran gentileza, una actitud servicial hacia los demás.

Manos cerradas:
Significan que no queremos dar ni ayudar a las personas que están a nuestro alrededor. Denotan una actitud cerrada.

Manos que tocan algo:
Pueden representar que ya hemos encontrado lo que buscábamos o que estamos en contacto con una persona o situación. También pueden denotar que somos personas que estamos muy en contacto con nuestros sentimientos.

Lavarnos las manos: Es símbolo de no desear asumir más responsabilidades en un determinado asunto, aunque también representa la purificación.

Manos sucias:
Pueden indicar que hemos sellado un trato poco beneficioso o ilegal.

Manos vacías:
Representan el vacío, la soledad, la ausencia o la pérdida. Este símbolo está relacionado con la desesperanza, la nostalgia y la derrota. Soñar con unas manos vacías implica una gran necesidad de encontrar la manera de ser útiles para sentirnos realizados.

Nudillos:
Pueden referirse a golpes duros o a acatar las órdenes de los demás.

Puños:
Implican que existe un peligro, que estamos a la defensiva, dispuestos a luchar, a defendernos, a resistir.

DEDOS

Los dedos están relacionados con el trabajo y con el servicio y la ayuda a los demás, aunque también pueden señalar una persona, una situación, una causa o un resultado. Si están heridos, pueden representar un daño, una restricción o la incapacidad de actuar correctamente en el área simbolizada por ese dedo.

Dedo anular:
Es conocido como el dedo del éxito, de la popularidad, de la creatividad y del arte, aunque también es el del compromiso matrimonial.

Dedo anular de la mano izquierda: Simboliza el matrimonio, los votos, las promesas y los compromisos.

Sarpullido debajo del anillo: Denota un cierta irritación con el compromiso o con las relaciones en general.

Dedo corazón:
Representa la prudencia, la práctica y la seguridad, así como el trabajo duro, la responsabilidad y la soledad.

Dedo índice:
Se considera el dedo de la autoridad, de la orientación, de las sentencias y de las acusaciones. También puede que su misión sea resaltar la importancia de algo o señalar una solución.

Dedo meñique:
Representa la energía mental, el intelecto, la memoria, la diplomacia, el poder de comunicación y la capacidad de expresión.

Pulgar:

Simboliza el modo de identificar las cosas o de enfrentarse a ellas. Es un símbolo de poder. También podría indicar que pedimos ayuda porque somos incapaces de solucionar un problema. A veces puede manifestar desprecio, e incluso aprobación (dedo anular hacia arriba) o desaprobación (hacia abajo).

PALMAS DE LAS MANOS

La palma de la mano simboliza dar y recibir, aunque a veces se incluye un cierto matiz: sirve para pedir e implorar. También puede ser expresión de sinceridad.

Derecha:

Simboliza dar.

Extendidas hacia abajo:

Es símbolo de dar, de ayudar, de saludar, de curar o de bendecir.

Extendidas hacia arriba:

Representa victoria, alabanza, súplica y dedicación. También puede significar detenerse.

Izquierda:

Simboliza recibir (puede ser diferente si somos zurdos).

Llenas hacia arriba:

Se relaciona con regalar, con dar u ofrecer.

Palmas juntas:

Representa súplica, contemplación, unión, compañerismo.

Vacías hacia arriba:

Representa la unión, la solicitud, la súplica y la receptividad.

PECHO

El área del pecho es el símbolo de los sentimientos propios, es el flujo y reflejo de las emociones, de los sentimientos más tiernos, de las aspiraciones secretas, de las esperanzas, de los objetivos, de los deseos, de la sensibilidad y de la receptividad.

Corazón:

Simboliza el amor, la emoción, los sentimientos hacia los demás, la compasión, el cariño, los deseos de amar y ser amado. El corazón representa el centro de las cosas, el núcleo del asunto. Está relacionado con la preocupación, las aspiraciones, la fe y la esperanza.

Operación a corazón abierto: Puede ser una advertencia extrasensorial de peligro inminente... o quizá nos recomiende abrir el corazón.

Problemas del corazón: Nos informan de que hemos retenido, contenido el amor: no lo hemos expresado; nos hablan de las emociones reprimidas. También pueden representar que no nos sentimos queridos. Denotan, pues, la necesidad imperiosa de que dejemos que el amor fluya libremente *desde y hacia nosotros.* También pueden ser un sueño de percepción extrasensorial que nos advierte de problemas inminentes.

Problemas de tensión alta: Significan que nos sentimos presionados, empujados, tensos o poco amados. Se trata, pues, de un amor no correspondido o del estrés (el estrés es el resultado de nuestras expectativas; tendemos a esperar demasiado de nosotros o de los demás y nos sentimos frustrados si no alcanzamos los objetivos que nos hemos marcado). Para eliminar el estrés debemos reducir nuestras expectativas. También podría ser una advertencia, fruto de una *percepción extrasensorial*, de un peligro inminente. Debemos contemplar todas las posibilidades.

Sangrar: Representa peligro, porque, de un modo u otro, estamos perdiendo las fuerzas vitales. Fijémonos en quién o en qué nos está «chupando la sangre» y en cómo estamos gastando nuestras energías.

Sangre: Simboliza la fuerza de la vida, la esencia vital. Los problemas aparecen cuando de alguna manera se impide la circulación sanguínea. En este sueño debemos considerar nuestra manera de seguir la corriente y fijarnos en dónde y en cómo se bloquea la circulación.

Sangre seca: Es el símbolo del karma antiguo o de las deudas kármicas.

Vasos sanguíneos: Representan la circulación de esperanzas, de ideas, de energías, de entusiasmo, de fluidos corporales y de fuerzas vitales a lo largo y ancho de nuestro cuerpo.

Vasos sanguíneos rotos: Denotan rabia contenida.

Dolor de estómago:
Denota una situación molesta, algo que no podemos «digerir». Nos advierte de que algo no nos sienta bien,

de que creemos que no podemos manejar un asunto y lo querríamos rechazar por completo.

Estómago:
El estómago simboliza la ingestión y la digestión de ideas. Representa, pues, el conocimiento, es decir, el alimento para el pensamiento. En nuestros sueños, el estómago nos indicará cómo «digerimos» las circunstancias de nuestra vida. Está relacionado también con las pulsiones instintivas.

Intestinos:
Son el símbolo de fortaleza y de asimilación de alimento para el pensamiento.

Plexo solar:
Representa los sentimientos, la sensibilidad, la intuición, los instintos y el conocimiento. El plexo solar es un punto muy sensible, y él nos hace reaccionar automáticamente ante las impresiones fuertes y el estrés. También es donde encontramos el chakra del plexo solar. Se trata del punto desde el cual podemos salir de nuestro cuerpo o regresar a él.

Pulmones:
Simbolizan el aliento de la vida, la capacidad de respirar libre y profundamente; representan la libertad, la independencia, la confianza en uno mismo. Los miedos y las tensiones son las que acaban con la capacidad de respirar libremente.

Senos:
Están relacionados con la nutrición y con el cariño. Representan protección, instinto materno y calidez. También pueden ser un símbolo sexual.

Vomitar:

Simboliza rechazo completo, rechazo a «tragar» una idea, una persona o una situación.

SISTEMA EXCRETOR

El sistema excretor simboliza la capacidad de descartar o de deshacernos de pensamientos, ideas, sugerencias o conocimientos que no son compatibles con nuestro actual sistema de creencias. Las cosas que no podemos asimilar o utilizar –ya sea física, mental o emocionalmente– son rechazadas o eliminadas. A menudo se trata de la eliminación de lo que ha sobrado después de un proceso de filtración del que hemos extraído aquello que nos pudiera resultar útil.

Estreñimiento:

Simboliza que no sabemos liberarnos de nuestras preocupaciones. Nos preocupamos por problemas y situaciones que no podemos cambiar y no conseguimos tomar medidas efectivas a la hora de manejar nuestras dificultades. Denota que no sabemos abandonar, perdonar u olvidar.

Deposición excesiva: Implica tener mucho que «descargar», mucho que perdonar, liberar y abandonar. A menos que tengamos una gran sensación de haberlo hecho, el sueño nos está comunicando la necesidad de hacerlo.

Diarrea: Simboliza rechazo rápido, deseo de eliminar algo del sistema *rápidamente.* No nos tomamos tiempo para analizar la situación o para aprender de ella, no nos queremos enfrentar con el problema de ningu-

na manera. Los resultados pueden ser catastróficos.

Pérdida de control o caos: Este sueño implicaría mirar el tremendo embrollo que hemos provocado, una necesidad urgente de resolver el problema. Está relacionado con la necesidad de manejar la desagradable situación que *hemos causado* con nuestros propios pensamientos y acciones; el fruto amargo de nuestro trabajo. Podría indicar *falta* de esfuerzo, de interés, de planificación, de acción preventiva y de responsabilidad. También puede ser el resultado de formas de pensamiento lanzadas cuando uno pronuncia frecuentemente una palabra de seis letras que empieza por «mi» y acaba por «da». ¡Cosecharemos lo que hayamos sembrado!

Evacuar en un sitio público:

Es un problema muy común en sueños. Evacuar en sueños puede representar un sentimiento de falta de privacidad en los asuntos propios. Podría denotar, asimismo, la necesidad de una confesión pública, de una explicación o de una disculpa. También puede sugerirnos una purificación o liberación de las emociones negativas. Tiene similitud con la incapacidad de encontrar un aseo: no encontramos una manera privada de liberar los pensamientos, los sentimientos y las frustraciones reprimidas. Este sueño también puede estar indicándonos que necesitamos aclarar un determinado asunto espinoso de una manera pública, no privada. Probablemente lo que necesitamos sea desahogarnos y permitir que toda la gente involucrada sepa *exactamente* cómo nos sentimos.

Intestinos:

Son el símbolo de la eliminación de desperdicios, de ideas, de preocupaciones, de problemas que debemos sacar de nuestras vidas, mentes, patrones de pensamiento y sistemas de creencia. Véase *Baños*, así como *Pañales*, en el capítulo *Ropa*.

Riñones:

Simbolizan el filtrado de emociones e ideas. Este sueño nos sugiere que pongamos en práctica nuestro propio criterio, equilibrio e igualdad, que purifiquemos y liberemos todo lo que no deseamos o que ya no necesitamos.

Vejiga:

Simboliza la liberación de fluidos, especialmente de sentimientos y emociones viejas o que ya no necesitamos. Significa retener o permitir que se vayan… aunque para ello hay que hallar el momento adecuado y el sitio apropiado. Los problemas aparecen cuando retenemos nuestros sentimientos o nos enganchamos a los problemas y a las emociones mucho tiempo después de que llegara el momento oportuno para la evacuación.

Pérdida de control: Como se trata de un líquido, puede implicar que somos incapaces de controlar nuestra salida emocional en el momento y lugar apropiados; o, si no encontramos una salida adecuada, el sueño puede estar indicando la necesidad de buscar el momento y lugar para descargar la acumulación emocional antes de que perdamos todo el control. El sueño nos puede estar advirtiendo que debemos buscar ayuda.

CADERAS

Las caderas están relacionadas con la movilidad, la adaptación a un medio, la libertad, la posibilidad de desplazarse, de conseguir lo que deseamos.

Regazo:

Puede significar que se vive en la abundancia, que lo que deseamos está al alcance de la mano (o los problemas demasiado cerca). Si lo que se enfatiza es un regazo vacío, el sueño puede simbolizar un sentimiento de ausencia, de pérdida, de soledad.

Vello:

Normalmente se relaciona con la sensibilidad, aunque a menudo se destacan las referencias a la sexualidad.

ÓRGANOS REPRODUCTORES

Simbolizan habitualmente el sexo, el deseo, la gratificación, la pasión, la regeneración, la expresión creativa y el amor. Estos órganos están muy relacionados con nuestra facultad creativa y con nuestra capacidad o incapacidad para sacar un hijo adelante, es decir, se refiere tanto a lo que hayamos creado con la mente como con el cuerpo.

Abuso:

Un mal uso o un uso excesivo de los órganos sexuales dirige las energías creativas a los niveles más básicos y disminuye nuestra capacidad para crear. De hecho, las urgencias sexuales imperiosas son energías espirituales sanadoras muy potentes.

Extirpación:

Que nos extirpen todo o una parte de nuestros órganos puede simbolizar que nos amputan nuestra naturaleza creativa, nuestros instintos y nuestras capacidades o, al menos, que se reducen considerablemente. También podría representar una amputación de nuestros recursos espirituales.

Pene:

Puede simbolizar la capacidad de expulsar una idea creativa o un pensamiento básico hacia un área receptiva. Por supuesto, también es un símbolo que representa el sexo propiamente o el mero deseo sexual, según el contenido del sueño. Si aparece algo que perturba la erección o la eyaculación normal, puede representar la ausencia de deseo de expresar creatividad o de amar a alguien. Podría indicar un bloqueo mental o emocional que debemos afrontar.

Útero:

Puede representar que estamos recibiendo ideas o que están creciendo en nosotros. Es la cuna de la fertilidad, de la capacidad para producir algo nuevo y maravilloso. Puede indicar que tenemos una mente creativa o que tenemos un proyecto nuevo entre manos. También podría delatarnos un embarazo.

Vagina:

Puede significar un canal de creatividad o ser meramente un símbolo sexual.

Bloqueada: Puede simbolizar falta de deseo sexual, es decir, que existe un bloqueo actual mental o emocional hacia el sexo. Quizá nos advierta de que nuestra creatividad está bloqueada, que no hay manera de ser creativos, que no encontramos salida para las necesidades creativas o sexuales.

MUSLOS Y PIERNAS

Los muslos y las piernas reflejan la capacidad de luchar por nuestros derechos. Simbolizan la movilidad, la agilidad, la fuerza y la energía para movernos.

Débiles o paralizadas:

Muestran incapacidad o poca disposición para luchar por nosotros mismos, para oponer resistencia. Este sueño nos indica que estamos dando excusas para evitar tener que oponer resistencia. Denota una importante falta de coraje.

Muslos:

Simbolizan nuestros objetivos, las cosas que queremos llevar a cabo. Representan la fuerza y la energía para realizar aquello que deseamos.

Rodillas:

Se corresponden con la capacidad para utilizar lo que ya sabemos y, por extensión, para aplicar nuestro conocimiento y nuestra madurez en las relaciones. Denotan nuestra capacidad para adaptarnos a las circunstancias cuando sea necesario, es decir que representan la flexibilidad interior, la humildad, la capacidad de abnegación.

Arrodillarse: Demuestra reverencia, temor reverencial, culto, honor, humildad, servilismo. También podría ser un indicio que nos sugiere que nos arrodillemos y oremos.

Rótula y pantorrilla: Simbolizan la capacidad para utilizar nuestras experiencias.

PIES

Los pies representan los cimientos, las creencias, las convicciones, la capacidad para luchar por nuestros derechos y para tener los pies en el suelo. También pueden simbolizar dar un paso adelante, ir en la dirección correcta, vigilar donde pisamos o ir paso a paso.

Arco del pie:

Simboliza apoyo o falta de apoyo.

Pies planos: Denotan concepción errónea, entendimiento incorrecto o una crisis de nuestro sistema de creencias. Podrían indicar la falta del apoyo que esperábamos o que deseábamos de los demás, o bien constatar férreamente que no nos estamos apoyando o señalar que no podemos soportar el peso –es decir, la responsabilidad– y que nos acabaremos doblando por la tensión.

Dedos de los pies:

Los dedos de los pies están relacionados con la manera en que nos movemos y caminamos por la vida, es decir, nuestro estilo, gracia, movilidad y equilibrio. Simbolizan, asimismo, los detalles y el crecimiento de nuestra comprensión. Los dedos pueden representar los detalles menores de la vida y cómo los tratamos.

Dedo gordo: El dedo gordo representa el equilibrio y la movilidad. Puede significar tanto que acatamos la disciplina, como que somos cultos.

Pies descalzos:

Representan la comprensión básica, los hechos tal como son; simbolizan el contacto con la tierra, con la realidad de las cosas. Si no soportamos ir con los pies descalzos, el sueño podría indicar una situación que no soportamos o para la que no estamos preparados.

Pies fríos:

Significan falta de coraje, miedo espantoso... o simplemente que necesitamos pensar las cosas dos veces antes de tomar una decisión. Quizá impliquen la necesidad de reconsiderar algo.

Suela:

Representa la sensibilidad, los cimientos, la base. Denota que estamos en contacto con la Tierra. También puede relacionarse con el alma y con lo que le estamos haciendo, o puede referirse a las condiciones en que se encuentra nuestra comprensión (recuerde que los pies significan la comprensión).

Talón:

Simboliza nuestro punto débil; está relacionado, pues, con nuestra susceptibilidad. Podría simbolizar a un sinvergüenza –alguien que pisa a los demás, que se aprovecha de ellos– o implicar sumisión: obedecer, seguir los pasos de otro. A veces tiene relación con el mundo de la sanación.

Tobillo:

Es símbolo de flexibilidad. Denota nuestra capacidad para conocer y usar aquello que sabemos.

MIS PROPIOS SÍMBOLOS CORPORALES

_____

_____

_____

_____

Capítulo 17

Los insectos

A menudo los insectos representan pequeñas molestias, irritaciones o frustraciones, pequeñeces al fin y al cabo que pueden alejarnos de nuestro propósito, molestarnos o socavar nuestra serenidad si no encontramos la manera de hacer las paces con ellas. Los insectos pueden significar dónde y cómo permitimos que otras personas, objetos o situaciones nos molesten. También pueden significar nuestros aspectos más desagradables, sobre todo nuestros hábitos más irritantes, o indicar simplemente nuestra manera de molestar a los demás. Para decidir si nosotros somos las víctimas o los verdugos —o si somos un poco de cada uno—, debemos tener en cuenta el tipo de molestia, el contexto, la acción y los sentimientos que nos despierta el sueño.

Aquí, la palabra clave es *pequeño*. Con frecuencia invertimos demasiado tiempo y energías permitiendo que las cosas más insignificantes nos molesten, en vez de tomar una decisión para enfrentarnos a ellas y tratar el problema de una manera positiva y efectiva.

Sin embargo, los animales y los insectos que aparecen en sueños también representan nuestras *cualidades*; así que tenemos que considerar las dos posibilidades.

CONTEXTO

Debemos fijarnos primero en *dónde* se hallan los insectos:

Cabeza:
Indica que ideas sin importancia van a molestarnos mentalmente: alguna que otra preocupación va a irritarnos un poco. Podrían ser sospechas persistentes aunque irrelevantes.

Cuerpo:
Puede ser el símbolo de un virus que hemos cogido o que está a punto de entrar en nuestro organismo. También podría tratarse de un problema físico de poca importancia.

Edificio:
Si la acción del insecto se lleva a cabo en un edificio, debemos fijarnos en el

tipo de edificio para indicar el área específica o el estado de conciencia en el que la acción se desarrolla. Véase *Edificios*.

Hogar:

Nos sugiere que el problema está en nuestra casa, tanto física como mentalmente, es decir, en la casa que es nuestro interior. Puede que sean nuestros propios pensamientos, sentimientos o problemas los que nos están molestando, sobre todo si la acción se lleva a cabo en la sala de estar. Puede que también se refiera a una persona, cosa o situación relacionada con nuestro hogar.

Trabajo:

Significa que las molestias están en nuestro lugar de trabajo y que tienen que ver con las condiciones, la situación y las personas del entorno laboral. También puede representar que el ambiente está contaminado.

ACCIONES DE INSECTOS

Fumigadores:

Puede que sea una llamada a llevar a cabo una acción rápida para acabar con el problema, aunque fuera con la ayuda del exterior para asegurarnos los resultados.

Fumigar insectos:

Puede simbolizar la necesidad de deshacerse de las dificultades, de acabar con la fuente del problema. Es una forma, al fin y al cabo, de tomar el control.

Insectos que nos muerden:

Significan que los problemas se están acercando a donde vivimos o que nos están irritando de verdad. Debemos llevar a cabo alguna acción positiva: controlar definitivamente el problema o acabar con la fuente que lo provoca.

Insectos que arrastran: Podría significar que los insectos se están acercando en pequeñas cantidades. Son pequeñas molestias que tenemos que identificar y detener antes de que lleguen más lejos.

Insectos que vuelan:

Simbolizan que la molestia, el problema, está en el aire. Puede ser literal, como, por ejemplo, algún tipo de contaminación, o puede referirse, simbólicamente, a una irritación mental. El sueño nos impele a buscar respuestas para los problemas antes de que nos atrapen. También podría ser una advertencia de percepción extrasensorial que indica que nuestra casa está infectada física o electrónicamente.

Matar insectos:

Significa que vas armado para la batalla, que estás listo para luchar, para hacer frente, para controlar el problema, para defenderte, etc. Quizá represente, en caso de que no estés a punto, la necesidad de todo ello.

TIPOS DE INSECTOS

Abeja:

Es un insecto muy trabajador, siempre está muy ocupado. Puede que represente los negocios o que se refiera a un trabajador empedernido que trabaja duro y sin parar.

Abejorro: Aerodinámicamente, este insecto no debería de ser capaz de volar; sin embargo, lo hace. Esto podría significar nuestra capacidad de hacer cosas imposibles, o quizá simplemente nos advierta de que somos torpes o incompetentes.

Araña:

Se trata de un insecto con mucha creatividad, que teje maravillosos dibujos en su tela –que, no lo olvidemos, es una trampa– para cazar a su presa. Su mordisco puede ser muy molesto, incluso puede que no reaccionemos hasta unos días después.

Telaraña: Puede significar que tejemos algo para conseguir un todo; es decir, que puede que el sueño se refiera a un modelo de pensamiento, al dibujo de algo que tenemos grabado en la mente o a un símbolo arquetípico. Podría representar planes que hemos elaborado y en los que podemos quedar atrapados. También puede que alguien esté tramando o tejiendo una trampa contra nosotros.

Por otra parte, puede significar el entretejer ideas: el dibujo que represente la tela puede simbolizar la relación, las asociaciones mentales, entre distintas ideas. Además, podría simbolizar un modelo arquetípico, la interconexión de todas las personas, de todas las cosas.

Avispa:

Simboliza la picadura de la muerte. Está relacionada con las observaciones punzantes, el temperamento hiriente, la malicia venenosa, la cólera, el dolor físico, la mordacidad y voluntad de matar.

Avispones:

Son insectos que siempre acarrean problemas y peligros. Pueden ser pensamientos malos que vuelven a su dueño. Están relacionados con el mal genio, con el odio, la venganza, las palabras hirientes y, algunas veces, con la muerte.

Capullo:

Puede significar que nos estamos situando en un lugar seguro pero limitado. También podría representar un proceso que debemos seguir para provocar cambios, para transformarnos, para liberarnos. El *capullo* también simboliza la muerte, el renacimiento y la reencarnación.

Cigarra:

Es el símbolo antiguo de la muerte, de la resurrección y de la transformación a causa de su ciclo de 17 años. Puede representar también ciclos y circunstancias que ocurren a intervalos regulares y que vuelven con más fuerza todavía después de haber estado hibernando.

Cucaracha:

Se trata de un insecto que va asociado a la suciedad, a la contaminación, a los desperdicios, a la negligencia, al descuido y a la falta de orgullo.

Escarabajo:

Los escarabajos corrientes tienden a comerse y destruir nuestras plantas y cosechas. Podrían, pues, simbolizar las fuerzas destructivas en el trabajo, sobre todo en los pensamientos o en las palabras que sembramos. También puede referirse a Los Beatles, el famoso grupo de música británico. Si es un *escarabajo egipcio*, podría tener un significado más místico, de muerte y resurrección.

Escarabajo egipcio:

Es un viejo símbolo de sabiduría, de luz, de verdad, de fertilidad, de fuerza corporal, de regeneración y de resurrección. A veces también se utiliza como símbolo de iniciación.

Escorpión:

Representa el aguijón de la muerte, el veneno del chismorreo, las observaciones punzantes, la venganza. Siempre va asociado a la voluntad de hacer daño.

Garrapatas:

¿Nos están regañando?

Hormiga:

Se trata de un insecto perseverante, diligente, con buenos hábitos de trabajo y que sólo piensa en trabajar. Podría representar a una persona adicta al trabajo.

Insecto en junio:

Simboliza la irregularidad, el comportamiento imprevisible, la torpeza, el hecho de ir chocando contra las cosas, de hacer las cosas de manera alocada.

Insectos en la cama:

Es un símbolo relacionado con la cama y el dormir. La mayoría de las veces representan irritaciones que nos invaden cuando dormimos, cuando no estamos conscientes, cuando desconocemos algo o cuando no nos damos cuenta del daño hasta que ya está hecho. Busquemos escapatoria.

Langosta:

Véase *Cigarras*.

Libélula:

La mayoría de las veces está relacionada con el agua y con el verano. Puede simbolizar una excursión a un lago o a la playa o un vuelo sobre el agua. Por otra parte, puede representar los espíritus de la naturaleza, el misticismo, el solsticio de verano o el reino de las hadas. Podría ser una versión en pequeño del dragón alado y de la serpiente alada o con plumas, pero con menos poder.

Mantis religiosa:

En realidad es un insecto bueno, pero normalmente soñar con una se puede interpretar como que nos estamos *«alimentando»* de *otros* o como que *debemos rezar* por los demás.

Mariposa:

Es el símbolo de Géminis y representa el gozo y la belleza. Puede significar la libertad, la alegría y el vuelo del espíritu y del alma. También puede referirse a la acción de volar, a la inestabilidad, a energías dispersadas, a la capacidad para cambiar y a la superficialidad. Por otra parte, se caracteriza por nacer de una metamorfosis, por lo que representa a su vez la capacidad de cambiar y transformar nuestras actitudes e ideas, de cambiar nuestra manera de ser. Puede denotar cambios continuos y el defecto de ir de un tema a otro o de una persona a otra.

Mosca:
Se trata de una plaga real que no desa-
parecerá. Significa la necesidad de
hacer algo; de lo contrario, la plaga volverá y nos molestará. También puede
que nos esté diciendo que nos pasamos el día molestando a los demás o
que no hacemos nada de provecho.

Mosquito:
Además de que su presencia y su zum-
bido nos molestan, también nos chu-
pan la sangre (las energías) y nos dejan
un sarpullido. Podría representar irritaciones o que alguien nos está absorbiendo las energías poco a poco.

Oruga:
Puede indicarnos que avanzamos por
la vida a paso lento. «Arrástrate ahora
para volar después.» Esto puede referirse a nuestra capacidad de pasar de
una cosa a otra, de elevarnos más,
de transformarnos, de convertirnos
en seres nuevos. También puede representar nuestra predisposición al cambio personal o de nuestro estilo de
vida, o a correr experiencias nuevas y
distintas. Denota muchas posibilidades
de cambio.

Polilla:
Es pequeña pero destructiva. Normalmente no percibimos el daño hasta que ya es demasiado tarde. Podría
ser una advertencia de que problemas insignificantes están corroyendo
nuestras ideas y actitudes. ¿Notamos
que algo va mal en nuestra forma de
pensar?

Pulga:
Este insecto da saltitos de un lado a
otro, de una cosa a otra. Puede que se
esté refiriendo a nuestras actividades
(ir de un trabajo a otro o de una cama
a otra).

Saltamontes:
También va saltando de un lugar a otro
tocándolo todo. Simboliza la irresponsabilidad, la frivolidad, la poca productividad… dejarlo todo para más tarde,
en definitiva.

Termitas:
Se caracterizan por destruirlo todo
lentamente. Se trata, pues, de una amenaza para nuestro hogar y para nuestra familia. Simbolizan el secreto, lo
oculto, las influencias peligrosas, las
segundas intenciones que amenazan
nuestro bienestar. Puede ser algo que
se esté alimentando de nuestras esperanzas y sueños, de nuestra salud o de
lo que poseemos.

**MIS PROPIOS SÍMBOLOS
DE INSECTOS**

_____
_____
_____
_____
_____
_____
_____
_____
_____
_____
_____
_____
_____
_____
_____
_____
_____

Capítulo 18

Edificios y partes de edificios

El hombre es el dueño del pensamiento, el que moldea el carácter y el que hace y da forma a las circunstancias, al medio ambiente y al destino.

JAMES ALLEN

EDIFICIOS

Los edificios representan diferentes estados de consciencia, las asociaciones mentales y los sistemas de creencias generales. El tipo de edificio definiría el estado particular de consciencia en el que nos encontramos. El jardín que rodea el edificio podría significar que este tipo de influencia particular se extiende hacia fuera.

Abandonar el edificio:

Puede significar un estado de consciencia que estamos abandonando para siempre o un estado del que venimos. Simboliza el tipo de creencia, los patrones o los preceptos que estamos utilizando para analizar y lograr entender nuestra situación actual.

Cruzar muchos edificios:

Podría significar la exploración de diferentes tipos de pensamientos, de ideas, de ideales, de conceptos, de actitudes, de costumbres, de filosofías, según sea el tipo de edificio o la arquitectura. Si somos *constructores, arquitectos, albañiles* o desarrollamos algún tipo de trabajo relacionado con el mundo de la construcción, los edificios tendrán un significado totalmente diferente: quizá harán referencia a nuestro trabajo, a nuestras condiciones laborales o a ambas cosas. Otras veces pueden simbolizar nuestro pensamiento, tal como he sugerido más arriba. Tenemos que considerar las dos posibilidades.

Ocupar el edificio:

El edificio que estamos ocupando representaría nuestro estado mental actual.

LAS CONDICIONES DE LOS EDIFICIOS

Edificio azotado por inclemencias meteorológicas:

Si el edificio está viejo, desgastado y es robusto representa un área donde hemos vivido muchas experiencias. Ello denota consciencia de que hemos capeado el temporal y hemos sobrevivido al paso del tiempo. Tenemos que añadir este sentimiento al tipo de edificio para conseguir la imagen completa.

Edificio grande:

Simboliza una consciencia amplia, tanto que abarca mucha gente y muchas ideas, grandes conceptos, ideas para el bienestar común más que para unos pocos intereses egoístas. También puede representar la consciencia universal.

Edificio inacabado:

Representa un estado no desarrollado que todavía se está construyendo. Simboliza conceptos y creencias totalmente nuevas. También puede significar que una determinada idea está tomando forma.

Edificio nuevo:

Representa una idea nueva.

Edificio vacío:

Puede representar un vacío mental o que no somos conscientes de algo. Denota incertidumbre, inconsciencia e inseguridad. Puede ser a causa de que hasta ahora no exista ninguna opinión al respecto o de que, simplemente, no tengamos ninguna postura clara.

Edificio vecino:

Representa algo que está muy cerca de nosotros y que no podemos pasar por alto. Tenemos que enfrentarnos a ello.

Edificios anticuados:

Representan ideas viejas, conceptos y creencias que se han quedado obsoletos y que, por lo tanto, necesitan ser renovados, sobre todo en el caso de que el edificio parezca ruinoso. Si se trata de un edificio viejo que está a punto de desmoronarse, podría tratarse de una advertencia de que un estado mental o de consciencia está entrando en crisis.

Edificios antiguos:

Si el edificio está en buenas condiciones, podría tratarse de principios básicos y fundamentales, así como de ideas que han sobrevivido al paso del tiempo. Se refieren a un estado de consciencia pasado.

Edificios que se desmoronan:

Podrían estar indicando pensamientos y creencias negativas, ideas anticuadas que ya no son apropiadas. También pueden significar negligencia, falta de interés, declive de una mente que en algún momento estuvo muy activa, de una mente inteligente. Por otra parte, además, podría sugerir que la creencia de lo que el edificio representa para nosotros se está desmoronando.

Edificios que se tambalean:

Representan inestabilidad, incertidumbre, vacilación o indecisión en esta área de la mente o en este tipo de creencia.

Edificios viejos, apagados, grises: Pueden representar estados negativos de la mente.

Edificios viejos o deteriorados: Significan abatimiento, negatividad, inestabilidad mental y perversidad, así como ideas viejas inservibles y creencias grabadas en la mente. Denotan falta de actividad o de interés en el área de pensamiento que el edificio simboliza.

ACCIONES CON LOS EDIFICIOS

Construir edificios:
Si se trata de una casa nueva, podría indicar que nos encontramos en un proceso de construcción de un estado de consciencia nuevo, diferente. También puede tratarse de una nueva manifestación de nuestras habilidades para pensar y aprender, así como nuevas creencias que estamos asimilando o que están tomando forma.

Derribar edificios:
Implica una destrucción total de viejas creencias y de antiguos modelos de pensamiento para así dar paso a algo nuevo y presumiblemente mejor. Si se trata de nuestra casa, podría significar que nuestro hogar se está deshaciendo.

Blanquear: Podría indicarnos un intento de tapar nuestras viejas creencias para aparentar que somos diferentes, más modernos, aunque en realidad no cambiemos nada. Se trata solamente de disfrazar los desconchones interiores. Quizá nos esté diciendo que nos estamos engañando a nosotros mismos o que estamos fin-

giendo un cambio. Por otra parte, también podría indicar un intento de tapar algo que no queremos que se vea.

Poner cimientos nuevos: Significa que estamos poniendo nuevos cimientos para reforzar nuestras opiniones.

Remodelar un edificio: Podría indicar el proceso de hacer cambios en nuestro sistema actual de creencias.

Restaurar, pintar y renovar un edificio: Podría simbolizar nuestros esfuerzos por abrirnos a nuevos conocimientos y a nuevas tendencias de pensamientos, por seguir progresando. O nos podría estar sugiriendo la necesidad de poner al día nuestras ideas en esta área. También podría representar un cambio de opinión, la necesidad de adoptar una nueva postura o de añadir al viejo marco nuevas dimensiones.

Edificios que se queman: Podría significar que estamos muy enfadados, frustrados o literalmente «quemados» por lo que representa el edificio que se quema. Si esto no encaja con nuestros sentimientos, debemos considerar la posibilidad de que se trate de un sueño de percepción extrasensorial. El fuego también puede representar la purificación de este estado de consciencia, sobre todo si el fuego está en el edificio y nosotros lo miramos impertérritos.

Limpiar edificios:
Indica la necesidad de limpiar nuestros pensamientos en esta área.

Mirar a la calle desde un edificio:
Significaría ver las cosas desde esa perspectiva concreta.

LOS ALREDEDORES DE LOS EDIFICIOS

Barrios bajos:
Se trata de un área de pensamientos negativos y viejos, de ideas y creencias inservibles, de conceptos que se vienen abajo y de una consciencia pobre.

Jardín:
El área que rodea directamente un edificio representa el ambiente, la extensión de la consciencia y de las influencias representadas por el edificio. Al ser exterior, también podría tener un sentido más profundo de actitud abierta y una cualidad de la mente más espiritual, sobre todo si brilla el sol. Cualquier intrusión de una persona o de una cosa no deseada representaría una invasión de nuestra privacidad, de nuestro tiempo, espacio o estilo de vida y, como consecuencia, es necesario que actuemos.

Jardín delantero:
Por lo general, se trata de un jardín accesible a los ojos de todo el que pasa por delante de la casa. Representa la parte más vulnerable de lo que simboliza el edificio en sí, la más expuesta a la crítica o al elogio.

Jardín trasero:
Privado o semiprivado, se trata de un jardín menos accesible a los ataques de los demás.

Vecindario:
El vecindario representa las condiciones que nos envuelven, así como las diferentes influencias, actividades, mo-

lestias o circunstancias y sus efectos en el edificio o en nuestro estado de consciencia. Esto podría simbolizar las influencias secundarias u obstáculos a superar. Quizá también signifique «en el área de...».

PISOS Y NIVELES DEL EDIFICIO

Los pisos de un edificio representan los diferentes niveles de ese estado concreto de consciencia.

Piso principal:
Simboliza el nivel consciente de la mente, o quizá haga referencia al suceso principal o al centro principal de atracción.

Pisos superiores:
Representan los niveles superiores de la mente.

Siete pisos:
Pueden representar los siete chakras corporales o los siete niveles de nuestra existencia.

Sótano y niveles subterráneos:
Significan nuestros niveles subconscientes.

Último piso:
Significa la mente superconsciente o el nivel más alto que podemos alcanzar.

TIPOS DE EDIFICIOS

Los edificios representan modelos establecidos de pensamientos, de creencias, de conceptos, de actitudes y de opiniones arraigadas a nuestras mentes.

Los edificios públicos a menudo representan la opinión pública y el pensamiento de la consciencia de una determinada comunidad. Debemos identificar si se trata de edificios públicos o privados, averiguar si en ellos vivimos, trabajamos o estamos de visita, o incluso si era *donde solíamos vivir*. (Véase *Casas*.) Debemos unir todo esto con la acción del sueño para conseguir el simbolismo completo.

Almacén:

Representa la consciencia de nuestra provisión o de nuestras carencias materiales, mentales o emocionales.

Tienda de comestibles: Simboliza los alimentos para el pensamiento, nuevas ideas para alimentar el pensamiento.

Tienda de ropa: Se refiere a las nuevas actitudes para comprar cosas y ver si nos vienen bien.

Banco:

Se trata del área de asuntos financieros. Este sueño nos habla de las cosas materiales, de los ahorros, de las inversiones, del dinero, de los recursos: en definitiva, de la prosperidad en general. A través de él, podremos darnos cuenta del valor que damos a las cosas. Podría representar un lugar donde tomar prestado o de donde sacar nuestros recursos, o incluso un lugar de intercambio.

Bar:

Puede representar un lugar de reunión social –donde la gente soltera se reúne–, un lugar de diversión, normalmente relacionado con comportamientos poco racionales. Es, sin duda, un lugar que debemos evitar, algo inaceptable: simplemente se trata de una manera de escaparnos de la realidad.

Biblioteca:

Es un centro de información, de aprendizaje, de conocimiento, de ideas. Representa que somos conscientes de que hay mucho conocimiento a nuestra disposición.

Cabaña:

Pequeña, humilde, primitiva, posiblemente en el sueño esté hecha por nosotros mismos. Podría representar que somos personas autosuficientes, con ideas altamente originales e independientes. Todo esto podría significar humildad y simplicidad, incluso pobreza, según nuestros sentimientos.

Campus universitario:

Significa las influencias universitarias que se filtran en los alrededores, así como también influencias sociales o espirituales que recibimos del exterior.

Cárcel:

Somos conscientes de que estamos encerrados, limitados, restringidos, castigados, condenados al ostracismo, de que somos incapaces de satisfacer nuestro deseo de libertad. Denota la necesidad de terminar con cualquier tipo de miedo, de creencia o de pensamiento que nos retenga, que nos limite.

Casa del párroco:

Representa que somos conscientes de nuestra dedicación a los demás. Simboliza que deseamos servir y elevar el espíritu. También nos indica que necesitamos dedicar al menos parte de nuestra vida a la oración y al servicio. Esta imagen está relacionada con la curación y la preocupación por los demás, con el perdón, la comprensión, la bondad y la práctica de lo que predicamos.

Casa en la esquina:

Una casa en la esquina tiene más prestigio social pero, por otra parte, también se encuentra más expuesta a la vista de los demás. Podría representar que estamos fuera del eje de las cosas o podría tratarse de un lugar de toma de decisiones.

Castillo:

Podría representar la consciencia de prosperidad y de plenitud. Esta imagen se refiere también a las cosas de la vida más refinadas y a nuestras esperanzas y sueños, a menos que tengamos otras asociaciones con los castillos. Ante todo representa lo que el castillo signifique personalmente para nosotros.

Centro comercial:

Representa el estado de consciencia material, monetario, práctico y funcional. Tiene relación con ganar y gastar dinero, con adquirir comodidades y placeres materiales de la vida. Véase *Grandes almacenes* en este capítulo.

Centro de arte:

Se trata de un espacio de belleza, de cultura, de arte refinado y de creatividad de cualquier tipo. Denota que somos conscientes de nuestra propia creatividad y de la importancia de la belleza y del arte en la vida.

Ciudad:

Representa un conglomerado de edificios, de estados de consciencia, de ideas, de ideales, de conceptos, de deseos, de necesidades y de tipos de vida.

Comuna:

Representa una mezcla de independencia y compañerismo. Denota la importancia de las opiniones de consciencia de grupo con variaciones individuales mínimas dentro del marco.

Correos:

Se trata de un centro donde se gestionan mensajes. Es un lugar para aceptar y recibir, para clasificar, para mandar mensajes. Puede simbolizar telepatía, clarividencia o nuestra propia capacidad de recibir mensajes de fuentes que no están en nuestro interior.

Cuartel de defensa:

Podría indicarnos que estamos viviendo en un estado defensivo de consciencia o que estamos trabajando, de alguna manera, a la defensiva.

Dependencias:

Las distintas dependencias de edificios simbolizan algún aspecto de la idea principal que el edificio representa. Por ejemplo, el baño podría hacer referencia a la eliminación de lo que el edificio principal simboliza. Un almacén de leña podría significar castigo (o lo que asociemos con la madera) en relación con la casa principal. Y así sucesivamente. También es posible que signifique un estado de consciencia simple con un carácter práctico, funcional y utilitarista.

Drugstore:

Se trata de una fuente de remedios curativos. También podría significar un lugar de reunión.

Edificio de oficinas:

En conjunto, representa la consciencia empresarial, la capacidad de dirección y la facilidad para planificar. Indica que nuestro pensamiento es de gran alcance, que somos capaces de hacer las cosas *a lo grande*. Este símbolo también se refiere a la capacidad para asumir las preocupaciones de mucha gente. Además, el edificio de oficina puede representar negocios importantes, grandes tratos, mucho dinero o una gran responsabilidad. También incluye la posibilidad de hacer algo bueno para la humanidad… o una gran codicia.

Departamento de contabilidad: Se trata del área de deudas y créditos, es decir, el lugar donde se piden cuentas por nuestras palabras o acciones. Representa los beneficios y las pérdidas, así como la capacidad para pagar las deudas. También puede significar que estamos pagando las cuentas de un karma negativo.

Despacho: Para la mayoría de nosotros significa la consciencia de un trabajo que tenemos que realizar. En su simbolismo incluye la disciplina, el orden y la organización. Puede referirse también a frustraciones o a problemas en el trabajo. Muchas veces representa el centro principal de actividad en un edificio grande.

Nuestro despacho: Puede representar nuestro lugar en el mundo de los negocios.

Edificios antiguos:

Los edificios antiguos, viejos pero bonitos, sobre todo si están en buenas condiciones, representan los principios básicos y fundamentales, así como las ideas que han resistido el paso del tiempo.

Edificios de comunicación:

Se trata del área de aprendizaje, de co-municación, de diseminación de ideas, de educación, de comprensión, de precisión de pensamientos y de exactitud de palabras.

Edificios industriales:

Representan nuestra ambición, nuestra capacidad para emprender proyectos ambiciosos, nuestros deseos de producir y de conseguir cosas a un nivel material. Están relacionados con las preocupaciones comerciales, físicas y financieras.

Edificios públicos:

Simbolizan la opinión pública, el «qué dirán»; también están relacionados con las ideas y creencias que nos permiten formar parte de una comunidad. Se trata, pues, de un estado de consciencia que no nos pertenece o que no aceptamos como nuestro, y del cual no nos sentimos responsables tal vez porque está más allá de nuestro control.

Emisora de radio:

Se trata de un lugar de comunicación pública, donde los mensajes se emiten y se reciben muy rápidamente. Representa la diversión, la enseñanza, una amplia variedad de conocimientos o la información. También podría significar dar o recibir información errónea.

Enfermería:

Se refiere a la consciencia de que ya no somos capaces de cuidar de nosotros mismos, de que hemos perdido el control de la vida o de que necesitamos ayuda. Su significado incluye la preparación para la muerte.

Escuela:

Simboliza las actitudes de aprendizaje

y las oportunidades para el conocimiento. Está relacionada con la experiencia, el crecimiento, la expansión de la consciencia y el progreso mental. El nivel de estudios que se imparte en una escuela representa nuestro propio nivel de aprendizaje; por ejemplo, la guardería simbolizaría nuestro nivel de aprendizaje más básico. Véase *Escuela Universitaria* y *Clases* en este capítulo.

Escuela universitaria o universidad:

Se trata de un lugar de aprendizaje superior, de educación especializada, de conocimientos avanzados y de nuevas ideas, conceptos y teorías. Representa un lugar para experimentar sensaciones nuevas. Está relacionado, además, con un gran intercambio de ideas, de conocimientos y de información. También podría significar cambios en nuestra manera de ver la sociedad y las relaciones con los demás.

Estadio de fútbol:

Lugar de cooperación y de caos, área donde se enfrentan dos escuelas diferentes de pensamiento, competición, victoria o derrota, sin términos medios.

Estadio:

Se trata del lugar donde jugamos el papel de espectadores o de jueces, o bien donde podemos sentirnos el centro de atención.

Fábrica:

Representa en nuestros sueños una fábrica de ideas, de pensamientos y de hechos que se repiten. Simboliza la necesidad de deshacernos de las ideas viejas, de superar la costumbre de hacer día tras día lo mismo. Está relacionada, pues, con un estado predecible,

permanente, estable pero aburrido.

Ferretería:

Se trata de una tienda con una gran selección de artículos... y de ideas para mejorar el estado de nuestra casa gracias a los equipos de bricolaje. Puede indicarnos la necesidad de seguir buscando un anhelado autoperfeccionamiento o puede que nos indique que estamos maltratando nuestro cuerpo y nuestra mente con chapuzas.

Fuerte:

Representa la defensa, la consciencia de tener que defendernos constantemente o de estar en guardia por si hubiera posibles ataques. También puede simbolizar que ha llegado el momento de hacer las paces.

Garaje:

Podría ser un lugar para guardar el coche o, en algunas ocasiones, un lugar para guardar los trastos, las herramientas... sin dejar espacio para el coche. Este simbolismo podría sugerirnos que debemos poner orden en nuestras vidas o que disponemos de las herramientas necesarias para llevar a cabo ese trabajo. Como el coche representa nuestro cuerpo, podría simbolizar una especie de refugio con el que aparentar, una extensión de nuestras creencias o la vertiente exterior de nuestra consciencia.

Gasolinera:

Como el coche representa nuestro cuerpo físico o nuestro estilo de vida favorito, la gasolinera podría significar un lugar para repostar y coger fuerzas, o un lugar para sentirnos realizados. Por otra parte, también puede simbolizar un lugar de chequeo, de puesta a punto, un lugar donde se llevan a cabo las reparaciones más insignificantes. Puede que nos esté diciendo que necesitamos un chequeo físico o una pausa para refrescar la mente. También podría ser un lugar para servir y satisfacer a los demás.

Estación de servicio: Podría simbolizar nuestra área de servicio, la manera en que servimos a los demás. También podría referirse a una ración o a una porción de algo.

Gestoría:

Representa el área de nuestra capacidad para las cuentas, el criterio con el que medimos lo positivo y lo negativo, la suma total de lo que hemos dicho, de lo que hemos creado, de lo que hemos conseguido. Simboliza el hecho de cosechar éxitos y de hacer un balance de nuestra vida.

Gimnasio:

Representa la actividad, el ejercicio, el mantenerse en forma, el usar y perfeccionar nuestras habilidades, el dar forma a nuestros talentos, el poner en práctica lo que sabemos.

Monitor de gimnasio: Es quien vigila, observa nuestro estilo de vida y evalúa, juzga, nos aconseja sobre la mejor manera de actuar y mira cómo jugamos al juego de la vida.

Grandes almacenes:

Representan el área de asuntos materiales, monetarios, prácticos y que tienen que ver con la compra y venta de bienes y con el dinero. Este símbolo se refiere también a los asuntos y las actitudes financieras, a las emociones, el *glamour*, las apariencias, las manipulaciones, los tratos, las impresiones favorables, las pérdidas y los beneficios, las cuentas y los balances.

Granero:

Se trata del área de los instintos animales, de los niveles inferiores de la consciencia. Si tenemos buenos (o malos) recuerdos de los graneros, podría quizá representar ese estado de consciencia. Un incendio en el granero nos indicaría la necesidad de purificación en esta área. Si poseemos un granero, podría tratarse de un sueño de percepción extrasensorial.

Granja:

Representa la vida sencilla o el trabajo duro. Puede representar satisfacción o apuro, en función de las experiencias de quien sueñe. También podría simbolizar un estado mental práctico, el sentido común.

Hospital:

Representa la enfermedad y la curación, la muerte y la agonía, el coraje, la compasión, la atención cariñosa a los demás, la vida, la muerte, la transformación y la renovación. Además, simboliza el tiempo y el lugar para evaluar nuestra vida en el sentido más profundo.

Hospital psiquiátrico:

Representa los trastornos mentales.

En el exterior: Puede indicar que nos sentimos fuera, al margen, excluidos, condenados al ostracismo, desatendidos, que no nos quieren, que no nos hacen caso. También puede significar que nos acercamos a una crisis mental, que estamos cerca de ser hospitalizados, que necesitamos reposo y/o ayuda.

En el interior: Puede indicar la necesidad de descansar o de obtener algún tipo de ayuda.

Hotel:

Se trata de un estado temporal y transitorio. Simboliza una actitud y unos sentimientos no definitivos, una etapa por la que estamos pasando pero que vamos a dejar atrás. Puede simbolizar una actividad continua con mucho movimiento de ideas. También podría significar negocios o actividades sexuales, según las asociaciones y los sentimientos del soñador.

Iglesia o catedral:

El edificio que vemos como una iglesia en el sueño puede representar el sistema de nuestras creencias e ideales espirituales actuales. Representa, por un lado, nuestra vida espiritual, nuestra filosofía y, por otro, un estado de la mente, sobre todo si nos sentimos bien y a gusto con la iglesia que hemos escogido. También podría simbolizar la retórica o el dogma religioso, es decir, cosas viejas, caducas, creencias desdeñadas e impresiones, según los sentimientos que despierte el sueño. Debemos tener en cuenta el tipo de iglesia de que se trata, su nombre, el estado en que esté, nuestros sentimientos respecto a ella y a las actividades que se desarrollan en su interior y alrededores.

El altar: Por tradición, el altar es un lugar de protección, de oración, de culto, de devoción, de comunión y de perdón, pero también puede significar un lugar de decisión o de alteración y de cambio.

El incensario de la iglesia: El incienso sirve para purificar y elevar las vibraciones de la iglesia; podría indicarnos que deberíamos hacer lo mismo. También podría tratarse de censura o de crítica; podría referirse igualmente a nuestra censura a la hora de purificar, ocultar, borrar, apartar u omitir algo de nuestra vida o sistema de creencias.

Estamos contentos dentro de la iglesia: Se refiere a un sentimiento de felicidad por tener fe. Representa protección, seguridad y refugio.

Estamos tristes dentro de la iglesia: Podría indicarnos que con la edad hemos perdido nuestra fe y que ya no estamos contentos dentro de este marco. También puede significar que nos sentimos atrapados, limitados, sin libertad. Puede que necesitemos encontrar un nuevo sistema de creencias con el que nos sintamos a gusto.

Fuera de la iglesia: Puede implicar que no nos sentimos perdonados, que estamos excomulgados, fuera de la gracia de Dios, en desarmonía con nosotros mismos; posiblemente necesitemos perdonarnos a nosotros y a los demás... a no ser, claro está, que nos sintamos bien estando fuera.

Juzgados:

Están relacionados con las sentencias, con la justicia y con los asuntos legales de todo tipo. Podrían representar que hemos cosechado todo lo que hemos sembrado o que tenemos que revisar nuestros prejuicios.

Librería:

Se trata del lugar para «comprar» todo tipo de conocimientos, ideas, conceptos, etc. También podría ser un lugar de aprendizaje y de iluminación o un lugar para conseguir respuestas. A menudo es una fuente de intercambio de información.

Molino de viento:

Puede significar el poder de la mente y de las emociones. El color del molino podría ser importante. Véase *Viento*, en el capítulo *Condiciones climáticas*.

Museo:

Es el área donde se exponen objetos antiguos e interesantes, así como recuerdos de todo tipo; es decir, un museo es el lugar donde pueden ser vistos, recordados y honrados. Podría simbolizar recuerdos del pasado que mantenemos fuera para verlos, sentirlos y repasarlos de vez en cuando.

Pirámide:

Está normalmente asociada con Egipto y representa una fuente inagotable de sabiduría. Puede significar un fundamento firme y duradero, la estabilidad, los poderes espirituales, las iniciaciones y, posiblemente, los recuerdos del pasado. El simbolismo también podría aplicarse a estructuras en forma de pirámide, usadas por lo general para ganar dinero, para enviar y recibir correspondencia en cadena, etc.

Piso:

Representa un estado temporal de la mente, susceptible al cambio o a una reorganización.

Puente:

Representa la necesidad de pasar de un estado de consciencia a otro, dejando atrás viejos comportamientos para ir hacia cosas nuevas y diferentes. También puede significar llenar un vacío.

Puente cubierto: Podría significar cruces secretos, un cambio o una decisión secreta, discreta, un cambio subconsciente.

Rascacielos:

Posiblemente se refieren al conocimiento superior, los ideales altos, un amplio abanico de pensamientos, las grandes perspectivas o la capacidad para anticipar las cosas; es posible que nos indiquen que disfrutamos de un don profético.

Residencia universitaria:

Representa un estado de aprendizaje superior con el que tenemos que convivir día y noche o con el que estamos aprendiendo a vivir y a conocer.

Restaurante:

Representa el alimento para el pensamiento, las ideas nuevas, las combinaciones de ideas viejas que aparecen, la variedad de pensamientos para elegir. Responde a una actitud abierta a nuevos conceptos, a compartir alimento para el pensamiento o a dar nuestro sustento mental a otros. También representa el anhelo de alimentar a mucha gente o de ser servido por muchas personas.

Variedad de alimentos: La variedad de alimentos o de restaurantes nos dará probablemente más pistas sobre el tipo de ideas o sobre los conceptos involucrados.

Sala de conciertos:

Área donde se practica la música, la armonía, la cooperación, la belleza y la elevación del espíritu. Se trata también del área de influencias que nos ayudan, si la música es apacible.

Salón de belleza:

Puede significar una consciencia de belleza y *glamour*... o la ausencia de ambas. Representa el maquillaje, la artificialidad, el deseo de satisfacer o impresionar a los demás. También podría representar una transformación, rehabilitación, restauración y renovación. Quizá signifique una actitud completamente nueva y un nuevo estado de consciencia sobre nosotros mismos.

Templo:

Puede representar nuestro cuerpo físico, el trato que le damos y las condiciones en las que se encuentra. También puede tratarse de nuestro estado espiritual de consciencia, de nuestro pensamiento espiritual, de nuestro crecimiento espiritual, de la oración, de la meditación, de la bendición y de la condición espiritual. Véase *Iglesia*.

Terminal de un aeropuerto:

Se trata de un lugar de altos ideales, de mezcla de muchas ideas y conceptos que provienen de diferentes áreas entrelazadas, que continuamente crean nuevas combinaciones. También puede significar el punto de salida hacia planos superiores, así como los mensajes e informaciones de planos superiores. Está relacionado con la actividad.

Tienda:

Lugar para comprar ideas, actitudes y experiencias nuevas. Simboliza que somos conscientes de que podemos elegir entre una gran cantidad de ideas y oportunidades. Está relacionada con los deseos y la necesidad de complacernos a nosotros mismos. También puede tratarse de una consciencia de *glamour*.

Tienda de alimentos naturales:

Está relacionada con los alimentos sanos para el pensamiento y con la consciencia de la importancia de gozar de buena salud. Representa las ideas y los conceptos útiles, así como las preocupaciones por nuestro estado de salud y de bienestar.

Tienda de campaña:

Estado temporal de la mente, variable, inconstante, inseguro e inestable. Puede significar vivir cerca de la Madre Naturaleza o la necesidad de estar en comunión con los espíritus de la naturaleza, según lo que nosotros asociemos con la tienda de campaña.

En el interior de la tienda: El significado adquiere un sentido más profundo.

Tienda de regalos:
Lugar para exponer y vender nuestros regalos. Puede que simbolice todos los regalos que tenemos que ofrecer a los demás o, por extensión, la necesidad de ofrecer cosas a los demás.

HOGARES, CASAS Y HABITACIONES

Casas:
Las casas generalmente representan estados de consciencia más personalizados.

La casa del vecino: Nuestro vecino simboliza lo que está cerca de nosotros, lo que roza nuestro estado actual de consciencia. Normalmente se trata de una extensión de nuestro propio pensamiento que no aceptamos como nuestro; sin embargo, forma parte de nuestros pensamientos y creencias que debemos reconocer y aceptar.

Las casas de otras personas: Pueden simbolizar su sistema de creencias o un estado de consciencia, sobre todo cuando tenemos la necesidad de saber de dónde viene una persona o en qué sustenta su forma de pensar y de actuar para comprender mejor una situación actual.

Mirar casas nuevas: Simboliza mirar ideas más nuevas y estados de consciencia que nos gustan más que los nuestros. Posiblemente hemos dejado atrás nuestro estado actual y estamos preparados para una apertura mental. También puede significar un crecimiento interior que está teniendo lugar pero del cual nosotros todavía no somos conscientes.

Mudarnos a una casa más grande: Significa que hemos ampliado nuestra consciencia, nuestros talentos, nuestra comprensión y nuestro pensamiento; también nos indica que hemos ampliado nuestros horizontes y que hemos aceptado nuevas ideas.

Vecindario circundante: Representa los estados generales de consciencia y de creencia que están cerca de nosotros, que forman parte de nosotros, que nos influyen pero en los que no nos encontramos realmente. Véase *Vecindario* y también *Jardín.*

Hogares

Nuestro hogar: Representa el lugar en el que vivimos mental y emocionalmente, el área de los pensamientos, el marco de todo nuestro sistema de creencias construido desde nuestra infancia. Simboliza a su vez el lugar al que pertenecemos, nuestras raíces y nuestra tradición, la seguridad al fin y al cabo. Significa, pues, la suma total de todo lo que nos han enseñado a creer.

Al aprender, aceptamos nuevas enseñanzas e ideas y nuestra consciencia se expande. Esto viene simbolizado por habitaciones nuevas que vamos descubriendo o añadiendo, *siempre que estas ideas, esto es, las nuevas estancias se ajusten al marco existente de nuestro antiguo sistema de creencias.* Si estas ideas nuevas no pueden coexistir con las ya existentes, debemos encontrar o construir una casa nueva para representar el nuevo pensamiento. Aquí es donde empezamos a construir o a mirar casas nuevas. Es posible que tengamos muchos tipos diferentes de creencias y de casas en las distintas áreas de nuestras vidas. Si no tenemos coche, nuestro hogar *puede* representar nuestro cuerpo físico.

Acciones que tienen lugar en el hogar

Casa derribada: Indica un estado de consciencia que ya no existe.

Casa inundada: Estado emocional invadido, abrumado, inundado.

De camino a casa: Normalmente significa retorno a Dios (nuestro hogar verdadero), retorno a las verdades espirituales. También puede significar un retorno a nuestros hábitos o a las viejas maneras de pensar o de creer.

Limpiar la casa: Significa limpiar los viejos modelos de pensamiento y hacer cambios en nuestra manera habitual de pensar, de creer y de percibir las cosas.

Mudanza: Significa dejar atrás viejas creencias, conceptos, dogmas, prejuicios y limitaciones.

Nuestro hogar en llamas: Representa la irritación extrema de la mente. Nos sentimos emocionalmente «quemados» por alguna cosa. Este símbolo nos sugiere que tenemos una gran necesidad de controlar nuestro genio y/o de cambiar la situación antes de que nos destruya. Los sueños representan el acto de purificación interior o la necesidad de purificar la consciencia. También podría significar una advertencia de peligro o una posible señal de percepción extrasensorial.

Un relámpago que cae sobre la casa: Representa una verdad o una idea nueva que de repente nos ilumina y que cambiará permanentemente nuestra manera de pensar.

Tipos de casa

Casa de campo o mansión: Consciencia de riqueza y de abundancia. Significa que disponemos de una inteligencia por encima de la media, de un don especial. Si dispone de muchas habitaciones, significa que tenemos muchas ideas, intereses y capacidades.

Casa vieja desocupada: Representa un lugar donde solíamos vivir mentalmente: viejas ideas, creencias, maneras de percibir las cosas que ya no nos pertenecen pero a las que de vez en cuando recurrimos. A menudo también representa un estado de la mente pasado o los recuerdos de cómo solíamos pensar o sentir cuando vivíamos o visitábamos esa casa. Es muy importante que entendamos este símbolo, porque nos dice que algo que ha pasado últimamente o que una situación en la que ahora nos encontramos involucrados es muy parecida, en cuanto a pensamientos y sentimientos, a la que tuvimos cuando vivíamos en esa casa vieja. Por ejemplo: si nos sentíamos ahogados o inhibidos en la casa vieja, nuestro nuevo hogar, trabajo, relación o situación nos hace sentir igual. Esto podría ser una advertencia o una simple afirmación de: «Así es como *realmente* nos sentimos».

Casa vieja en la que vivimos: Podría indicar que nuestro sistema entero de creencias se está quedando anticuado, obsoleto, sobre todo si la casa aparece en ruinas. Posiblemente, el vecindario en general está gastado, cosa que podría significar la necesidad de actualizar o de renovar nuestras ideas.

La casa de nuestros padres: Puede significar muchas cosas. Representa el lugar en el que nos amaron y donde nos cuidaron, o donde nadie nos entendía y nos sentíamos desconsolados (todo ello depende de nuestros recuerdos). Podría representar la inocencia, la libertad, la sensación de seguridad, el hecho de tener a alguien fuerte que se responsabilizara de nosotros, o puede que se refiera a una época enfermiza y triste. Por otra parte, puede simbolizar el estado de nuestra relación con nuestros padres, los lazos familiares o los recuerdos familiares de cualquier tipo. Puede referirse al sistema de creencias en general y a modelos de pensamiento adquiridos a edad muy temprana, aunque también el hecho de que nuestros sentimientos hayan sido limitados y restringidos por unos padres muy

dominantes. Debemos pensar atentamente en lo que la casa de nuestros padres significa para nosotros y anotarlo para futuras referencias.

Si visitamos la casa de nuestros padres en sueños, estamos volviendo a ese estado de consciencia, a ese sentimiento o a aquellos recuerdos. Esto es así porque actualmente está pasando algo en nuestras vidas que nos trae esos sentimientos de vuelta; también podría significar el deseo de volver al sentimiento antiguo y seguro que una vez tuvimos.

La casa en la que vivíamos: No importa si era *nuestra* casa, la de nuestros padres, la de nuestros abuelos, un piso o un lugar de vacaciones, mientras se trate de *un lugar donde vivimos*, aunque sólo fuese por un tiempo. Esto implica que la situación, la relación o las circunstancias en las que actualmente nos encontramos son las mismas que experimentamos en «la casa en la que vivíamos». Véase *Casa Vieja*, en este capítulo.

(Nuestra) casa nueva: Representaría una nueva actitud, un estado nuevo de consciencia que acabamos de conseguir o alcanzar.

Habitaciones:
Las habitaciones de una casa representan las áreas individualizadas de nuestra consciencia o de nuestras preocupaciones.

Almacén: Lugar para apartar las ideas, los conceptos o los problemas que en el presente no necesitamos o no utilizamos, pero que no queremos expulsar.

Biblioteca: Área de aprendizaje, de estudio, de información fácil de conseguir en nuestra consciencia. Una biblioteca que se encuentra en el piso de *arriba* podría representar un conocimiento *superior*, la sabiduría infinita, la consciencia cósmica.

Clase: Implica una situación de aprendizaje. Se trata del lugar en el que se adquieren conocimientos, sabiduría, información, comprensión y educación. Es, sin duda, el lugar donde aprendemos las lecciones de la vida. Posiblemente nos esté indicando la necesidad de aprender. También podría significar que nos quedamos fuera de la clase.

Cocina: Lugar para alimentar o para preparar el conocimiento. También podría significar un lugar donde se mezclan y se digieren las ideas. Por otra parte, representa el centro de la actividad del hogar.

Comedor: Área donde se consumen alimentos para el pensamiento, donde se digieren ideas. Posiblemente indique el lugar donde se discuten y se evalúan las ideas. Puede tratarse de cosas que hemos dejado para más tarde, de cosas viejas recalentadas o de ideas nuevas estupendas.

Comedor muy grande: Sugiere la abundancia de Dios, la riqueza de ideas, todas las cosas positivas que están a nuestro alcance. También puede significar que nos servirán lo que pidamos.

Cuarto de baño: Lugar para purificar y liberar todo lo que ya no es útil. Representa la purificación de ideas, de emociones, de problemas, de viejas heridas, de hábitos antiguos. Se trata de una habitación para refrescarnos y para renovarnos. También puede significar la necesidad de privacidad.

Inodoro atascado: Representa el bloqueo real de nuestra capacidad de liberar, de expresar nuestros sentimientos y nuestros pensamientos, de olvidar nuestras heridas.

Bañera: Igual que la ducha, lugar para purificarnos y volver a empezar.

Bañera atascada: Puede representar nuestra capacidad de eliminar los problemas y las emociones. Es una señal de que nuestra purificación todavía no está completa, porque algo la ha bloqueado.

Bañera que se desborda: Emociones desbordadas, necesidad de actuar rápidamente.

Cuarto de baño cerrado con llave: Implica que hemos cerrado o bloqueado todas las formas aceptables de eliminar lo que ya no deseamos. Nuestra urgencia significa la necesidad de decirnos a nosotros mismos que llorar y expresar nuestros sentimientos y necesidades es positivo.

Ducha: Lugar para purificar y perdonar, lugar para empezar de nuevo de una manera más fresca y deshacernos de lo viejo. El agua limpia puede representar la purificación del espíritu.

Heces: Ideas, hábitos, creencias, prejuicios, problemas, formas de pensamiento o cosas materiales que debemos eliminar.

Inodoro: Significa liberar los sentimientos, las emociones, las ideas, los prejuicios y los problemas, dejar marchar las cosas de nuestro sistema. Véase *Sistema de eliminación*, en el capítulo *Cuerpo*.

No podemos encontrar el cuarto de baño: No tenemos a dónde ir, no tenemos ninguna manera aceptable de purificar nuestras emociones, de liberar nuestro sistema. Esto puede significar la urgencia de nuestra necesidad actual de deshacernos de nuestras heridas, miedos o preocupaciones. Puede significar que nuestro cuerpo o nuestra alma necesita desesperadamente liberar las lágrimas. Esto puede darse física o emocionalmente o, a veces, a los dos niveles.

Orina: Simboliza las emociones y los sentimientos de todo tipo.

Cuarto de descanso: Puede referirse al lugar o a la necesidad de reposo; puede que nos esté diciendo que nos tenemos que dar tiempo o un lugar para descansar, para relajarnos, para deshacernos de los problemas, de las emociones, de las cargas. Véase *Cuarto de baño* en este capítulo.

Cuarto de estar: Es el cuarto familiar. Simboliza la situación familiar, el compañerismo y los juegos.

Cuarto de juegos: Área para jugar con nosotros mismos o con los demás. Representa la competición.

Cuarto oculto: Representa las áreas inexploradas o desconocidas de nuestra consciencia, creencias y capacidades. Nos indica, pues, talentos ocultos, conocimientos ocultos, en áreas de la mente inexploradas.

Despacho: Puede tratarse de nuestra habitación para trabajar, del espacio donde nos organizamos y planificamos, donde dejamos terminados nuestros asuntos. Se refiere también al lugar donde asumimos responsabilidades, donde damos y recibimos órdenes.

Desván: Representa los niveles superiores de la mente, la superconsciencia, el Yo Superior.

Dormitorio: Área de descanso, de sexo, de matrimonio, de integración, de refugio, de reposo, de sueños, de un espacio tranquilo, de privacidad.

Dormitorio compartido: Sugiere un área donde aprendemos junto con otra gente. Se trata, pues, de un lugar de intercambio de ideas.

Dormitorio pequeño: Puede indicar sentimientos apretujados por nuestra pareja o significar que no nos permitimos espacio suficiente, reposo ni tiempo para descansar. Posiblemente estemos en una situación que nos hace sentir restringidos, entre rejas, limitados. Puede que nos esté diciendo que necesitamos más privacidad, tranquilidad, espacio o tiempo para estar solos.

Estudio: Puede representar un lugar para estudiar o puede que implique la necesidad de esforzarnos más.

Guardería: Área para que nuestro nuevo proyecto se desarrolle. Se trata de un lugar especial en nuestra mente o corazón, un lugar para educar y crecer.

Habitación de costura: Lugar para la creatividad, para unir cosas en nuestras mentes, así como para remendar viejas actitudes o problemas.

Habitación delantera: Se trata de una habitación abierta, a la vista de todo el mundo, de fácil accesibilidad, que no está oculta.

Habitación dentro de una habitación: Puede significar sanctasanctórum interior, el lugar del secreto, una habitación para la oración, la meditación. Se refiere, pues, a una parte interior, sagrada, de nuestro cuerpo adonde los demás no pueden acceder.

Habitación trasera: La parte trasera de nuestra mente.

Habitaciones con mucha iluminación: Se trata de una iluminación espiritual, de un buen entendimiento en el aspecto simbolizado por la habitación.

Habitaciones nuevas: Construir y descubrir nuevas habitaciones indica talento, habilidades, cualidades o conocimientos recién formados o recién descubiertos que no sabíamos que poseíamos. También puede significar expansión y crecimiento. Podría tratarse de áreas inexploradas de nuestra mente.

Lavadero: Puede referirse a nuestras necesidades básicas y a nuestras funciones o también puede que nos esté indicando la necesidad de utilizar lo que disponemos.

Lavandería: Lugar donde limpiar nuestras acciones y nuestras actitudes, para hacer desaparecer los problemas de ayer o refrescar, restaurar y sacar el máximo partido de lo que tenemos.

Nuestra habitación: Representa nuestro propio espacio personal, nuestro estado de consciencia, nuestros pensamientos y sentimientos interiores, nuestras esperanzas y deseos, nuestro refugio, nuestro lugar en el mundo, el lugar al que pertenecemos. También podría representar el lugar que ocupamos en la sociedad o en el mundo de los negocios. Véase *Dormitorio compartido* en este capítulo.

Nuestro dormitorio: Es nuestro espacio privado. Representa el lugar al que pertenecemos, nuestro sitio en el mundo, nuestro propio pequeño mundo. Está relacionado con el refugio, la intimidad o el lugar para rezar y meditar.

Sala: Véase *Cuarto de estar.*

Sala de conferencias: Lugar donde planear, discutir, consultar, hacer frente o defender nuestras ideas, ideales, planes y proyectos.

Sala de espera: Representa la consciencia de esperar que algo ocurra o, posiblemente, indique la necesidad de esperar y de no actuar ahora.

Sala de estar: Área de actividades mentales diarias, de pensamientos y actitudes. Representa nuestras creencias más básicas sobre nosotros mismos. La cualidad de los sueños viene representada por el tipo de mobiliario.

Muebles bonitos: Son pensamientos cariñosos, actitudes positivas u oraciones alimentadas por la amabilidad, la generosidad y el afecto.

Muebles gastados: Representan palabras obscenas, pensamientos desagradables o negativos y vicios.

Sala de reuniones: Simboliza nuestra necesidad o habilidad para proyectar una idea o un ideal, nuestra capacidad para visualizar y para planear las cosas de antemano.

Salón de juntas: Lugar donde se discuten planes y donde se toman decisiones. También podría significar aburrimiento.

Salón: Lugar para recibir y ser recibido; se trata del punto donde se presentan conceptos nuevos.

Sótano: Representa la mente subconsciente, los niveles inferiores de la mente.

Vestíbulo: Se trata del área de tránsito entre un estado de consciencia y otro. Puede significar un canal, un proceso de canalización o... el Vestíbulo del Pensamiento.

Vestíbulo grande: Puede significar que estamos recorriendo un camino largo, un camino demasiado largo para nuestras vidas; también puede significar un cambio muy grande.

Vestíbulo largo: Puede significar un camino largo y difícil que implica muchos cambios y que atraviesa muchos escenarios.

PARTES DE EDIFICIOS

Las diferentes partes de los edificios representarían áreas y elementos de nuestras creencias, así como los estados generales de nuestra consciencia.

Acera:
Sendero difícil, un camino difícil de seguir. También puede ser un equilibrio sólido, seguro, conveniente o un camino público por donde ir.

Privada: Representa nuestro propio camino, nuestro sendero particular que debemos seguir.

Pública: Significa el camino por donde va la mayoría de la gente. También nos puede indicar que «es lo que hace todo el mundo».

Sin acera: Representa que es difícil acceder a lo que simboliza el edificio en cuestión.

Aldaba:
Implica pedir permiso para entrar. Representa que para acceder al edificio hay que buscar, rezar, insistir.

Altar:
Es un símbolo religioso de devoción, adoración, rezo, piedad, meditación. Significa que allí es donde encontraremos respuesta a nuestras oraciones y donde podremos tomar decisiones.

Arco:
Simboliza el soporte.

Armario:
Lugar para almacenar ideas, emociones, sentimientos, actitudes, recuerdos, talentos, miedos, heridas, cosas que nos molestan y viejos problemas que no queremos ver. También es un lugar para ocultar nuestros sentimientos verdaderos o la verdad sobre un tema. Así, pues, puede representar almacenaje o rechazo. Debemos fijarnos en el tipo de objeto que guardamos en él o que sacamos de él. Puede que estemos sacando a la luz viejos recuerdos que se tienen que revisar, entender, perdonar o purificar. Podría significar «encerrarnos y rezar», como si el armario fuese un lugar para la oración, la devoción, la meditación o la acción de estar a solas con Dios.

Armazón:
Representa las enseñanzas básicas, las creencias, las ideas que nos han enseñado desde la infancia y que nosotros usamos como ideas generales en las que tienen que caber todos los nuevos conocimientos. Es un marco de referencia, un punto de equilibrio.

Ascensor:
Representa algo que sube y que baja.

Hacia abajo: Nos puede estar avisando de que nuestra situación o acción se está degradando, que nos estamos humillando o que estamos permitiendo que nos humillen.

Hacia arriba: Puede que alguien nos esté elevando espiritualmente con sus oraciones o puede significar la necesidad de elevar nuestras ambiciones, nuestras oraciones, nuestras meditaciones y pensamientos, de conseguir grandes alturas, de tenernos en gran consideración.

Barrera:
Representa soporte, protección, equilibrio, seguridad, límites. También puede ser una barrera.

Bloques:
Podrían significar escollos, amnesia temporal, bloqueos o limitaciones a nuestro progreso. A menudo representan nuestra lección del presente, el miedo o la idea que debemos superar antes de continuar adelante.

Buzón:
Representa la disponibilidad a recibir información. Puede simbolizar un mensaje importante o el anhelo de que lleguen nuevos mensajes. Si está lleno, puede significar que han llegado muchos mensajes (en los sueños o de otra manera) que todavía no hemos leído o tenido en cuenta. El estado del buzón indicaría nuestra predisposición hacía los mensajes o nuestra capacidad para ser un canal.

Buzón de casa: Muestra la disponibilidad a los mensajes que se están acercando.

Buzón lleno: Simboliza los mensajes enviados pero no recibidos, no abiertos, no valorados, no aceptados, no digeridos o no tenidos en cuenta. Puede significar que no los debemos abrir; pero también podría tratarse de un aviso o de una percepción extrasensorial de gran interés: se nos están acercando una multitud de mensajes.

Buzón rural o junto a una carretera: Indica disponibilidad para mandar o para recibir órdenes. Puede tratarse de un canal para mandar y recibir mensajes, una percepción extrasensorial o algo similar.

Cables eléctricos:

Se trata de elementos que transportan corrientes de energía, de pensamiento o incluso corrientes corporales. Nos conectan con la fuente de energía, es decir, conectan con nuestra capacidad de realizar proyectos, de canalizar las energías. También pueden representar el estado de nuestro sistema nervioso.

Campanas, señales acústicas:

Los timbres, teléfonos, alarmas y cualquier tipo de campanas que aparezcan en los sueños sirven para llamarnos la atención sobre lo que se dirá o hará (son simplemente enfáticas). La alarma podría significar algo de lo que nos tendríamos que alarmar.

Campanas de iglesia: Pueden representar armonía, una llamada al culto, a la oración, a la devoción. Puede que nos estén recordando nuestra herencia religiosa y que nos llamen para regresar a la iglesia. También puede tratarse de un sonido de campanas de boda o de buenas noticias, así como una llamada de aviso o campanas que doblan por la muerte de alguien.

Otras campanas o timbres: Pueden ser avisos o señales que nos desvían la atención.

Teléfono: Mensaje para dar o para recibir.

Caseta:

Representa el límite, la protección, la seguridad, la privacidad, la estructura, las fronteras.

Cerraduras:

Simbolizan la seguridad y la protección.

Cerradura grande: Representa una seguridad añadida, una doble protección.

Cimientos:

Representan la base de nuestras creencias, los ideales básicos, lo que alimenta aquello que simboliza el edificio de cuyos cimientos hablamos. Si los cimientos se desmoronan, la casa entera se derrumba. Una hendidura en los cimientos podría ser un aviso.

Chimenea:

Es el lugar donde se halla el conducto de ventilación, por donde se escapa la corriente, el humo, el fuego. Podría representar el flujo de Kundalini, el agni yoga, el fuego de la purificación, pero también el lugar para quemar la escoria. Quizá sea en su caso un símbolo de inspiración. Podría significar un canal de energías o el proceso de canalización, según los sentimientos o la acción del sueño.

Enchufe:

Simboliza la capacidad de «enchufarnos», de enlazarnos, de conectar con la fuente de energía.

Escalera:

Simboliza el equilibrio, los pasos que damos en nuestra vida, la dirección que toman nuestros asuntos.

Bajar por una escalera: Representa que nos estamos alejando de Dios, que nos dirigimos hacia niveles de subconsciencia o que nos estamos humillando por algún motivo desconocido.

De caracol: Normalmente significa meditación o el inicio de un viaje astral.

Escalón inferior: Puede significar el primer paso en la vida o puede indicar que hemos tocado fondo.

Escalón superior: Es el nivel más alto, lo más alto que podemos alcanzar en este momento.

Falta un escalón: Puede estar diciéndonos que nos hemos dejado un paso importante en lo que estamos haciendo. También puede decirnos que tenemos que dar un paso importante para alcanzar nuestros objetivos.

Subir por una escalera: Significa que nos acercamos a Dios. Representa la meditación, la comunión, la elevación de nuestra consciencia, el movimiento hacia estadios superiores de la mente. Significa también que nuestra vida está tomando la dirección correcta.

Espejo:
Representa un objeto transparente, una barrera o protección. Si lo exponemos a la luz, nos va a permitir ver lo que pasará más allá. A veces significa estar en la frontera que separa diversos planos o estadios de existencia. Nos sugiere que podemos ver algo pero no tocarlo.

Cristal roto: Simboliza que las barreras están rotas, es decir, que estamos viviendo una situación potencialmente peligrosa. Puede ser un progreso o una ruptura fuerte.

Esquina:
Estar en una esquina puede significar que estamos acorralados, atascados, atrapados y sin salida o que hemos sido rechazados por algún motivo.

Fachada:
Simboliza la imagen, la proyección de consciencia, la apariencia exterior.

Fachada falsa: Representa que estamos –o nos están– dando una imagen falsa, engañosa, simulada.

Horno:
Tiene un simbolismo parecido a *chimenea*, lar. Puede representar el estado de nuestro corazón o de nuestro estómago. Si el fuego quema lentamente, puede indicar que estamos bajos de energía e incluso que somos víctimas del desánimo.

Horno nuevo: Significa que cobramos ánimos en una situación aparentemente baja, es decir, que despertamos nuevos intereses, entusiasmo renovado.

Horno viejo: Está relacionado con el desánimo, la desilusión, la desorientación, la falta de energía y de entusiasmo o, también, con un problema de corazón.

Interruptor:
Es el control de la corriente de energía y significa la habilidad para dirigir o para controlar un gran flujo energético.

Ladrillos:

Pueden significar lo mismo que los bloques, aunque normalmente con una menor intensidad. Representan ideas, formas de pensamiento firmes. Normalmente construimos situaciones o condiciones ladrillo a ladrillo (pensamiento a pensamiento). Los ladrillos pueden indicar el caparazón o la chapa que nos ponemos en el exterior de nuestra consciencia, los muros que construimos.

Ladrillos amarillos: Viejo símbolo del autoconocimiento, del reconocimiento de nuestro propio dominio sobre cosas materiales.

Ladrillos de color rojo oscuro: Pueden significar condiciones kármicas que hemos construido y con las que ahora tenemos que vivir.

Lámparas y luces:

Representan la iluminación, el conocimiento, la intuición, la percepción.

Lar de fuego:

Se trata de una fuente de calor, de bienestar, de deseos ardientes. Puede ser el corazón del hogar o de una situación. Puede representar los fuegos de la purificación interior, la inspiración, el amor y el calor que desprendemos. Un fuego muerto o casi apagado representa un nivel de energías muy bajo, un importante desinterés y un intenso desánimo.

Chispas: Las chispas pueden significar arranques de cólera dispersados que podrían causar problemas. También pueden significar la chispa de la Divinidad en nuestro interior, la luz que desprendemos, la inspiración, el entusiasmo, la chispa creativa del genio, las ideas geniales y la capacidad de dar amor, luz y calor a los demás. También puede que nos indique la necesidad de hacerlo.

Llave:

Acceso, dominio, oportunidad y control. A veces simboliza que hemos encontrado la clave del éxito. Este símbolo está relacionado con propiedad y responsabilidad.

Llave larga: Denota mucho control, responsabilidad y dominio.

Llaves cruzadas: Símbolo antiguo del discípulo Pedro. Pueden significar «las llaves del Reino» o una doctrina oculta, secreta, están relacionadas con enseñanzas esotéricas.

Llaves doradas: Son las llaves de la riqueza espiritual, el dominio espiritual y el crecimiento.

Llaves perdidas: Pueden significar que hemos perdido nuestro control o que lo hemos abandonado; pueden significar también falta de responsabilidad.

Llaves pesadas: Denotan mucha responsabilidad.

Muchas llaves: Indican muchas responsabilidades distintas.

Muro:

Representa un obstáculo, una limitación, pero también un límite protector. Los muros representan nuestros límites mentales, las barreras, los prejuicios, la obstinación, las ideas fijas o los viejos hábitos que obstruyen nuestro pensamiento y nuestras capacidades de comprensión. Si los muros son un estorbo en nuestros sueños, indican la necesidad de retirarlos para que podamos percibir caminos nuevos y mejores o aprender cosas nuevas.

Echar muros abajo: Significa ir a través de las barreras, de los obstáculos y de las limitaciones, es decir, que somos capaces de superar los bloqueos.

Muros acolchados:

Representan protección, probablemente de nosotros mismos, de nuestras propias palabras y acciones. También pueden significar que estamos encarcelados.

Papel pintado:

Representa algo que no podemos ocultar. Si es viejo, señala los errores, las ideas antiguas que intentamos tapar, los viejos patrones de conducta, en cambio, si es nuevo, denota una actitud nueva, una renovación de ideas y actitudes.

Pasaje abovedado:

Es un espacio abierto, sin barreras, sin puertas. Denota fácil acceso, plena libertad para ir y venir.

Patio:

Se trata de una extensión de lo que el edificio principal representa, pero con una actitud más abierta. Denota un estado receptivo de consciencia. Puede que sea una combinación de un estado mental y un estado espiritual.

Persianas:

Representan una manera de encerrarse, de dejar fuera a los demás, las ideas, la iluminación. También podrían tratarse de un intento de limitar la visibilidad o la percepción.

Abiertas: Significan que abrimos nuestra mente a la luz, a nuevas ideas.

Cerradas: Implican que no queremos ver una situación determinada o que no nos queremos enfrentar a ella.

Pilares:

Simbolizan soporte, apoyo, dependencia y duración en el tiempo. Puede tratarse de los pilares de la mente (fuertes ideales, creencias sólidas). Si son de color negro, representan descompensación. Si nos encontramos entre los dos pilares, debemos fijarnos en si estamos justo en medio o si estamos más cerca de un pilar que del otro.

Dos pilares: A menudo representan la mente superior y la inferior trabajando juntas. Si estamos entre ellas, puede significar un buen equilibrio.

Piso de arriba:

Representa los niveles altos de consciencia.

Piso principal:

Simboliza la mente o la preocupación principal.

Porche:
Significa que estamos en el límite de la consciencia representada por el edificio. Podría representar también una actitud abierta.

Pozo:
Si en el sueño representa la fuente de donde sacamos el agua, simboliza el espíritu puro.

Puerta:
Representa una mente abierta –o cerrada–, nuestra libertad de ir y venir, de entrar y salir, de escapar. Si está abierta, denota accesibilidad u oportunidad. Debemos fijarnos en quién abre o cierra la puerta.

Abierta: Indica disponibilidad, oportunidades, caminos por los que ir. También puede referirse a una actitud receptiva.

Cerrada: Señala indisponibilidad para entrar, actitud poco receptiva o necesidad de llamar, de preguntar, de comunicar nuestros deseos.

Cerrada con llave o con clavos: Indica inaccesibilidad o que no es un lugar para nosotros.

Contrapuerta: Señala una protección añadida. Puede significar la necesidad de tomar precauciones extraordinarias, de tener cuidado con la oportunidad que aparece tras la puerta. También podría tratarse de una cosa segura. Posiblemente tendremos que buscar ayuda para esta situación.

Muchas puertas: Simbolizan muchas oportunidades.

Puerta de cristal: Puede representar la habilidad para ver más allá, ver lo que el futuro nos depara.

Puerta delantera: Denota disponibilidad, apertura, accesibilidad.

Puerta doble: Doble oportunidad o doble problema. Puede que también se trate de una elección compleja.

Puerta dorada: Simboliza oportunidad espiritual o actitud abierta.

Puerta giratoria: Podría representar ir en círculos, disponer de varias oportunidades, elegir sin que ello conduzca a ningún lugar, posibilidad que siempre cambia. Por otra parte, también podría referirse a una situación que se está desarrollando.

Puerta nueva: Representa oportunidad, ocasión, camino o sendero nuevos.

Puerta trasera: Simboliza lo oculto, lo sutil, lo secreto, lo privado… o la forma de escapar.

Sin puerta: Denota ausencia de oportunidades, de posibilidades de acceder desde nuestra situación. Debemos probar en otro lugar.

Puente levadizo:

Simboliza protección o defensa ante intrusos o situaciones no deseadas.

Repisa:

El filo, lo más lejos que podemos llegar. También puede significar que estamos aislados.

Sótano:

Representa la base o la mente subconsciente.

Suelo:

Simboliza el fundamento, los principios, la base.

Nuevo: Denota fundamentos nuevos, principios renovados.

Suelo inclinado: Significa que estamos malinterpretando las cosas. También podría significar un prejuicio en nuestros pensamientos respecto a lo que representa el edificio, la habitación o ambos.

Suelo que se hunde o suelo quebrado: También denota fundamento frágil de nuestras creencias y opciones.

Suelo putrefacto: Denota pensamientos pobres, que no aguantan. Nos indica que debemos investigar más y comprender mejor lo que se nos presente.

Techo:

Simboliza nuestra mente en general y sus estados.

Hendiduras y grietas: Puede que nos estén diciendo que estamos sufriendo una crisis nerviosa. Po-

drían indicarnos una lógica defectuosa o la presencia de falsos conceptos. También podría tratarse de una expansión mental.

Yeso que se cae: Posiblemente nos indique una nueva manera de pensar, o quizá sea un aviso de que estamos muy presionados y que podemos deshacernos en pedazos.

Tejado:

Representa la protección de nuestra consciencia, mentalidad, creencias, hábitos, moral y tradiciones. Puede significar nuestro estado mental, nuestros ideales o un punto alto de nuestra consciencia.

Tejado nuevo: Designa una actitud totalmente nueva, nuevos ideales, nuevo sentido de protección.

Tejado que gotea: Puede tratarse de una grieta en nuestra coraza, protección o defensas, una señal de algo que nos está pasando. También puede advertirnos de una distracción, molestia, interferencia o influencia no deseada. También puede tratarse de problemas emocionales, de heridas, de lágrimas no derramadas, de miedos filtrados que afectan, oscurecen, manchan o colorean nuestra mentalidad y que implican una necesidad de reparar, de confrontar o de resolver esta situación. Puede ser también una intrusión de otros pensamientos, emociones o voluntades.

Tejado que se desmorona: Puede simbolizar o avisarnos de que nuestros ideales se están viniendo abajo. Quizá implique una tendencia a esperar hasta que el tejado se desmorone para movernos.

Sin tejado: Significa que no hay limitaciones, que podemos llegar tan lejos como queramos. Por otra parte, puede significar que somos despiadados con los demás.

Terraza:

Tradicionalmente, designa un lugar de esperanza, pero, a su vez, de preocupación y de temor. Nos dice que hay que observar y esperar ante la inseguridad sobre el resultado que esperamos obtener.

Tirador:

Sistema para abrirnos a las diferentes oportunidades. Implica tender la mano, dar pasos hacia adelante, ayudarnos a nosotros mismos.

Torre:

Denota una consciencia superior, un punto de vista más elevado, ideas e ideales nobles, capacidad de previsión, posibilidad de ver más allá. También podría representar que nos estamos situando en un nivel superior a los demás, por lo que a veces denota falsas presunciones o un falso sentido de seguridad.

Túnel o cueva:

Puede tratarse de un pasaje oscuro, una referencia al «túnel de la visión». También puede sugerirnos que cruzamos una montaña o un obstáculo en lugar de rodearlo. Representa áreas subconscientes de la mente. Puede simbolizar algo así como la luz al final de un túnel: es decir, que somos capaces de ver el final de una dificultad o la solución a una situación conflictiva.

Valla:

Designa protección y límites. También puede significar ofensa.

Ventana:

Representa nuestro punto de vista, la manera en que miramos el mundo. Denota que vemos las cosas claras, que disponemos de capacidad de comprensión y de intuición y de una actitud abierta.

Con cortinas: Denota visión obstruida, nublada, tapada, filtrada, sólo parcialmente clara.

Con vidrios de colores: Podría representar los rayos espirituales, las luces curativas, la oración, la devoción, la belleza, la iluminación espiritual o la iglesia, y cualquier sentimiento asociado a ella. Si hay algún color que predomine, puede que nos indique el que necesitamos para la curación o el que debemos cultivar. (Véase el capítulo *Colores.*)

Imagen de una ventana: Implica perfeccionamiento, la capacidad de ver las cosas como nos gustaría que fuesen, de imaginarnos lo que queremos.

Limpia: Indica una clara percepción de la situación.

Marco: Representa que nuestra percepción está limitada por nuestro marco mental. Posiblemente estemos bloqueando algo.

Mirar hacia fuera: Sugiere que hagamos una pausa para pensar, para soñar, para abrirnos a ideas o a guías nuevas.

Mirar hacia la ventana: Nos indica que miremos hacia nosotros en busca de nuestra alma.

Sucia: Denota una percepción nublada por emociones negativas, por dudas, por miedos, por prejuicios, por la confusión. Delata un bloqueo emocional que oscurece nuestra visión.

Verja:
Simboliza saltar o bordear los obstáculos. También representa la aparición de nuevas oportunidades. Véase *Puerta.*

Viga:
Es el soporte y los cimientos para el tejado. Representa la mentalidad y los ideales, el marco mental del cual colgamos nuestras creencias.

Mis propios símbolos de edificios

_____
_____
_____
_____
_____
_____
_____
_____
_____
_____
_____
_____
_____
_____
_____
_____
_____
_____
_____

Capítulo 19

Prendas de vestir

Las prendas de vestir representan la imagen que creemos que damos a los demás: nuestra apariencia física, nuestras actitudes, el tipo de ideas y emociones que sentimos, nuestra forma de vestir y de actuar. Además, el significado que damos a las prendas de vestir puede implicar un sentido de protección, nuestro estilo de vida, la moda o incluso nuestra autoestima. Para conseguir una mejor interpretación de estos símbolos, debemos recordar, en primer lugar, qué asociamos con esa prenda de vestir, con ese conjunto o con ese traje que aparece en el sueño.

Por ejemplo, para algunas personas, los vaqueros son una prenda de vestir para el trabajo; para otras, en cambio, representan una actitud relajada, ya que lo asocian a sus ratos de ocio y diversión. Algunas prendas son atractivas; otras, elegantes. Unas se utilizan en el trabajo; otras, en las discotecas. Puede que las prendas de vestir que aparecen en los sueños sean una mezcla de estilos: por ejemplo, unas botas de equitación con una falda para ir a bailar y con un traje de negocios enci-

ma. En este caso, debemos tener en cuenta lo que cada pieza de ropa nos sugiere y, después, debemos unir todas estas indicaciones. Esta combinación probablemente nos estará diciendo que debajo de nuestra apariencia de persona de negocios se esconde un espíritu muy deportista. También puede que nos esté indicando que preferiríamos estar bailando.

Conjunto estrambótico:
Puede que nos esté indicando que nos sentimos ridículos en la situación en la que nos encontramos. También representa una postura absurda que estamos adoptando, o enfatiza una parte concreta de nuestro cuerpo.

Desnudez:
Nos indica un sentimiento de indefensión, de falta de protección, de miedo a enfrentarnos a la opinión pública y a la crítica. También podría significar que no nos sentimos preparados para una situación determinada, o que nos preocupa que se descubran nuestros «delitos». También puede significar «empe-

zar a estudiar los hechos», que en nuestro camino no hay ningún prejuicio o actitud que nos estorbe o incluso que no tenemos ningún tipo de opinión o actitud. Véase el capítulo *Desnudez*.

Falta de ropa:

Puede indicar un sentimiento de vulnerabilidad importante en el área representada por la parte del cuerpo desnuda. Véase *Las partes del cuerpo*.

Por norma general, lo que realmente importa para nuestro crecimiento espiritual no es *lo que se ha hecho*, sino la *manera* en que se ha hecho. La *actitud* que escondemos detrás de esa acción es lo que afecta a nuestro crecimiento espiritual. Es mejor no dar que dar de mala gana. Las prendas de vestir en nuestros sueños reflejan nuestras actitudes y sentimientos y por eso son tan importantes para interpretar correctamente los sueños.

DESCRIPCIÓN DE LAS PRENDAS DE VESTIR

Elegantes y caras:

Pueden representar actitudes agradables, cariñosas o amables. Denotan gracia, compasión y pureza general de pensamientos. También podrían indicar un deseo de presumir, de causar buena impresión, o un sentimiento exagerado de autoestima: nos sentimos una superestrella.

Formales:

Indican refinamiento, buen gusto y elegancia. Podrían indicarnos nuestra costumbre de «arreglarnos» solamente para ocasiones especiales. Por otra parte, podrían representar orgullo, ostentación, pretensión, esnobismo,

una actitud distante o una falta de afecto real. A veces, un vestido formal pretende aparentar, y en este caso estaría vinculado con el lujo, la aristocracia, la prosperidad y las cosas buenas de la vida.

Prendas favoritas:

Representan las ideas y las creencias con las que mejor nos sentimos, con las que mejor encajamos, las más conocidas, familiares o prácticas.

Que no son de nuestra talla:

Representan las actitudes que no encajan con nuestro estilo de vida, ni con nuestras creencias, ni con nuestras experiencias; en definitiva, algo no es apropiado para nosotros.

Demasiado grandes: Pueden indicarnos la necesidad de crecer para alcanzar esas actitudes, sobre todo si la prenda de vestir nos agrada. En el caso contrario, significaría que definitivamente no es apropiada para nosotros.

Demasiado pequeñas: Pueden significar que estas ideas o actitudes se nos han quedado pequeñas y que necesitamos encontrar algo de «nuestra talla».

Ropa de otra persona:

Denota la necesidad de limpiar las actitudes, los prejuicios o los sentimientos severos que nosotros tenemos hacia esa otra persona o hacia algún aspecto nuestro.

Ropa doméstica:

Implica la necesidad de limpiar asuntos, actitudes, problemas, malentendidos o heridas familiares.

Ropa nuestra:

Representa la necesidad de limpiar nuestras actitudes, nuestros prejuicios, nuestros hábitos y patrones, nuestros sentimientos y nuestras heridas.

Ropa nueva:

Significa que nos vestimos con actitudes nuevas, que tenemos una mente nueva, que adoptamos una postura distinta, que vemos las cosas desde otro punto de vista, que tenemos percepciones y tendencias nuevas, que estamos sufriendo cambios en nuestra manera natural de pensar.

Ropa pasada de moda:

En un entorno moderno, podría representar actitudes antiguas que ya no encajan con los tiempos modernos o con la manera de pensar del *New Age*. Puede indicar ideas y creencias arcaicas, o sugerirnos que estamos demasiado anclados en el pasado. También puede representar un tiempo anterior si el contexto del sueño es antiguo. Por otra parte, podría indicar una situación kármica.

Ropa usada:

Puede significar que nos vestimos con las actitudes, las opiniones y los prejuicios de otra persona, en lugar de pensar por nosotros mismos, de tomar nuestras propias decisiones o de hacer las cosas a nuestra manera.

Ropa vieja:

Podría significar actitudes e ideas viejas que se tienen que actualizar o reemplazar, ideas que ya no son apropiadas para nuestro modo de vivir actual. Puede que para nuestro propio crecimiento tendamos a aferrarnos demasiado a las ideas del pasado.

ESTADO DE LAS PRENDAS

Rotas o rasgadas:

Simbolizan alguna tara en nuestros pensamientos o una falta de coherencia en nuestra forma de actuar. También representan que nuestro modo de pensar y de sentir necesita un arreglo, o que las actitudes ya no encajan y resultan inapropiadas o muy usadas.

Sucias:

Pueden simbolizar una «mente sucia» o pensamientos negativos. Nos indican, pues, una clara necesidad de limpiar esas actitudes o esos pensamientos.

Tendidas:

Pueden significar que debemos colgar nuestras ideas, esperanzas o deseos en los hilos de tender. Esto representa que es necesario hacer afirmaciones positivas, airear nuestras actitudes y nuestros sentimientos, colgar la ropa interior de nuestra familia para que todo el mundo la vea, dejar las cosas al aire libre para que todo el mundo sepa cómo nos sentimos por algún tema en concreto. Por otra parte, pueden representar nuestros complejos o pueden estar diciéndonos: «¡Mantente firme!».

Doblarla: Podría significar poner las cosas en orden, en su lugar.

Recoger la ropa tendida: Simboliza deshacernos de los complejos.

ACCIONES QUE LLEVAMOS A CABO CON LAS PRENDAS

Comprar:

Simboliza encontrar ideas, creencias y actitudes nuevas con las que nos sintamos bien, es decir, actualizar nuestros pensamientos generales.

Hacer la maleta:
Simboliza mezclarlo todo. También puede significar inestabilidad, predisposición a los cambios.

> *Maleta:* Representa el lugar donde lo mezclamos todo, en especial nuestras actitudes. También puede significar que «es algo seguro» o puede simbolizar vacaciones, viajes, libertad, movilidad, cambios, etc.

Lavar:
Implica la necesidad de limpiar nuestras acciones y nuestras actitudes en alguna área determinada. Puede que tengamos que perdonarnos a nosotros mismos o bien a otra persona, o que debamos deshacernos de las emociones y de los prejuicios que se encuentran arraigados en la pieza de ropa o en la parte del cuerpo que esta pieza cubre. ¿A quién le estamos lavando la ropa?

Planchar:
Representa el acto de resolver las cosas en nuestra mente, de suavizar las relaciones con los demás, de solucionar los problemas, de enderezar nuestras actitudes, de eliminar los puntos negros de nuestra vida o de nuestros asuntos. Debemos fijarnos en el tipo de prendas que estamos planchando en el sueño y comprobar su significado.

Ponerlas en los percheros:
Podría hacer referencia a nuestros complejos o puede que nos esté indicando que estamos poniendo las cosas en orden.

Quitar:
Puede simbolizar que nos estamos deshaciendo de actitudes pesadas. También puede representar que pasamos con lo estrictamente necesario.

Remendar:
Simboliza el acto de arreglar algún desperfecto interior o la necesidad de hacer una restitución: corregir nuestra actitud, nuestra postura o, simplemente, reparar el daño causado. Son, al fin y al cabo, los remiendos de nuestro pensamiento.

Robar:
Simboliza que robamos las ideas de los demás y las tomamos como propias.

Ropa que ha cedido:
Nos indica que ciertas ideas y creencias nos han sobrepasado.

Tomar prestado:
Tomar ideas, creencias o actitudes de los demás.

Vestirnos:
Probarnos ideas y actitudes nuevas para ver si encajan con nuestro estilo de vida y con nuestra actitud.

SOMBREROS

Los sombreros representan las actitudes que mayoritariamente mostramos a los demás, así como nuestras actitudes mentales, nuestros trabajos, nuestros talentos (en el caso de que sean muchos sombreros), personalidades y otros aspectos de nuestra manera de ser. También nos indican cómo tapamos o cómo mostramos lo que realmente pensamos, es decir, cómo protegemos nuestras ideas.

Hay muchos tipos de sombreros. Si el que nos aparece en el sueño es el que usamos para un tipo de trabajo en particular, puede simbolizar nuestras actitudes respecto a ese trabajo. Si es el que nos ponemos para ocasiones especiales, puede representar nuestra actitud respecto a ellas. Los sombreros también indican el tipo de trabajo o nuestra posición, como, por ejemplo, el sombrero del capitán.

Probarse sombreros:

Significa probar ideas y actitudes nuevas, así como nuevas maneras de percibir las cosas. Muchas veces está relacionado con la necesidad de encontrar la postura apropiada para enfrentarnos a una situación o idea nueva. Debemos buscar una actitud o un pretexto que encaje con nosotros y con el que nos sintamos a gusto.

Sombrero incongruente con nuestro traje:

Podría sugerir que nuestra actitud no es realista.

Sombrero que no nos pertenece:

Podría simbolizar una actitud o un sentimiento que asociamos con este tipo de sombrero pero que no poseemos o que no admitimos.

Tipos de sombreros

Casco: Denota protección. Posiblemente nos dice qué no queremos ver u oír o en qué no deseamos participar. Puede implicar que no queremos que alguien se nos acerque mucho, sobre todo si llevamos armadura. También puede indicar nuestro miedo a salir heridos y, por ese motivo, situamos barreras mentales para protegernos.

Casquete: A menudo indica cerebro, mente, intelecto y habilidad para usar nuestra cabeza. También puede ser un sombrero especial y espiritual que se lleva para rezar o para rendir honores.

Gorra escocesa: Puede que lo representado esté pasado de moda, anticuado. También puede significar la visión de un túnel.

Muchos sombreros: Significan multitud de actitudes, de habilidades, de intereses o de destreza en muchos campos. Denotan que nuestra personalidad es compleja y dispone de muchos aspectos. También nos indican que gozamos de capacidad para pasar de una idea o otra, de un área a otra, de una habilidad a otra con facilidad –o por necesidad– para encajar en cada situación. Pueden significar un carácter polifacético, pero también inestable. Pueden sugerirnos que no somos personas sinceras o que somos irresponsables.

Sombrero alto: Puede representar dignidad, pomposidad, ocasiones especiales, actitud altiva o superioridad moral, pero también puede tratarse de una actitud incongruente si lo llevamos con ropa informal. También podría decirnos que nos sentimos ridículos.

Sombrero de otra persona: Nos dice que usamos las ideas, actitudes o prejuicios de otra persona, es decir, que no pensamos por nosotros mismos.

Sombrero de paja: Es ligero, veraniego. Puede significar una actitud alegre y descuidada.

Sombrero de uniforme: Puede referirse a actitudes de guerra o a actitudes conformistas, es decir, que nos adaptamos a los demás y seguimos sus órdenes sin pensar por nosotros mismos.

Sombrero duro: Puede representar tozudez o ideas fijas. También podría indicar peligro y la necesidad de protegernos, de estar al acecho.

Sombrero extravagante: Indica actitudes materialistas, artificiales, pomposas. Puede advertirnos de que sólo buscamos conseguir más prestigio social, presumir, desear que nos vean.

Sombrero nuevo: Simboliza probar ideas y creencias nuevas.

Sombrero vaquero: Lo lleva mucha gente que nunca se ha acercado a una vaca. Podría hacer referencia a la consciencia, a la tendencia a disfrazar nuestras ideas o a la falta de personalidad.

ZAPATOS

Los zapatos simbolizan las creencias, lo que fundamenta nuestra manera de pensar y actuar y lo que protege nuestra personalidad. Pueden denotar barreras para la comprensión, una actitud arrogante o inflexible o un soporte para nuestras creencias, según el tipo de zapato y según cómo nos sientan en el pie. Algunas personas se sienten mejor sin zapatos, otras prefieren unas sandalias, unas zapatillas de tenis, unos zapatos con más refuerzo o unas botas. Debemos tener en cuenta nuestras propias preferencias y las asociaciones y los sentimientos hacia un determinado tipo de calzado antes de decidir qué significan para nosotros.

Andar descalzo:
Puede designar actitudes alegres que nos hacen sentir firmes, libres, desinhibidos, relajados, contentos, espontáneos, tranquilos, calmados, cómodos con una situación... o que estamos con los pies sobre el suelo. Por otra parte, puede significar pobreza, disconformidad, vergüenza, inmovilidad e incapacidad para desplazarnos. También puede representar una falta total de comprensión o de protección.

Comprar unos zapatos nuevos:
Comprensión y creencias nuevas que nos pueden ayudar o que nos pueden cohibir. Debemos fijarnos en cómo nos quedan, en el color, el tipo de zapato y lo que asociemos con él.

La suela del zapato:
Puede ser un símbolo del alma o puede significar que estamos solos. También se refiere a que el alma es la base espiritual de la mente.

Perder los zapatos:
Puede implicar no haber escuchado la voz de la sensatez en algún momento, no haber comprendido una situación o no haber escuchado a una persona involucrada. Denota una importante pérdida de libertad, del poder para desplazarnos. Implica también la necesidad de proteger nuestros derechos, creencias o entendimientos, sobre todo si no nos sentimos bien sin ellos.

Para los que se sienten bien sin zapatos, puede implicar libertad o sentirse en contacto con la situación, con los hechos.

Quitarnos los zapatos:

Significa la eliminación de todas las barreras para el entendimiento, la adopción de una postura distinta en una situación determinada o la necesidad de poner los pies sobre la tierra, de encontrar buenos fundamentos.

Tacón:

Puede indicar que actuamos como un sinvergüenza o que buscamos la reconciliación. Los talones son, por tradición, puntos débiles (el talón de Aquiles). También podría hacer referencia a la obediencia.

Tacones altos: Son femeninos, elegantes, atractivos, de buen gusto. Aunque poco prácticos para algunas personas, resultan necesarios para otras.

Tacones bajos: Pueden indicar una actitud práctica, decidida y confortable. Denota que tocamos con los pies en la tierra, que somos sensibles y poco femeninos.

Tipos de zapatos

Botas: Disponen de una parte exterior muy fuerte y dura para proteger nuestras creencias. Pueden representar unas barreras impenetrables. También pueden referirse a una ultraprotección de nuestro entendimiento. Muchas veces se puede tratar de un símbolo de bondad interior protegida por un abrigo.

Botas de vestir: Significan lo mismo que los zapatos.

Botas pesadas: Protección sólida, resistencia, poder para realizar un trabajo, predisposición para llevar a cabo cualquier tarea.

Mocasines: Indican que estamos siguiendo o que creemos en la manera de vivir de los indios: nos movemos con suavidad por la tierra; respetamos los árboles, la naturaleza y a todos los seres vivos y camnamos con tranquilidad, pacíficamente. También pueden significar ir por el mundo con la cabeza alta.

Sandalias: Son ligeras, cómodas, agradables. Denotan una mente abierta, limpia, sin conceptos banales. Pueden significar que tenemos facilidad para comprender o ganas de divertirnos. Son suficientes y cómodas para algunos, aunque frívolas e innecesarias para otros.

Zapatillas de ballet: Denotan que entendemos los principios del equilibrio, la elegancia, la belleza del movimiento, la compostura y la armonía en las relaciones con los demás.

Zapatillas de gimnasia de cualquier tipo: Indican que se dispone de fundamentos firmes pero flexibles, sencillos. Denotan agilidad, movilidad; por extensión, muestran una actitud con la que podemos vivir muy a gusto.

Zapatillas hogareñas: Denotan un entendimiento «cómodo»; muestran actitudes relajadas e informales con las que podemos vivir muy felices.

Zapatos cubiertos de barro: Son recuerdos, emociones pasadas y viejas creencias que siguen aferradas a nuestra mente como lapas. Es necesario limpiar los zapatos.

Zapatos de cordones: Representan la necesidad de unirlo todo, de atar cabos sueltos, de tomar el control de nuestra mente.

Zapatos de enfermera: Denotan una tendencia al servicio, la ayuda, la curación y la compasión por los demás.

Zapatos demasiado grandes: Significan que disponemos de espacio para crecer, para movernos y expandirnos. Denotan, a su vez, la necesidad de aprender y de entender mucho para poder llenar los zapatos; de lo contrario, serían muy incómodos. También podrían implicar que disponemos de una capacidad de aprendizaje bastante amplia para construir conceptos más grandes.

Zapatos nuevos: Señalan una actitud nueva y mejor.

Zapatos que aprietan: Representan actitudes que no encajan con la situación. También puede que nos adviertan de un apuro doloroso en el futuro.

Zapatos que no nos entran: Indican malentendidos.

Zapatos viejos: Creencias y entendimientos viejos que no queremos eliminar. Si tienen mal aspecto, significan que es necesario buscar nuevos conceptos.

Zuecos: Pueden significar que estamos obstruyendo nuestra mente o que dejamos sueltos ideales y creencias con las que no encajamos.

PRENDAS DE VESTIR VARIAS

Abrigo:
Simboliza una actitud de protección.

De piel: Puede implicar sensibilidad y sensualidad, o que no nos gusta que hagan comentarios sobre nuestras actitudes y creencias. También puede representar instintos animales que utilizamos para protegernos.

Impermeable: Para la protección de emociones y de condiciones desagradables.

Sobretodo: Denota protección, escondite para nuestras ideas más personales. En algunos casos puede representar nuestro cuerpo físico.

Viejo: Viejas ideas que ya no se pueden aplicar o que ya no nos convienen. Puede representar el cuerpo físico que dejamos apartado cuando morimos, como una prenda vieja que ya no queremos volver a ponernos y que, si la apartamos, puede significar su muerte.

Armadura:
Abrigo resistente, defensa, barrera impenetrable, protección exterior de nuestras actitudes. También puede significar resistencia, sentimientos duros o inmovilidad de ideas y actitudes.

Bata:
Manera rápida de tapar sentimientos personales y actitudes, de mantener la

privacidad. Si la llevamos puesta continuamente, puede significar dejadez, pereza, descuido o una autoestima baja.

Bikini:
Protección mínima, exposición máxima.

Blusa:
Da énfasis al pecho, al corazón y a los sentimientos que allí albergamos.

Calcetines:
Podrían significar que estamos dando o recibiendo golpes. También pueden representar afecto y flexibilidad de la mente.

Capa o manto:
Puede ser un manto de orgullo, de misterio. Denota actitudes ocultas.

Cartera o billetero:
Símbolo de éxitos materiales o de la falta de éstos. También representa nuestro sentido de valores. Véase capítulo *Objetos de valor*.

Cinta para el pelo:
Puede denotar el control del pensamiento y la disciplina; también puede significar rebelión o un sentimiento de identidad de grupo.

Cinturón:
Puede referirse a «apretarse el cinturón», a prepararse para lo que va a venir. También puede referirse a sentirse apurado o con restricciones.

Condecoraciones:
Pueden ser detalles u obsequios que se dan como recompensa por un servicio prestado. Normalmente están asociadas a los altos rangos, es decir, a

la capacidad de liderazgo. También pueden ser puramente ornamentales o un objeto de prestigio social: algo que sirve para impresionar a los demás. Puede que nos estén diciendo: «Poderoso caballero es don Dinero».

Chaleco:
Destaca o cubre el corazón, los sentimientos y la compasión por los demás.

Delantal de mujer:
Identifica el trabajo de mujeres.

> *Diferentes tipos de delantales:* Un delantal de un carpintero u otros delantales estrictamente para hombres harían referencia a trabajos masculinos.

Disfraz:
Denota falsedad, pero también un espíritu juguetón, una actitud alegre. Puede darnos una impresión falsa de quien lo lleve, por lo que indica un orgullo falso, un ansia por esconder la verdad.

Esmoquin:
Véase *Formales* en este capítulo.

Faja:
Representa las actitudes que han sido atadas, limitadas, reprimidas o restringidas. Puede tratarse del dolor que sufrimos para contentar a los demás, o las creencias con las que no nos sentimos bien pero que pueden dar más de sí. Por otra parte, puede indicar apoyo o falta de apoyo.

Falda amplia:
Puede implicar que estamos llenos de ideas, de compasión. Denota, pues, abundancia. También podría significar

que eludimos una situación o un asunto, o que nos estamos escondiendo debajo de la falda.

Falda ceñida:

Es provocativa y muestra ideas atractivas. También denota limitación de movimientos, aunque sean exagerados o enfatizados.

Guantes:

Representan la manera en que trabajamos las cosas, en que tratamos las cuestiones, en que solucionamos los asuntos. Pueden representar un trabajo duro si se trata de guantes de trabajo; si son mitones, puede tratarse de comportamientos infantiles. Fijémonos en el tipo de guante para futuras referencias.

Guardapolvo:

Lo cubre todo, lo protege y lo oculta todo. También puede referirse al trabajo sucio, al trabajo que tiene que hacerse sin más.

Jersey:

Implica ideas y sentimientos informales, casuales, relajados, flexibles y cómodos.

Lazos:

Pueden representar cualquier tipo de enlace que tenemos con los demás: ya sean físicos, mentales, emocionales e incluso kármicos.

Medias:

Denotan flexibilidad. Nos indican que usamos lo que sabemos para obtener provecho de ello.

Mitones:

Actitud infantil hacia nuestro trabajo.

Monedero:

Símbolo de posesión y de valores materiales. Simboliza seguridad, poder, prosperidad... o la ausencia de ésta.

Mono:

Denota a quien está listo para trabajar o para jugar que dispone de capacidad para ello o que está preparado para todas las contingencias o emergencias.

Salto de cama:

Denota ideas atractivas. Implica, pues, deseo de atraer, de interesar. Se caracteriza por gozar de actitudes transparentes.

Objetos de boda:

Actitud de darnos y de ofrecernos a una persona de la que estamos enamorados, de prometer amor y devoción el uno al otro... y posiblemente también a Dios. Representan un compromiso a largo plazo.

Pantalones:

Hacen referencia al intelecto, así como a las opiniones, actitudes, ideas y derechos masculinos, y a la protección y preservación de los mismos. También pueden significar ser el jefe, la autoridad, tener el control. Si soñamos que nos estamos quitando los pantalones, puede significar que estamos cediendo nuestra autoridad o bien puede hacer referencia al sexo.

Llevar puestos unos pantalones:

Implica que nos estamos volviendo más independientes, libres y autosuficientes, que usamos la independencia, la habilidad y el derecho para equilibrar las oportunidades que se nos presentan.

Pantalones de mujer: Pueden significar la tendencia, cada vez más generalizada, a la igualdad entre hombres y mujeres; demuestran actitudes de libertad, de independencia, de capacidad, de igualdad entre la habilidad y la mentalidad, de falta de subordinación hacia la autoridad masculina.

También pueden denotar que las mujeres están reafirmando su intelecto y su autoridad. Así, pues, son un indicio de que están equilibrando sus cualidades masculinas y femeninas... o que necesitan hacerlo.

Probarse unos pantalones: Implica que lo estamos considerando pero que todavía no queremos comprarlo o aceptarlo.

Pantys:

Denotan actitudes y sentimientos estrictamente femeninos, puntos de vista femeninos, actitudes muy personales. También podrían significar llegar al fondo de una cuestión. Por otra parte, podría tratarse de un símbolo de sentimientos e ideas atractivas o de artimañas femeninas.

Quitarnos los pantys: Puede significar usar el sexo para avanzar, como un arma, como una cuña, como una excusa o como una salida de una situación.

Pañales:

Actitudes, acciones y emociones extremadamente infantiles. Denotan dependencia de otras personas, así como situaciones caóticas o preparación para cambios que están por llegar (normalmente crecimiento).

Cambiar los pañales: Necesidad de limpiar o de cambiar los hábitos y las actitudes infantiles, o bien de modificar nuestras actitudes con relación a un proyecto, idea o ideal nuevo.

Pañales sucios: Implican la necesidad de limpiar nuestras acciones, de limpiar el desorden que hemos creado con estas actitudes o hábitos infantiles. Indican, pues, la necesidad de restaurar la paz y la armonía, de reparar el daño causado. Véase *Sistema excretor* en el capítulo *Las partes del cuerpo.*

Pijama o camisón:

Puede representar que nuestras actitudes están en reposo. Está relacionado con el sueño, la vida nocturna y el sexo (o la ausencia de éste), así como con la inconsciencia, los sentimientos de desinterés y la incapacidad para soportar trabajos duros.

Prendas con capucha blanca:

Pueden simbolizar muchas cosas:

Hermandad blanca: Ropa suave, amplia, con capucha; impone un sentimiento de santidad y de ternura. Ponerse esta prenda indica preparación para la iniciación y posible entrada a la hermandad. Si llevamos puesto este tipo de prendas, puede significar que nos han aceptado para la iniciación o que ya nos hemos convertido en un miembro de la hermandad. Un sentimiento santo, de temor reverencial y de respeto corroboraría esta interpretación.

Ku Klux Klan: Implica un carácter o sentimientos de indignación, de tomarse la justicia por su cuenta, de venganza, de cólera, de prejuicios, de estrechez de miras. Posiblemente indica un estado de ánimo violento y vicioso, de intenciones poco amables hacia la víctima.

Traje de fantasma: Acompaña las bromas, la fiesta, el juego o el engaño.

Prendas de encaje:
Pueden significar que a través de nosotros o de otra persona se puede ver una situación. También podría tratarse de una tomadura de pelo.

Prendas de lana:
Representan afecto y sentimientos de compasión. También podrían significar que, en un determinado momento, nos están dando gato por liebre.

Prendas de lino:
Denotan un gusto caro, belleza, naturalidad y actitud intachable.

Prendas de punto:
Indican actitudes flexibles.

Prendas premamá:
Simbolizan una actitud maternal. Implican expectación, protección, crianza y una habitación para crecer y expandirse.

Ropa ceñida:
Puede representar una actitud atrevida y provocadora, aunque también pueda significar restricción.

Ropa de calle:
Puede simbolizar nuestras actitudes respecto a asuntos de cada día, de la vida en general.

Ropa de monje:
Actitudes espirituales, devoción, servicio, amor, sabiduría antigua, humildad, compasión y aprendizaje espiritual.

Ropa de trabajo:
Denota respeto a nuestro trabajo, oficio o carrera.

Ropa deportiva:
Significa la capacidad de cargar con la responsabilidad en momentos clave. También denota sentimientos y preocupaciones hacia los demás, aunque puede ser por ostentar o por moda.

Ropa desgastada:
Indica viejas actitudes que ya no son aprovechables, que se tienen que reemplazar.

Ropa heredada:
Con ella, quien la lleva demuestra actitudes e ideas de los demás en lugar de las propias.

Ropa infantil:
Actitudes o patrones de comportamientos infantiles.

Ropa interior:
Demuestra los sentimientos íntimos, las cosas que están muy cerca de nosotros, lo que escondemos de los demás. Así pues, y por extensión, se refiere también a las creencias básicas que están detrás, a las actitudes y afirmaciones que, se correspondan o no con nuestro estilo de vida, expresamos a los demás. Puede significar que debemos empezar por los hechos básicos o puede que esté haciendo referencia a ideas atractivas, pensamientos privados que otras personas desconocen.

Ropa para jugar:

Puede hacer referencia a nuestras actitudes hacia el juego, la diversión o la relajación. Puede que nos esté indicando que jugamos demasiado o que no jugamos lo suficiente.

Sarong:

Demuestra una actitud sin restricciones. Puede representar actitudes o puede estar indicándonos una idea errónea.

Sujetador:

Está relacionado con la sujeción y la protección. Denota actitudes atractivas controladas, así como instintos maternales o educativos.

Con relleno: Indica exageración, pretensión, engaño.

Sin sujetador: Sin control, sin disciplina, sin atractivo.

Traje:

Estado o actitud apropiada. También puede referirse a un pretendiente.

Mono: Dispuestos para lo que sea, preparados para lanzarnos de cabeza a una situación.

Traje de baño: Demuestra una actitud propensa al juego. Está relacionado con «mover el esqueleto».

Traje de faena: Puede hacer referencia a lo rural, a actitudes descuidadas. En todo caso, deberemos fijarnos en el tipo de prenda y los sentimientos que despierte en nosotros el sueño.

Traje de punto: Apropiado y flexible.

Traje de Superman: Hace referencia a talentos que están por encima de la media, a ideas y capacidades que nos sabemos que poseemos.

Uniformes:

Pueden simbolizar nuestro trabajo o el grupo con el que nos relacionamos, aunque también pueden aludir a la uniformidad de ideas, al poco espíritu crítico frente a las ideas del grupo.

De camarera: Actitud servicial, conformidad con las órdenes de los demás.

De ejército de tierra, de mar, etc.: Ideas guerreras, actitud de defensa, ideales machistas y disciplina muy estricta.

De enfermera: Ideas de salud, de higiene, de servicio y de compasión por los demás.

De policía: Son las fuerzas del orden, pero pueden denotar actitudes buenas y malas, relacionadas con la culpabilidad, el castigo, la disciplina, la autoridad y el karma; también puede significar que nos han detenido.

De sirviente: Relacionado con las ideas serviciales; denota que estamos siendo utilizados, subestimados, mal pagados, lo cual indica falta de autoridad.

Vaqueros:

Sugieren disconformidad, libertad, actitud de «no me importa», sobre todo si son viejos y desteñidos. (Esto no sirve si los vaqueros son de marcas conocidas.) Denotan un estilo sin complicaciones, una actitud de «vive y deja vivir». Algunas veces pueden implicar rebelión, pobreza, trabajos sucios o simplemente trabajo duro.

Cortados: Denotan facilidad para adaptarnos, para hacer lo que queremos con lo que tenemos cerca.

De marcas conocidas: Están relacionados con el hecho de llevar siempre la ventaja, de ostentar, de comportarse como un esnob. También pueden significar un intento de hacer lo que la mayoría de la gente hace, vestirse para ser aceptado por los demás. Quizá nos guiamos demasiado por los que juzgan por la apariencia física.

Velo:

Símbolo de algo oculto o medio oculto. Está relacionado con el conocimiento, las ideas, los sentimientos, los motivos ocultos, las intenciones y los secretos. Los velos pueden implicar timidez, modestia, misticismo, flirteo, tentación, estímulo, falta de seguridad, tendencia a quedarse detrás del escenario. Por otra parte, puede referirse a sexo, a la sutilidad, a la ilusión deliberada y a la decepción. Si el velo cubre los ojos, ello implica incapacidad de ver claramente o que no queremos ser vistos; también puede significar que el velo tapa nuestra capacidad cognoscitiva.

Velo bajado o quitado: Simboliza encontrar o destapar nuevos conocimientos; demuestra una mejor percepción, más consciencia y el acceso a una sabiduría mayor.

Velo blanco: Simboliza probablemente la virginidad. También es un símbolo de alta comunión espiritual, de comunicación con nuestro Yo Superior o con el Espíritu Santo.

Velo en la cabeza: Podría implicar pensamientos ocultos, intenciones, motivos, emociones contenidas deliberadamente.

Velo azul: Tristeza.

Velo rosa: Amor.

Velo rojo: Puede indicarnos que estamos enfadados.

Vestido:

Atuendo femenino, lo cual denota una actitud femenina. También puede significar artimañas.

Capítulo 20

Los colores y las auras

Los colores indican nuestras emociones. Según los clarividentes que tiempo atrás vieron la relación entre algunos sentimientos y los colores resultantes que se veían en el aura, cada matiz tiene un significado diferente. Así pues, los colores se han filtrado en nuestro lenguaje cotidiano en expresiones como «estar verde de envidia», «ser la oveja negra», «pasar de castaño oscuro», etc.

Los colores que vestimos:

Afectan a nuestros cuerpos, mentes y estado de ánimo. Los colores claros y brillantes nos ayudan a sentirnos más felices y alegres y, de hecho, pueden contrarrestar las depresiones. Los colores negro, gris oscuro, marrón y los apagados y terrosos tienden a deprimirnos, mientras que los tonos verdes tienen propiedades sanadoras.

Colores claros y brillantes:

Son de naturaleza y acción positivas, puros y claros. Están impolutos de motivos ulteriores.

Colores pastel:

Muestran inmadurez o debilidad en el área que el color representa.

Colores oscuros o terrosos:

Revelan las cualidades negativas de duda, miedo, odio, furia, codicia, etc. Vestir estos colores intensifica estos sentimientos.

Colores muy vivos:

En comparación con la gama usual de colores de los sueños, los colores muy vivos normalmente indican los planos astrales y pueden suponer un estado lúcido inminente.

SIGNIFICADO DE LOS COLORES

Amarillo:

Está relacionado con la capacidad intelectual, la agilidad mental, la perspicacia y el bienestar.

Amarillo terroso: Salud precaria, pensamiento negativo, confusión.

Amarillo verdoso: Engaño, deshonestidad, cobardía, mentira.

Amarillo anaranjado: Uso importante del intelecto.

A rayas o franjas amarillas: Cobardía.

Dorado: Sabiduría.

Azul:

Azul claro: Representa la verdad, la sabiduría, el cielo, la eternidad, los sentimientos espirituales, las aspiraciones, la dedicación, la contemplación, la tranquilidad, la búsqueda de la verdad, la fidelidad y la lealtad.

Azul grisáceo: Sentimientos religiosos teñidos de miedo.

Azul intenso: Simboliza las fuerzas espirituales que se han despertado o que una persona ha encontrado el sentido de su vida. Está relacionado con el talento espiritual y la serenidad.

Azul pálido: Muestra las aspiraciones religiosas conflictivas. Es el color del principiante que está en el camino de la rectitud, de las cualidades espirituales inmaduras que empiezan a desarrollarse.

Azul verdoso: Combinación del verde curativo y el azul espiritual; a menudo representa al maestro, al sanador espiritual; es digno de confianza, útil y pacífico por naturaleza.

Azul violeta: Denota cualidades altamente espirituales; muestra a la persona devota, inspirada, rica en verdad espiritual, digna de confianza y honrada; a menudo representa un líder espiritual calmado y discreto.

Azul terroso/tenebroso: Aspiraciones espirituales mezcladas con negatividad, depresión, momentos emocionalmente bajos y tristes.

Blanco:
Pureza, perfección, espiritualidad. También puede significar encubrimiento.

Beige: Fresco, limpio, casi puro, cercano a la perfección pero teñido con algo de terrenalidad.

Cobre:
Muy asociado con la falsedad, la inmoralidad y el engaño, o con el poco gusto, el descaro y la ostentación.

Dorado:
Compensaciones espirituales, formalidad, talento, amor y aprobación de Dios; también representa el encanto de lo que nos rodea.

Estrellas doradas: Indican ideales altos y espirituales.

Hilo dorado: Amor fraternal, cariño y afecto continuos. Es el símbolo de la conexión amorosa entre dos personas.

Gris:
Está relacionado con el miedo, la depresión, la salud enfermiza debido a pensamientos duraderos de miedo retenidos en nuestra mente. También significa poca claridad, poca definición. Asimismo, el gris puede simbolizar un equilibrio entre el blanco y el negro.

Lila:

Símbolo de la realeza, de la unión con Dios, de la devoción, de las capacidades sanadoras. Denota bondad amorosa, compasión y poderes espirituales desarrollados.

Pálido: Lo mismo que el lila pero sin desarrollar. Promesa de cosas que llegarán, el inicio de la devoción verdadera.

Oscuro: Símbolo de la unión con Dios, de una profunda devoción, de bondad amorosa, de amor y de sabiduría, de compasión profunda, de poderosa capacidad sanadora y de grandes poderes espirituales.

Marfil:

Superioridad, realeza, pureza teñida de negatividad, no totalmente pura. Puede representar la torre de marfil, es decir, la lejanía del mundo terrenal.

Marrón:

Marrón claro: Terrenal, orientado hacia lo meramente físico, práctico y materialista.

Marrón grisáceo: Egoísmo y negatividad.

Marrón pálido o bronceado: Mezcla de marrón (negatividad y terrenalidad) y blanco (pureza). Ideales puros y nobles teñidos de duda, depresión y razonamiento terrenal (sólo soy humano o debo ser realista).

Marrón oscuro, apagado: Depresión, falta de ambición, o bien inactividad.

Marrón rojizo: Un marrón vivo implica poder de conseguir cosas naturales, poder natural para ganar dinero.

Marrón rojizo oscuro: Avaricia y codicia.

Marrón terroso: Egoísmo, confusión y actitud negativa.

Marrón verdoso: Envidia, celos y negatividad.

Melocotón:

Combinación de amor y de sabiduría: un color *New Age*.

Naranja:

Amistad, cortesía, sociabilidad, extroversión y desinhibición. Puede representar los frutos del espíritu.

Naranja amarillento: Autocontrol, reflexión, consideración, gran intelecto y mente activa.

Naranja oscuro: El mismo significado que el naranja pero más maduro, quizás más materialista y menos de fiar.

Naranja pálido: Lo mismo que el naranja pero no tan sólido. Denota menos madurez y de naturaleza más tímida.

Naranja pardusco: Tendencia a ser perezoso, indulgente con uno mismo; demuestra poca ética, poca intelectualidad... o ambas cosas a la vez.

Naranja rojizo: Orgullo y energía abundante.

Negro:

Normalmente indica lo desconocido, lo misterioso, la oscuridad, la muerte, el duelo, el odio o la malicia, sobre todo si está asociado con miedos o incertidumbres. De todos modos, si el sentimiento en el sueño es de alegría y gozo, probablemente indique dones o cualidades espirituales que todavía no se han manifestado.

Plateado:

Reflejo de la luz de Dios. Simboliza la justicia y la pureza. Puede simbolizar la Luna o Mercurio. También incluye excelentes energías protectoras.

Rojo:

Burdeos: (marrón rojizo vivo) Símbolo de prosperidad, de éxito, de riqueza, de abundancia; representa la energía para hacer, ser y tener.

Escarlata: Coraje y lealtad.

Rojo anaranjado: Energía social, extroversión; puede estar mezclado con el orgullo y con mucha energía.

Rojo marronáceo: (el color de la sangre seca) Rabia, energía negativa o mal usada, karma viejo, sangre vieja o seca.

Rojo pálido: Lo mismo que el rojo claro pero con menos fuerza, menos madurez.

Rojo rosáceo violeta: Energías bajas, bondad amorosa, afecto profundo y amor de Cristo.

Rojo suave: Energía pura, fuerza, vigor, agresividad y acción; denota

energía para amar, para odiar, para conquistar, para ir, para hacer y para ser.

Rojo vivo claro: Lo mismo que rojo claro pero con más reservas, más precaución y más madurez, aunque todavía fuerte y vigoroso.

Vino: Combinación de rojo y azul, simboliza energía y devoción. La pregunta es: ¿devoción a qué? Si el color es apagado (un aviso), puede significar estar centrado en nosotros mismos, lo cual denota que somos negativos o que estamos a punto de sufrir una crisis nerviosa. Si es claro, puede significar devoción espiritual.

Rosa:

Amor, alegría, felicidad, afecto y bondad. Puede simbolizar que estamos enamorados.

Rosa pálido: Inmadurez de naturaleza amorosa.

Rosa oscuro: Un amor de naturaleza más profunda y más madura.

Verde:

Verde amarillento: Engaño y cobardía. Es el símbolo del mentiroso (el color amarillo es característico de la cobardía).

Verde azulado: Denota una persona útil, de confianza, leal; a menudo representa a un maestro sanador o un ministro espiritual.

Verde claro: El color de la primavera. Denota un crecimiento nuevo y está relacionado con la sanación, la juventud, el vigor, la salud, la vitalidad y la exuberancia de juventud.

Verde clorofila: Representa la primavera; simboliza un crecimiento positivo y saludable. Denota curación, esperanza, victoria, descanso, equilibrio, paz y serenidad. (Las personas con habilidad para la jardinería son sanadores naturales.)

Verde clorofila oscuro: Parecido al verde pálido descrito anteriormente pero con madurez añadida, con juicio; indica un paso más calmado, más rebosante de sabiduría, de compasión, de paciencia y de gracia.

Verde grisáceo: Envidia, posible engaño, aspereza y miedo.

Verde musgo: Muy parecido al verde clorofila pero con un toque añadido de madurez, de sabiduría y de paciencia.

Verde oliva: Monotonía y pesadez; denota tendencia a calmarlo todo. A menudo se asocia con trajes de uniforme y con actitudes uniformes.

Verde pálido: Simpatía inmadura.

Verde pardusco: Materialismo, codicia y celos.

Violeta:

Alta espiritualidad, aspiración religiosa, devoción, afecto, amor, gentileza y paz.

Lavanda rosado: Amor espiritual, afecto, ternura, compasión, devoción, gentileza y bondad. Estas características están presentes, pero si el color no es intenso, todavía no están totalmente desarrolladas.

COMBINACIONES DE COLORES

Blanco y negro:

La combinación de blanco y negro implica a menudo lo bueno y lo malo, lo correcto y lo incorrecto, el yin y el yang, las dos caras de la moneda y el equilibrio de las fuerzas y la energía inherente a este equilibrio.

Colores a cuadros:

Puede implicar una carrera profesional o una mentalidad llena de altibajos, de tácticas cuestionables, de combinación de sentimientos y energías que se suceden en una determinada área. También nos puede estar avisando de que tenemos que comprobar algo o asegurarnos de ello.

Moteado:

Normalmente significa impureza; a veces, confusión. Puede representar las manchas por las fechorías cometidas o cómo éstas tiñen nuestra aura, nuestra actitud o ambas cosas.

Rayas horizontales y verticales:

Pueden ser emociones, energías o sentimientos mezclados.

Rayas horizontales:

Pueden indicar algo que se nos «atraviesa», una energía discordante, que no nos viene bien; quizá también simbolice un continuo dar vueltas en círculo.

Rayas verticales:

Pueden ser ideas o emociones paralelas, o puede que representen los altibajos que sufren las cosas.

Tartán:

Puede representar ideas, dirección o actitudes mezcladas u opuestas, según sea el color. También podría estar diciéndonos: «Éste es el curso que siguen las cosas».

MIS PROPIOS SÍMBOLOS DE COLORES

_____

_____
_____
_____
_____
_____
_____
_____
_____
_____
_____
_____
_____
_____
_____
_____
_____
_____
_____
_____

Capítulo 21

Muerte y agonía

Soñar con la muerte puede ser la expresión del deseo de apartar a alguien de nuestro camino, aunque también puede representar la muerte de una relación, la modificación de algún rasgo de nuestra personalidad o la desaparición de una costumbre que hemos intentado eliminar. Raramente es una advertencia de percepción extrasensorial de un hecho presente o futuro... aunque podría serlo.

NUESTRA MUERTE

Vernos a nosotros mismos muertos en sueños es como si nuestra mente consciente viera nuestro ego, un aspecto, una cualidad o una característica de nuestra personalidad, un hábito o una creencia muy arraigada.

Matar o herir a este yo significa la muerte de esta parte de nosotros; es posible que matarla o herirla sea positivo, especialmente si es un rasgo no deseado. Sin embargo, también es posible causar la muerte de una característica buena; en este caso, el sueño sería una advertencia.

La mayoría de las veces, soñar con la muerte simplemente simboliza la superación de un viejo yo, de viejas costumbres, de una manera de pensar antigua de la que intentamos deshacernos. Puede ser un mensaje para que cambiemos ya nuestra imagen pasada de moda y dejemos sitio a una nueva. En definitiva, la muerte, en sueños, es un signo que indica el final del viejo yo y el principio de uno nuevo. Véase el capítulo Gente.

Debemos buscar atentamente en nuestro interior para ver lo que exactamente sugiere el sueño. Cualquier sentimiento, desde la indiferencia hasta el gozo absoluto pasando por el dolor o la tristeza, puede demostrarnos que la muerte es simbólica y que no hay razón para alarmarnos.

Si sentimos pena o aprehensión por esa muerte, probablemente sea una advertencia de que está «muriendo» un rasgo positivo de nuestra personalidad o una habilidad a causa de nuestra indolencia, aunque también puede denotar un posible problema de salud todavía no detectado provocado por los malos hábitos. Debemos comprobar el contenido del sueño y los sentimientos que despierta en nosotros antes de acabar de perfilar lo que significa.

Si sufrimos un problema de salud, nos puede estar sugiriendo que tomemos precauciones. Siempre existe la posibilidad de que sea un aviso de una posible muerte inminente, así que si soñamos con la muerte, debemos considerar la posibilidad de que se trate de un mensaje de percepción extrasensorial. Puede que en el sueño alguien muera, pero eso no implica que vaya a ocurrir necesariamente, que sea inevitable. Jamás debemos descuidar esta referencia a salud. Si usted tiene dudas sobre su estado físico, solicite un chequeo médico, sobre todo si los sueños son algo reiterativos.

Matarnos (o matar a otra persona) a golpes:

Puede ser un aviso de lo que estamos haciendo. Quizás trabajemos demasiado o comamos, bebamos y fumemos en exceso. Debemos fijarnos en la manera en que en el sueño nos estamos causando el daño.

Suicidio:

Puede referirse a un mal hábito, a una cualidad o a un rasgo de nuestra personalidad que debamos «matar»; también puede implicar que nos estamos «matando», ya sea mental o físicamente, por culpa de esos malos hábitos. Fijémonos en lo que estamos haciendo. Si estamos intentando eliminar algún aspecto de nuestra forma de ser que nos desagrada, el sueño podría ser una señal de ánimo. Si no, ¿qué parte estamos asesinando? ¿Es buena? ¿Qué sentimientos despierta en nosotros?

Consideremos tanto los detalles como las sensaciones del sueño para interpretar correctamente el mensaje.

Verse a sí mismo muerto:

Si se trata de un sueño premonitorio, podría perfectamente ser una advertencia, sobre todo si le acompaña la necesidad de poner nuestra vida y nuestros asuntos en orden o de hacer las paces con los amigos y con la familia. Este sentimiento denotaría conformidad, aceptación de lo inevitable.

Verse a sí mismo enterrado:

Podría simbolizar que nos estamos «enterrando», es decir, que nos sentimos sepultados por el trabajo o por los acontecimientos. A la hora de interpretar el sueño, debemos contemplar todas las posibilidades y atender a todos los sentimientos que despierta.

Poca gente tiene este tipo de advertencias en sueños porque la mayoría de las personas han sido educadas para creer que sólo hay una vida… y tememos que se nos escape. En realidad, morir es simplemente abandonar nuestro cuerpo físico igual que lo hacemos cuando nos dejamos llevar por el sueño; pero nuestro cuerpo espiritual sigue estando vivo. De hecho, morir es un acontecimiento tan feliz como el día de nuestra graduación.

MUERTE DE OTRAS PERSONAS

Como en un ámbito espiritual todos nosotros decidimos cuándo, cómo y dónde abandonaremos de un modo definitivo nuestros cuerpos, es perfectamente normal que, en un sueño, una persona querida se nos acerque y nos diga directa o simbólicamente que está planeando marcharse pronto de su cuerpo físico. Si esta persona es muy cercana a nosotros, el primer o primeros mensajes pueden parecernos velados, pero eso será así hasta que hayamos tenido tiempo suficiente de hacernos a la idea. Entonces, el mensaje se repetirá de manera más clara. Podemos recibir varias advertencias para que así dispongamos de tiempo suficiente para adaptarnos a los acontecimientos.

En mi vida, tres personas muy queridas han aparecido en mis sueños y me han dicho claramente que planeaban marcharse. Las advertencias llegaron con nueve meses de antelación como mínimo, y hay gente que afirma que las advertencias llegan, como máximo, con un año de antelación.

TIPOS DE AVISOS

Una persona querida puede aparecer en nuestros sueños y decir simplemente: «Me voy»; sin embargo, eso no es lo más habitual: normalmente, todo ocurre de una manera mucho más sutil. Quizá caminen sin llevar equipaje hacia un avión que les espera, o se marchen en un coche que se fabricó en el año de su nacimiento (incluso aunque no sepan conducir); quizá simplemente caminen lentamente alejándose de nosotros y desaparezcan, dejándonos con la sensación de que no los volveremos a ver jamás; quizá veamos a esa persona conversando alegremente con gente que ya ha muerto y excluyéndonos de la conversación. Puede que esto ocurra varias veces. Es su manera sutil de decirnos que tienen cosas que hacer en algún otro lugar, que les ha llegado la hora

de «seguir» adelante y que nos corresponde a nosotros aceptarlo.

CÓMO ACEPTARLO

Cuando una persona querida empieza su preparación interior para abandonar el planeta Tierra (hay muy poca gente consciente de este hecho), a menudo aparecen muchos detalles de nuestra relación con ella que deben solucionarse. Nos vendrán a la mente, normalmente a través de sueños, asuntos que *requieren el perdón* de ambas partes. Es importante para los dos que rectifiquemos, que resolvamos los problemas pendientes o los malentendidos y que estemos atentos a la necesidad de acabar nuestra relación de una manera pacífica y agradable.

SÍMBOLOS DE MUERTE

Anciano con una guadaña o una hoz:
Símbolo habitual de la muerte, del fin o de la conclusión de un ciclo.

Ataúd:
Símbolo de la muerte –de nuestra propia muerte o de la muerte de un rasgo de nuestra personalidad– o de un hábito o problema ya existente, ya sea nuestro o de otra persona. Puede implicar muerte, pero no entierro. En otros tiempos, un ataúd era simplemente una caja con una tapa que tenía muchos usos.

Llevar un ataúd: Puede significar que cargamos siempre con nuestras penas, que arrastramos la carga o la culpa de la muerte de otros o que permitimos que las muertes afecten nuestra vida, es decir, que sean una carga permanente. También puede indicar la incapacidad de deshacernos del pasado.

Entierro:

Puede simbolizar el final o la liberación. También puede indicar que dejamos que se aleje de nosotros una persona, una situación, una relación, un hábito, un problema, etc.

Funeral:

Implica una reunión de amigos para celebrar o lamentar el cambio de consciencia que hemos sufrido. No es necesariamente una muerte física.

Muerte de un amigo:

Siempre existe la posibilidad de que sea una advertencia a través de un sueño de percepción extrasensorial, pero también podría tratarse de la muerte de un aspecto de nuestra manera de ser representado por esa persona.

Muerte de un animal:

Si no es nuestra mascota, lo más probable es que se trate de la muerte de un instinto, de una cualidad animal que conservábamos. Véase el capítulo *Animales*.

Muerte de un bebé:

Normalmente es la muerte de un ideal, de una esperanza, de una ilusión, de un proyecto o de una responsabilidad que hemos descuidado o abandonado. Véase *Bebés*, en el capítulo *Gente*.

Muerte de un desconocido:

Es el símbolo que se usa más frecuentemente para designar la eliminación de un mal hábito o un aspecto nocivo de nuestro carácter que posiblemente desconocíamos.

Muerte de un pájaro:

Probablemente sea la muerte de un gran ideal o de una ilusión.

Muerte o destrucción masiva:

Puede ser una percepción extrasensorial que nos avisa de un suceso próximo; puede simbolizar igualmente la muerte o destrucción de un proyecto o de una aventura que involucra a mucha gente, como, por ejemplo, una empresa.

Podría también referirse a una premonición de un suceso que no puede cambiarse —como el hundimiento del Titanic— pero que puede evitarse (mucha gente soñó con ese hundimiento y canceló su reserva), o bien a la premonición de un suceso que puede cambiarse pero sólo mediante la oración o de un suceso que es totalmente inevitable (normalmente son muy fuertes, claros y vívidos). Véase Visiones, en el capítulo 4 de este mismo libro, *Diferentes tipos de sueños* (págs. 59-67).

Las visiones siempre encierran un mensaje de crucial importancia como la muerte o la destrucción masiva.

Muerte:

En términos generales, implica un cambio drástico de nuestra consciencia, conocimiento, estilo de vida o camino existencial.

Reloj parado:

Puede simbolizar que se nos acaba el tiempo, que ya no nos queda tiempo. También puede denotar que ya ha llegado la hora de llevar a cabo un proyecto pendiente.

ESCENA DE MUERTE Y AGONÍA

Bar:

Podría ser la muerte de un hábito de bebida o una advertencia de que beber nos puede provocar la muerte.

Hogar:

Puede designar nuestro estado de consciencia, el lugar en el que vivimos mentalmente. También podría referirse a una crisis familiar.

Hospital:

Puede estar relacionado con un problema físico o con un accidente.

Iglesia o templo:

Puede simbolizar una muerte espiritual y un renacimiento, es decir, un cambio hacia un estado superior de consciencia.

Lugar de trabajo:

Quizá quiera indicarnos que nuestros hábitos de trabajo nos llevarán a la muerte. También puede que se refiera a la «muerte» de un trabajo, de un determinado cargo o de un negocio.

COMUNICARNOS CON LOS MUERTOS

Mucha gente ha soñado que se encontraba y hablaba con gente que creía que estaba «muerta». Este hecho es bastante habitual, ya que nuestros cuerpos espirituales están en la dimensión –la astral– a la que viajamos todas las noches; así que es perfectamente natural que entremos en ese mismo plano de vez en cuando. Esto ocurre con frecuencia en los sueños y no es motivo de alarma. Mediante los sueños o las oraciones es posible pedir perdón o perdonar, así como resol-

ver asuntos para los que no estábamos preparados o que éramos incapaces de solucionar antes de nuestra partida. También puede que sea simplemente una visita agradable. No debemos sorprendernos de que meses –o incluso años– después de una muerte, un sueño nos señale algo que había quedado pendiente, algo que todavía no se había perdonado o solucionado entre nosotros. Puede que nos parezca algo insignificante, pero podría llegar a bloquear el progreso de la persona; así que es mejor que nos tomemos las cosas en serio y cooperemos en lo que sea necesario.

He aquí un ejemplo. Diez años después de la muerte de mi marido, mediante un sueño me di cuenta de que todavía no había aclarado las circunstancias que rodeaban su muerte. Así que cerré los ojos, reviví lo que había sucedido y deliberadamente me perdoné y perdoné a las personas que rodearon el hecho hasta que me sentí en paz. Simple, pero efectivo.

Debemos tener en cuenta que mentalmente podemos comunicarnos con un ser querido en cualquier momento. Nunca es demasiado tarde para pedir perdón o para decirles que todavía les queremos. *Reciben* el mensaje y normalmente nos contestan en sueños.

Hablar con los –llamados– «muertos» puede ser una pista que nos recuerde que estamos soñando: se trata, pues, de una oportunidad de llegar al estado de lucidez onírica. Tenemos que estar atentos.

ENSEÑANZAS DESDE EL MÁS ALLÁ

De vez en cuando podemos recibir enseñanzas de las personas que ya han muerto a través de los sueños. Este hecho puede continuar durante un largo período de tiempo y ser de gran ayuda.

También puede que recibamos mensajes de «allá arriba» que nos hablen de nuestro progreso espiritual. Le ocurrió, por ejemplo, a Arthur Ford en una experiencia al filo de la muerte cuando le dijeron que «no había conseguido llevar a cabo lo que tenía que terminar». Arthur Ford confiesa que «parece ser que tenía un propósito y no lo había realizado. Mi vida tenía una finalidad y yo había interpretado mal el proyecto. Pensé que me iban a mandar de vuelta y no me gustó». (*Ford and Bro*, 1968).

MIS PROPIOS SÍMBOLOS DE MUERTE

Capítulo 22

Percepción extrasensorial o sueños premonitorios

Parece que la mayoría de la gente cree que *todos* los sueños son, por naturaleza, percepciones extrasensoriales. Esto es debido, en parte, a que éstos resultan mucho más claros que los sueños simbólicos, argumento que a menudo se rechaza por su simplicidad. En general, los sueños premonitorios son claros, lógicos y persistentes, por lo que causan una profunda impresión en la persona que sueña, ya que se da cuenta de su importancia y reflexiona sobre las escenas que tiene en la mente. Entonces, unos días más tarde, cuando el hecho ocurre de verdad, el sueño incluso nos produce una impresión más viva y su recuerdo se queda grabado profundamente en la memoria.

Por desgracia, la experiencia de tener sueños premonitorios, proféticos o trágicos –esto ocurre en raras ocasiones– favorece que la persona tienda a reprimir los recuerdos de los sueños para no recibir malas noticias.

Como hemos mencionado anteriormente, esta actitud puede disminuir en gran medida la frecuencia de nuestros sueños e incluso impedir totalmente que los recordemos. Si sospechamos que esto nos ha sucedido, necesitaremos reprogramar nuestra mente afirmando lo siguiente: «*Quiero* recordar mis sueños, pero, por favor, que desaparezcan las advertencias de muerte...» (o cualquier aspecto que deseemos que se omita). Debemos recordar que, si tenemos el control del proceso del sueño, podremos decirle a nuestra mente subconsciente exactamente qué queremos y cómo lo queremos. Por otra parte, ahora que conocemos un poco mejor la finalidad de los sueños, quizá estemos preparados para aceptar cualquier mensaje que nos llegue. En este caso, sólo tenemos que afirmar que ahora queremos *recordar todos nuestros sueños.*

RECONOCER LOS SUEÑOS DE PERCEPCIÓN EXTRASENSORIAL

La pregunta más frecuente sobre los sueños de percepción extrasensorial es la siguiente: «¿Cómo podemos distinguir un sueño psíquico de uno alegórico?». Hay bastantes detalles que pueden ayudarnos: la ausencia de simbolismo, la secuencia lógica de los hechos, la claridad del sueño y el sentimiento de urgencia.

Ausencia de simbolismo:

Nos hallamos ante este fenómeno cuando casi toda la gente viste el tipo de ropa que suele llevar o cuando los coches, las casas, las calles y demás son tal como esperaríamos verlas cualquier día normal. Tanto nosotros como los demás estamos ocupados en actividades cotidianas completamente verosímiles.

En otras palabras, todo el contexto del sueño nos parece normal y familiar.

Secuencia de los sucesos:

En los sueños psíquicos, los sucesos siguen un orden razonable. Veremos y viviremos acontecimientos posibles y se sucederán con naturalidad, al contrario que en un sueño simbólico, donde normalmente saltaremos de una escena a otra.

Claridad:

Las imágenes de los sueños de percepción extrasensorial son bastante nítidas y claras, no resultan confusas ni vagas. Los colores y los detalles están claramente definidos y, con frecuencia, son más brillantes de lo habitual.

Sentimiento de urgencia:

Nuestros sentimientos pueden ser una pista importante, ya que a menudo, cuando despertemos de un sueño psíquico, sentiremos que ha sucedido algo muy importante o que requiere una respuesta urgente. De hecho, no es poco habitual que un sueño de percepción extrasensorial nos despierte de un sueño profundo.

Si se trata de un suceso feliz y nos despertamos contentos, quiere decir que todo va bien y que no pasa nada malo. Si es un suceso trágico o una desgracia y nuestros sentimientos son negativos, puede ser una premonición de lo que va a pasar.

Siempre que nuestros sentimientos sean opuestos a los que esperaríamos ante una determinada situación, debemos sospechar que estamos ante un sueño simbólico.

Símbolos recurrentes:

Después de anotar nuestros sueños de percepción extrasensorial durante un tiempo, quizá encontremos un símbolo, una pista, que se repite en cada sueño premonitorio. Debemos aprender a reconocer este símbolo como una marca, como un identificador, del sueño premonitorio.

A veces, los sueños psíquicos son una mezcla de percepción extrasensorial y simbolismo; esto no debe preocuparnos, pues pronto aprenderemos a diferenciarlos. Cuanto más tiempo trabajemos con nuestros sueños, mejor llegaremos a entenderlos; es como cualquier otra actividad: la práctica nos lleva directamente al camino de la perfección.

Por norma general, sólo conseguiremos vislumbrar un suceso que va ocurrir, pero, de vez en cuando, podremos recordarlo todo. Da igual lo que el sueño nos esté mostrando, lo más importante es recordar que *sólo son advertencias de lo que puede ocurrir* y de lo que probablemente ocurrirá *si* no hacemos algo por cambiarlo.

UNA OPORTUNIDAD PARA CAMBIAR LOS ACONTECIMIENTOS

Una de las funciones de los sueños premonitorios es advertir a nuestro consciente de un posible peligro y ofrecernos la oportunidad de hacer algo por cambiarlo. Por ejemplo, si soñamos que se pincha la rueda de nuestro coche y tenemos un accidente… ¡que no cunda el pánico! Simplemente tenemos que ir a comprobar el estado de los neumáticos y cambiar el que no esté en condiciones. Es así de sencillo. El sueño simplemente nos está advirtiendo de lo que *podría* pasar *si* no cambiamos el neumático viejo. *No* es una *premonición espantosa* de una tragedia inevitable, ni pretende serlo.

Siempre debemos comprobar primero los sueños en el plano físico y, en todo caso, después en el simbólico. A veces, el sueño es relevante en ambas dimensiones y puede incluso tener significado en los tres planos: físico, mental y espiritual.

Tomar nota de la fecha

Apuntar la fecha de cada sueño puede ser muy importante en los sueños de percepción extrasensorial, pues nos ayudará a hacernos una idea clara del tiempo que habitualmente transcurre entre las premoniciones y los sucesos reales; el lapso de tiempo varía mucho de una persona a otra. Algunas personas sueñan con sucesos la noche anterior a que ocurra, mientras que otras reciben las advertencias días, meses e incluso años antes de que suceda.

Algo se nos acerca

En general, los objetos o las personas que se nos acercan en un sueño representan los sucesos que ocurrirán en un futuro próximo.

Los grandes desastres, como el hundimiento del Titanic, el asesinato de John F. Kennedy, un terremoto o cualquier otro suceso que pudiera afectar las vidas de muchas personas, normalmente son «vistos» por mucha gente. Habrá quien tenga en mente esa advertencia; otros simplemente dirán «sólo es un sueño».

MIS PROPIOS SÍMBOLOS DE PERCEPCIÓN EXTRASENSORIAL

Capítulo 23

Pruebas y exámenes

Aquel que ha conquistado el miedo ha conquistado también el fracaso.

JAMES ALLEN

Con frecuencia soñamos que nos examinamos o que tenemos que pasar una prueba de algún tipo. Este sueño está relacionado con la autoestima y con la seguridad en nosotros mismos... o con la carencia de ambas.

Los sueños suelen reflejar el miedo a no dar la talla, a no estar a la altura de lo que los demás esperan de nosotros, a no ser aceptados, a no pasar una prueba, a no estar preparados o a sentir que no somos lo suficientemente buenos.

Un cierto grado de consternación que nos empuje a trabajar o a estudiar más puede ser positivo, pero los sueños recurrentes de pruebas y exámenes nos indican una falta de confianza en nosotros mismos que, sin lugar a dudas, debemos remediar. Probablemente, la causa de nuestros errores esté en que poseemos una baja autoestima. Nuestros sueños intentan mostrarnos insistentemente qué debemos mejorar.

POCO PREPARADOS

A menudo nos sentimos poco preparados o incapaces de manejar las circunstancias que debemos afrontar, y eso se refleja en los sueños en los que perdemos los libros, los papeles, el bolígrafo o el autobús, o en los que somos incapaces de encontrar la escuela o la clase. A veces incluso no podemos ni encontrar *nuestra propia* habitación. Obviamente, lo que ocurre es que no estamos preparados para hacer el examen o para afrontar esa situación. Puede ocurrir que estos sueños va- yan acompañados de sentimiento de estrés.

MIEDO A EQUIVOCARNOS

El miedo a equivocarnos es un problema que, en mayor o menor medida, todo el mundo tiene. Cuando soñamos que no estamos preparados para realizar una tarea o para afrontar un reto, lo que el sueño nos muestra en realidad son nuestros sentimientos: tememos no estar a la altura de lo que los demás esperan de nosotros. Si queremos corregir esa situación, debemos, en primer lugar, ser conscientes de ella; la función de los sueños es precisamente ésa: avisarnos. Sin embargo, nos corresponde a nosotros hacer los cambios necesarios. Recordemos lo que ya hemos dicho sobre los objetivos: son *nuestros objetivos* y no *los objetivos de los demás* o *lo que esperan de nosotros* lo que verdaderamente importa. Ésta es la idea fundamental de la mayoría de los sueños sobre exámenes.

NUESTRO EXAMEN MÁS IMPORTANTE

El examen más importante de nuestra vida es aprender a decidir nuestros propios objetivos, ilusiones, esperanzas, planes, sueños y deseos. Hemos de tener claro aquello que *nosotros queremos conseguir* en esta vida y, una vez decidido, *luchar por ello*. Lo que realmente importa es estar a la altura de nuestras ilusiones.

Una vez que lo hayamos conseguido, dejaremos de soñar con exámenes, pues habremos encontrado y satisfecho esa necesidad.

NIVELES ESPIRITUALES

A veces, los sueños de exámenes pueden ser determinados recuerdos de pruebas o incluso de procesos de iniciación a esferas superiores. En estos sueños, el contexto será tranquilo y sereno; probablemente ocurra al aire libre, en una catedral o en algún sitio parecido a un templo y siempre acompañado de sentimientos de paz, devoción y alegría.

MIS PROPIOS SÍMBOLOS DE EXAMEN

_____

_____

_____

_____

_____

_____

_____

_____

_____

_____

_____

_____

_____

_____

_____

_____

_____

_____

_____

Capítulo 24

Los alimentos

En los sueños, la comida normalmente simboliza alimento para la reflexión: ideas, enseñanzas, conocimientos nuevos; es decir, son las ideas que tomamos y digerimos mentalmente.

Alimentos que no nos sientan bien:

Tener problemas con un determinado tipo de comida puede indicar una alergia o cualquier otro problema físico con ese alimento o esa dieta en particular. También puede ocurrir que veamos un alimento: una fruta, una verdura... excesivamente grande; es un modo de poner énfasis; ello indica que lo necesitamos, que nos hace falta. Así que, seamos inteligentes, consideremos todas las posibilidades y no olvidemos nuestras propias asociaciones con ese tipo de comida.

Combinación de comidas:

Las combinaciones del tipo carne de pavo con su salsa, queso con galletas saladas, etc., pueden simbolizar la interdependencia y la interrelación de ideas y objetos, es decir, las interacciones entre dos pensamientos o creencias completamente diferentes.

LAS ACTIVIDADES CON LA COMIDA

Ahogarse:

A menudo nos indica desgana o indolencia. También simboliza la incapacidad de «tragarnos» la información que se nos ofrece.

Almacenar alimentos:

Nos indica que estamos guardando algo en nuestra memoria para usarlo en el futuro, para cuando estemos preparados o seamos capaces de valorarlo.

Ayunar:

Puede significar abstinencia de un tipo de comida durante un período de tiempo o, simplemente, que evitamos un tipo especial de alimento. Podría también simbolizar que vivimos en un estado de pureza en el que evitamos que nos ataquen pensamientos negativos, aunque también puede indicar disciplina, preparación religiosa e incluso rechazo a aceptar ideas nuevas.

Banquete:
Simboliza que nos presentan mucho alimento para la reflexión, aunque a todos nos sirven las mismas ideas.

Bufete:
Oferta de gran variación de ideas, de conceptos, de filosofías. Tenemos libertad para elegir las que nos vayan mejor.

Cocinar:
Simboliza preparar ideas, trabajar con ellas. Representa la capacidad para integrar y relacionar conceptos en nuestra manera de pensar y en nuestro estilo de vida.

Cocinar en un microondas:
Puede significar el afán por la rapidez, por desearlo todo al instante. Simboliza la prisa, pero también las ideas excitantes.

Congelar:
Significa que excluimos sentimientos del flujo normal de nuestra emotividad, que los apartamos, que no permitimos que formen parte de nuestras emociones cotidianas. Puede indicar también intransigencia –mental o sentimental– en algún asunto. Puede señalar igualmente que arrinconamos la facultad reflexiva durante un período indefinido de tiempo.

Derramar alimentos:
Significa que desperdiciamos ideas o lecciones, que nuestra dieta no está equilibrada o que necesitamos eliminar esa comida de nuestra dieta habitual.

Dolor de estómago:
Puede significar que no podemos «digerir» una situación o una idea o que

ese alimento en particular nos está causando algún tipo de daño físico.

Fogón:
Refleja que queremos que se cuezan las ideas durante un tiempo antes de asumirlas.

Lavar los platos:
Simboliza limpiar de viejas ideas y creencias nuestro interior, prepararnos para algo nuevo.

Mesas y platos:
Están relacionados con el hecho de alimentar la reflexión y con nuestra manera de tratarla o de evitarla.

Mezclar alimentos:
Simboliza la combinación de diferentes ideas en una sola. Es posible que signifique también que lo confundimos todo.

No tener nada que comer:
Representa que carecemos de nutrientes, es decir, de alimento mental, físico, emocional o espiritual. Ello implica que no podemos crecer, que no tenemos nada con que alimentarnos. Denota, pues, una importante falta de nutrientes en uno o más niveles de nuestra existencia. Debemos considerar si nos amamos a nosotros mismos o si, por el contrario, nos estamos rechazando y maltratando.

Este sueño también puede simbolizar pensamientos e ideas vacíos, sin significado, signo de una forma de pensar negativa y poco consciente.

Ofrecimiento de comida que normalmente no tomamos:
Puede indicarnos la necesidad de esa comida en particular.

Rechazar alimentos:
Nos advierte que algo en nuestro interior rechaza nuevas ideas y enseñanzas.

Tirar alimentos:
Puede indicar rechazo o quizá se trate de un aviso de que debemos eliminar esa comida de nuestra dieta.

Tipos de comida

Aceite:
Quizá simbolice el aceite de la bondad humana, de la cooperación, de la armonía, aquello que nos va a ayudar a deshacernos de nuestras rigideces interiores.

Aceite de oliva:
Bálsamo sanador.

Aceitunas:
Representan la paz, la tierra sagrada, el todo.

Agua:
Es el refresco espiritual.

Ajo:
Está relacionado con la curación, la prevención de resfriados y la disminución de una presión sanguínea alta, aunque también con un aliento repugnante. Puede representar ideas y opiniones prepotentes que molestan a los que nos rodean.

¿Quizá nos estamos comportando de manera prepotente con las demás personas?

Alimentos foráneos:
Ideas y costumbres diferentes, poco habituales, extrañas a nuestra forma de pensar.

Alimentos medio cocidos:
Alimentos que no están bien preparados, que no están listos. Simbolizan las cosas sin acabar o poco meditadas.

Almejas:
Pueden simbolizar la comida espiritual... o quizá una boca cerrada. Puede ser una delicia gastronómica, aunque dependerá de los sentimientos que asociemos con ellas.

Azúcar:
Puede representar la comida precocinada o las cosas dulces de la vida, el sabor dulce del éxito, las recompensas.

Bacon:
Puede simbolizar los artículos de primera necesidad, las provisiones, la forma de ganarse la vida. También puede simbolizar el alimento prohibido.

Banquete:
Simboliza una gran cantidad y mucha variedad de alimento para la reflexión. Denota que tenemos muchas buenas ideas.

Bebida embotellada:
Puede representar que nuestras emociones están embotelladas en nuestro interior, que tapamos nuestros sentimientos.

Bistec:
Puede simbolizar el buen comer, la prosperidad, el vivir a cuerpo de rey, las recompensas o los buenos momentos. También puede representar que algo está en juego; nos habla de lo que hemos invertido, de lo que nos puede aportar algún interés, de lo que nos jugamos, del precio que pagamos por el riesgo.

Cacahuetes:
Pueden representar los pequeños beneficios, las cosas en las que no vale la pena malgastar nuestro tiempo.

Café:
Podría representar lo que es amargo o lo que deja posos. Está relacionado con la tristeza, la negatividad, la melancolía, las ideas mundanas y la cháchara, aunque también puede simbolizar hospitalidad, estimulación, el despertar de nuestra mente.

Nos cae café encima: Podría indicar que alguien nos ha rechazado.

Taza o cafetera desproporcionadamente grande: Puede representar que tomamos demasiado café.

Otro ingrediente en la cafetera: Quizá sea una sugerencia de que utilicemos ese alimento en vez del café. Puede que se trate de una pista dietética.

Caramelos:
Representan las recompensas, pero también las tentaciones. Pueden simbolizar los aspectos más dulces de la vida.

Carne:
Simboliza la parte principal o más importante de algo, el quid de la cuestión, aunque, si somos vegetarianos, puede representar la parte más repelente, lo terrenal, algo que sin duda debemos evitar.

Carne de vaca:
Puede simbolizar la desproporción, la exageración. Véase *Bistec*, en este capítulo.

Cáscara:
Lo que recubre el alimento; a veces se usa para formar la base de un plato, le da atractivo y ayuda a tomarlo. También puede significar que algo está muy duro.

Sin cáscara: Tenemos todos los ingredientes o ideas pero todavía no hay cohesión entre ellos. Puede simbolizar también falta de forma, que no podemos manejarlo con facilidad o que no hemos conseguido unirlo todo todavía.

Cebolla:
Planta amarga de sabor fuerte utilizada en las ensaladas. Representa las opiniones prepotentes que impresionan u ofenden.

Cerezas:
Simbolizan felicidad y alegría.

Cerveza:
Algo que nos complace, que nos apacigua, que nos tranquiliza, que nos relaja; puede tratarse también de una vía de escape o de un sustituto que sacia un deseo escondido.

Ciruela:
Simboliza recompensa, premio.

Cola o comida light:
Aceptar comida o bebida *light* puede indicarnos la necesidad de ponernos a dieta o, al menos, de reducir las calorías que tomamos. Rechazarla o tirarla al suelo puede avisarnos de que es hora de finalizar esa dieta.

Comida fresca:
Simboliza ideas, conceptos, enseñanzas y creencias nuevas.

Comida rápida:

Simboliza ideas preconcebidas o facilidad para la comprensión; denota pensamiento rápido, aunque no necesariamente ideas bien reflexionadas. Debemos tener en cuenta de dónde proviene.

Comida sana:

Representa un alimento saludable, útil, energético y positivo para la reflexión, un alimento que eleva el espíritu. También podría ser una señal dietética.

Congelados:

La comida congelada representa las ventajas, las ideas, las facultades y los sentimientos congelados, inaccesibles, que no pueden ser utilizados en su estado actual. El sueño señala la necesidad de «descongelar» las cualidades que esa comida representa y hacer uso de ellas.

Cordero:

Representa la inocencia, la pureza de ideas, la gentileza, los pensamientos abnegados.

Chicle:

Puede simbolizar una situación difícil o bien que estamos estropeando las cosas. También representa aquellos caracteres vulgares, superficiales, sórdidos y no muy brillantes... o que estamos masticando la misma idea una y otra vez.

Chile:

Simboliza asuntos candentes, controvertidos, viscerales. Representa que algo es demasiado problemático para ser tratado... o quizá nos adelante que nos darán una calurosa bienvenida.

Dátiles:

Pueden representar la comida que necesitamos, aunque también pueden referirse a un día especial o a un flirteo. Simboliza a su vez que tenemos citas previstas en nuestra agenda.

Desperdicios:

Aquello de lo que debemos deshacernos. Simboliza las ideas podridas.

Ensalada:

Simboliza combinación de ideas y conceptos frescos y positivos.

Especias:

Son la sal de la vida. Simbolizan las ideas que nos entusiasman, que nos dan vida. Representan esperanza, alegría, entusiasmo, inspiración, diversión, variedad, toque personal y cambio.

Fruta:

Simboliza que hemos obtenido resultados. Representa lo que hemos cosechado, los frutos del espíritu, el amor, la felicidad, la paz y la paciencia, aunque podría estar relacionado también con la fruta prohibida.

Gelatina:

Significa incertidumbre, flexibilidad, temblor, poca solidez. También representa que algo es insípido.

Granada:

Símbolo femenino que representa la pasividad, la receptividad y la fecundidad.

Guisantes:
Quizá signifiquen que nos falta incorporarlos a la dieta, aunque también tienen relación con la paz.

Harina:
Es la esencia sagrada de la vida.

Helado:
Es un tipo de postre y, como tal, representa que algo llega al final. También podría señalar que algo nos asusta.

Huevo:
Representa la fuerza creativa, la unidad, el todo. También puede simbolizar una idea de la cual, tarde o temprano, se obtendrán frutos.

Infusiones:
A menudo se asocian con la curación, aunque también están relacionadas con el buen gusto y el entusiasmo por la vida. Una hierba en especial podría indicar la necesidad física de tomar precisamente esa hierba. (La mayoría de ellas tienen propiedades curativas específicas demasiado numerosas como para mencionarlas aquí, pero podemos encontrarlas en cualquier libro sobre infusiones.) Las hierbas pueden ser un símbolo de dieta vegetariana o de las propiedades curativas en general. Véase *Hierbas*, en el capítulo *Jardines*.

Ingredientes:
Representan los hechos concretos, las ideas, las partes que componen un todo.

Jamón:
Representa la comida prohibida. Significa porquería, tendencia a reaccionar y a actuar de manera exagerada y de mal humor.

Judías:
Pueden representar los artículos de primera necesidad, lo básico, aunque también pueden representar que no tenemos ni idea de algo.

Leche:
Simboliza el alimento de la bondad humana, la comida para el ser inmaduro, el nutriente para el joven y la salud.

   Leche de cabra: Puede ser la leche de la bondad o puede sugerirnos que nos pongamos a dieta.

Lechuga:
Representa el dinero. Es también una verdura que ayuda a calmar los nervios exaltados.

Levadura:
Representa las ideas que elevan el espíritu, los rezos, los pensamientos cariñosos, el equilibrio, la ayuda y la honradez. Simboliza la elevación del espíritu.

Maíz:
Representa la verdad, la sabiduría antigua.

   Cáscara de maíz: Simboliza el vacío, la mentira.

   Moler maíz: Indica trabajar nuestra propia verdad espiritual, nuestra filosofía.

Mantequilla:
Sugiere dar coba, suavizar, piropear; también puede significar algo lujoso.

Manzana:
Generalmente representa la fruta prohibida, ver lo bueno y lo malo, tener fe

en lo peor y en lo mejor, disponer de capacidad para observar que en el mundo hay bien y mal. También puede ser la fruta del espíritu.

Melón:
Podría indicar que necesitamos comida buena y sana, aunque también puede simbolizar que somos unos mandones.

Miel:
Es símbolo de la dulzura y el lujo.

Migas:
Pueden simbolizar una situación que se desmorona, algo que se rechaza, lo que sobra, lo que nadie quiere... no representa lo mejor de nosotros. También puede reflejar un asunto peliagudo.

Nueces:
Son semillas y representan un gran potencial de crecimiento.

Pan:
Representa el alimento principal, el pan de la vida, el sustento fundamental. Está relacionado con las necesidades cotidianas y el dinero.

Pan sin levadura:
Denota una preparación precipitada.

Pasas:
Simbolizan la sequedad. Pueden indicarnos que se está agotando nuestra salud, nuestros ahorros, nuestra energía, etc. También pueden representar que lo que estamos llevando a cabo va por mal camino.

Pastel:
Simboliza la recompensa, las cosas dulces de la vida, el lujo, el amor o el beneficio extra que sacamos de una situación. También puede representar algo muy fácil, lo que tenemos seguro, que no podemos perder.

Cortar un pastel: Denota algo especial, el toque añadido de amor o de belleza. Si el pastel es de colores, véase el capítulo de *Colores.*

Peras:
Pueden representar la preparación de algo.

Pescado:
Simboliza el alimento espiritual.

Lenguado: Puede representar nuestra alma, la soledad, lo singular, lo único.

Pimienta:
Está relacionada con los asuntos candentes, con el entusiasmo, con los estados de excitación; de ahí que indique las situaciones que resultan algo difíciles de manejar. Demasiada pimienta señala que reaccionamos con demasiado ardor, que tendemos a exagerar las cosas. También podría indicar un temperamento enojadizo.

Plátano:
Puede ser un alimento que necesitamos en nuestra dieta (rico en fósforo, de fácil digestión), especialmente si aparece junto a otros alimentos o en una cocina. De todos modos, también puede ser un símbolo fálico que represente nuestra necesidad de amor, sexo o amistad. (La gente que reprime su sensualidad y evita admitir sus necesidades sexuales —cree que «el sexo es algo sucio»— tiene más probabilidades de encontrarse con sutiles símbo-

los sexuales como el plátano.) Fijémonos en lo que estamos haciendo con los plátanos y en cómo nos sentimos.

Racimo de bananas: Mostraría una gran necesidad de tratar de manera abierta nuestros deseos básicos, urgencias y necesidades sexuales. Es hora de revisar de manera objetiva nuestra creencia de que el sexo es algo sucio. Véase *Sexo, embarazo y nacimiento*.

Plato precocinado:

Alimento engañoso para la reflexión. Significa que tenemos creencias erróneas, que necesitamos conseguir la verdad, el verdadero alimento espiritual.

Plato principal:

Representa la idea principal, lo esencial de un determinado asunto, el concepto básico.

Plato tapado:

Alimento para motivar la reflexión preparado por adelantado. Puede representar una declaración o un discurso preparado. También puede simbolizar protección y abrigo.

Postre:

Representa un placer especial añadido, el clímax. También puede significar un premio o una recompensa. Sin duda, recuerda los dulces placeres de la vida.

Productos enlatados:

Simbolizan las ideas almacenadas para un uso futuro, las ideas que no queremos digerir ahora. Puede significar también viejas emociones que han permanecido encerradas.

Pudin:

Puede representar una recompensa, algo bueno que nos merecemos, aunque también puede indicar que juzgamos según las apariencias.

Queso:

Puede representar ideas saludables.

Refrescos:

Pueden ser emociones y sentimientos enlatados, reprimidos, que no hemos admitido o que aún no hemos resuelto.

Remolacha:

Se considera una fruta kármica por su color rojo oscuro.

Restos de comida:

Ideas viejas que aún no hemos usado.

Sacramentos:

Se trata de la comida sagrada: el pan y el vino. Simbolizan la inspiración y el amor sagrados, la elevación del espíritu y la preparación para la iniciación.

Pan: Está relacionado con la lectura de la Biblia, la devoción, las canciones, las oraciones, la acción de gracias, los pensamientos sagrados y el sustento diario.

Vino: Es el símbolo del Espíritu Santo. Si no es vino bendito, puede tener espíritus malignos, al igual que el whisky y las demás bebidas alcohólicas.

Sal:
Representa el entusiasmo vital, la sal de la vida, el sabor y la chispa.

Salchicha:
Puede representar el juego sexual. Se trata de un símbolo fálico.

Salvia:
Representa la sabiduría, aunque también es una hierba curativa.

Sopa:
Simboliza la combinación de muchos ingredientes, de muchas ideas. Se considera curativa.

Té:
Representa ideas refrescantes, estímulos suaves y curación. Simboliza condolencia, hospitalidad, gesto amistoso y cariño.

Ultramarinos:
Lugar donde se compra el alimento para la reflexión. Simboliza ir a buscar información e ideas nuevas para alimentar la mente. Si estamos comprando alimentos precocinados, quizá el sueño nos esté advirtiendo de que estamos alimentando nuestra mente con ideas de poco valor nutritivo.

Comestibles embolsados: Significa ponerlo todo junto, en una bolsa, mezclar ideas nuevas.

Uvas:
Normalmente representan la vendimia, el fruto de nuestro trabajo, las recompensas que recibimos. Simbolizan, además, la prosperidad y la riqueza.

Verduras:
Representan ideas productivas que nos alimentarán y alimentarán a los demás.

Whisky:
Símbolo antiguo de los espíritus malignos que obligan a las almas a holgazanear y pegarse a los vapores alcohólicos, a las botellas, a la persona que las sirve y a los lugares donde pueden consumirse. Normalmente, estas almas o espíritus se adhieren al bebedor habitual y le animan a beber más. El whisky puede ser un camino para olvidar, una vía de escape de la realidad, un estimulante –temporal– o un sedante.

Zumo de naranja:
Representa uno de los frutos del espíritu. Simboliza la amistad, la cortesía, la gracia, la calidez, la bondad y el acercamiento a los demás.

Zumo de naranja en una cafetera: Nos indica que debemos sustituir el café por zumo de naranja.

MIS PROPIOS SÍMBOLOS DE COMIDA

_____
_____
_____
_____
_____
_____
_____
_____
_____
_____
_____

Capítulo 25

Juegos y deportes

Los juegos pueden representar «el juego de la vida» o con lo que nos divertimos con otra persona, tanto si lo hacemos siguiendo las reglas como si nos las saltamos. Tienen relación con aprender las reglas, con las facultades de cada uno, con las habilidades, con los objetivos, con los propósitos, con la competición, con el sentido de la teatralidad, con la práctica, con el entrenamiento, con la precisión, con ganar o perder y con la forma en que jugamos. Un evento deportivo donde un equipo juega contra otro podría representar dos escuelas de pensamiento opuestas que discuten o indicar que las cosas se están uniendo en nuestra contra.

Es evidente que algunos juegos tendrán significados completamente diferentes para los deportistas, para las personas que están comprometidas activamente en un deporte o para quien tiene contacto directo con alguno de ellos. Nuestros propios sentimientos y asociaciones son siempre de vital importancia a la hora de interpretar los símbolos oníricos.

FACTORES IMPORTANTES QUE DEBEMOS TENER EN CUENTA

¿Quiénes somos?

Árbitro:
Es quien anula los goles, juzga, pone orden y obliga a que todo el mundo cumpla con las normas. Puede ser maleducado y abusivo o justo, ecuánime y eficaz.

Entrenador:
Es el que organiza, entrena, anima, enseña, exige, chilla, da ánimos y critica; grita a todo el mundo lo que tiene que hacer y cómo debe hacerlo.

Espectador:
Es un observador; puede ser violento o no. Es una persona que permanece sentada y no participa. Podría significar que no estamos usando nuestras facultades, nuestros potenciales, nuestras capacidades: que no estamos haciendo ningún progreso. Podríamos estar mirando para aprender antes de pasar a la acción o antes de tomar de-

cisiones; también puede estar diciéndonos que «debemos mirar en qué asuntos nos metemos»... o quizá nos recuerda que preferimos mirar y posiblemente criticar las acciones de los demás antes que vernos involucrados personalmente.

Espectador de primera fila:

Está al filo de las cosas, pero sin participar activamente. Se trata de un espectador semiinvolucrado.

Ganar, perder o empatar:

Ganar o perder puede ser una observación sobre cómo estamos jugando al juego de la vida o sobre qué nos está pasando.

El sueño puede mostrarnos simplemente cómo nos vemos a nosotros mismos y cómo vemos nuestras habilidades: quizá indique que creemos que somos unos ganadores o unos perdedores.

Perder: Puede mostrarnos la necesidad de repensarnos nuestras acciones o situaciones actuales. Posiblemente necesitemos cambiar nuestras tácticas o actitudes, empezar de nuevo, o incluso salir de esa situación. Las cartas pueden sernos desfavorables; o quizá lo que ocurre es que alguien no está jugando de manera justa.

Hacer trampas: Podría ser un aviso de percepción extrasensorial sobre otra persona o sobre un aspecto propio.

A veces nos hacemos trampas o no somos justos con nosotros mismos porque intentamos ganar rápidamente. Ya sabemos que lo que cuenta es *cómo* jugamos.

Participante:

Representa que permanecemos activos, que estamos totalmente involucrados en la acción.

Recordemos que en muchos casos las personas que aparecen en nuestros sueños representan diferentes aspectos de nuestra personalidad... incluso opuestos. (Véanse los capítulos *Gente* y *Batallas*.) Ocasionalmente, los equipos que se enfrentan en un evento deportivo pueden simbolizar rasgos opuestos, así como ideas, opiniones o conocimientos totalmente diferentes que, por alguna razón, se debaten en alguna área de nuestra vida; esto puede ocurrir en cualquier grupo donde en su seno haya diferencias de opinión, como, por ejemplo, el trabajo, la comunidad religiosa a la que pertenezcamos, la escuela, etc. Que aparezcan conflictos en nuestros sueños también podría deberse a que existen ideas, creencias o sentimientos contradictorios en el interior de nuestra consciencia.

LOS DEPORTES

Aeróbic:

Puede representar lo que llevamos a cabo con nuestro cuerpo... o quizá se trata de una señal de que debemos entrenarnos y ponernos en forma.

Apuestas o juegos en un casino:

Simbolizan los riesgos que corremos en la vida, así como las oportunidades que se nos presentan de ganar... o de perder. Podría ser una advertencia de que un proyecto que vamos a arrancar va a ser una lotería, posiblemente un riesgo mayor del que podríamos correr. Debemos fijarnos en la acción del sueño y en los sentimientos que nos provoca.

Baloncesto:

Representa la búsqueda y la consecución de objetivos con la cooperación de los demás; su simbolismo, pues, pone énfasis en el trabajo en grupo. Puede referirse, a su vez, a un esfuerzo (propios, de nuestros compañeros o de los oponentes) que nos bloquea o que nos frustra. También puede indicar que algún rasgo de nuestra personalidad está entorpeciendo nuestro progreso hacia los objetivos que nos hemos marcado.

Béisbol:

Incluye la idea de conseguir, de una sola vez, de un solo golpe, un gran hito (lo que en inglés se denomina *home run*), aunque también puede indicarnos que causamos impacto en los demás o que queremos volver a casa –*home*, en inglés– (a la casa de Dios o a nuestras creencias religiosas primeras). A su vez, puede representar que conseguimos nuestra aprobación o la de los demás, que hacemos lo que más nos gusta o lo que nos sale mejor. También puede sugerirnos que ya es hora de que nos pongamos a trabajar por cuenta propia, que juguemos en nuestro propio campo. Sigue siendo importante que nos percatemos de *cómo* jugamos, es decir, si cooperamos todos para conseguir los objetivos o, por el contrario, si no jugamos en equipo.

Billar:

Puede ser un juego de relajación y de entretenimiento o una manera de correr riesgos por dinero. También puede indicarnos nuestra necesidad de aunar esfuerzos, dinero o capacidades para conseguir los objetivos.

Bolos:

Implican la necesidad de causar impacto para conseguir el éxito. También pueden hacer referencia a una actuación impactante o a que para tener éxito en una empresa tendremos que apartar a otros del camino.

Bola que rueda por el canal exterior: Simboliza que nos hemos estancado en la rutina, que no podemos cambiar de dirección una vez que hemos empezado. Podría significar que estamos bloqueados y que debemos hacer algunos cambios para salvar la situación.

Bridge:

Juego mental que implica mentir, pujar y ser más listo y más hábil que los demás. Normalmente viene acompañado de cotilleo y puede ser un símbolo de ascenso social, de arrogancia, de intentar parecer elegante.

Este sueño puede estar mostrándonos nuestra actitud general a la hora de tratar con las demás personas, cómo nos movemos por la vida en general o los juegos mentales a los que jugamos.

Bumerán:

Puede simbolizar recuperar lo que hemos lanzado, cosechar lo que hemos sembrado.

Carreras:

Vivimos en el carril rápido, nos movemos demasiado deprisa, vamos en círculos intentando conseguir delantera, hacemos girar la vida, jugamos un juego peligroso.

A pie: Prueba de nosotros mismos, moviéndonos con nuestra propia energía, consiguiendo lo mejor de nuestras capacidades, llevando a cabo proyectos de la forma más difícil, haciéndolo todo por nuestra cuenta.

Carreras de caballos: Prueba de caballos (emociones) y del control que ejercemos sobre ellos. Pueden referirse a los chakras o a los campos de energía y a cómo los usamos.

Carreras de coches: Pueden ser una prueba del coche o del conductor; del cuerpo y del alma. Implican un estilo de vida vertiginoso y el riesgo a sufrir una muerte rápida.

Cartas:

Jugar a las cartas implica probar fortuna, que estamos controlados por el azar; o bien que culpamos al azar de lo que nos ocurre en vez de responsabilizarnos de nuestros hechos y asuntos. Podría indicar que nos encanta apostar o que tenemos tendencia a arriesgarnos demasiado. Jugar a las cartas también puede representar a alguien que tiene muy poco interés o que no tiene ningún interés en absoluto por los temas profundos de la vida, alguien que está simplemente pasando el rato, sin hacer nada importante. Las cartas pueden representar nuestros tejemanejes en la vida.

Cazar:

Podría simbolizar la búsqueda de nosotros mismos o la búsqueda de una mejor forma de vida. También puede mostrarnos un deseo escondido de herir, de maltratar, de matar, o bien, si encaja, podría representar el deseo de reprimir nuestra naturaleza animal.

Ciclismo:

Mantener el equilibrio, movernos con nuestra propia energía, motivación personal.

Uniciclo: Muy buen equilibrio; necesitamos mucha habilidad y mucha práctica; puede indicar que necesitamos un equilibrio muy delicado en una situación por la que estamos pasando.

Comba:

Puede implicar saltar a las órdenes o exigencias de los demás; aceptar lo que nos dicen; o también la necesidad de conseguir ventaja, de hacernos más fuertes; de ponernos en forma.

Dados:

Juego de azar, símbolo de correr riesgos, de dejar la vida en manos del azar. Puede implicar la necesidad de tomar las riendas de nuestra vida y de nuestros asuntos, de aprender a controlar el destino.

Damas y ajedrez:

Este juego requiere estrategia, ingenio, un buen uso del intelecto, planificación. Puede que nos indique que tenemos que planear nuestra vida o nuestro «próximo movimiento» con cuidado.

Esquiar:

Prueba de fuerza mental y muscular; agilidad y equilibrio. Puede ser que nos estemos enfrentando a nosotros mismos, intentando mejorar nuestro propio récord. Movernos ingeniándonoslas con nuestra propia energía.

Frisbee:

Podría simbolizar una situación de dar y tomar en la que nos encontramos a gusto o una relación sin el sentido de la competición o de antagonismo de los otros juegos.

Frontenis:

Símbolo positivo de acción y de reacción, de efectos rebote de nuestras acciones; puede indicar la necesidad de reflexionar con rapidez sobre nuestra situación o puede estar inquiriéndonos sobre el tinglado que tenemos montado.

Fútbol:

Cooperación o caos; hacer pases; bloquear e interferir los esfuerzos de los demás; juego brusco o sucio; tener la pelota; tomar la iniciativa; conseguir nuestros propósitos; un camino difícil.

Footing:

Puede significar controlar el tiempo, correr la distancia adecuada a la velocidad adecuada para nosotros; hacer un buen trabajo, tener que preocuparnos de nosotros mismos; aunque podría también indicarnos que necesitamos correr por motivos de salud.

Golf:

Podría indicar la necesidad de jugar, de relajarnos, de alejarnos de todo; o podría representar lo difícil que nos lo ponemos o que lo ponemos a los demás. También que intentamos muchos golpes y nunca logramos nuestros objetivos, o quizá que estamos avanzando muy despacio; incluso que hacemos trampas aquí y allí. *¿Cómo* estamos jugando? Por otra parte, también podría representar un abismo.

Hockey:

Juego de equipo, de conseguir y de proteger objetivos, de engañar al oponente. Muchos golpes duros y movimientos a gran velocidad.

Jugar al tejo:

Saltar de esto a lo otro; saltarnos cosas; no estar en el mismo sitio por mucho tiempo; actividades infantiles e inmaduras.

Lucha:

Puede significar el combate, la lucha con la vida, con las ideas o con el trabajo.

Monopoly:

Normalmente significa cómo monopolizamos a los demás o cómo alguien está intentando monopolizarnos. También puede mostrarnos nuestra forma de hacer negocios, o ser un aviso de las intenciones de la gente que nos rodea, depende de las acciones del sueño.

Nadar:

Normalmente es una actividad espiritual como la oración, la meditación, el servicio a los demás, el camino hacia logros espirituales; pero puede implicar nuestra necesidad de estar al tanto de los hechos o sugerir que nadar sería un buen ejercicio para nosotros. También puede advertirnos de que nos estamos entrometiendo en algo sin consultarlo.

Patines:

Pueden indicarnos que estamos patinando sobre una capa de hielo muy fina.

Pelota:

Puede ser un juguete que represente la diversión, el relax y las actitudes y actividades juguetonas, sobre todo si nuestra situación actual parece ser sólo de trabajo sin nada de ocio. O quizá signifique que somos muy espabilados, que estamos preparados, que conseguimos que las cosas empiecen a funcionar; o quizá, la discusión de una idea.

Al lado de la portería: Puede estarnos diciendo: «No puedo perder»; victoria fácil, algo seguro, estar a puerta de gol; algo de fácil alcance. Ánimo para que sigamos avanzando.

Tiro por encima de la cabeza: Puede ser violento, rápido, con fuerza, posiblemente con intención deliberada de engañar o frustrar al contrario.

Tiro que nos cae cerca: Indica que perdemos de vista nuestros objetivos; no ponemos esfuerzo o precisión suficiente de nuestra parte; podemos hacerlo mucho mejor.

Tiro sin levantar el brazo por encima del hombro: Puede ser fácil, suave, un acercamiento más ligero, con desgana, no es nuestro mejor tiro. También nos puede indicar un juego o negocio turbio.

Una pelota que se dirige hacia nosotros por segunda vez: Significa que tenemos una segunda oportunidad, un segundo intento. Posiblemente muchas oportunidades se nos cruzarán en el camino.

Una pelota que se dirige hacia nosotros: Implica que es nuestro turno, nuestra posibilidad de actuar, nuestra responsabilidad y nuestra ocasión.

Pescar:

A menudo representa la búsqueda de comida espiritual o quizá la necesidad de buscarla. También podría ser que vamos a la búsqueda de ideas y de oportunidades.

Pistas:

Podrían representar encontrar o recibir pistas para solucionar un problema. ¿Qué pistas hemos encontrado en el sueño?

Póquer:

Juego en el que hay que marcarse faroles; oportunidades, aunque podríamos perder la camisa; puede indicar que de algún modo estamos arriesgándonos o quizá que fisgoneamos en algún asunto.

Prácticas de tiro:

Somos críticos o arremetemos contra los demás; también puede ser un símbolo que nos indica que debemos trabajar para conseguir nuestros objetivos.

Puzzles:

Pueden representar una situación desconcertante, algo que todavía no hemos probado, desconocido, poco familiar, sin terminar, algo sobre lo que necesitamos reflexionar y observarlo de todos los lados para ver si «encaja». También puede ser un problema que tenemos que solucionar, un reto mental; posiblemente nos indique que no tenemos toda la información, todas las piezas o partes para resolverlo.

Crucigramas: Pueden indicarnos juegos de palabras que hemos pensado o dicho y sobre los que necesitamos reflexionar; o puede ser un reto mental que se nos presenta.

Rompecabezas: En general, el mismo sentido que el puzzle, aunque debemos comprobar si tenemos todas las piezas que necesitamos para completar algo que probablemente nos desconcierta.

Repartir:

Puede indicar cómo sentimos que nos trata el destino; cómo lo tratamos nosotros o cómo tratamos a los demás (no hagamos trampas); cómo hacer negocios (buenos o malos).

Tirar las cartas: Puede indicar la necesidad de dejar un asunto que estamos haciendo, señalar que estamos haciendo un mal negocio, tomando una decisión equivocada o que estamos ante una ganga que no es tal ganga; que estamos de acuerdo con un trato injusto; aunque también podría implicar que estamos en una situación desfavorable, que estamos sufriendo manipulaciones; o quizá un negocio de dos filos.

Saltar a la comba:

Puede indicar la necesidad que tenemos de ser más alegres, de ver la vida y lo que nos sucede con más optimismo; aunque también podría ser un aviso de que estamos saltándonos algo importante, depende del sentimiento que el sueño nos provoque.

Solitario:

Puede significar que estamos solos, realizando las cosas por nosotros mismos, resolviéndolo todo en solitario, siendo independientes; o puede indicar que necesitamos tiempo para estar solos, para descubrir lo que podemos hacer sin ayuda de nadie. También puede simbolizar la competición que tenemos contra nosotros mismos y/o estar probando nuestras propias capacidades; o quizá indica que nos estamos engañando.

Tenis, tenis de mesa:

Vamos de un lado al otro del mismo terreno una y otra vez. Puede significar diversión y juegos, repeticiones interminables, o acción y reacción.

Tiro con arco:

Representa los objetivos de nuestra vida, la capacidad para conseguir nuestros objetivos, para alcanzar nuestros propósitos; tener algo a que dirigir nuestro punto de mira; los ideales.

Trivial:

Posiblemente indica que nos vemos involucrados en cosas triviales, que tenemos una actitud trivial en la vida; es un indicio de que no nos tomamos la vida en serio o de que no sacamos provecho de nuestras oportunidades.

Videojuegos:

Agudizan el ingenio y mejoran los reflejos mentales; jugar a juegos que requieren esfuerzo mental, probar nuestras habilidades físicas y mentales.

MIS PROPIOS SÍMBOLOS DE JUEGOS

_____

_____

_____

_____

_____

Capítulo 26

Jardines

La mente de un hombre es como un jardín: o se cultiva de manera inteligente o se deja crecer salvaje. Pero tanto si lo cultivamos como si lo descuidamos, tiene que dar frutos, y así lo hará.

JAMES ALLEN

Un jardín representa la tierra fértil de nuestra mente, la tierra donde plantamos y donde crecen las ideas y los pensamientos básicos. Tal como dice Edgar Cayce: «los pensamientos son cosas» y «la mente es quien los construye». Las ideas que albergamos en la mente causan sucesos y situaciones en nuestra vida. Un jardín puede ser un símbolo de nuestra alma, de nuestra mente, de nuestros pensamientos, de nuestro trabajo, de nuestra actividad o de nuestro grupo de personas (cualquier grupo de personas que se encuentre en nuestra área de influencia: amigos, parientes, estudiantes, compañeros de trabajo, etc.)

Un jardín puede ser también el Jardín de la Oración, el lugar donde plantamos nuestras esperanzas, nuestros sueños y nuestras oraciones para nosotros mismos o para los demás. Así como un jardín puede producir tanto malas hierbas como flores, si no lo cuidamos con diligencia, nuestra mente también va a necesitar una vigilancia y un cultivo constante, además de arrancar las malas hierbas siempre que haga falta.

LA TIERRA

La tierra es la base para el crecimiento, la fertilidad, la fecundidad; un lugar de partida, los cimientos, la línea de salida; el nivel físico, el ser práctico o el «tener los pies sobre la tierra». Como tal, simboliza la fertilidad de nuestras mentes para cosechar lo que hemos sembrado. «La persona es el reflejo de sus pensamientos.»

Barro, lodo:
Terreno resbaladizo o barrera emocional por la que no queremos pasar. El barro encima de los objetos significa

problemas emocionales o dificultades aferradas a la situación representada por este material. Probablemente nos está diciendo que el trauma emocional tiene que desaparecer para poder solucionar el problema de manera inteligente.

Césped:

Trozo del jardín, de la fertilidad de la mente. Representa curación, crecimiento, equilibrio; también puede aludir al estado de la superficie.

> *Cortar:* Representa disciplina, dar forma, recortar, podar los patrones de pensamiento.

Tierra árida:

Tierra donde no crece nada, donde no se puede hacer nada; sin consuelo, sin ayuda, sin belleza, sin soporte, sin sustancia; oportunidades inutilizadas; tierra estéril.

ELEMENTOS DEL JARDÍN

Cortacéspedes:

Instrumento imprescindible para quitar las malas hierbas de los pensamientos negativos. También significa recortar y mantener los pensamientos propios «en línea», bajo control, cuidándolos regularmente.

Espaldera:

Tipo de soporte físico o marco que facilita el crecimiento; un lugar donde apoyarse, donde aferrarse, donde enredarse. Nuestro sistema básico de creencias es un tipo de espaldera.

Invernadero:

Lugar para dar un cuidado especial a las cosas tiernas que están creciendo;

símbolo de protección extra y de prestar atención al crecimiento y al desarrollo de lo que hemos plantado. Podría implicar también la necesidad de alimentar cuidadosamente nuestro proyecto, nuestro pensamiento básico o afirmación. También puede indicar temas que nos hacen reflexionar, algo bonito, ideales espirituales o posiblemente el fruto de nuestras labores.

Macetas colgantes:

Podrían hacer referencia a complejos o a modelos de pensamientos individualizados y a afirmaciones que estamos cultivando. Puede que también representen temas aislados en nuestra mente que no están actualmente conectados con el resto de nuestros pensamientos o quizá nos indican que estas ideas, creencias y conceptos son demasiado grandes para el tiesto en el que se encuentran (de alcance limitado, sin espacio para crecer y expandirse) y que los hemos dejado «colgando», por decirlo de alguna manera.

Macetas:

Protección y restricción para el crecimiento de lo que ha sido plantado. La protección es necesaria en los primeros estados de desarrollo; pero más tarde puede convertirse en una barrera que limite el crecimiento futuro y el desarrollo.

> *Tiesto que ha quedado pequeño:* Cuando la planta empieza a crecer, o bien sale fuera del tiesto o su crecimiento queda interrumpido. Muchos de nosotros alcanzamos este estado muchas veces en nuestras vidas viéndonos obligados a decidirnos entre permanecer dentro de los límites o dejar atrás algunas costum-

bres pasadas, seguras, familiares y sistemas de creencias (especialmente el dogma religioso), y movernos hacia horizontes más amplios y hacia una vida más rica, más llena.

Pérgola:
Estructura, forma, contorno, disciplina, soporte o marco para nuestras ideas.

Rodrigón:
Soporte, ancla, medidas de apoyo, algo a que aferrarse.

Verja:
Protección o limitación. Puede ser una herramienta para el crecimiento. Protección de la intrusión o de un viento fuerte, una barrera. También puede simbolizar la necesidad de privacidad, de refugiarnos del mundo; o puede indicar que éste es *nuestro espacio*. Por otra parte puede limitar o reforzar nuestra visión del mundo.

Vivero de plantas:
Área de sobreprotección, de amparo y de nutrición.

ACCIONES EN EL JARDÍN

Acciones del jardinero:
Indican el cuidado o el descuido que damos a nuestros pensamientos, a nuestras ideas, talentos y potenciales creativos.

Arar, cuidado de la tierra:
Actividades relacionadas con nuestras preparaciones mentales, nuestras oraciones, la meditación, el estudio y los esfuerzos para perfeccionarnos.

Arar bajo tierra: limpiar, deshacernos de lo viejo para dar paso a lo nuevo. Un tipo de limpieza, de perdón, de liberar y de preparar nuestra mente para las plantas y las semillas nuevas que vendrán.

También puede ser una señal del final de un ciclo y del principio de otro.

Azadonar:
Quitar las malas hierbas, los pensamientos negativos; mantener la mente abierta, suelta, maleable, en perfecto estado para el crecimiento.

Cavar:
Llegar a la raíz de las cosas.

Cosechar:
Recoger lo que hemos sembrado mental, física y emocionalmente.

Escardar:
Desterrar todo lo que no queremos (pensamientos negativos y desagradables) de nuestro jardín mental y dejarles sin espacio para que vuelvan a echar raíces. Puede que el sueño nos esté recordando que tenemos que hacerlo con más diligencia, prestando más atención.

Fertilizar:
Dar las mejores condiciones para el crecimiento; acto de cuidar con mucho cariño.

Plantar semillas:
Podría implicar nuevas siembras, ideas, oraciones, afirmaciones, decretos, pensamientos, hábitos o talentos que queremos impulsar. Puede simbolizar la recogida de los pensamientos semilla positivos que hemos sembrado en nuestra mente. (Los pensamientos negativos también echan raíces.)

Podar:

Dar forma, disciplinar, ejercer el control sobre el tamaño y la forma de nuestras ideas, afirmaciones, hábitos; cortar los cabos sueltos, deshacernos de nuestros defectos. El sueño también puede indicarnos la necesidad de eliminar algo de nuestros pensamientos habituales o puede indicarnos que estamos haciendo observaciones punzantes, decepcionando a los demás, dejándoles poco espacio.

Por otra parte también podría significar «¡bas-ta ya!».

Quitar las malas hierbas:

Indica la necesidad de eliminar los pensamientos negativos, los malos hábitos o las ideas negativas.

Regar las plantas:

Acto de alimentar y de impulsar el crecimiento de nuestros pensamientos-semilla plantados.

Trasplantar:

Sacar las ideas al exterior o tenerlas muy presentes en la mente. Podría tratarse de reemplazar ideas negativas por ideas positivas.

SÍMBOLOS VARIOS DE JARDINES

Hileras de plantas:

Implican pensamientos cuidados, ordenados, lógicos y disciplinados.

Jardín convencional:

Símbolo de modelos de pensamiento bien disciplinados, vigilados constantemente. También indica el lugar donde se eliminan las malas hierbas (los pensamientos negativos), donde se lleva a cabo un cuidado y una atención detallada.

Jardín en el tejado:

Plantar nuestras ideas e ideales más allá del nivel material.

Jardín rocoso:

Verdades (piedras) y belleza (flores) que no cambian.

Lleno de insectos:

Dejar que los pensamientos negativos y malos se coman, roan y estropeen nuestras plantas, nuestros planes, nuestras ideas, nuestras oraciones, nuestras afirmaciones.

Plantas descuidadas:

Talentos, ideas, ideales y dones inutilizados o descuidados; falta de disciplina, de vigilancia y de alimento para nuestros pensamientos semilla y para nuestras buenas intenciones. Indicio muy claro de que debemos empezar a cultivar buenos hábitos de pensamiento.

Veneno:

Puede hacer referencia a nuestros intentos de deshacernos de cosas o personas que «nos molestan» con palabras y con pensamientos venenosos, o con hechos que afectan todo lo que está en nuestro radio de una manera negativa, hiriente. (Radiaciones de odio y de cólera hacia todas las direcciones.) También implica la necesidad de encontrar buenas soluciones que nos hagan sentir bien, en lugar de hacernos daño, y que nos hagan observar la ternura de nuestros pensamientos.

SEMILLAS Y BULBOS

Las semillas en los sueños representan las capacidades de crecimiento y de expansión que no han sido plantadas ni desarrolladas, pero que pueden crecer y alimentarse de la tierra fértil de nuestras mentes. Simbolizan una cualidad o un talento no desarrollado, el poder de una idea, un principio nuevo, un potencial para lo bueno o para lo malo.

Bellota:

Símbolo de durabilidad y de fortaleza; pequeños inicios, ideas, objetivos o eventos que tienen un gran potencial para desarrollarse y para ejercer una gran influencia en la vida de los demás.

Brotes:

Ideas, pensamientos o afirmaciones que hemos plantado y que ahora se están manifestando, se están haciendo visibles en el plano físico.

Bulbos:

Son como las ideas semilla, pero éstas son más grandes y tardan más en crecer. Puede que estén aletargados durante un tiempo largo y que después aparezcan inesperadamente.

Nueces:

Ideas semilla con un gran potencial de crecimiento. Pueden simbolizar una idea o un concepto dentro de la cáscara.

Semillas de mostaza:

Símbolo bíblico de la fe.

FLORES

Las flores representan la belleza, los pensamientos amorosos, la amabilidad, el cuidado, la alegría, la compasión, la gentileza, la gracia y la abundancia. Son expresiones de amor, de alegría, de libertad, de felicidad y de curación. (Hay numerosos estudios que indican que las flores y las hierbas tienen cualidades curativas.)

Las flores también nos indican la estación del año, ya que muchas de ellas están estrechamente relacionadas con una estación determinada. Esto puede ser muy importante, sobre todo si se trata de un sueño de percepción extrasensorial.

Capullos:

Pueden ser talentos o cualidades simbolizadas por el tipo de planta que están tomando forma, que están a punto de abrirse, de llegar a lo más alto de su perfección. Pueden implicar esperanzas, afirmaciones, oraciones o propósitos, sobre todo si son flores en general y no de una variedad especial.

Flores con brotes:

Promesa de que las cosas buenas están por llegar; posiblemente se trata de los frutos que da nuestro trabajo.

Flores descuidadas:

Inutilizables, que hemos dejado escapar las esperanzas, los sueños, los talentos o los potenciales.

Flores en macetas:

Contenidas, retenidas, restringidas, de crecimiento limitado. Pueden simbolizar que nuestros pensamientos se han quedado atascados, que son incapaces de seguir o de crecer más allá de un cierto punto y que por eso necesitan más espacio.

Rama en flor:

Puede representar todas las cualidades del ramo de flores más la fuerza y la gracia de los árboles y las características simbolizadas por el tipo de árbol.

Ramo de flores:
Los ramos que damos o que recibimos representan respeto, afecto, aprobación, amistad, admiración, amor y recompensa. Además, las flores emanan energías curativas.

Regalos florales en general:
Representan las cualidades simbolizadas por el tipo de árbol. Para encontrar la interpretación completa de este sueño hay que analizar el significado del color y la idea representada por el regalo.

FLORES QUE NOS INDICAN LA ESTACIÓN DEL AÑO

Invierno:
Muérdago, acebo, ramas desnudas.

Otoño:
Crisantemos, ásteres, árboles y arbustos con un follaje colorido, hojas en el suelo.

Primavera, finales:
Cornejos, lilas, árbol de Judas, árboles frutales, peonías.

Primavera, principios:
Azafrán de primavera, narcisos amarillos, tulipanes, berros, violetas, dientes de león.

Verano:
Rosas, polemonio, margaritas y muchas más.

PLANTAS Y FLORES

Las plantas simbolizan las ideas completas o las que todavía no se han desarrollado del todo y que nosotros hemos plantado en nuestras mentes.

También pueden simbolizar nuevas ideas, creencias, conceptos, declaraciones, oraciones, afirmaciones positivas y decretos.

Acacia:
Representa el amor eterno e inmortal.

Agérato lila:
Paz, gentileza, devoción discreta, perseverancia.

Aguileña:
Gentileza e iluminación. Sus siete pétalos simbolizan los siete regalos del espíritu.

Aliso:
Gracia, gentileza, arte, delicadez.

Amapolas:
Símbolo del olvido; sueños felices.

Amaranto:
Símbolo de la inmortalidad, de la vida interminable.

Anémona:
Resurrección, transformación.

Ásteres:
Estrellas de colores, símbolos de la gracia de Dios, amor y bendiciones que se dan libremente a todos el mundo.

Azafrán de primavera:
Presagios de primavera, primeros brotes de la estación, señal de crecimiento, nuevos inicios, esperanzas.

Boca de dragón:
Símbolo de la boca, de la mandíbula, de la comunicación y de la telepatía mental.

Cactus:
Situación violenta; necesidad de actuar con cuidado, con delicadeza; barreras para la autoprotección; planta o actividad mental rígida, inflexible, que necesita mucho tiempo para cambiar, con la que no es fácil entrar en contacto, con la que nos podemos quedar atascados.

Caléndula:
Soldados alegres de colores que protegen su área de manera audaz. Asimismo, las flores simbolizan la simpatía, el ánimo, el coraje y el servicio lleno de gozo ofrecido al reino de las plantas.

Campanilla:
Campanas astrales, angelicales, armonía, curación para los que sufren.

Capuchina:
Significa canciones de los devas, trompetas de las hadas, gladiadores felices que protegen su área con sus escudos circulares verdes, sirviendo con gozo y alegría.

Cardo:
Símbolo de la desgracia, del apuro, de las dificultades.

Claveles:
Símbolo de alegría, de gozo, de vitalidad y, a veces, de soltería.

Sin embargo, en el Día de la Madre los claveles rojos significan que nuestra madre está viva; los blancos, en cambio, significan que está muerta.

Cosmos:
Gritos de alegría y de elogio, felicidad, espíritus contentos, amor desbordante.

Crisantemos:
Símbolo del otoño, del final del verano, de la cosecha, de la abundancia, de la prosperidad, del espíritu de gratitud, de la humildad, de la acción de gracias. También indica que no decimos ni pío.

Delfinio:
Canto de oración, de adoración, de devoción; constantes oraciones para invocar a Dios; inspiración y bendición irradiada a todo el mundo.

Dondiego de día:
Heraldo del alba, símbolo de las oraciones matutinas y de las bendiciones recibidas diariamente.

Espuela de caballero:
Pequeñas puntas de aspiración, de alegría, de gratitud; emanaciones de amor.

Estrella de Belén:
Pureza.

Flores silvestres:
Bendiciones de Dios rociadas generosamente por todos lados.

Geranio:
Actitudes positivas, propósitos fuertes, perseverancia y ánimo.

Girasol:
Tradicionalmente sigue al sol, sigue a la luz de Dios. Significa naturaleza en su sentido más completo; abundancia, sol, disposición, brillo y prosperidad.

Gladiolos:
Podrían significar alegría del corazón.

Helecho:
Aceptación pacífica, gracia, serenidad, gentileza y quietud.

Iris:
Símbolo del poder.

Jacinto de agua:
Puede ser belleza, aunque actualmente se asocia más con corrientes contaminadas que se acercan y nos ahogan, o con las corrientes contaminadas o con las fuerzas esenciales de la vida. También puede implicar pensamientos negativos.

Jazmín:
Paz, buena voluntad, curación.

Juncos:
Símbolo de la mente atada al espíritu.

Lavanda:
Aspiraciones, el saber de la Antigüedad, santidad, constancia en la oración, elevación del espíritu y bendición a todo.

Lirios de agua:
El fruto de emociones pacíficas.

Lirios mágicos:
Magia, alegría y risas.

Lirios:
Fe, gracia, pureza, pensamientos santos, pensamiento abstracto; la copa de vino, el santo grial, el cáliz, la fe, los chakras, el chakra corona; una nueva vida, la resurrección o los poderes espirituales curativos otorgados al soñador.

    Lirios blancos: Pureza, virginidad.

    Siete lirios blancos: Los siete chakras abiertos y purificados.

Loto:
Representa la abertura de los chakras, sobre todo del chakra corona; abertura a las ideas de Dios; expansión de nuestra consciencia, belleza del alma. Si todavía se trata de un bulbo, podría significar la promesa de que ese bulbo se abrirá.

Malas hierbas:
Pensamientos negativos de cualquier tipo que pueden ahogar nuestra belleza y nuestra elegancia, que pueden impedir el desarrollo de nuestro crecimiento espiritual.

    También puede simbolizar la marihuana, que daña nuestro progreso espiritual.

    Quitar las malas hierbas: Acción de eliminar las ideas que no queremos. También pueden simbolizar la necesidad de hacerlo.

Margarita:
Frescura, novedad, sencillez, inocencia, refrigerio, nitidez, brillo, jovialidad, alegría.

Muérdago:
Pensamientos parasitarios, ideas que ahogan y que matan a su huésped (¡a nosotros!). Puede ser un símbolo de la muerte, pero también de perlas pequeñas de amor y de servicio. Eran un símbolo religioso de los Druidas.

Narciso:
Autorreflejo, egoísmo, autoestima, vanidad.

Narcisos amarillos:

Buenos presagios que anuncian los gozos de la resurrección y de la primavera; alegría, colorido, felicidad.

Nomeolvides:

Amistad, cuidado, pensamientos amorosos.

Orquídea:

Una planta delicada requiere atención y condiciones especiales; símbolo de la gentileza, de la delicadez, para ocasiones muy especiales; normalmente está relacionada con el romance, pero también con la belleza y con la sensualidad.

Podría asociarse con los sentimientos que tuvimos el primer día que dimos o recibimos una orquídea.

Paciencias:

Símbolo colorido de la paciencia, de la perseverancia, de la amabilidad.

Pensamientos:

Pensamientos gentiles y caras agradables.

Peonías:

Pensamientos bien desarrollados que probablemente echaron raíz en el pasado. También son un símbolo del día en que se conmemoran los militares muertos en las guerras.

Petunia:

Paz, armonía, serenidad, elevación del cuerpo y del alma.

Planta o flor inmortal:

Flores del alma.

Plantas espinosas:

Severidad, apuros.

Ranúnculo:

Antiguo símbolo del celibato.

Rascamoño:

Alegría de verano; símbolo de la belleza y de la abundancia, de la amistad, del gozo y de las risas.

Rosa:

Símbolo del amor de Cristo, del amor espiritual, de la consciencia de Cristo, de la belleza.

Fragancia: Lo mismo que la rosa (arriba). Simboliza que un ser espiritual muy elevado está cerca de nosotros.

Rosa blanca: Amor puro, amor incondicional, amor fraternal o cósmico. Boquiabierto.

Rosa de color rosa: Amor, afecto, amabilidad, compasión, aspiración, amor fraternal.

Rosa roja: Amor humano, amor personal, deseo, enamoramiento.

Tiliáceo rosa:

Dulce, amable, inocente, inofensivo.

Trébol blanco:

Significa buena suerte, fe, esperanza y amor eterno; bendiciones para los humildes; días de despreocupación.

Trébol rojo:

Símbolo de plenitud, de fe, de amor y de curación.

Tulipanes:

Anuncian la llegada de la primavera y de la alegría de vivir. Representan la fe, la esperanza y la caridad.

Vaina:
Contiene muchas ideas semilla, pensamientos que crece paulatinamente, que se multiplican y que continúan dando fruto.

Vara de oro silvestre:
Para muchos se trata de un hierbajo, pero también es un símbolo de disciplina espiritual. Con frecuencia, causa polinosis y alergias; por eso podría ser un aviso, depende del tipo de sueño.

Verbena:
Paz.

Violetas:
Símbolo de la timidez, de la humildad, de la alegría discreta, de los pensamientos tiernos, del amor gentil.

HIERBAS

Las hierbas simbolizan plenitud de salud, curación, pensamientos, ideas y oraciones que alivian y que remedian. Soñar con una hierba en particular puede indicar que nuestro cuerpo tiene necesidad de este tipo de hierba. Una ofrenda de hierbas puede significar una ofrenda de salud.

Romero:
Recuerdo y amistad.

Ruda:
Pena, desespero.

Salvia:
Sabiduría, prudencia.

Tomillo:
Paz. También puede significar puntualidad.

VEGETALES

Los vegetales simbolizan ideas que nos alimentan y que nos nutren a nosotros y a los demás. Son, pues, ideas productivas.

Cebollas:
Fruto amargo, karma, ideas y opiniones severas que pueden ofender a los demás.

Cereales:
Símbolo de los granos de la verdad.

Grano, plantas:
Puede significar algo que está rancio, aunque también puede significar el potencial para la verdad. Además, el grano representa corrientes y energías.

Guisantes:
Pueden ser un alimento que necesitamos en nuestra dieta o también pueden representar la paz.

Judías:
Pueden significar que no sabemos nada en absoluto o pueden indicarnos una ideas muy productivas. También podrían avisarnos de que debemos usar nuestra vitalidad.

VIÑAS

Hiedra venenosa:
Pensamientos venenosos que se nos aferran: el odio, la venganza, el resentimiento, los celos. Se trata, pues, de pensamientos y de recuerdos que nos irritan. Puede que nos estén indicando situaciones venenosas o algo que se tiene que evitar.

Parras:

Representan pensamientos ambiciosos, ideas y recuerdos que se aferran a nosotros. Puede que nos estén diciendo que nos mantengamos firmes. Por otro lado, pueden significar que nos aferramos a los demás, que pedimos apoyo a alguien o a algo, que no somos autosuficientes. Muchas parras: pueden representar una gran confusión.

Vid:

Símbolo de recompensas, de prosperidad, de frutos espirituales.

Viñedos:

Símbolos de la riqueza de la tierra, de recompensas, de los frutos de nuestro trabajo, de la prosperidad y de las bendiciones.

Zarza:

Etiquetas, complejos, cosas a las que nos agarramos, o cosas con las que tenemos que cargar.

ARBUSTOS

Arbusto espinoso:

Lugar de grandes complejos, de deseos básicos en los que nos podemos bloquear. También puede significar que nos han atrapado, o que nosotros hemos alcanzado algo; o alguna cosa en la que nos hemos encallado y con la que tenemos que cargar; severidad.

Arbustos florecientes:

Señal de abundancia, de profusión, de belleza, de felicidad, de prosperidad; el amor de Dios hacia nosotros.

Laurel:

Símbolo de la victoria.

Lila:

Símbolo del primer amor.

Mata en llamas:

Símbolo del principio de nuestro conocimiento espiritual. Puede simbolizar nuestra purificación espiritual y las preparaciones o lo que necesitemos para conseguirlo. Es una promesa de que un gran conocimiento espiritual está por llegar.

Planta en llamas: Puede representar nuestra necesidad de prepararnos para el conocimiento espiritual que va a llegar o puede que nos esté indicando que este conocimiento es inminente.

Si ya estamos en el sendero, puede implicar iniciación, un conocimiento nuevo o un nuevo ciclo de consciencia y de crecimiento que se aproxima.

Seto:

Puede ser una frontera, un límite, una barrera o una protección. También puede denotar que contestamos con evasivas, que esquivamos las cuestiones, que no nos comprometemos a nada.

ÁRBOLES

Un árbol representa «el Árbol de la Ciencia», los frutos de nuestro trabajo o la ausencia de éstos. Debemos fijarnos en si el árbol está sano y en si crece de una manera equilibrada, ya que éste representa nuestra vida y nuestro estado espiritual. Puede denotar nuestro sistema de creencias, nuestra vitalidad, nuestro estado de salud o, incluso, nuestro árbol genealógico y sus lazos.

Árbol al revés:

Las raíces en el aire y las ramas en la tierra. Esto puede indicarnos que nosotros o que nuestras creencias están arraigadas a elementos muy elevados del reino espiritual. Un símbolo positivo.

Árboles desarraigados:

Sin equilibrio, desgarrado de sus conexiones o fundamentos físicos; desconectado, fuera de la tierra. Pueden implicar que nuestro sistema de creencias está desarraigado. Por otra parte también representan la situación de nuestro estado espiritual actual o nos indican que nuestros lazos familiares están rotos. También pueden avisarnos de contratiempos que están por llegar.

Árboles en flor:

Los árboles significan el estado espiritual del crecimiento y del desarrollo. El florecer podría ser una señal de belleza interior, de buen crecimiento, de abundancia y de promesa de frutos eventuales de nuestras labores espirituales.

Árboles frutales en fruto:

Representan los frutos de nuestro trabajo en particular, nuestros talentos y nuestras hazañas. Fijémonos en el tipo y en el estado de los frutos que hemos plantado.

> *Frutos podridos:* Aviso de lo que hemos sembrado.

Bosque, muchos árboles:

Puede ser que nos esté indicando que el bosque no nos deja ver los árboles. Si el árbol está en buenas condiciones, puede representar paz, tranquilidad, calma, la serenidad de la naturaleza y,

posiblemente, la necesidad de encontrar un lugar sosegado para estar un rato tranquilos.

Raíces:

Pueden simbolizar las raíces de nuestro sistema de creencias, nuestras conexiones con la tierra, con el universo, etc. También pueden ser la causa, la raíz de un asunto. Por otra parte también simbolizan los lazos familiares, las raíces y los enlaces. Las raíces representan que hemos alcanzado algo del pasado; raíces kármicas o las conexiones con muchas vidas y experiencias. Fijémonos en el tipo de suelo y en los alrededores.

TIPOS DE ÁRBOLES

Abeto:

A menudo asociado con la idea y con el significado representado por el árbol de Navidad. También puede representar la fortaleza y el crecimiento espiritual muy elevado.

Árbol de Navidad:

Representa el espíritu de Cristo, su amor, el cristianismo, la estación de Cristo, Cristo en nosotros.

Arce:

Filósofo simpático, afecto, actitud abierta, humildad, alegría. Un carácter pintoresco.

Cedro:

Planta bíblica conocida por su fuerza y su dureza.

Cerezo:

Belleza delicada, amabilidad frágil, gracia, gentileza y serenidad. También puede inducir a la inspiración.

Cornejo:
Belleza, gracia, sencillez, gentileza, fragilidad.

Eucalipto:
Poderes curativos, fuerza, dureza, sabiduría, cuidado.

Granado:
Árbol de muchas semillas. Símbolo de producción, reproducción, sexo y fertilidad.

Higuera:
Puede representar el árbol de la vida, el poder de generación y de regeneración.
Si está viva, representa una gran abundancia. Si está talada puede significar el final de una generación y el principio de otra.

Incienso:
Sabiduría, núcleo, devoción y oraciones. Transportar cosas de lo físico a lo espiritual.

Manzano:
Símbolo de la antigüedad que representa la fertilidad, la tentación y nuestra habilidad de dar fruto.

Naranjo:
Puede representar los frutos de nuestro trabajo.

Flores del naranjo: Símbolo tradicional de las bodas, aunque más bien representa un matrimonio místico y espiritual que no uno físico.

Olivo:
Antiguo símbolo de la tierra santa, de la paz, del amor y del sendero de la curación y de la renovación.

Palmera:
Victoria, despliegue de nuestras fuerzas espirituales.

Pino:
Representa las fuerzas pacíficas, las energías físicas, la curación, la calma, la serenidad, el amor, el crecimiento, aunque también puede significar la tristeza, la languidez.

Roble:
Denota fuerza, dureza, perseverancia, poder, sabiduría, solidaridad y regeneración.

Sauce llorón:
Lamentación, remordimiento, lágrimas y pena de muerte; autocompasión. También puede ser la gracia, la belleza, la flexibilidad o la gentileza.

Sazafrán:
Majestuosidad, curación y cualidades de purificación.

Secuoya:
El saber de la Antigüedad, la fraternidad, ideales elevados, la verdad, la dignidad, la fuerza, la dureza, la paz y la soledad.

Tejo:
Fuerza y nervio; puede que se esté refiriendo a nosotros.

HOJAS

Las hojas en general pueden significar abandonar o dejar, sobre todo si el viento las aleja de nosotros.

Hojas de otoño, que caen:
Representan viejos recuerdos, ideas, pensamientos, conceptos o enseñan-

zas que ya han dado lo mejor de sí y que ahora son inutilizables, que se tienen que desechar. También pueden significar el final de una estación o de un ciclo, ir más lentos, tiempo para cosechar o para reposar. Cambio.

Hojas frescas y verdes:

Representan un nuevo crecimiento, comienzos nuevos o potenciales, nuevas oportunidades en esta vida. Crecimiento fresco y verde en general; pueden ser un símbolo de la curación o de las fuerzas de la curación que están actuando.

Hojas muertas:

Ideas muertas o pensamientos agonizantes, viejos recuerdos, restos, sobras de otros tiempos que se tienen que desechar, tirar, limpiar. Desechos físicos, mentales o emocionales, escoria corporal, cosas que se tienen que eliminar o devolver a su origen.

Quemar hojas:

Acto de purificación, de transformación, de eliminación de ideas viejas, de recuerdos, etc. Terminado, completo, el fin de un asunto.

Rastrillar:

Quitar con el rastrillo, limpiar. Limpiar y despejar nuestra mente de cargas innecesarias.

MIS PROPIOS SÍMBOLOS DE JARDÍN

Capítulo 27

Escenarios históricos:
Repaso de nuestras vidas pasadas

La naturaleza decreta que cuando las criaturas ya no pueden cumplir con su propósito tendrían que dejar esa área de actividad y empezar de nuevo.

MANLEY HALL

ESCENAS DE LA ANTIGÜEDAD

De vez en cuando puede que soñando nos encontremos en un escenario que parece que haya sido extraído de las páginas de la historia o en un telón de fondo de una película. Los edificios, las calles, la gente son las mismas que nos encontraríamos en la antigua Roma, en Egipto o incluso en el lejano Oeste. Podemos encontrarnos en una tienda de campaña árabe, en una cabaña de paja o en un elegante palacio griego.

Nuestra primera reacción puede que sea de incredulidad; también puede que pensemos que ese sueño ha sido una tontería. Pero no es así. Tanto si creemos en la reencarnación como si no, probablemente tendremos vislumbres de otras épocas. Con esto no pretendo convencerles de que hemos vivido otras vidas y de que lo seguiremos haciendo, sino que quiero ayudar-

les a comprender las circunstancias que existieron *en aquel entonces* y cómo éstas se relacionan con el problema que *ahora* estamos intentando afrontar con todas nuestras fuerzas.

TEMAS DE LA ANTIGÜEDAD

El tema que se repite mayoritariamente en esos sueños es un tema que, en la otra vida, no conoció ni el perdón, ni la confianza ni el amor. Y es ese odio, esa desconfianza y esa incapacidad de perdonar lo que ha bloqueado nuestras relaciones con esa persona (la causa real del odio y del desprecio). Por eso, nuestro sueño significa la causa originaria del problema, que puede que haya pasado hace siglos y está ahí para que nosotros lo entendamos, para que nosotros perdonemos y hagamos las paces. Es importante que prestemos especial atención a la acción del sueño, ya que se trata de un tema recurrente que nos aparecerá en muchos sueños.

La ropa pasada de moda en un escenario moderno podría indicar una actitud anticuada y no una llamada a la vida pasada, a menos que las circunstancias fuesen tales, que nosotros tuviésemos la sensación de que la ropa representaba una actitud concreta guardada en aquel período.

La ropa moderna en un escenario anticuado puede significar o bien que estamos al día, o bien que no estamos sincronizados o que estamos más avanzados a nuestro tiempo.

EL LAZO QUE ATA

Las enseñanzas sabias de la antigüedad nos cuentan que el odio y el amor son lazos extremadamente fuertes; mientras una actitud de amor hacia una persona es nuestro último objetivo, el odio es un lazo kármico que nos devuelve a las vidas pasadas una y otra vez hasta que al final aprendemos a obedecer el mandamiento de Cristo: «Amaros los unos a los otros, así como yo os he amado».

Dios es un padre que nos quiere y que nos da muchísimas oportunidades para reparar lo que hemos hecho mal; y de eso es lo que trata la reencarnación. Para aquellos que todavía no lo tienen muy claro pueden encontrar en la Biblia, si se molestan en mirarlo, muchas referencias a la reencarnación. (Matías 16:13, 17:10 o Juan 1:21, por nombrar algunas.)

Así, cuando nos encontremos vestidos con una toga romana o con una falda hawaiana, debemos prestar mucha atención. A menudo, las personas que nos encontramos en estos episo-

dios de vidas pasadas son personas que están muy cerca de nosotros en nuestra vida actual. Algunos de ellos serán viejos amantes, mientras otros serán viejos odios que ahora se tendrán que superar.

No debemos preocuparnos si el viejo odio en nuestras vidas resulta ser nuestro cónyuge; esto pasa muy a menudo. Uno de nosotros hizo daño al otro, uno al que nunca perdonamos y, ahora, los dos nos estamos peleando otra vez, o, al menos, estamos intentando con todas nuestras fuerzas encontrar una solución. El amor que sabe perdonar es lo más importante.

Incluso cuando dos personas se hieren y se hacen daño mutuamente, existe una necesidad de hacer las paces, de evitar tener que pasar por lo mismo otra vez. Lo que no perdonamos nos provoca karmas.

Como siempre, nuestros sueños nos dan una intuición o una dirección y el entendimiento necesario para ayudarnos a resolver nuestros problemas actuales. Utilizan los símbolos que mejor nos van.

MIS PROPIOS SÍMBOLOS HISTÓRICOS

_____

_____

_____

_____

_____

_____

_____

_____

_____

_____

_____

Capítulo 28

Mobiliario doméstico, instrumentos musicales y herramientas

MUEBLES

Los muebles en los sueños representan las formas de pensamientos que
nuestra mente crea cuando piensa.
Nuestras ideas, literalmente, toman
forma y aspecto en nuestra mente y se
convierten en pensamientos y en creencias sólidas, las cuales representan
los símbolos claros del estado de nuestra mente, de nuestra consciencia, de
nuestras ideas, de nuestra creencia,
de nuestros recuerdos, de nuestras costumbres y de nuestros hábitos.

Fijémonos en el estado de los muebles, en si son nuevos o viejos, gastados o bonitos, si están rotos o si están
en buen estado.

TIPOS DE MUEBLES

Antigüedades:
Si son bonitas y están bien cuidadas
pueden representar ideales elevados,
creencias y principios que han sobrevivido al paso del tiempo y que han sido
guardadas y apreciadas por una buena
razón. Las antigüedades también

representan reliquias familiares, tanto
físicas como mentales, creencias, valores, vínculos, orgullo y recuerdos. Las
antigüedades pueden significar las cosas que guardamos como tesoros, o
pueden ser indicadores de la vida pasada, símbolos de otro estilo de vida.

Atestados:
Significan hábitos de pensamiento poco sistemáticos, indisciplinados; una
clara necesidad de ordenar las cosas,
de eliminar lo que ya no nos sirve, de
encontrar un lugar apropiado, de poner orden a nuestros hábitos de pensamiento y de sentimiento.

Bonitos:
Pensamientos, oraciones e ideas cariñosas, gentiles, de compasión, de entendimiento. Actitudes de perdón.

Clásicos:
Pueden significar tradiciones, creencias
que han sido guardadas durante mucho tiempo y que ahora tienen que
dejar paso a las nuevas. Los valores tradicionales cambian lentamente y se

consideran sólidos, valiosos, incuestionables, estables. Pueden significar el buen gusto, el deseo de ideas y creencias que sobreviven el paso del tiempo, o estar en concordancia con las creencias aceptadas y con las tradiciones que nos rodean.

De bebé:

Puede significar ideas infantiles o inmaduras, o ideas basadas en un proyecto o concepto nuevo, que acabamos de traer al mundo. Puede ser un pensamiento lleno de deseos (deseo de una familia) o un símbolo de percepción extrasensorial de lo que está por llegar.

Foráneos:

Los muebles de otros países y de otras culturas pueden representar ideas que nos son extrañas, diferentes de nuestra manera habitual de pensar o de nuestras creencias básicas. Fijémonos en si nosotros aceptamos estos muebles o si los rechazamos.

Modernos:

Naturalmente, los muebles modernos significan ideas y conceptos nuevos, modernos. Son un símbolo muy bueno, de pensamiento avanzado o de algo que todavía no hemos analizado; ideas que aún no hemos puesto en práctica.

Nuevos:

Ideas nuevas formadas o que todavía se están formando.

Pasados de moda:

Si están en buen estado pueden representar ideas viejas, buenas y sólidas, que todavía están en vigor. Ideas básicas, invariables, que han sobrevivido al paso del tiempo, pero que representan valores pasados de moda, anticuados; cosas que ya no son apropiadas, que ya no son lo que fueron; o bien pensamientos que han quedado atrás, sobre todo si los muebles no están en buenas condiciones o ya no sirven para su propósito.

Rotos:

Conceptos que ya no son útiles o relevantes, que se han roto porque no se han utilizado correctamente, lo que significaría una necesidad de renovar y de actualizar nuestros pensamientos en el área en la que nos encontramos. También podrían denotar pensamientos negativos, una mente inestable o preocupada.

MOBILIARIO

Afgano:

Seguridad personal, afecto.

Alfombra:

Tapadera decorativa de nuestros fundamentos básicos; puede significar algo que queremos esconder o algo por donde caminamos. Puede que la alfombra seamos nosotros y que nos esté indicando que nos están pisando.

Alfombra mojada o estropeada:
Puede indicarnos que nuestro soporte está mojado o que nuestras ideas, bases, creencias o fundamentos están defectuosos o se basan en la emoción. Debemos fijarnos de quién es la casa o la alfombra.

Árbol de Navidad:

Representa la consciencia de Cristo, la manera de vivir de Cristo, los ideales de Cristo y nuestro espíritu navideño.

Luces de Navidad encendidas: Las luces de Cristo en nosotros.

Luces de Navidad apagadas: Significan que no estamos utilizando nuestro potencial, que no dejamos que nuestra luz brille.

Archivador:

Banco de datos, almacén de información, lugar donde se registran los hechos. Puede significar las cosas que archivamos en la mente o detalles innecesarios y recuerdos entre los que hurgamos.

Cajones abiertos: Actitud abierta a dar y a recibir mensajes.

Cajones cerrados: Pueden indicar privacidad, sin predisposición a compartir, a dar o a recibir ideas e información nueva.

Cerrado con llave: Puede implicar algo que no queremos revelar a los demás o que no queremos ver. Puede implicar una mente cerrada, un corazón que guarda cosas bajo llave.

Armario:

Puede significar un lugar donde se almacenan los alimentos que nos impulsan a reflexionar y las ideas.

Bar:

Puede significar que estamos obstruyendo nuestro camino, que estamos excluyendo a los demás de algo. También puede significar un deseo de beber o de reuniones sociales, según nuestros sentimientos.

Bar de copas: Puede ser un lugar donde se sirven refrescos, físicos o

espirituales, o puede indicarnos que las bebidas alcohólicas nos están excluyendo de algo.

Barra de ejercicios: Es posible que nos esté indicando que nuestro cuerpo necesita más ejercicio, que tenemos que ejercitar nuestra mente. También puede simbolizar una barrera.

Snack bar: Puede significar alimentos nutritivos, reunión familiar o puede decirnos que estos tentempiés nos están excluyendo de algo.

Báscula:

Equilibrio, justicia, karma, armonía, pesos y medidas. Una balanza desequilibrada puede indicar una injusticia.

Biblia:

Las palabras santas, las leyes espirituales, la inspiración, la verdad, el bienestar, el conocimiento, las promesas divinas, los diez mandamientos, diferentes maneras de vivir, nuestro sistema básico de creencias. También puede indicarnos que debemos recurrir a la Biblia más a menudo.

Versos de la Biblia: Tanto si aparece el número del capítulo o el número de los versos, como si han sido citados palabra por palabra, podrían indicar la necesidad de reflexionar sobre las palabras y las ideas reveladas. También pueden ser un mensaje personal hacia nosotros.

Borrador:

Puede ser una señal para borrar o erradicar de nuestra mente sentimientos o acciones. Posiblemente represente la necesidad de dejar marchar algo, de eliminarlo de nuestras mentes o de eliminar un vicio.

Cables eléctricos:

Canales de poder que transportan energías prácticas. Implican nuestra habilidad para enchufarnos a una fuente de poder extra para adquirir energía cuando la necesitemos; nuestra habilidad de conectarnos a una fuente de poder, tanto si estamos enchufados como si no.

Cadena:

Puede representar una cadena de pensamientos, enlaces (físicos, mentales, kármicos o emocionales), una cosa o una acción que conduce a otra o que se enlaza con la otra, una reacción en cadena. También podría significar seguridad, cautiverio, según la acción del sueño y los sentimientos.

Calculadora:

Puede significar las propiedades calculadoras de nuestra mente. Calcular pensamientos, esquemas, planes o cuentas.

Cama:

Puede representar reposo, sueños, sexo, privacidad, sueño o una situación matrimonial. Puede indicarnos también que tenemos que ser consecuentes.

Cama de agua: Puede implicar inestabilidad, fundamentos emocionales, un capricho o un gran bienestar, según nuestros sentimientos.

Cama de agua ajena: Puede simbolizar una situación emocional, fluctuaciones, repercusiones, reacciones emocionales, altos y bajos,

falta de compromiso firme o de una base sólida en nuestras relaciones con nosotros mismos o con los demás.

Cama de columnas: Se refiere a las cuatro esquinas o a las cualidades estabilizadoras que mantienen el matrimonio unido. Puede representar las bases y fundamentos del matrimonio, o podría tratarse de ideas anticuadas sobre el amor y el matrimonio.

Cama de matrimonio: A menudo simboliza el matrimonio y nuestra relación con nuestro cónyuge, como también otras ideas que aparecen en *Cama.*

Cama individual: Denota la vida de soltero, soledad, privacidad, cosas que sólo nos pertenecen a nosotros, soledad, independencia, soltería.

Camas gemelas: Si estamos casados y dormimos en una cama de matrimonio, soñar con camas gemelas puede denotar una separación, caminos que se separan, una larga distancia o pensamientos de este estilo.

Colchón: Puede denotar las bases de una relación.

Hacer la cama: Puede significar que tenemos que dormir en la cama que hemos hecho, que tenemos que ser consecuentes, acarrear con las consecuencias de lo que hemos creado. También podría ser que estamos a punto de decidirnos por el matrimonio o decidiendo que no volveremos a esta situación nunca más. Puede significar el acto de solucionar un conflicto matrimonial o un malentendido, el acto de suavizar los puntos negros en el matrimonio o en una relación. Una cama de matrimonio indica normalmente matrimonio o relación de pareja; una cama individual, en cambio, implica el vivir solos.

Plegatín: Situación temporal, improvisada, relaciones o sexo ocultos, asuntos que se solucionan rápidamente, dar un beso y confesarlo todo; también puede significar el deseo de esconder todo esto.

Campanas:

Si en un sueño suenan campanas puede que nos estén llamando la atención hacia esa parte concreta del sueño. Hay algo importante que debemos ver o escuchar.

Campanas de plata: Misticismo.

Canapé o confidente:

Compañerismo, amor, acercamiento, armonía; holgazanear.

Cenicero:

Repositorio de las cenizas de hábitos viejos, de quejas y de ideas; también implica una referencia directa a los hábitos del tabaco.

Cenicero roto: Hábitos de fumar rotos.

Cojines:

Símbolo del bienestar, del lujo, de la relajación, de la facilidad. Pueden indicar pereza o la necesidad de tomarnos las cosas con más calma.

Columpio:

Normalmente representa vacilación, un vaivén de ideas, imposibilidad de tomar una decisión.

Cómoda:

Puede ser un contenedor de nuestras actitudes, ideas, recuerdos, conocimientos e incluso talentos. También hace referencia a nuestros sentimientos, a nuestro pecho, a nuestros pulmones, a sacar las cosas del pecho, a desahogarse, a confesar. También puede representar nuestro corazón y las cosas guardadas en él o que vienen de él.

Congelador:

Nuestras emociones congeladas, nuestros potenciales inutilizados; ideas, proyectos que hemos dejado para más tarde, que actualmente no utilizamos. Puede representar un aspecto o una actitud nuestra fría, glacial. Sacar las cosas del congelador significa la necesidad de deshelar nuestros potenciales inutilizados o nuestras actitudes personales.

Deshelar hielo u objetos: Significa una actitud más suave, que nuestras creencias más severas se están derritiendo, que estamos bajando las barreras de nuestros sentimientos más profundos.

Cuadros:

Puede que parezcan detalles sin importancia, pero cada cuadro o símbolo de nuestra casa deja una huella en nuestra mente y ejerce una influencia sutil pero persistente en todo lo que hay en la casa, real o soñada. Debemos fijarnos bien en el tipo de cuadro y en la historia o en las impresiones que nos causa, y recordar, para una mejor interpretación, los sentimientos que nos inspiraron. También podría tratarse de pintar esto o aquello, o de pintarnos a nosotros mismos.

Autorretrato: Puede que nos esté diciendo que «tenemos que mirarnos atentamente» o que «así es como nos vemos». Por otra parte, puede implicar la necesidad de autoexplorarnos o de fijarnos en lo que hacemos o creamos.

Hacer una foto: Acción de captar o grabar a una persona o un suceso, de conseguir una imagen clara, de focalizar nuestra atención, de crear una memoria permanente, de obtener una buena comprensión de las cosas o de la situación.

Marco de oro: Puede indicar una estima muy elevada.

Marco del cuadro: Puede significar nuestro marco mental respecto a la persona o la situación dibujada.

Retrato de otra persona: Puede mostrarnos cómo vemos a esa persona o puede ser un aspecto nuestro que tenemos que examinar más profundamente.

Cubrecama:
Significa la apariencia física, una tapadera de nuestra vida privada, sexual o matrimonial.

Cuerno de la abundancia:
Símbolo de la abundancia, de la prosperidad, de los límites de Dios.

Cuna:
Lugar donde descansan las nuevas creaciones. Puede implicar expectación, alimentación, cuidado, protección, el despliegue de un nuevo comienzo, un bebé, un proyecto, una idea.

Equipo eléctrico:
Un objeto capaz de llevar a cabo acciones con mucho poder, capaz de realizar las cosas más rápidamente y (por lo general) más eficazmente. Podría simbolizar ayuda o poder de otras personas, de otras fuentes.

Escoba:
Símbolo de la limpieza, de la nitidez, de las tareas domésticas; la necesidad de limpiar. También puede significar que debemos cambiar completamente, que tenemos que limpiar nuestra mente.

Espejo:
Autorreflejo, o la necesidad de hacerlo: ¿Quiénes somos? ¿Qué estamos haciendo y qué estamos pensando? ¿Cómo nos vemos a nosotros mismos? Tenemos que autoobservarnos bien. Puede que nos esté diciendo que «nos tenemos que conocer más» o que «tenemos que ser nuestro yo verdadero». Podría ser un reflejo de nuestro estilo de vida.

Espejo empañado: Puede indicar una visión borrosa, un concepto confuso sobre lo que somos o sobre quiénes somos. Puede indicar también una falta de claridad en nuestros objetivos o en la percepción que tenemos de nosotros mismos, de nuestra vida, de la situación en la que estamos.

Espejo roto: Significa una imagen pobre y distorsionada de nosotros mismos; una imagen extraña, deformada; imagen rota, patrones rotos. También puede que nos esté mostrando muchas facetas o reflejos de nosotros mismos. Podría simbolizar un trozo de nuestra personalidad o un trozo de nuestra imagen, o bien muchos aspectos nuestros.

Romper un espejo: Viejo símbolo de siete años de mala suerte. También puede implicar romper una imagen vieja de nosotros mismos, romper con algún rasgo o hábito personal. Podría ser que no queremos afrontar algo.

Estanterías:
Representan los niveles de nuestra mente donde almacenamos ideas, recuerdos, conceptos y trastos viejos.

Figuritas:
Un aspecto pequeño de nosotros mismos, un pensamiento pequeño que nos infravalora, que infravalora nuestras capacidades, nuestras habilidades. También pueden indicarnos que no medimos bien nuestros estándares o que no vemos nuestras acciones desde la posición correcta. Pensemos qué es lo que la figurita representa: podría denotar nuestra parte masculina o nuestra parte intelectual que queremos dominar o también la parte femenina, la parte intuitiva. Si la figurita es un deportista, un guerrero o algo similar, debemos considerar este aspecto nuestro.

Fregadero:
Centro de actividades relacionadas con el alimento para la reflexión. Área de selección y de rechazo, área de limpieza, lugar para cortar, deshacer y preparar ideas y conceptos.

Eliminación de basura: Puede denotar lo que desechamos o lo que eliminamos. También puede implicar lo mucho que malgastamos.

Fregona:
Puede indicar la necesidad de limpiar una situación.

Grabadora:
Habilidad para recordar y grabar las cosas exactamente como pasaron. Memoria fotográfica.

Hornillo:
Para calentar las cosas, para hacer que las cosas funcionen, para cocinar nuevas ideas, para hacer nuevas combinaciones de ideas.

Puede que nos esté diciendo que «ahora estamos cocinando» o que estamos poniendo las cosas en el fuego trasero de nuestra mente. Puede que estemos hirviendo, a punto de estallar, rebosantes, o que nos estemos volviendo locos por algún motivo. El hornillo también puede representar la idea de encontrarnos en una situación difícil, de sentirnos esclavizados por las tareas domésticas o bien por la familia; una situación a la que debemos poner fin y sobre la que tenemos que reflexionar.

Horno:
A menudo significa el corazón de la casa, el amor que nos mantiene calientes, al igual que la cómoda.

Interruptor eléctrico:

Panel de control, habilidad para regular el poder, encender o apagar.

Lámpara:

Instrumento o canal de luz o de iluminación que se puede encender o apagar cuando nosotros queramos. Si la apagamos, estamos cerrando el paso al halo de luz.

Lápiz:

Puede significar hacer una observación, remarcar algo, hacer una marca en el mundo, posiblemente la necesidad de escribir las cosas. También puede significar talento para las letras.

Sacapuntas:

Sacapuntas: Preparación para el trabajo, dar forma a nuestras acciones o a nuestras habilidades. También quiere decir que rompemos las cosas en pedazos.

Letras, cartas, papeles:

Pueden ser expresiones de ideas personales, actitudes, opiniones, esperanzas, sueños, pensamientos, creencias, preocupaciones, objetivos, decisiones, intenciones o voluntad. También pueden significar información y mensajes para nosotros, o bien pueden ser letras que hagan referencia al área del aprendizaje.

Cartas que todavía no hemos abierto: Mensajes enviados pero no leídos, oídos, aceptados, digeridos, ni tomados en consideración. Puede ser un aviso de que no hemos hecho caso a una información.

En blanco: Una oportunidad para expresar nuestras ideas. Puede que también nos indique que no tenemos ni idea o ninguna opinión de un tema en concreto.

Escribir a máquina: Organizar nuestros pensamientos, nuestros sentimientos, unir ideas, expresando nuestros talentos, nuestra creatividad.

Imprimir: Ideas sólidas, completas, listas para ser enviadas al mundo; temas listos para leer, estudiar, aceptar o rechazar.

Tomar notas: Recolectar pensamientos, ideas, intuiciones; poner las cosas en orden.

Libros:

Conocimiento, información, opiniones, ideas fijas (que se están imprimiendo), otras ideas, reglas, leyes, historia, hechos, ficción, escapismo, fantasía, educación, un grupo de ideas relacionadas. También pueden significar conocimientos que tenemos que buscar. Véase *Revistas*, en este capítulo.

De derecho: Significan ley, moral, precedentes, normativas, reglas, códigos de consulta. Pueden implicar la necesidad de aprender todo esto.

Guía de teléfonos: Para buscar, localizar, contactar con viejos o nuevos amigos; conseguir ayuda o información.

Libros viejos: Pueden significar material e información anticuada, o el saber de la antigüedad.

Manual:

Direcciones, instrucciones necesarias para que nosotros montemos algo.

Muchos libros:
Pueden indicar que estamos leyendo demasiado.

Lima para las uñas:
Símbolo de suavizar, de limar o de eliminar los puntos irregulares de nuestro ser.

Linterna eléctrica:
Significa nuestra habilidad o nuestra necesidad de iluminar una situación, de enfocar hacia una dirección determinada.

Luces de lámpara:
Generalmente denotan iluminación. Notemos el grado de luz o de oscuridad en el área involucrada, ya que podemos poseer muchos conocimientos en un área determinada y ser muy ignorantes en otras.

Acercarse a la luz: Simboliza nuestra necesidad de acercarnos más hacia la luz o de mostrar nuestro progreso y nuestra dirección cuando quedamos iluminados, dependiendo de nuestros sentimientos en el sueño.

Apagar las luces: Puede implicar que estamos cerrando nuestra fuente de iluminación, que nos oponemos a «ver la luz», que no queremos saber, entender ni ver una situación.

Apartarse de la luz: Puede ser un aviso de que nos movemos en una dirección errónea, de que algo que hemos escogido nos conduce hacia la oscuridad.

Bombilla: Es simbólica de una idea, de una inspiración repentina, de una iluminación.

Luz de un foco: Puede estar diciéndonos que la luz nos está enfocando o que la atención va dirigida a nosotros. También puede ser que sintamos que todo el mundo nos está mirando.

Manguera:
Significa habilidad para canalizar, guiar, dirigir y focalizar las energías, las emociones, los sentimientos; un fertilizante para una situación o un área.

Manta:
Suele significar seguridad o tapadera.

Sin manta: Puede implicar inseguridad, sentirnos poco seguros de nosotros mismos.

Máquina de coser:
Denota nuestra habilidad para ser creativos, de unir las cosas de otra manera, de hacer un apaño o de arreglar las cosas, de usar nuestras habilidades creativas.

Mesa:
Pieza para comer o para poner objetos encima, para jugar, o para afrontar cosas. Su significado más exacto vendrá determinado por el tipo de mesa.

Buffet: Símbolo de plenitud, de gran variedad, de libertad de elección.

Implica autoayuda, servicio a los demás, elecciones, toma de decisiones. Nadie nos va a servir; es algo que tenemos que hacer por nosotros mismos o algo sin lo que tenemos que aprender a vivir.

De bridge: Área de juegos, de chismorreo, de reunión social, de hospitalidad, de competición amistosa; puede significar llenar el vacío o poner las cartas sobre la mesa.

De café: Comida informal, repartición, compañerismo, hospitalidad, relajación.

De comedor: Área para compartir ideas y alimentos para la reflexión con los amigos y los familiares.

De conferencia: Puede significar confrontación, acuerdo o desacuerdo, asuntos de negocios, discusión, afrontar los hechos, verlo desde otro punto de vista, compromiso, solucionar las diferencias.

De impresión: Planificación, diseño, argumentos, propósitos, creatividad, juntarlo todo, tener todo bajo control.

De la cocina: Sobremesa, alimento para la reflexión, asuntos familiares, discusiones o la necesidad de todo esto. Afecto, seguridad, asuntos personales.

De pool: Mismo significado que la mesa de póquer pero puede que nos esté diciendo, además, que tenemos que sacar el máximo partido de nuestros esfuerzos. También puede representar diversión familiar.

De póquer: Área de juego, de coger turno, de competición. Pueden ser juegos divertidos o mortalmente serios.

De restaurantes: Puede indicar diferentes círculos o áreas, pensamientos y esfuerzos que se dan en un área determinada. Si juntamos las mesas puede significar una combinación de esfuerzos, de ideas y de habilidades; cooperación, compañerismos.

Mesa de trabajo: Obviamente el lugar donde nos enfrentamos a las tareas que se tienen que realizar; lugar donde hacemos un esfuerzo para realizar las cosas. Puede representar el trabajo que debemos llevar a cabo.

Mesa redonda: Mismos derechos y oportunidades para todos, igualdad, cooperación, compañerismo.

Nevera:

Implica un lugar donde se guarda el alimento para la reflexión futura, porque ahora somos incapaces de consumirlo. También representa un tentempié, tomar algo en pocas cantidades. Éste puede ser un lugar para enfriar ideas candentes o puede que nos esté indicando un aspecto frío, frígido en nosotros, una actitud distante con los demás, una actitud sin emociones, una falta de afecto, la necesidad de deshelar.

Objetos de decoración:

Objetos decorativos pero innecesarios, chismes que no nos hacen falta, que no tienen utilidad concreta, que se llenan de polvo.

Ordenador:

Representa nuestra mente, nuestro cerebro, nuestro intelecto, nuestras actividades mentales, la memoria, la información que tenemos en el subconsciente, el sistema de creencias, ideas y conceptos viejos y nuevos, información almacenada, viejas y nuevas maneras de hacer las cosas, juegos, nuevas áreas para explorar, espacio para la expansión mental.

Disquete: Lugar donde guardar recuerdos, creencias, ideas, hechos, información, actitudes, emociones y juegos.

Disquete borrado: Viejos recuerdos y creencias borradas.

Periódico:

Puede representar la última noticia, un chismorreo, sucesos actuales y globales, anuncios publicitarios diseñados para atraer al incauto hacia una codicia más grande y hacia conceptos centrados en uno mismo. Probablemente también simbolice la opinión pública actual, el prejuicio, las ideas y actitudes de la consciencia de la raza, como también grandes dosis de pensamientos mundanos, materialistas.

Plantación de helechos:

Podría significar que estamos oponiendo resistencia; también podría ser un modelo de belleza.

Punto de un libro:

La marca de nuestro lugar. También puede indicarnos que debemos mantenernos en nuestro lugar o puede implicar que estamos dejando huella en el mundo o en el área que trata este libro. Si es un punto muy grande puede significar que dejaremos una huella importante.

Pupitre:

Centro de la actividad mental, del estudio, de la concentración, del cálculo, de la contemplación, del trabajo, de los planes, de la creatividad, de las cosas escritas, de la comunicación, de las cuentas, de los negocios inacabados; nuestras áreas particulares de preocupaciones, de responsabilidades, de servicio, área de expertos donde se solucionan problemas; nuestro trabajo, nuestra carrera profesional.

Radio:

Aviso de percepción extrasensorial, consciencia, receptividad, intuición, telepatía.

Apagada: Indica nuestra habilidad de recibir, pero que, por algún motivo, no estamos sintonizados, no escuchamos.

Encendida: Implica que estamos sintonizados, en alerta, que escuchamos, que estamos receptivos, que recibimos el mensaje.

Ramo de flores:

Belleza, gracia, amabilidad en la casa, pensamientos buenos, gentileza, armonía, honor.

Reloj:

Consciencia de que el tiempo pasa; indica un momento importante en el tiempo que podría ser nuestro momento en la vida. También puede señalar que tenemos que controlar más el tiempo.

Cronómetro: Simboliza que el tiempo vuela, que el tiempo se nos está acabando, que nos queda poco tiempo. Posiblemente nos está indicando que estamos perdiendo el tiempo de alguna manera.

Despertador: Nos está avisando de algo por lo que tendríamos que estar alarmados, sobre todo si el despertador está sonando. Significaría que estamos alerta, que somos conscientes, que estamos preparados, preocupados. Naturalmente también puede representar el tiempo y posiblemente haga alusión a la manera como pasamos el tiempo.

Parado: El tiempo se ha acabado, el reloj se ha parado, muerte, final.

Reloj que hace tic tac: Consciencia de que el tiempo pasa, de que la vida sigue. También puede que nos indique que la vida se nos escapa.

Revistas:
Representan nuestra área de especial interés, los objetivos, las actitudes, las preocupaciones, las aficiones, la carrera profesional, los conocimientos técnicos.

Ropa de lino:
La ropa de lino normalmente se asocia a la riqueza, al lujo, al buen gusto, a la simplicidad, a la aristocracia y a las cosas buenas de la vida.

Ropa por zurcir:
Puede denotar que estamos remendando un montón de cosas, actitudes, situaciones o circunstancias que necesitan un arreglo.

Sellos:
Los sellos de goma representan repetición, hacer o decir las mismas cosas una y otra vez.

Silla:
Significa nuestro asiento, nuestro lugar, nuestros derechos, nuestra posición. Podría indicar la necesidad de descansar más o podría decirnos que pasamos demasiado tiempo sentados sin hacer nada.

Balancín: Vacilación, movimiento hacia delante y hacia atrás, indecisión. También puede ser una idea de bienestar, de relajación.

Butaca: Puede ser nuestra idea de reposo, de relajación, de pereza, la falta de ambición, la negligencia. Podría ser también una invitación a tomarnos las cosas con más calma.

Ceder nuestro sitio: Ceder nuestro lugar.

Del jefe: Asiento de la autoridad.

Silla con el respaldo muy erguido: Podría implicar una disciplina muy severa, una postura muy recta o ir con la cabeza alta; falta de sencillez, lujo; o incluso la tendencia hacia la autodisciplina, dependiendo de nuestros sentimientos.

Trono: Asiento de dominio, autoridad, propiedad, liderazgo, responsabilidad o señal de que somos responsables de nuestra vida, de nuestros asuntos, a menos que sea otra persona la que esté sentada en el trono. También podría tratarse de una silla con orinal.

Tabla de planchar:
Necesidad de armonizar las cosas de nuestra mente, de suavizar nuestras relaciones, de planchar las emociones arrugadas y los pliegues emocionales y mentales.

Taburete de tres patas:
Bases firmes.

Tapices:
Pueden ser cosas de orgullo y de belleza que realzan el aspecto de nuestra casa. También puede ser una tapadera de defectos o la protección de nuestro suelo, de nuestros cimientos, de nuestra base de creencias. Por otro lado representan una parte nuestra que nos pisotearán siempre y cuando lo permitamos. Nadie va a poder pisarnos si nosotros no nos hemos echado antes. Significa nuestra idea de ser utilizados, de que abusan de nosotros, una falta de respeto por parte de los demás, un autodesprecio general. Es hora de que acabemos con esta situación. Véase *Alfombra*.

Telaraña:
Representa la confusión, lo incierto, inactividad mental o física, necesidad de limpiar la casa.

Teléfono:
Un instrumento de comunicación. Si tiene polvo, puede ser una señal de que nos tenemos que comunicar más, de que tenemos que contactar más

con los demás, de que debemos comunicar nuestras ideas y sentimientos.

Comunicando: Nadie se puede poner en contacto con nosotros; implica una actitud poco abierta, poca voluntad de escuchar a los demás o de intuir mensajes que van dirigidos a nosotros.

Conectado: Nos muestra que estamos preparados y que somos capaces de comunicarnos.

Desconectado: No se reciben mensajes, fuera de alcance, aversión o incapacidad de comunicación, de dar y de recibir mensajes.

Sonando: A menudo indica un mensaje real o un mensaje importante en el sueño. Debemos prestar mucha atención a lo que se dice o a lo que se hace a continuación.

Televisión:
Puede representar el entretenimiento familiar, una fuente de información de todo tipo. Puede tratarse de diversión, de un método de relajación o de instrucciones. También puede significar clarividencia, telepatía, estar conectado y recibir. Si no está conectado puede indicar que estamos capacitados pero que no utilizamos todas nuestras habilidades.

Tijeras:
Pueden indicar algo que tiene que desaparecer de nuestra vida. Puede que nos estén diciendo: «¡Basta ya!». También pueden mostrarnos nuestra habilidad para eliminar cosas o personas de nuestra vida; separación, división.

Tostadora:

Puede simbolizar ideas nuevas o alimento para la reflexión que sale disparado de nuestra mente. También se refiere a una manera de animar el ambiente.

Vela:

Candelabro: Sostiene la luz para los demás.

Candelabro de oro: Sostiene la luz espiritual.

Luz de vela: Símbolo de la iluminación, la fuente de la luz, adoración, devoción, vigilancia, iglesia, afecto, romance, escenario romántico, ternura, amistad, encanto.

Vela sin luz: Potencial que no se está usando.

INSTRUMENTOS MUSICALES

Capacidad de entrar en armonía con los demás, para hacer música agradable, para elevarnos espiritualmente o para elevar a los demás, si los usamos adecuadamente. Pueden implicar estar (o no estar) en armonía con el universo. Si, en el sueño, tocamos un instrumento que realmente no sabemos tocar, puede indicar que tenemos talento para tocar ese tipo de instrumento en particular.

También puede ser un símbolo de que tenemos habilidades para prevenir, crear; o puede que sea un instrumento para otra persona, una idea, un concepto que tenemos que afrontar o algo que tiene que cruzarse por nuestro camino. Puede que seamos un canal de curación, de ánimo, de iluminación.

Arpa:

Símbolo de inmensa armonía, de elevación espiritual, de música suave, gentil, de situaciones idílicas y curativas. También puede ser que nos esté diciendo que hablamos constantemente de los otros.

Piano:

Normalmente representa la armonía, pero también puede ser discordia. Puede denotar una necesidad de armonía en casa, en la familia o en cualquier lugar donde el piano se encuentre.

Tambor:

Puede significar que «marchamos al ritmo de otro tambor», que solamente seguimos nuestro ritmo, que hacemos lo que queremos, que seguimos el ritmo y la corriente de las cosas, que organizamos negocios, que golpeamos nuestro propio tambor.

Trompeta:

A menudo representa declaraciones de la verdad, pero probablemente tendrá más significados.

Viola:

Puede ser armonía o que estamos perdiendo el tiempo.

Violín:

Frecuentemente asociado a los lugares románticos, a las cenas bajo la luz de las velas, al lujo y a la belleza, así como a la música lenta. También puede significar vibración, alegría, ritmos gitanos; o tristeza e historia sentimental.

HERRAMIENTAS

Generalmente, las herramientas son instrumentos que sirven para trabajar, algo que utilizamos para realizar tareas. También pueden representar que nos utilizan como si fuésemos herramientas o instrumentos para alcanzar algún propósito. Puede que también seamos una herramienta para Dios. Quizá se refiera también a la preparación para el trabajo de la vida, con lo que tendremos que trabajar, nuestros potenciales inutilizados, nuestros talentos; también podría ser un equipo de montar.

Específicas:

Destornillador: En principio se trata de un instrumento para apretar los tornillos o para aflojarlos; puede servir para reparaciones pequeñas. Pero en la terminología moderna puede significar montar un lío, hacer el vago, hacer tonterías o tener relaciones sexuales (sólo sexuales; sin amor).

Escalera: Para ascender o descender, para ir y venir; escalar para alcanzar grandes alturas, niveles superiores. Puede significar que nos ascendemos o que ascendemos a los demás, que escalamos el mundo. También puede ser que nos elevamos con la meditación o con la oración; un estado alterado de consciencia, o un alto nivel de conocimiento.

Escuadra: Puede simbolizar algo que no está bien equilibrado y que tiene que ponerse bien. Puede ser una herramienta para medir o una manera de buscar un nuevo ángulo.

Llave inglesa: A menudo simboliza armar un lío con el trabajo, abandonar el trabajo, hacer tonterías, ser un irresponsable.

Martillo: Estrechez de miras, golpear a cualquier objeto, a cualquier persona; unir las cosas, golpear un tornillo, trabajo constructivo. También puede que signifique que nos estamos golpeando o que estamos golpeando nuestro estado de consciencia.

Papel de lijar: Un instrumento para suavizar las cosas, para limar los puntos rugosos, para hacer que las cosas sean más fáciles de manejar, de trabajar; suavizar, alisar, pulir, refinar; hacer que las cosas sean más bonitas, más aceptables, más manejables. Puede ser una señal de que debemos suavizar las cosas en nuestra vida o en nuestras relaciones. También puede representar la necesidad de decir «¡basta ya!». Además, puede ser algo que vimos o que estamos viendo.

Sierra: Un instrumento para cortar, para partir las cosas en dos, para cortar las cosas hasta que nos vayan bien. Puede implicar un paralelismo con una montaña serrada.

Sierra eléctrica: Poder para eliminar un problema rápidamente; habilidad para llegar hasta el fondo. Véase *Sierra*.

Torno de banco: Significa que lo entendemos todo, que no lo dejamos hasta que hemos acabado, que nos mantenemos firmes pese a la presión de los demás. También podría hacer referencia a un vicio.

Inutilizadas:

Implican talentos inutilizados, conocimientos o habilidades.

Oxidadas:

Implican nuestra necesidad de dar forma o de pulir nuestros talentos, nuestras habilidades, una necesidad de renovación.

VARIOS

Aspiradora:

Representa la habilidad y, proba ble mente, la necesidad de limpiar nuestros actos, nuestras emociones, nuestras actitudes, nuestros asuntos; de ordenar el área de la habitación representada en el sueño. Puede que se trate de que nuestra casa entera (nuestro estado de consciencia) necesita una buena limpieza. Pasar la aspiradora también es un poder de limpieza.

Vaciar la bolsa: Deshacernos de todas las cosas negativas.

Baúl:

Lugar donde se guardan viejos recuerdos, ideales, esperanzas, sueños, emociones antiguas, heridas y cosas que todavía no hemos perdonado. Si estamos sacando cosas del baúl y las estamos mirando, puede que se trate de temas que todavía no hemos afrontado y que ya ha llegado el momento de que los saquemos, de que los perdonemos, de que los olvidemos, de que los arreglemos y de que hagamos las paces. No tenemos que dejar las cosas pendientes.

Jarrón:

Es un objeto para flores y/o cosas de gran belleza. En el simbolismo cristiano representa el contenedor del alma o el símbolo del alma.

Lavadora:

Implica la necesidad de limpiar nuestras emociones y actitudes.

Vídeo:

Implica grabar, recordar sucesos del pasado con la más absoluta claridad; habilidad para sacar estos recuerdos y revivirlos una y otra vez. También puede ser que estemos viviendo demasiado de recuerdos del pasado.

MIS PROPIOS SÍMBOLOS DOMÉSTICOS

_____
_____
_____
_____
_____
_____
_____
_____
_____
_____
_____
_____
_____
_____
_____
_____
_____
_____

Capítulo 29

Enfermedades y heridas

Los sueños nos revelan que las enfermedades tienen un motivo que no es puramente patológico.

MEREDITH SABINI

Un ávido interés por los sueños me llevó a leer muchos artículos sobre este tema. El doctor ruso Vasili Kasatkin, jefe de un grupo de investigadores científicos del Instituto Neurológico Quirúrgico de Leningrado, ha introducido nuevos conceptos muy interesantes sobre este tema. Después de analizar los sueños de los enfermos, declaró (Gris y Dick, 1978) que «Está muy claro que los sueños son centinelas que vigilan nuestra salud mientras dormimos. Los tumores cerebrales, las enfermedades mentales, las enfermedades de corazón, de pulmón o de estómago *aparecen a menudo en los sueños, desde dos semanas hasta un año antes* de que la persona sepa que está enferma (énfasis añadido)». Por otra parte recomienda que «vayamos al médico y le informemos sobre los sueños que se nos están repitiendo, ya que éstos son presagios de enfermedades graves». Continúa diciendo que «aun-

que el médico no sepa interpretar sueños, un sueño recurrente le conducirá a alguna parte del cuerpo que tendría que ser explorada».

Los sueños sueltos sobre un problema físico pueden ser causados por determinados sucesos; pero si se trata de un sueño recurrente de un problema físico o mental lo tendremos que considerar como un aviso importante.

El doctor Kasatkin explica que las heridas en un área concreta pueden indicar una enfermedad en esa parte. Por ejemplo, las heridas en el pecho pueden simbolizar el corazón, los pulmones o problemas pectorales.

Para profundizar más sobre este tema, encontramos que Norman Cousins, en su libro *Anatomía de una enfermedad*, declara que «lo que creemos o lo que sentimos afecta directamente a la salud». Explica que el anuncio en un estadio de fútbol lleno de gente de que muchas personas habían sido intoxicadas con comida envenenada provocó náuseas y desmayos entre la multitud. Pero en cuanto se supo que era una falsa alarma, los síntomas desaparecieron inmediatamente.

Esto es un ejemplo magnífico de histeria colectiva o de *consciencia racial*. Las emociones *pueden* provocar reacciones físicas en el cuerpo; incluso las emociones negativas guardadas durante mucho tiempo nos pueden hacer enfermar. En cambio, los pensamientos y los sentimientos positivos son altamente terapéuticos. El perdón, el amor, la buena voluntad, la amabilidad, la esperanza, la alegría y la mejor sonrisa de todas son los mejores poderes curativos.

Según otras investigaciones de sueños, un horno roto puede simbolizar un problema con el estómago; una instalación eléctrica defectuosa ha sido relacionada con crisis nerviosas; las casas pueden representar la estructura ósea y los automóviles, las partes de nuestro cuerpo (como, por ejemplo, los faros representan los ojos). La clave está en vigilar los sueños *recurrentes* y los símbolos que se *repiten*.

Carl Jung, hablando de sueños y de diagnósticos, comenta que «el sueño es un poeta que habla de su trabajo y no un doctor racional que habla de infecciones, fiebre, toxinas, etc.» (Jung 1961).

CAUSAS Y CURAS

La tradición dice que en la India había una escuela de filósofos que llevaban una vida tan pura que la mayoría llegaba a los ciento cincuenta años. Para ellos, caer enfermos era una deshonra imperdonable, ya que lo consideraban una violación de las leyes espirituales.

También se ha dicho que el estar insatisfecho con nuestro estilo de vida provoca enfermedades. Estamos aquí para superar nuestros problemas y nuestros retos, y no para subordinarnos a ellos o a los demás. Si no lo conseguimos, podremos caer en un ataque de cólera, de frustración y de descontento general.

Muchas de las enfermedades que están directamente relacionadas con este descontento van acompañadas con la actitud de «no puedo», o son enfermedades que nosotros mismos nos provocamos. Si no podemos *ver* nuestro camino claro para solucionar una dificultad se tratará de un problema con los ojos; si no podemos *digerir* las circunstancias, probablemente estaremos ante un problema de los órganos digestivos y del estómago; si nos falta valor para levantarnos y *defender* nuestros derechos, será que tenemos problemas con los pies y con las piernas. Pero, en vez de asumir estos problemas y perder prestigio, nos provocamos enfermedades, y así tenemos la excusa perfecta para no participar en algo; o nos castigamos por no haber encontrado la solución a esta situación. Ésta es la *causa principal* de la enfermedad.

Nuestros sueños intentan ayudarnos a ser conscientes de lo que estamos creando, antes de que la situación se manifieste como una enfermedad. Hay que tener *mucho valor* para enfrentarnos a figuras con autoridad, pero una vez que lo hemos hecho veremos que ha valido la pena. En cambio, si lo evitamos, el problema se nos repetirá una y otra vez, hasta que un día diremos «¡basta ya!»; entonces haremos lo que tendríamos que haber hecho hace mucho tiempo.

Para curarnos, lo primero es tener el valor necesario para levantarnos, enfrentarnos y solucionar el problema de manera inteligente y con diligencia. A continuación tenemos que considerar que todo esto va a ser muy positivo para nuestro crecimiento espiritual (recordemos que todo tiene un motivo). Después tenemos que prestarnos a perdonarnos por los errores que pensamos que hemos cometido y a perdonar a los que nos rodean. Para finalizar, debemos dar mucha importancia a las cosas que realmente nos hacen felices. (Trabajar en algo que odiamos o donde las condiciones son muy malas nos puede hacer enfermar.) Debemos proponernos objetivos que se *ajusten a nuestra voluntad* y darnos tiempo para entretenernos y relajarnos más a menudo. (Si nuestro trabajo nos lo impide, ¡*cambiémoslo*!)

Tenemos que estar orgullosos de nuestras hazañas y de nuestros éxitos y emanar tanto amor que llegue a los que nos rodean.

TIPOS DE ENFERMEDADES

Accidentes:
Pueden ser un aviso de que nosotros mismos somos un accidente que busca un lugar donde poder actuar. Implican que hay algo que no está equilibrado o algo que no va bien, pero que todavía se puede corregir.

Caídas:
Si soñamos con que caemos, nos están indicando que estamos a punto de hacerlo. También pueden significar que algo en lo que estamos metidos fracasará. Siempre tenemos que considerar la posibilidad de que se trate de un aviso de percepción extrasensorial.

Caer de cara:
Puede que simplemente nos esté advirtiendo de que nos tenemos que mostrar como realmente somos (caer de bruces, perder prestigio). También puede significar que nuestros planes actuales corren peligro.

Cáncer:
Las investigaciones han encontrado que el cáncer está directamente relacionado con el dolor que guardamos en la cabeza, con la autocompasión o con nuestra aversión al perdón. El doctor Carl Simonton ha probado que las afirmaciones positivas (pensamientos correctos) pueden curar el cáncer. Puede que el sueño sea un aviso de que debemos cambiar nuestros pensamientos negativos, *antes* de que nos provoquen cáncer.

Cicatriz:
Una marca de sufrimiento contenido. Incapacidad de dejar ir viejas heridas, aversión al perdón. Este sueño puede que nos indique que debemos aprender a perdonar, porque si no nos va a dejar una cicatriz para toda la vida.

Defectos de nacimiento:
Normalmente es un estado que el alma ha elegido para aprender una lección especial.

Enfermedad:
La causa principal de cualquier enfermedad es la autocompasión. Como vemos las puertas abiertas para hacer lo que queramos, como no encontramos una solución a nuestro problema o no somos lo suficientemente valientes como para defendernos, cogemos un resfriado o ahogamos la fiesta a alguien. Esto es un movimiento para

evitar enfrentarnos a nuestro problema. Si no podemos solucionarlo con fuerza de voluntad, lo intentamos con la compasión. Una parte de nosotros entiende este principio, pero la otra parte está aprendiendo a defender lo que necesitamos. Un sueño de este tipo nos muestra lo que nos estamos provocando. Puede que literalmente nos diga que nos estamos enfermando por una situación y que debemos hacer algo antes de que el daño principal esté hecho. El amor y el perdón son las mejores medicinas.

Erupción:

Significa cólera sumergida, frustración, irritación, molestias. Si nos pica, puede ser un comezón interior que se va extendiendo. Tratemos de encontrar la causa de esta irritación y corregirla antes de que estos sentimientos se manifiesten como hechos.

Fiebre:

La fiebre en los sueños nos dice literalmente que estamos quemados por algo y que debemos actuar con cuidado antes de que nos atrape.

Furúnculo:

Infección, irritación, cólera contenida que sube a la cabeza para ser liberada. Cuanto más grande sea el furúnculo, más rabia tendremos contenida. Implica la necesidad de eliminar toda esta cólera de una manera controlada porque, si no, puede que nuestras emociones exploten.

Huesos rotos:

Puede ser un aviso de un problema que se está desarrollando en la estructura ósea y que deberíamos consultar con un médico. Naturalmente, también podría tratarse de un aviso de percepción extrasensorial de un peligro que todavía se puede evitar.

Infección:

Veneno mental que afecta a nuestro cuerpo. Dejémonos de frascos para aprender a perdonar o de píldoras para defender nuestros derechos y *hagamos algo* para solucionar el problema.

Lesiones:

Las lesiones que aparecen en los sueños nos dicen que nos sentimos heridos por algún suceso reciente y que necesitamos algún tiempo para curarnos. También puede que nos esté diciendo que nos exigimos demasiado. Por otro lado, podría tratarse de pensamientos tales como «me odio por...», «estoy tan enfadado conmigo que...», etc. Cualquiera de estas frases puede producirnos lesiones. ¡*Somos* lo que pensamos! Pensemos también en la posibilidad de un aviso de percepción extrasensorial.

Marcas de nacimiento:

Siempre se ha dicho que las marcas de nacimiento son marcas del alma, algo que nos recuerda que tenemos que llevar a cabo una acción o que tenemos que evitar algo pero no olvidarlo. Puede ser que estemos pagando un karma de una vida pasada en la que aparentábamos demasiado orgullo.

Migraña:

Se trata de una lucha mental, un choque de voluntades. Cuando no encontramos el modo de ganar, aparece la migraña. El sueño puede que esté indicando que tenemos que entender el problema y llevar a cabo una *acción positiva*.

Muleta:

Nos apoyamos sobre las muletas. Esto podría representar nuestra necesidad o tendencia a apoyarnos en los demás, o a usar alguna situación como muleta, o como excusa para hacer o para no hacer algo. También puede que nos esté diciendo que nos están utilizando como apoyo.

Sangre:

Nuestras fuerzas, nuestras energías, nuestra vitalidad.

Desangramiento interno: Puede simbolizar dolor interior, sufrimiento, lesión, pérdida de las fuerzas vitales, de las energías. También puede ser un aviso de percepción extrasensorial de algún problema interior.

Sangrando: Puede significar el alto precio que estamos pagando por nuestras acciones, o indicar que nos estamos dejando la vida en esta situación/objeto/persona. También podría sugerir una persona o situación que nos está haciendo sangrar hasta la muerte. La pérdida de sangre puede significar un karma.

Sangre roja brillante: Puede representar las fuerzas de nuestra vida, la vida o la muerte. ¿A qué estamos dedicando nuestros esfuerzos? ¿Vale la pena?

Sangre roja oscura: Indica viejas heridas, viejos karmas: un karma que estamos creando actualmente con nuestras acciones.

Tumores:

Podrían implicar un crecimiento real o un presagio de odios que guardamos y que se están desarrollando en nuestra mente y que se pueden llegar a manifestar físicamente.

Vendajes:

Denotan un sentimiento o una necesidad de cubrir nuestras heridas o nuestros puntos débiles, de protegernos y la necesidad de darnos tiempo para curarnos. También puede que nos esté diciendo que nuestra herida era más grave de lo que pensábamos.

Verruga:

Significa autocastigo, incapacidad para perdonarnos. Fijémonos en el área y en su significado. (Una verruga en la nariz, por ejemplo, es un símbolo típico de bruja.)

MIS PROPIOS SÍMBOLOS DE ENFERMEDADES

_____

_____

_____

_____

_____

_____

_____

_____

_____

_____

_____

_____

_____

_____

_____

_____

_____

Capítulo 30

Joyas, piedras preciosas y cristales

La tranquilidad mental es una de las más bellas joyas de la sabiduría.
JAMES ALLEN

Las piedras preciosas y las joyas pueden denotar muchas cosas. En primer lugar, las joyas son por sí solas unos objetos muy valiosos; en segundo lugar, las piedras emanan vibraciones individuales llenas de significado y ejercen influencia; en tercer lugar, las joyas que llevamos puestas sirven para enfatizar esa parte del cuerpo que adornan; por último, cada joya simboliza algo en particular.

Las joyas pueden simbolizar talentos especiales, dones o recompensas que hemos heredado. A veces pueden representar dones espirituales que empiezan a desplegarse y que brillan. También pueden significar nuestros valores en general.

Los sueños intentan mostrarnos algo sobre esos dones o talentos que no conocemos. Es importante recordar de quién son: si aparecen en *nuestros* sueños, representan *nuestros* talentos (reconocidos o no); si las llevamos puestas, representan dones que poseemos; mientras que si las llevan otras personas, representan dones nuestros que todavía desconocemos. Debemos prestar especial atención a lo que se hace con las joyas.

JOYAS

Las joyas que se venden en tiendas de baratijas representan valores falsos o superficiales, cosas materiales que aparentan bien pero que no tienen valor. Pueden implicar algo por lo que no vale la pena esforzarse. Las joyas verdaderas, con oro y plata auténticos, sobre todo si han sido regaladas, representan recompensas espirituales o nuevos talentos y dones que se acercan a nosotros.

Alfileres:
Estén donde estén realzan la parte del cuerpo que decoran y los talentos y las habilidades asociadas con esa parte del cuerpo. Por ejemplo: el corazón

significaría amor, compasión o riqueza para compartir con los demás.

Amuleto brazalete:

Denota el encanto que poseemos. Implica que tenemos que mostrar nuestro encanto o que debemos ser más encantadores.

Anillos:

Realzan los dedos y las manos. Se pueden hacer muchas cosas creativas con las manos. Así, los anillos están directamente relacionados con las habilidades y los talentos creativos. También puede que se dé énfasis a un dedo determinado. Véase *Las partes del cuerpo.*

Con alguna joya: El mismo significado que el anillo corriente, más el significado de la joya en particular.

Corriente: A menudo significa un compromiso, como el matrimonio, o un círculo interminable, amor eterno, sin principio ni final. También puede ser un símbolo de Dios.

De boda: Símbolo de matrimonio. También puede representar otros lazos o compromisos: el trabajo, la carrera, un proyecto.

En la mano que no toca: Implica algún problema con el matrimonio, inseguridad. También puede representar un segundo punto de vista.

Herida debajo del anillo de boda: Implica una irritación, frustración o infelicidad en el matrimonio. Nos estamos sintiendo heridos o es algo que no podemos soportar.

Perder un anillo: Indica una promesa rota o un voto incumplido.

Perdido: Símbolo del amor que se ha desvanecido, amor perdido; ruptura matrimonial.

Roto: Implica un problema con el compromiso alcanzado.

Cadena:

Puede ser una cadena de sucesos que tienen que ver con el uso o con el mal uso de nuestra fuerza de voluntad.

Cadena de oro:

Puede implicar palabras espirituales de amor o la necesidad de practicar estas palabras: pronunciar palabras doradas de amor y de sabiduría.

Collar de perlas:

Puede referirse a las perlas de la sabiduría.

Collares:

Como se llevan en el cuello, pueden significar una cadena de ideas o pueden realzar la calidad de nuestra voz, un posible talento para cantar o para orar. Por otra parte podrían representar el chakra cuello, que representa la fuerza de voluntad y su uso en relación con las palabras. Las piedras preciosas que se llevan en el área del corazón pueden realzar el corazón, sus sentimientos o las radiaciones que emanan. También ayudan a estimular el chakra corazón para que tenga más actividad, más amor y más compasión.

Corona:

Significa realeza, dominio y maestría. También significa la responsabilidad del dueño en el área de su dominio o reino.

Tiara: Joyas que están encima de la corona. También conocida como el chakra corona. Si la joya es brillante, puede significar que nuestro *chakra corona* está abierto.

Joyas de oro:
Representan dones espirituales.

La cruz de la ansata:
En forma de cruz y con un círculo encima. Este viejo símbolo del antiguo Egipto representa la vida eterna. También se conoce como «Espejo de Venus».

Medallón:
Realza el pecho y el área donde se encuentra el chakra corona. También podría significar que debemos cerrar algo con llave.

Pendientes:
Realzan las orejas, tanto si estamos escuchando como si nos hacemos los sordos. ¿Es chismorreo lo que oímos o lo que decimos? O ¿Es la verdad? Si es la verdad, puede ser un símbolo de clarividencia que se está desarrollando, sobre todo si hay diamantes en los pendientes.

Pulseras:
Realzan los brazos y las muñecas, dan énfasis al significado de *brazo* (poder para hacer cosas) y a las cosas que podemos hacer con ellos; también intensifican el significado de muñeca y mano.

Reloj:
Si lo consideramos una joya, puede significar el tiempo o el paso del tiempo, a no ser que el reloj esté decorado con piedras preciosas. Así, tendremos que añadirle el significado de la piedra preciosa. También indica el poder para hacer algo, para servir, dar. Por otra parte puede que nos esté diciendo que debemos estar alerta o que alguien nos está vigilando.

Antiguo: Tiempo pasado, viejos conceptos, viejas maneras de pensar, de sentir, de juzgar, de medir las cosas. Ideas pasadas de moda que no están sincronizadas con los tiempos modernos.

Con barras: (Barras que cruzan el reloj) Significa que estamos detrás de las rejas, que cumplimos condena en una prisión; barreras; tiempo perdido.

Dos relojes: Podrían decirnos que hay dos personas que nos están vigilando. También pueden significar que tenemos doble tiempo.

Perdido: Tiempo perdido, sin contacto con el tiempo, que se nos ha acabado el tiempo para hacer algo.

Prestado: Tiempo que hemos tomado prestado.

Que ha caído al suelo: El tiempo se nos escapa de las manos; nos pasa demasiado rápido.

Reloj que no marca la hora correcta: Tiempo erróneo, mal tiempo, tiempos duros. También puede que no sepamos la hora de una cita.

Relojes colgando: (al estilo de Salvador Dalí) Tiempo distorsionado, deformado; que hay para largo, que es interminable.

PIEDRAS PRECIOSAS

Paramahansa Yogananda decía que «las perlas y el resto de joyas, así como los metales y las plantas, si se aplican a la piel humana, ejercen una influencia electromagnética sobre los elementos físicos» (Yogananda, 1972).

En *Las piedras preciosas*, Edgar Cayce dijo que «las fuerzas vibratorias que emanan algunas piedras y metales nos permiten entrar en armonía con las fuerzas creativas del universo. De esta forma, las personas pueden recibir y transmitir vibraciones curativas, espiritualizar sus deseos y obtener alimento para el desarrollo del alma, por nombrar algunas posibilidades» (Cayce, 1960).

Ágata:
Símbolo del amor espiritual de todas las cosas positivas. También está asociada al *tercer ojo* o al chakra de la ceja. Tiene la fama de ayudar en nuestra receptividad.

Amatista:
Símbolo de la piedad y la dignidad, del amor, de la devoción, de la verdad, de la pasión, del sufrimiento y de la esperanza. Actualmente se la relaciona con el séptimo rayo, el ritual, la magia, la ceremonia, la meditación, la transformación, la humildad y la tranquilidad de la mente. Es una excelente piedra curativa.

Azur:
Dicen que ayuda a las personas a alcanzar reinos superiores, fuentes de actividades y vibraciones más altas. También ayuda en la meditación y en el desarrollo de nuestras habilidades físicas.

Berilo:
Asociado a la seguridad, al rápido intelecto y a la receptividad.

Cornalina:
Buena para potenciar energías y para purificar la sangre.

Cristal:
Símbolo de pureza, de claridad y de estrechez de miras. Tiene el poder de focalizar y magnificar las energías, una de las cuales es la mente. Incrementa la claridad de la mente y ayuda a mantener la concentración, la lucidez y la estabilidad emocional. Como ayuda a ampliar los pensamientos, se utiliza muy a menudo en procesos curativos y en la telepatía mental. Los atlántidas tenían la reputación de llevar cristales en la cabeza para ayudar a sintonizar las energías superiores.

Cuarzo citrino:
Asociado al plexo solar, a la armonía y a la capacidad de arrastrar las cosas que necesitamos.

Cuarzo rosado:
Conocido por sus poderes curativos de heridas del corazón. Trae paz interior y autorrealización. También ayuda al chakra del corazón.

Diamantes:
Simbolizan el éxito, la riqueza, la felicidad, la victoria y el poder de unir un hombre y una mujer en un feliz matrimonio. Los diamantes también representan las ideas puras, claras, bri-

llantes; la claridad y la belleza general del alma. Un diamante, se lleve donde se lleve, tiende a intensificar las cualidades de esa área.

También son muy útiles para conseguir una plena armonía.

Esmeralda:
Famosa por su belleza y por sus cualidades curativas; símbolo de la fe y de la esperanza.

Feldespato:
Ideal para suavizar, curar y equilibrar las emociones; símbolo de la esperanza. Dicen que trae paz a la mente y que está relacionado con lo místico y con la *clarividencia*.

Granate:
Curativa y protectiva.

Jade:
Excelente piedra curativa, sobre todo en el área digestiva.

Lapislázuli:
Tiende a intensificar las vibraciones superiores y las influencias mentales y emocionales. Ayuda a estar en armonía con los niveles superiores y da mucha fortaleza al cuerpo y a la mente. Fue empleada por los egipcios para curar determinados problemas con los ojos.

Malaquita:
Piedra que lo cura todo; símbolo del amor y de la amistad.

Ópalo:
Conocido como la *piedra de los dioses*, es el símbolo del amor, de la esperanza y de los logros.

Peridoto:
Para relajar las tensiones nerviosas y para rejuvenecer el cuerpo. En los sueños, puede indicar la necesidad de reposo, de relax y de repostar energías, bien llevando puesta la piedra o bien quitándonosla durante unos días.

Perla:
Símbolo tradicional de la sabiduría, de la perfección y de la belleza. También puede significar un pensamiento semilla, una idea semilla, el punto donde se crea la verdad más absoluta. Transforma lo irritante, las enfermedades y los problemas en sabiduría y belleza. Puede significar el proceso de transformación interior desde el dolor y la pena hasta la verdad y la belleza. La perla es una piedra curativa y es el símbolo de la pureza, de la verdad, de la sabiduría y del entendimiento.

Piedra sanguinaria:
Actúa como un purificador de sangre: desintoxica y ayuda a detectar las hemorragias. Una excelente piedra curativa.

Rubí:
Salud física y mental, valor, fuerza, habilidad para concentrarse, cualidad de alegría.

Selenita:
Buena para la claridad mental y, además, es útil para la telepatía.

Turquesa:
Los indios americanos la utilizaban como piedra curativa, para tranquilizar y para protegerse del mordisco de una serpiente. Tiene cualidades tranquilizantes.

MIS PROPIOS SÍMBOLOS
DE PIEDRAS PRECIOSAS

_____

_____

_____

_____

_____

_____

_____

_____

_____

_____

_____

_____

_____

_____

_____

_____

_____

_____

Capítulo 31

Utensilios de cocina

Los platos, las ollas, las sartenes, la vajilla y demás utensilios de cocina reflejan mayoritariamente objetos que nos hacen reflexionar, la enseñanza, los conceptos y lo que hacemos con ellos. Para una mejor comprensión, debemos pensar en nuestra última clase, conferencia o discusión en la que se nos presentó un concepto nuevo. El sueño nos aportará la verdad sobre esa idea y el grado o falta de recepción que mostramos.

Si somos profesores de *cualquier tipo* o nos gusta compartir conocimientos con los demás, los platos y la manera como los manejemos en sueños nos darán una percepción útil de cómo estamos «distribuyendo» la información.

De todos modos, también tiene otros significados. A veces, una cocina, el fregadero, el horno, las ollas y las sartenes pueden representar para alguien, especialmente para las amas de casa, la idea de ser un sirviente, un esclavo en su propia casa. Puede que existan sentimientos de rabia y de frustración asociados con estos sueños, lo que se nos mostraría en la manera como manejamos la comida y los utensilios (las ollas y sartenes, especialmente), así que debemos estar al tanto de todas estas posibilidades.

Si se nos quema la comida o las sartenes probablemente estemos «quemados» por algún aspecto de nuestra vida, que posiblemente esté representado por el horno o la comida quemada. Debemos fijarnos atentamente para ver si era una idea o situación nueva, un proyecto o concepto nuevo, algo que se dijo, o si es el sentimiento de ser un sirviente lo que nos hierve la sangre.

Los alimentos que crepitan al freírse, los platos que no podemos agarrar porque están demasiado calientes, o cualquier cosa que nos queme los dedos son variaciones de este mismo tema de frustración, de irritación, de estar quemados. Fijémonos en los detalles de los sueños que son los que concretarán la causa real de nuestra furia.

Debemos recordar que tanto los platos como los utensilios que utilizamos para comer pueden referirse a la dieta o al alimento mental, físico o espiritual.

Abrelatas:
Capacidad para abrir un concepto nuevo; un problema espinoso reciente; ideas que están bien guardadas para nosotros o para otras personas. También puede significar que reconocemos nuestra capacidad para realizar algo.

Balanzas de cocina:
Pueden representar una dieta equilibrada o que necesitamos seguir una dieta; también la necesidad de sopesar, de medir nuestras palabras e ideas antes de servirlas a los demás. Equilibrio, diplomacia, tacto, justicia.

Bandeja:
Poner todo junto; servir; dar o tener las cosas a mano en una bandeja (de plata).

Batidora:
Puede servir para mezclar perfectamente los ingredientes que harán nuestras ideas más apetecibles, quizá las estamos convirtiendo en sensiblerías. La acción nos indicará si estamos mezclando y confundiendo los hechos, posiblemente las ideas, las emociones. Si la persona que está batiendo es alguien a quien hemos programado para que se represente a sí mismo, este sueño puede indicarnos que estamos mezclando los hechos.

Bote lleno:
Todas las ideas que podemos tener, todo lo que podemos manejar. Si el bote está rebosante, el sueño puede implicar que estamos rebosantes de entusiasmo y de ideas; o quizá que tenemos más de lo que podemos asumir.

Botella abierta:
Podría significar derramar o estar preparado para expresar compasión, co-nocimiento, amor o caridad humana, según el sueño y nuestros sentimientos.

Botella tapada:
Puede referirse a embotellar nuestras emociones y sentimientos verdaderos, nuestras emociones reprimidas o un asunto emocional.

Cafetera:
Normalmente se asocia con la hospitalidad y con el compartir conocimientos, ideas, esperanzas, sueños y preocupaciones. La gente tiende a compartir cosas cuando toma café. Puede representar la vecindad, la comodidad, la amistad, la compañía. También se asocia al chismorreo, a la compasión y a la amabilidad. Junto al café puede haber mucho cariño y alguien que nos escuche con atención.

Cesta:
Es la manera de juntar una variedad de ideas al aire libre, de fácil manejo. Se ofrece pero no se obliga a nadie. Un símbolo muy positivo para alguien que quiere presentar ideas de manera educada y reflexionada. Véase *Recipientes*, en este capítulo.

Colador:
Puede referirse a algo que nos provoca tensión o a que nos presionamos para aprender o conseguir cosas; también significa ordenar, drenar el exceso de emociones; sacar las emociones fuera del camino de la razón u ordenar/separar todo aquello que tenemos en mente.

Cubo de la basura:
Deshacernos de la basura, de los restos, de lo que no queremos o no usamos de la vida.

Cuchara:
Símbolo excelente de provocación, de sacar a cucharadas, de probar para ver si la comida es buena; cuchara que alimenta a los demás o que mide las cosas en pequeñas dosis; tragar ideas.

Cuchillo:
Puede tener que ver con la aflicción, con la necesidad de inyectarnos buen humor; o podría ser medir nuestras palabras, palabras mordaces, chismorreo malicioso, división, separación, poner las cosas en su justa medida, revolver y examinar ideas, excluir aquello que no queremos.

Cuenco:
Recipiente o receptáculo donde guardamos el alimento que nos hace reflexionar, las ideas nuevas que se nos ofrecen pero que todavía no hemos aceptado. Puede implicar disponibilidad, que nos lo donan, que nos lo ofrecen, que podemos tenerlo con sólo pedirlo. Véase *Recipientes*.

Escurridor:
Puede representar el vaciado de demasiadas emociones involucradas en una situación o la necesidad de deshacernos de los aspectos emocionales de las ideas que nos alimentan.

Fregadero:
El corazón de la cocina, centro de actividad en el área de preparar y servir comida para la familia y los amigos. Puede ser un lugar que odiamos o que disfrutamos, un símbolo de quehaceres domésticos; también puede indicar la sensación de que todo se va a pique.

Cocina sin fregadero: Puede implicar que ya no nos sentimos a gusto en la cocina, área de servicio a los demás. Quizá necesitemos encontrar otra manera de servir que nos vaya mejor o encontrar una actitud más positiva hacia lo que hacemos. También puede avisarnos de que no ponemos entusiasmo en las ideas que tenemos o trabajamos, o recordarnos que lo tenemos absolutamente todo.

Jarra:
Símbolo de efusión de ideas, de conocimiento, de sentimientos, de compartir, de sacar de nuestro interior, de vaciarnos para los demás, de darnos sin pedir nada a cambio.

Lata:
Puede significar lo que podemos o lo que no podemos hacer; o quizá represente posibilidades que no hemos usado nunca.

Licuadora:
Capacidad para transformar las ideas en un todo armonioso o bien en un embrollo.

Máquina para palomitas:
Puede representar nuestra capacidad de aparecer inesperadamente con una miríada de ideas en cualquier momento; multiplicidad de ideas, granos de verdad que llegan por sorpresa a nuestra consciencia.

Microondas:
Comida rápida, pensamientos y actos rápidos; podría representar la idea de que «no por mucho madrugar amanece más temprano»; o incluso comida precocinada y preempaquetada, depende de las asociaciones que hagamos. Puede representar ideas nuevas,

maneras nuevas de hacer las cosas, conceptos *New Age*.

Mondadientes:

Ser quisquilloso, meternos con los demás, corregir sus errores, defectos e imperfecciores.

Olla a presión:

Seguramente represente la presión que ejercemos sobre nosotros mismos, las presiones levantadas en nuestra mente y cuerpo, el sentimiento de estar aprisionados, de emociones reprimidas, de estrés. Puede ser un aviso de que estamos a punto de explotar o un símbolo de que nuestra presión sanguínea está aumentando. Quizá muestre la necesidad de calibrar nuestra presión interna, de liberar el vapor inmediatamente o de correr el riesgo de un posible ataque de rabia incontrolado o incluso de un posible ataque al corazón.

Ollas y sartenes:

Pueden representar nuestras actitudes de diferentes maneras. Podemos estar «panoramizando» las ideas y acciones de otras personas; pueden mostrar nuestra actitud hacia la comida que mental o físicamente hemos preparado para nosotros o para otros.

Sartenes abolladas: Revelan rabia y frustración escondida hacia las ideas o hacia la gente a la que servimos, hacia el servicio que damos o hacia nuestra situación en general. Quizá nos estemos dedicando a un trabajo que no nos conviene.

Sartenes sin asa o con el asa rota: Pueden significar que no somos capaces de manejar lo que ocurre, no

podemos manejar una situación o una idea, no somos capaces de entender las cosas, nos sentimos incapaces de enfrentarnos a ellas.

Platos:

Los platos tienen que ver con la preparación, con el servir ideas y con la presentación de conceptos. Son recipientes que contienen las ideas y las actitudes. Debemos fijarnos en cómo servimos a los demás o en cómo somos servidos. También podría significar lo que estamos repartiendo o la manera de repartirlo.

Lavar los platos: Cuidado, purificación, preparación y planificación de la próxima idea o presentación.

Plato vacío: Abierto, a punto para recibir.

Platos antiguos: Pueden implicar ideas anticuadas o una manera de presentar las cosas tradicional o pasada de moda. También puede representar creencias, conceptos, hábitos y costumbres tradicionales o simbolizar la desgana que tenemos de probar cosas nuevas.

Platos de cada día: Pueden referirse a nuestra rutina diaria, a nuestra dieta actual (que posiblemente necesite algún tipo de cambio), o a las reflexiones diarias de las que nos alimentamos; las cosas que vemos, oímos, leemos y que nutren o ensucian nuestra mente.

Platos de lujo: Presentar nuestra mejor comida, hacer las cosas lo mejor posible, presentarlas de la mejor manera, intentar causar buena impresión; una preparación y planificación esmeradas.

Platos llenos de comida: Muchas cosas sobre las que pensar; muchas ideas de donde elegir; mucho para digerir.

Platos modernos: Pueden sugerir algo nuevo, que no hemos probado, poco tradicional, *New Age*; o ideas y conjeturas poco habituales.

Platos que se nos olvida lavar: Cosas que descuidamos, problemas, dificultades, emociones o ideas antiguas que no hemos aclarado, resuelto, tratado o completado. Si estábamos lavando platos con otra persona, puede ser algo común que no hemos solucionado, aclarado o resuelto.

Platos raspados: Deshacernos de lo viejo, tirar lo que ya no queremos, no usamos, o no podemos aplicar para dejar sitio al próximo paso.

Platos rotos: Sentimientos de pobreza, de falta, de poca adecuación, de incapacidad para servir o para estar a la altura de las condiciones. También puede representar una autoestima baja o descuido. Véase *Taza rota*.

Recipiente:

Contiene, mezcla, sirve, muestra, ofrece y lo junta todo o lo mantiene separado en diferentes secciones. Puede contener ideas, conceptos, tradiciones o tentaciones que alguien nos ha ofrecido. Implica disponibilidad, donación, algo que nos pertenecerá si lo pedimos. Véase *Cuenco*.

Tamiz:

Puede indicar la necesidad de escudriñar ideas nuevas, de ordenar lo que tenemos en mente, de vigilar que no nos traguemos las cosas enteras.

Taza:

Recipiente para ideas, ideales y sentimientos. La cortesía que se vierte o se recibe, nuestra alegría, amabilidad, amargura o dolor. Puede mostrar el compartir, el medir nuestra capacidad o incapacidad para tragar lo que se nos presenta.

Taza con el asa rota: Puede representar que nos sentimos incapaces de manejar una situación; que no sabemos cómo manejar esas emociones (líquido); también podría representar nuestros sentimientos de pobreza, de insuficiencia, o poca capacidad para servir a los demás de buena gana.

Taza de fondo redondo: Esta taza, una vez llena, ya no puede volverse a dejar si no nos hemos bebido hasta la última gota, hasta que hemos acabado nuestro trabajo, o cumplido la promesa que hemos hecho. Quizá nos avise de que debemos pensarnos las cosas dos veces.

Taza desbordante: Puede significar que estamos rebosando de alegría o de dolor, depende de nuestros sentimientos. ¿Quién está sirviendo qué a quién? Podría ser la necesidad que tenemos de expresar nuestros sentimientos; o quizá nos esté diciendo que nos hemos excedido: hemos expresado demasiado o nos hemos emocionado o desbordado en exceso.

Taza rota: Puede significar que no nos sentimos útiles, que nos sentimos poco cualificados, inadecuados o que no estamos a la altura de la situación; o quizá sean sentimientos de pobreza, de culpabilidad, de baja autoestima, o todo ello.

Taza sin fondo: Puede significar una situación sin final o quizá nos advierta de algo que no funciona o que no nos va a llenar. Si estamos expresando nuestros sentimientos a otra persona, ésta es una señal de que nunca conseguiremos suficiente o de que, por algún motivo, no estamos a la altura de sus expectativas.

Tazas o cucharas medidoras: Pueden implicar la precisión que tenemos o que necesitamos cuando preparamos discursos e ideas, una mezcla cuidadosa de los ingredientes en una situación, decir las palabras adecuadas, vigilar que no exageremos o dramaticemos.

Tenedor:
Puede referirse a cultivar con horquilla, a darle la vuelta para ver el otro lado o puede ayudarnos a alargar nuestro alcance. Podría referirse a nuestra dieta o hábitos alimenticios, quizá estemos abusando o seamos demasiado delicados con la comida o con las ideas que se nos presentan.

Tetera:
Normalmente es un símbolo de hospitalidad; el deseo de servir a los demás, de dar sin pedir nada a cambio.

Tetera que silba y humea: Implicaría preparación, disposición para hacer lo que debe hacerse; también puede representar que nos encontramos «empañados», casi rebosando; una tempestad en un vaso de agua; altibajos emocionales a punto de inundarnos. Podemos servir el té tranquilamente pero si no hacemos caso de la tetera puede llegar a explotar.

Tostadora:
Puede representar las ideas que aparecen inesperadamente, el pan de la vida o pensamientos fugaces.

Tostada quemada: Estamos totalmente quemados por algún asunto sin importancia.

Utensilios para cocinar:
Generalmente están relacionados con la combinación y con la preparación de alimentos (ideas); las hacen más interesantes y apetecibles.

Vasos:
Pueden ser las ideas o emociones que se nos ofrecen; o pueden implicar que nos lo estamos «bebiendo» todo, «tragándonoslo» todo por completo. Podrían ser un brindis a nuestra salud o a nuestra ruina; quizá sugiera que tomamos demasiado de algo (vaso grande) o que no tomamos suficiente (vaso pequeño).

MIS PROPIOS SÍMBOLOS
DE LA COCINA

_____

_____
_____
_____
_____
_____
_____
_____
_____
_____
_____
_____
_____
_____
_____
_____
_____
_____
_____
_____
_____

Capítulo 32
Los metales

Los metales podrían representar nuestro temple personal, nuestra fuerza y estabilidad al enfrentarnos a las situaciones de la vida; son símbolos de dureza y flexibilidad, o de la falta de ambas.

Acero:
Duradero, fuerte pero flexible; acero inoxidable; seguro; puede ser el coraje de nuestras convicciones, aunque también puede representar algo que es una ganga.

Aleaciones:
Combinación de cualidades que permiten una mayor fuerza.

Aluminio:
Ligero pero duro, aunque se rompe si intentamos doblarlo.

Bronce:
Terroso, elástico, duradero; se rompe en pedazos.

Cobre:
Maleable, dúctil, duradero; hay quien dice que repele la artritis.

Chapa de latón:
Parece oro, lo que en simbología representa el engaño, la falsedad, lo aparente, una fachada o un fraude; no es lo que aparenta.

Chapa dorada:
No es lo que aparenta. Un frente falso, intento de engañar, de fingir, una falsificación o una fachada, aunque tenga algún valor. Puede representar un barniz superficial, bonito por fuera pero poco valioso dentro.

Hierro:
Fuerte, duro, duradero, aunque se rompe si intentamos doblarlo. Normalmente se usa como símbolo de la fuerza de voluntad y de la resistencia. Rigidez.

Caballo de hierro: Nombre antiguo que se daba a las máquinas locomotoras; implica poder y fuerza controlada; centrarse en un curso de acción concreto. Los caballos normalmente simbolizan nuestras emociones y, dado que los motores funcionaban con vapor, pueden significar que las emociones fuertes llevan las riendas de nuestra vida.

Hierro forjado: Fuerte, duro, permanente, imposible de doblar, normalmente se pone en hormigón, inamovible, incambiable, pero se oxida si no lo cuidamos adecuadamente. Rigidez.

Hojalata:
Flexible, no aguanta mucho peso, se dobla a la menor presión; no puede aguantar golpes duros; no es muy segura.

Latón macizo:
Bíblicamente representa lo falso si lo comparamos con el oro, pero actualmente representa la solidez, la calidad, lo que está bien hecho, probablemente algo antiguo y valioso. También puede significar descaro.

Mercurio, azogue:
Podría ser una referencia a la rapidez, al pensamiento veloz, a la capacidad de cambio y de adaptación; es de difícil concreción; algo que se nos escapa de entre los dedos; esquivo, evasivo, difícil de coger o de entender. Podría ser un aviso de una situación elusiva e impredecible.

Oro:
Normalmente representa los dones espirituales, la gracia, las recompensas, la verdad poderosa, los regalos de Dios. Podría ser la oportunidad de oro o representar la pureza del espíritu.

Pintado, cubierto o embellecido: Puede simbolizar el acto de espiritualización; conseguir una vida espi-

ritual para algo o alguien; o quizá sea un intento de cubrir algo, de hacerlo parecer mejor de los que es.

Recibir objetos de oro: Recibir regalos de Dios, aceptar nuestras recompensas espirituales.

Regalar objetos de oro: Regalar nuestros dones, talentos y sabiduría espirituales.

Peltre:
Significado muy parecido al de *Aleaciones*, pero con la connotación añadida de algo viejo, antiguo, y valioso o sin valor, según nuestra valoración.

Plata:
Metal precioso, al que muchos aprecian y admiran. Puede representar rasgos excelentes de carácter, de buen gusto, de las cosas delicadas de la vida. Puede denotar justicia, pureza o la habilidad de reflejar la luz de Dios en nuestra vida.

Plateado:
Más fuerte que la plata pero ni es tan resistente ni tiene tanto valor. Puede ser algo falso, un frente, un fingimiento, una fachada o una idea errónea. Puede representar rasgos de valor incalculable en el exterior pero poco valiosos en el interior. Puede parecer falso.

Platino:
Muy duro. Se dobla sólo bajo presión extrema. Duradero, seguro, valioso.

Plomo:
Puede indicar que somos fácilmente guiados, moldeados o que se nos da la forma que los demás desean. Posiblemente necesitemos estar más al tanto

de cómo los demás nos moldean y nos manipulan. También podría estar avisándonos de no tomar la iniciativa, implicando que nos estamos echando atrás en alguna área. También podría ser que andemos con pies de plomo o que actuemos con mano dura a la hora de realizar las cosas. Miremos qué interpretación encaja mejor.

MIS PROPIOS SÍMBOLOS DE METALES

_____

_____
_____
_____
_____
_____
_____
_____
_____
_____
_____
_____
_____
_____
_____
_____
_____
_____
_____
_____
_____
_____

Capítulo 33

Los nombres en los sueños

Los hombres no atraen para sí lo que quieren, sino lo que son.

JAMES ALLEN

Los nombres de persona que se le aparecen en los sueños pueden ser un juego de palabras o referirse verdaderamente a la persona en cuestión. Puede que aparezcan algunos nombres en lugar de características o cualidades, mientras que otros puede que describan los motivos ocultos por los que se rige una persona o tras los que se oculta. Un nombre puede ser una etiqueta: una descripción de una persona, lugar, actitud o estado de conciencia. Puede estar asociado con una persona determinada, una característica, un don, una falta, un sentimiento o una experiencia. Recuerde: la mayoría de la gente que aparece en sus sueños representa aspectos de usted mismo.

Los nombres pueden ser también un vínculo, una contraseña, la clave que le ha de llevar a ser más fuerte, a obtener importantes beneficios personales o a alcanzar un deseo que se halla oculto en su mente. Por ejemplo, si en el sueño se menciona el nombre de una persona influyente, ello puede captar la atención de cualquiera, puede que le abra puertas que usted, de otra forma, no habría podido abrir. Si usted sueña con gente famosa o con sus nombres, considere el posible significado de esos nombres y/o las características de esas *personas famosas*. Vea el capítulo *Gente*.

A continuación le ofrecemos algunas sugerencias sobre la función que pueden desempeñar estos nombres en su sueño, pero no olvide que, sobre todo, debe atender *siempre a sus propias asociaciones*.

NOMBRES

Ángela:
Suele provocar asociaciones relativas a seres angélicos o a un comportamiento inmaculado, propio de un ángel, a no ser que usted conozca a alguna persona con ese nombre y que sea alguien realmente menospreciable, lo

que, en el fondo, puede significar que quien realmente es menospreciable es usted. En cualquier caso, déjese guiar por sus propias asociaciones y sentimientos.

Alicia:

Puede tratarse de un símbolo de un país de cuento de hadas, del país de las maravillas o de cualquier otro mundo irreal, a no ser, claro está, que usted logre establecer alguna asociación con una Alicia que usted conozca.

Bárbara:

Puede ser un juego de palabras que se refiere a un comportamiento propio de un bárbaro; quizá aluda a que se nos dicen barbaridades o comentarios punzantes que nos duelen. También puede referirse a las cualidades de alguien conocido por usted que se llame así.

Herrera:

Trae a la mente la idea de alguien que construye, que inventa cosas y herramientas útiles.

Mediavilla:

Miedoso, pusilánime a la hora de intentar nada nuevo o diferente.

Hurtado:

Agazaparse, intento de esconderse, de engañar, de traicionar.

Esquivel:

¿Qué o a quién trata de esquivar, de evitar?

Pérez:

Puede ser un juego de palabras referido a su propio comportamiento perezoso, a que está haciendo el mínimo esfuerzo cuando podría dar más de sí.

Palacios:

Denota una persona ostentosa o con muchas aspiraciones.

Acosta:

Acreedor apremiante; puede que se refiera a una deuda que hay que saldar o a una cuenta que falta por pagar, o bien referirse a una persona que se aprovecha de los demás.

Clemente:

Juego de palabras acerca de la bondad de nuestros actos; también puede referirse a que no actuamos con la bondad suficiente o que no todos nuestros actos son buenos, o quizá que hemos de planear nuestros actos de forma que se caractericen principalmente por su bondad.

Zorrilla:

Puede aludir a una persona astuta, taimada, tramposa o que puede querer engañarle a usted.

Lozano:

Puede ser un juego de palabras que aluda a una persona vivaracha y robusta, o bien orgullosa y altiva.

Granero:

Significa reunir, recolectar, juntar partes separadas o hechos distintos.

Santos:

Puede tratarse de una seria indicación de que es necesario que usted reconozca a Dios en usted y que se comporte consecuentemente en todo lo que dice y hace.

Modesto:

Esto puede indicar que usted es realmente una buena persona pero que no sabe darse cuenta de ello: es lo que el sueño intenta hacerle ver. Quizá aluda a que usted siente que no es lo suficientemente bueno cuando, en realidad, lo que tiene que hacer es reconocer sus propias virtudes.

Esperanza:

Puede ser signo de esperanza, de tener fe, de no perder la esperanza.

Rey:

Puede referirse a cualidades reales o imbuidas de mucha autoridad; quizá se trate de alguien que intenta enseñorearse de usted o, por el contrario, puede aludir a cómo su propio comportamiento se enseñorea de todo.

Salvador:

Normalmente asociado con la honestidad, el honor, la bondad, la justicia, la humildad, la capacidad de liderazgo y la compasión (una de estas opciones o todas ellas).

Guerrero:

Con frecuencia asociado a la osadía, a la fatuidad y/o a la derrota.

Segura:

Se refiere a los poderes que posee y a cómo los emplea o abusa de ellos.

Ícaro:

Puede aludir a la sabiduría, a la inteligencia superior, a una forma de pensar transcendental, a hábitos poco familiares o a un ser de otro mundo o con otro estilo de vida.

Piqueras:

Puede ser un juego de palabras que aluda a que robamos a otros o a que copiamos sus formas de actuar.

Casanova:

Adulador, ingenioso, quizá es un juego de palabras que se refiere a alguien que realiza una maniobra astuta, o a alguien que cree que es adulador o zalamero.

Delgado:

Posible alusión a su peso.

Pastor:

Puede aludir a alguien que trata de ayudar y proteger a los demás, o quizá que este aspecto forma parte de su forma de ser.

Izquierdo:

Juego de palabras referente a la habilidad para torcer las cosas o empeorar las situaciones.

Montolío:

Puede ser un juego de palabras que aluda a hablar demasiado, a conversaciones o monólogos que no se acaban nunca, a enredar las situaciones.

Bravo:

Asociado principalmente con el empleo de la voluntad.

Iglesias:

Pude representar su subconsciente, un genio o un guía.

Valera:

¿Qué valen sus palabras?

MIS PROPIOS SÍMBOLOS DE NOMBRES

_____

_____

_____

_____

_____

Capítulo 34

Las pesadillas

El alma atrae aquello que se esconde en secreto: lo que ama y también lo que le da pavor.

J. ALLEN

Se dice que un cincuenta por ciento de los sueños son pesadillas. De hecho, esta cantidad varía enormemente según la persona, pues la gente que no tiene dificultad en resolver sus problemas raramente tiene pesadillas... y eso es lo que las pesadillas pretenden.

Los investigadores actuales afirman que hay una relación directa entre nuestros problemas (físicos, mentales o emocionales), nuestras pesadillas y nuestra salud física o falta de salud.

¿QUIÉN TIENE PESADILLAS?

Normalmente, la mayoría de las personas que tienen pesadillas son personas que tienen miedos o problemas y que no quieren afrontarlos o que prefieren pasarlos por alto pensando que marcharán por sí solos. Lo que ocurre es que los problemas no sólo no desaparecen si no los tenemos en cuenta, sino que a menudo los vemos simboli-

zados por pesadillas que probablemente acabarán siendo recurrentes si no las tratamos. ¡Como si no fuera suficiente con sufrirlas una sola vez!

El Dr. Ernest Hartman, psiquiatra de Tufts, la Escuela Universitaria de Medicina de Boston, realizó un estudio en profundidad de las pesadillas y descubrió que ciertos tipos de personalidades son más propensas a tener pesadillas que otras (Welles, 1986). Es gente que tiende a ser de naturaleza más abierta, más vulnerable y más sensible. El Dr. Hartman afirma que, una vez que podemos determinar el tema o patrón de nuestros sueños, es más fácil trabajar las áreas problemáticas del tiempo en que uno está despierto.

¿POR QUÉ TENEMOS PESADILLAS?

Parece que las pesadillas aparecen mayoritariamente cuando una persona, normalmente una persona amable y sensible, aunque también miedosa, permite que otra la manipule o la domine y no quiere o no es capaz de cambiar esta situación.

El contexto de las pesadillas siempre es oscuro e intimidador; las figuras son grandes y amenazadoras, a menudo toman la forma de un animal o de un monstruo. Este hecho evoca un sentimiento de miedo, incluso de terror, y nos sentimos tremendamente indefensos. Lo que ocurre siempre es que intentamos chillar, correr o escaparnos de algún modo, pero somos incapaces de hacerlo. La acción de la pesadilla simplemente expone lo que estamos intentando hacer: alejarnos de nuestros problemas, y lo que el sueño nos dice es que *no podemos escapar de ellos*.

Según el Dr. Milton Kramer, jefe del Centro de Desorden del Sueño del Hospital de Administración de los Veteranos de Cincinnati, Ohio (Welles, 1986): «Si las pesadillas son la respuesta a una amenaza externa, entonces, tratar esa amenaza externa reducirá el número de pesadillas». Debemos aprender a dejar de escaparnos de nuestros sueños y empezar a enfrentarnos a nuestros monstruos con preguntas como: «¿Quién eres tú? ¿Qué quieres?» o «No dejaré que me hagas eso». A menudo este tipo de preguntas es lo único que necesitamos para conseguir que un dragón se convierta en un ratón. En opinión de los psicólogos, si somos capaces de resolver nuestros problemas en los sueños, entonces podremos resolver esa cuestión de nuestra vida diaria.

LAS PESADILLAS DE LOS NIÑOS

Según el Dr. Hartman, los niños tienen más pesadillas que los adultos porque «se sienten más vulnerables e indefensos y tienen más miedo» (Welles, 1986). En palabras de la Dra. Patricia Garfield: «Un niño que persistentemente tiene sueños en los que se ahoga, se pierde, le asesinan, o se suicida, puede estar sufriendo una perturbación emocional fuerte» (Garfield, 1984). Un niño que no es capaz de recordar ningún sueño puede estar deprimido o puede estar reprimiendo una experiencia traumática.

Cuando un niño sueña con el coco es porque se siente amenazado por algo o por alguien a quien no puede darle nombre o ponerle un rostro. Normalmente es alguna figura de autoridad, como un padre alcohólico que probablemente le maltrata, o una madre de carácter violento, o incluso un hermano que le hace la vida imposible; en cualquier caso, es una persona a quien se *supone que debería querer*. Ahí está el problema.

El niño no puede admitir que le da miedo su «encantadora» madre, ya que eso va en contra de su programación. Se supone que los niños deben querer a sus padres, así que este miedo real se disfraza de imágenes míticas. El sueño le está diciendo que tiene un miedo que debe resolver, pero su educación no le permitirá enfrentarse a este miedo de manera abierta. No está preparado para admitir, ni admitirse a sí mismo, quién es ese monstruo. Necesita ayuda porque su miedo es muy real, pero probablemente alguien le dirá que se olvide de ello, que «sólo es un sueño».

Cuando un niño sueña que un monstruo le persigue, ésa es una señal segura de que de alguna manera se siente amenazado y de que necesita amor, comprensión y palabras que le tranquilicen. Es importante que le ayudemos a entender la causa real de su problema y que le enseñemos cómo puede solucionarlo.

El monstruo no es siempre un miembro de la familia; puede representar amenazas de otros niños, de un profesor, de un familiar, de un desconocido, de un vecino, de una pelea familiar e incluso de una película de miedo. Sea cual sea la causa, lo mejor es solucionarlo tan pronto como sea posible de una manera amable, cariñosa y comprensiva.

Heridas y muerte:

Las heridas que se sufren en los sueños indican normalmente que el niño ha estado traumatizado emocionalmente de alguna manera y que necesita ternura, cariño y comprensión para curarse. A veces la pesadilla es un recuerdo de algún hecho terrible que ocurrió en una vida pasada. Un sueño recurrente, donde se ahoga o le asesinan en una batalla, es muy común. Unas cuantas preguntas cautelosas por nuestra parte sobre el tipo de ropa que llevaba, los tipos de edificios que había y alguna otra información contextual nos puede ayudar a decidir si es una pesadilla actual o un recuerdo traumático de otra vida. En cualquier caso, el niño necesita la ayuda y la comprensión de un adulto que le ayude a reflexionar sobre esas experiencias de miedo, y no a evitarlas, porque serán recurrentes hasta que el asunto se resuelva de alguna manera.

Masa monstruosa:

Si la causa es oscura, se le debe enseñar y alentar a que se enfrente al monstruo que se encuentra en el sueño. (El niño, si quiere, puede llamar a sus amigos más fuertes para que vengan y le ayuden.) Debemos asegurarle que nadie puede hacerle daño en un sueño, así que no hay nada que temer. Podemos explicarle que resolver un problema en un sueño es también solucionar un miedo o problema en la vida real. Digámosle al niño que se detenga un instante y que pregunte a su atormentador: «¿Quién eres y qué quieres?». Digámosle que o bien venza su fobia o bien se haga amigo de ella, que le pida incluso un regalo para sellar esa amistad. La pesadilla debe convertirse en un juego importante al que el niño pueda jugar.

Perder o romper algo que les pertenece:

Cuando un niño siente o teme que algo muy preciado para él se ve amenazado en su sueño, este «algo» está simbolizado por su posesión preferida que perderá o se estropeará de alguna manera. Tenemos ahí otra señal de que el niño necesita ayuda y palabras que le tranquilicen.

Pesadillas recurrentes:

Lo único que hacen es constatar que el problema todavía no se ha resuelto, que el miedo interior todavía existe y que debe ser tratado de una manera positiva. Esto es especialmente cierto para las pesadillas que tratan con la muerte y con las heridas.

LAS PESADILLAS DE LOS ADULTOS

Los adultos se encuentran en la misma situación. Nuestras pesadillas también están causadas por nuestros miedos y/o por algún conflicto entre nosotros y la figura de autoridad con la que dudamos enfrentarnos. Puede ser alguno de nuestros padres, un familiar, un jefe, un profesor, una situación o cualquier cosa similar. También puede ser un conflicto entre el yo *real* y la *persona*, la fachada que nos ponemos para los demás, nuestro yo aparente. Lo más probable es que esta batalla entre estos dos «yos» aparezca como sueños de conflicto, pero existe también la posibilidad de que se manifieste con algunas pesadillas puras.

Nuestro problema es nuestro profesor:

Con demasiada frecuencia enseñamos y se nos enseña a evitar cualquier cosa que sea fea, dolorosa, desagradable o que nos moleste. Una de las cosas más importantes que tenemos que aprender es que nuestros problemas sirven de señales luminosas o de lentes de aumento que enfatizan o señalan nuestros peores miedos, nuestras actitudes más restrictivas, nuestros prejuicios e ideas erróneas que están impidiendo nuestro progreso; problemas a los que tenemos que enfrentarnos y superarlos si queremos crecer.

Debemos entender que nuestros problemas representan *la lección que tenemos que aprender*. Todos estamos en el proceso de volvernos más sabios, mejores, más semejantes a Dios. Las dificultades a las que ahora nos enfrentamos son la puerta que debemos cruzar si queremos seguir nuestro camino. De hecho, nuestros problemas son en realidad nuestros maestros.

Nos persiguen:

El hecho de que nos persigan simboliza los esfuerzos inútiles por escapar de una situación a la que no queremos enfrentarnos. Lo peor que podemos hacer es despertar para evitar ver lo que el sueño pretende decirnos. Lo mejor es dejar de correr, enfrentarnos a nuestro enemigo y pedir que nos diga quién es y qué quiere. Intentar descubrir nuestro problema en el acto; hacer las paces y si es posible pedirle un regalo. Debemos recordar que resolver nuestras dificultades en un sueño es allanar el camino para solucionar estos problemas en nuestra vida.

Atrapados:

Este tipo de experiencia en una pesadilla puede implicar que nos sentimos atrapados en nuestro trabajo, en nuestro matrimonio o en alguna otra situación. Puede simbolizar que necesitamos más espacio, más tiempo para estar solos o privacidad para satisfacer nuestras profundas necesidades interiores. Es importante que respetemos esta necesidad y *nos concedamos espacio a nosotros mismos*.

Desnudez:

En general, estar desnudos en público hace referencia a nuestros miedos de estar expuestos a la gente. Puede simbolizar la vulnerabilidad y el miedo a que nos encuentren, nos ridiculicen o nos hagan avergonzar. Véase el capítulo de *Desnudez*.

Policías:

Un sheriff, un policía, un detective o «la ley» en nuestras pesadillas representaría el miedo a ser sorprendido haciendo algo que creemos que está mal hecho.

Caemos:

Si nos vemos cayendo en una pesadilla, puede ser simplemente el aviso de que debemos volver a nuestro cuerpo tal como hemos dicho anteriormente, especialmente si esto ocurre un momento antes de despertarnos; si caemos en medio de un sueño puede simbolizar perder nuestra posición en la vida, ir a menos, planes o proyectos que están a punto de fracasar, o el sentimiento de que estamos en una posición precaria, vulnerable o insegura.

Miedo en general:

Ya sea en la escuela o en el trabajo, las pesadillas pueden indicarnos miedo al fracaso, el miedo que nos da el profesor o el jefe a quien dudamos enfrentarnos. Si estamos casados, el monstruo puede ser nuestra pareja o nuestros parientes políticos, que nos dictan lo que debemos y lo que no debemos hacer. Generalmente, cualquier persona que restrinja nuestro derecho natural a la libertad de expresión, en cualquier forma, es susceptible de sospecha en nuestros esfuerzos por detectar al malvado que se esconde detrás del dragón de nuestras pesadillas.

Sombras:

Frecuentemente una forma vaga, borrosa, es una indicación de algo oscuro, un sueño sin forma que no tiene ninguna base. Es más que probable tener miedo de un hecho hipotético que quizá nunca suceda, aunque puede ser una amenaza real hasta que nos enfrentemos a ella sin pestañear para ver qué es realmente. Puede ser que necesite exploración mental de nuestra parte, pero es algo importante para nosotros, de lo contrario no tendríamos esa pesadilla.

Las sombras pueden representar una parte de nosotros mismos que debemos reconocer, aceptar e inte-

grar en nuestra forma de ser. Puede ser una parte oscura de un talento especial que no sabíamos que teníamos, que no hemos entendido o aplicado bien de alguna manera. Si nos acordamos, podemos probar de encender las luces mientras tenemos la pesadilla para ver de quién o de qué aspecto nuestro se trata en realidad.

Nuestro trabajo de investigación

Tenemos que preguntarnos qué persona o grupo de personas está intentando forzarnos o manipularnos para que adoptemos *sus* objetivos, ideas e ideales. Las figuras de autoridad nos darán una pista o incluso nos dirán abiertamente que hemos fracasado porque no estamos a la altura de *sus* expectativas y objetivos, como si nuestros propios objetivos no contaran. Sin lugar a dudas, éste es un reto para luchar *por nuestros propios objetivos*.

La gente poderosa tiende a empujar a los demás hacia sus propios moldes; piensan que lo que ha sido bueno para ellos tiene que ser bueno para los demás, pero ya sabemos que esta teoría no funciona. No todos encajamos en el mismo molde. Además, ¡no nos hace falta un mundo lleno de clones!

Si esto es lo que está ocurriendo en nuestra vida, necesitamos darnos cuenta y, sobre todo, hacer algo para solu-

cionarlo. Eso es lo que nos está diciendo esa pesadilla, que la situación es crucial, que nuestro estilo de vida, independencia, libertad, individualidad, sosiego mental y crecimiento espiritual están en juego. La vida nos está diciendo que ya es hora de romper esas barreras actuales, de aprender esta lección y de seguir adelante.

Nuestra lista de sospechosos:

Nuestra primera misión después de experimentar una pesadilla es identificar la fuente del miedo. ¿Dónde nos sentimos presionados? ¿De qué teníamos miedo o a qué temíamos más enfrentarnos? Quizá lo mejor sería enfrentarnos a nuestro jefe, pareja, suegra, hermano mayor, o quienquiera que sea que nos está presionando. Nos respetará por ello y ganaremos a la vez nuestro propio respeto. Si nos despiden, nos daremos cuenta de que era lo mejor que podía pasar. Ya es hora de seguir adelante. Ya que nuestro problema será el que nos enseñe, nuestro jefe-ogro nos debe estar enseñando o forzando a luchar por nuestros derechos; o nos está revelando que no tenemos por qué seguir trabajando bajo esas condiciones tan miserables. Nuestra pareja nos puede estar indicando que no debemos temer su temperamento nunca más o que no tenemos que depender de nadie para ganarnos la vida. *Podemos* hacerlo por nosotros mismos. *Siempre* hay una lección valiosa escondida en las profundidades de la pesadilla. Debemos fijarnos bien tanto en el contexto como en el simbolismo del sueño. Si nuestro monstruo es un oso y nosotros siempre pensamos que nuestro jefe es un oso, un déspota... ¿vemos qué fácil es? Los sueños suelen ser como un juego,

incluso pueden ser divertidos cuando entendemos el mensaje.

Solucionar el problema:

Si después de todo lo explicado anteriormente, la identidad de nuestro «coco» sigue eludiéndonos, intentemos con papel y lápiz. Tenemos que escribir los nombres de la gente, de las situaciones y de los hechos que nos molestan, enfadan o amenazan más y comprobar nuestra lista con los símbolos del sueño. Pongamos mucha atención a nuestros sentimientos ¿Cómo se sentía el monstruo? ¿Cómo nos sentimos cuando se nos acercó? ¿Cuándo fue la última vez que nos sentimos así? Recordemos que el sueño puede exagerar la situación para resaltar algún significado.

Analizar lo que nos estresa durante nuestra vida de vigilia nos ayudará a acabar con las pesadillas. Intentemos escribir en nuestro diario algunas de las cosas que más nos disgustan de nuestra vida, cosas o personas que nos hacen sentir poco cómodos o limitados, personas que desearíamos que no estuvieran a nuestro alrededor; comparémoslas con los símbolos de nuestros sueños y elijamos el símbolo que más se acerca, el que más parezca ser nuestro problema. *No debemos detenernos aquí.* No vacilemos en un «no sé quién» o «no sé qué». Escojamos la opción que nos parezca más apropiada y empecemos. (Si no la hemos acertado, ya nos vendrá la corrección.) Escribamos, con tranquilidad, la solución que desearíamos. Decidamos qué nos gustaría vernos haciendo o diciendo y *hagámoslo.* Si nos falta el valor para acercarnos directamente, no nos asustemos: hay muchas maneras de matar a un dragón. Sigamos leyendo.

MATAR AL DRAGÓN

Una vez que hemos llegado a una solución satisfactoria, aunque imaginaria, nuestro próximo paso es cerrar los ojos por un momento e imaginarnos que la escena tiene lugar tal como nosotros querríamos. No ahorremos en detalles. Tengámosla clara en la mente. Repitámosla bastantes veces, mejorándola cada vez. Imaginémonos a nosotros mismos enfrentándonos al problema y encontrando una solución. Experimentemos la alegría que nos proporciona. Veamos cómo toda la gente implicada está de acuerdo con nuestra propuesta... incluso nos agradecen hacérselo ver. Imaginemos ese final feliz *de forma clara*. Entonces, cuando nos vayamos a la cama, intentemos que éste sea el sueño, imaginémoslo una y otra vez mientras nos quedamos dormidos. Esta acción programará nuestra mente subconsciente tal como queremos que sea nuestra vida y de esta manera podrá cooperar con nuestro plan.

Otro acercamiento consistiría en despertarnos de una pesadilla, calmarnos y volver a la escena para encontrar una solución satisfactoria en ese mismo momento. Nuestra imaginación es absolutamente importante, y *funciona*. Intentémoslo alguna vez. En la próxima pesadilla.

Gran final:

Una vez que nuestra mente tiene claro lo que queremos hacer y cómo queremos llevarlo a cabo, empiezan a ocurrir cosas mágicas. Como todos somos muy telepáticos, especialmente durante el sueño, nuestros personajes de las pesadillas reciben el mensaje y, tanto si lo recordamos conscientemente como si no, cuando les plantamos cara de verdad, la gente que normalmente opinaba en contra nuestra, de repente acepta nuestra propuesta sin poner pegas. Ahí estamos, preparados para la batalla, y no tenemos ningún guerrero en contra. Hemos ganado nuestra libertad sin siquiera una pelea.

MEDIDAS PREVENTIVAS

Una vez que hemos aprendido la lección, la próxima vez que alguien nos pida un favor, paremos y preguntémonos: *¿De verdad quiero* hacer esto?». Seamos totalmente honestos con nosotros mismos y con nuestros sentimientos. Si la respuesta es «No», entonces recordemos que estamos en nuestro perfecto derecho de decir: «Lo siento, pero tengo otros planes». (No tenemos por qué decir cuáles son nuestros planes, quizá sólo *planeemos* dormir hasta tarde o descansar.) Tenemos que respetar nuestras propias necesidades.

No nos dejemos engañar por la vieja excusa de «Si me quisieras, harías tal y tal...», ya que, si ellos nos quisieran *a nosotros*, no se nos impondrían de esa manera. Así que, seamos lo suficientemente valientes como para decir «no, gracias» o «tengo otros planes», porque si no, «el coco nos atrapará» en nuestra próxima pesadilla.

Por descontado que dejaremos patidifusa a la persona que está intentando *hacernos* los planes... pero ése es *su problema*. Nuestro trabajo es cuidar de nuestra libertad. Dios nos hizo libres y tenemos la obligación de seguir libres.

Hacer cosas por los demás *porque nos apetece* es una cosa maravillosa, magnífica. Ser manipulados para que las hagamos es faltar al respeto al Dios que llevamos dentro y cometer un delito contra nosotros mismos. Aprender a respetar nuestros sentimientos mantendrá a raya a todos esos malos sueños.

En general, una vez que empezamos a trabajar en serio con nuestros sueños, intentando entender su contenido y aplicando lo que hemos aprendido en nuestra vida, dejaremos de tener sueños desagradables, pues una pesadilla es una advertencia de algo que hemos pasado por alto y que se ha convertido en una manera exagerada y dramática de *captar nuestra atención*.

Las pesadillas señalan una necesidad crucial de enfrentarnos a nuestros miedos y problemas, y de defender nuestros derechos. Nos merecemos lo mejor. Jesús dijo: «Vine para que tuvierais una vida mejor», no para que fuéramos miserables. Cuando sufrimos, una de las causas que provoca ese sufrimiento es que no creemos que nos merecemos algo mejor y lo que los sueños están intentando hacernos ver es que estamos equivocados.

MIS PROPIOS SÍMBOLOS DE PESADILLAS

_____

_____

_____

_____

_____

_____

_____

_____

_____

_____

Capítulo 35

La desnudez

Encontrarnos totalmente desnudos en un sueño puede representar una experiencia perturbadora. A menudo intentamos quitarle importancia, como si fuera una tontería, sin pararnos a buscar un significado más profundo. De hecho, soñar con que estamos desnudos es un fenómeno bastante común y puede significar una gran variedad de cosas, depende de los sentimientos que esa situación nos provoque.

La desnudez puede simbolizar un sentimiento de ingenuidad, de culpabilidad, de poca preparación, de simpleza. En la mayoría de las ocasiones nos encontramos en una situación donde nos sentimos expuestos, en la que nos han cogido desprevenidos, asustados de que se haga público algún hecho, especialmente si estamos desnudos en un sitio público. Esto puede representar sentimientos de pobreza, de falta de protección, de amor, de apoyo, de calidez; o pueden ser las necesidades de la vida. Cualquiera de estos sentimientos nos haría sentir estériles, vacíos, expuestos al azar, a los elementos, a los caprichos de la humanidad. Estar

desnudo también puede representar sentimientos de indefensión y de sensibilidad.

Como la ropa normalmente representa nuestra actitud, ideas, opiniones y prejuicios sobre las cosas, la falta de ropa podría representar la falta de una actitud «adecuada», la ausencia de una preocupación real, el no tener una opinión sobre un asunto, una indecisión general, o la posibilidad de no tener ni idea de qué hacer en una situación determinada.

La desnudez también puede indicarnos el empezar a estudiar los hechos, llegar al fondo de las situaciones, echar barreras abajo, o abandonar una situación, según las circunstancias y los sentimientos que éstas nos estén provocando.

DESNUDEZ PARCIAL

Si sólo tenemos desnuda una parte de nuestro cuerpo, entonces el sueño puede estar señalando nuestro sentimiento de vulnerabilidad en esa área en particular.

Desnudos e incómodos

Cuando soñamos que nos encontramos desnudos en un sitio público y nos avergonzamos de ello, existe la posibilidad de que estemos muy cerca de ser descubiertos de alguna manera. Puede ser por algo que hemos hecho en privado y queremos que siga sin saberse; podría ser un error, un juicio erróneo o un delito que preferimos que no se sepa, o algo que hemos hecho o dejado de hacer, algo que no queremos revelar. Normalmente es un sentimiento de temor, de que las faltas que hemos cometido o nuestras maneras de comportamientos escondidos salgan a la luz, aunque también podría ser un aviso para que no nos cojan desprevenidos, algo que nos advierte de que estamos en una posición vulnerable, o de que estamos a punto de ser descubiertos.

Desnudos,
pero nadie se da cuenta

Implica que la situación es incongruente para todo el mundo menos para nosotros. De algún modo nos indica que nadie lo notará excepto nosotros mismos e implica que nuestros miedos son innecesarios, exagerados o infundados.

Desnudos,
pero despreocupados

Estar desnudos en un sitio público y no avergonzarnos de ello puede implicar una liberación de actitudes y de restricciones viejas; un sentimiento nuevo de libertad, una revelación, una descarga de todas las afectaciones, una sensación nueva de honestidad y de abertura.

Quizá soñemos que estamos desnudos pero que nos sentimos perfectamente en paz, satisfechos, totalmente despreocupados por la falta de ropa; esto puede implicar que nos sentimos sin trabas, felices y despreocupados. Podría reflejar una confianza nueva en nuestra propia valía, en nuestras capacidades, en nuestros valores y estilo de vida. Podría mostrarnos una percepción clara, una actitud ordenada, una falta de prejuicios o de pretensiones, que somos totalmente francos y honestos. Sin prejuicios, sin subterfugios, sin necesidad de cubiertas. Nos acercamos de una manera abierta, franca y honesta, con sentido de la justicia, de la libertad y con alegría. Nada está escondido, no tenemos nada que esconder y nos sentimos perfectamente bien con nosotros mismos.

Desnudarnos

En ciertas condiciones, el hecho de desvestirnos podría representar intereses o deseos sexuales, aunque también podría ser fácilmente el deseo de sentirnos libres de cualquier estorbo, de despreocuparnos de tonterías, de ser abiertos y honestos y no tener nada que esconder. Puede representar deshacerse de actitudes y creencias que tienden a interferirse con el movimiento libre del pensamiento y de los hechos; deshacernos de prejuicios, de ideas que nos limiten, de cualquier cosa que impida nuestro progreso.

Por otro lado, si nosotros, nuestro amante o los dos estamos desnudos, entonces es bastante probable que sea un sueño sexual o que tenga relación con nuestra actitud respecto al sexo, según lo que sintamos al estar desnudos. El sueño podría estar observando cómo nos sentimos realmente respecto al sexo, nuestra vulnerabilidad en esa área; o podría estar señalando la actitud abierta que tenemos de cara a esas dos cosas, o qué proporción de nosotros mismos se siente expuesta. También puede indicar cómo nos sentimos respecto a ella.

ALGUNAS POSIBILIDADES

Área del corazón desnuda:
Emociones expuestas, vulnerabilidad o sensibilidad de sentimientos. Asuntos del corazón que pueden ser divulgados; el sueño nos puede estar mostrando el miedo que tenemos a que esto ocurra. Véase el capítulo *Partes del cuerpo*.

Genitales al descubierto:
Podría significar que nuestras actividades sexuales se han hecho públicas o que están a punto de serlo; o podría indicar el miedo que tenemos de que nuestras actividades sexuales salgan a la luz.

Manos:
Pueden ser la revelación de nuestros hechos o cómo hemos manejado una situación.

Pecho descubierto:
Por norma general simboliza nuestras emociones, sentimientos, esperanzas y sueños, pero podría tener relación con desahogarnos o con mostrar nuestros sentimientos, según la acción soñada.

Pies desnudos:
Pueden implicar que nuestras creencias básicas se están revelando de una manera que nos incomoda; o pueden reflejar un sentimiento de libertad, según los sentimientos que el sueño nos provoque.

MIS PROPIOS SÍMBOLOS DE DESNUDEZ

_____
_____
_____
_____
_____
_____
_____
_____
_____
_____
_____
_____
_____
_____
_____
_____
_____
_____
_____
_____
_____

Capítulo 36

Los números

Numerología

El antiguo arte de la numerología tiene su base en la *Cábala hebrea*, aunque probablemente se remonte a los principios de la humanidad. Sabemos que la numerología se enseñaba en las escuelas de misterio egipcias y griegas y que probablemente su origen se encuentre en la Atlántida. Sean cuales sean sus antecedentes históricos, todavía se enseña en la actualidad y lo hayamos estudiado o no, la información básica se encuentra en nuestra consciencia racial. Por eso, cuando los números aparecen en nuestros sueños todavía tienen el significado antiguo que, en algún nivel de nuestro ser, entendemos. Así que, a menos que tengamos alguna asociación personal y/o *poderosa* con alguno o más de estos números, lo mejor sería que utilizásemos los significados que presento en una lista para interpretar los sueños.

Para empezar, es necesario reducir a un dígito todos los números de más de una cifra, sumando sus componentes hasta que consigamos un solo número. Esta regla tiene alguna excepción, que seguidamente les presento:

Por ejemplo, el número 257 lo solucionaríamos así:

$$2 + 5 + 7 = 14$$

Catorce se reduciría para formar un único dígito:

$$1 + 4 = 5$$

El cinco es el número numerológico, así que debemos buscar el significado de cinco y no de 257.

De la misma manera:

301 es $3 + 0 + 1 = 4$

Busquemos el significado de cuatro.

97 es $9 + 7 = 16$

$$1 + 6 = 7$$

Busquemos siete.

2.349 es $2 + 3 + 4 + 9 = 18$

$$1 + 8 = 9$$

Busquemos nueve.

Las únicas excepciones a estas reglas son los *números mayores* 11, 22 y 33. A éstos normalmente no los reducimos a un solo dígito. De todas maneras, hay algún otro número de dos dígitos en la lista, porque se considera que tiene un significado especial, como el número 40 que es una referencia bíblica recurrente a los «40 días».

El número 38 sería $3 + 8 = 11$

$$1 + 1 = 2$$

Busquemos dos.

Pero, como 11 es un número mayor, también tendríamos que buscar 11.

Los componentes individuales de los números son importantes, así que tendremos que buscarlos individualmente, pero debemos tener en cuenta que el significado principal se encuentra en el último dígito compuesto.

Los ceros enfatizan los números

Los ceros dan a los números una fuerza y un significado mayores. El cincuenta sería un cinco muy fuerte; el tres mil, un tres muy poderoso.

Números con guiones

Los guiones en los números indicarían que debemos tratar los números separados por el guión como dos números separados y como el total. Debemos fijarnos en los dos significados.

Por ejemplo: 242-4396

242 es $2 + 4 + 2 = 8$

Ocho es la energía para hacer

o para ser.

4396 es $4 + 3 + 9 + 6 = 22$

El veintidós es un número mayor, de autoridad.

$8 + 22$ puede ser la energía mayor, la energía para ser la autoridad o para manejar lo que ocurra en el sueño.

El 22 también puede ser un cuatro, que representa la tierra, lo terrenal y/o cualquier trabajo duro, hacer las cosas de una manera puramente física. En ese caso, el número de teléfono podría interpretarse como «El poder de ser la autoridad o el poder de ser terrenal y de trabajar duro». Es una posibilidad de y/o.

Además, $8 + 22 (2 + 2) = 12$

Busquemos 12 y consideremos todas las posibilidades.

Excepciones

Existen excepciones. *Si enfocamos nuestra mente* a los números de lotería y soñamos con algo que parece una combinación correcta de números, *entonces* ese grupo de números *puede* representar al número ganador, pero sólo si nuestra mente está enfocada en esa dirección. De otra manera, debemos usar el método explicado anteriormente. Este método serviría para cualquier tipo de número ganador que estemos buscando.

Siempre debemos tener en cuenta el tipo de ayuda o de información que busca el corazón o la mente, ya que a eso se dedican nuestros sueños. Nuestros deseos preseleccionan el contenido de los sueños. A veces son deseos, esperanzas o preocupaciones subconscientes que nos salen de las profundidades del corazón. Intentemos ser conscientes de nuestros deseos más recónditos, a fin de encontrar aquello que buscamos.

Significado de los números

0 Atemporal, sin fin, perfecto, sin principio y sin final, ausencia de calidad, de cantidad y de masa. Libertad absoluta, sin limitaciones. Señal de la energía consciente infinita y eterna; superconsciencia, símbolo de Dios y de la eternidad si lo vemos solo; detrás de otros números les añade importancia, énfasis, poder.

1 El primero, el principio, las bases, lo original; el pionero, el líder.

2 La debilidad doble o la fuerza doble; la división, el alma, la receptividad, la mente subconsciente.

3 La Trinidad, una fuerza bárbara, la conclusión, la creatividad; o nuestra habilidad para crear. Puede representar la combinación física, mental y espiritual.

4 Las cuatro esquinas de la tierra; los asuntos físicos, terrenales, materiales, los cuatro chakras o centros inferiores; hacer las cosas de una manera material (no espiritual), hacer las cosas de la manera más difícil; trabajo duro.

5 Normalmente significa un cambio en el área o asunto con que se relaciona, pero puede significar la libertad o hacer referencia a los cincos sentidos humanos.

6 La perfección, la belleza, la fuerza, la armonía, la conclusión o el ciclo de creación.

7 Los siete días de la creación, la conclusión, la perfección, las fuerzas espirituales en equilibrio, los siete centros del cuerpo, los siete niveles, los siete planos, la victoria, el domingo.

8 La energía para ser o para hacer, el potencial de éxito, de riqueza, de ganancias materiales, de dinero, de equilibrio.

9 El final, la conclusión, la terminación.

10 Uno más cero, una fuerza extraordinaria, un principio nuevo con la esperanza de tener éxito, una nueva ronda de superación. Consideremos también el número 1.

11 La intuición, la maestría, la espiritualidad, la iluminación, la capacidad para conseguir, la maestría en el plano físico. Debemos tener en cuenta que el once es un número maestro, que nos enseña nuestra autoridad o nuestro potencial para ser autoridad en un área en particular. De todas maneras, si no usamos nuestro potencial, el once puede funcionar como un simple dos.

12 La fuerza de espíritu, el orden cósmico, la conclusión espiritual, la perfección divina. También puede funcionar como un tres.

13 Muerte y nacimiento; principio y fin; cambio y transición. Puede funcionar como un cuatro.

15 Es un número que se utiliza para resolver situaciones difíciles, tales como decir o escribir una afirmación o rezar quince veces; también puede funcionar como un seis.

16 No es un número numerológico por sí mismo, pero normalmente tendemos a asociarlo con los «dulces dieciséis»: la

juventud, la inocencia, la ternura, la ingenuidad, la dulzura, la
vulnerabilidad. Consideremos
también el número siete.

17 El alma. Consideremos también
el número ocho.

22 La autoridad en todos los planos; la energía para conseguir y
para enseñar, las habilidades especiales, el poder de la razón y
de la diplomacia, la maestría en
el plano mental. Si no utilizamos nuestro potencial, este número se convertirá en un cuatro
(2 + 2 = 4) y actuará como tal.

26 Este número representa la tierra, el plano material; se dice
que es el más kármico de todos
los números. Es la suma total
del *hombre* y es también una
forma del ocho, de la energía
para llevar cosas a cabo, así que
considerémoslo todo atentamente.

33 Consciencia espiritual desarrollada a través de las experiencias y del deseo de un plano superior de servicio. Un potencial
poderoso. La autoridad en el
plano espiritual; aunque debemos también considerar la posibilidad del número seis.

40 El tiempo necesario para prepararnos; período de purificación o de prueba (como los
cuarenta días y cuarenta noches
de la Biblia); período de crecimiento y formación. Puede significar «tanto tiempo como necesitemos» o «un tiempo muy

largo». O quizá un cuatro con
mucha fuerza.

50 Santo entre los Santos, un número muy sagrado; la llave de la
gracia de Dios, aunque debemos considerar un cinco con
mucha fuerza.

MIS PROPIOS SÍMBOLOS DE NÚMEROS

Capítulo 37

La gente

La persona es el reflejo de su pensamiento... Su carácter es la suma de todo lo que piensa.

JAMES ALLEN

Parece que los sueños representan partes de nosotros mismos que nos evitan mientras estamos despiertos. Las personas que nos encontramos en sueños no son lo que aparentan ser. Más del noventa y cinco por ciento, los reconozcamos o no, son aspectos de nosotros mismos. Aquel viejo cotilla señor X no es realmente el señor X sino *nuestra parte* cotilla, que se aparece en nuestros sueños.

Las personas con las que soñamos casi siempre representan *aspectos nuestros* que nosotros no elegimos o que no reconocemos como propios.

A veces la gente de nuestros sueños son réplicas nuestras, o de nuestras actitudes, exageradas, desproporcionadas con la intención de darnos una vislumbre real de la dirección hacia donde nuestros sueños y nuestras actitudes nos están llevando o de revelarnos quiénes somos, qué somos y cómo nos comportamos.

A menudo tenemos que hacer frente a estos aspectos que parecen amenazarnos, antes de aceptar el hecho de que estos rasgos de carácter existen en nosotros, especialmente los menos deseables. A veces podemos actuar para controlar, cambiar o usar esas capacidades.

De modo contrario, la gente con la que soñamos también puede representar los atributos o talentos positivos que tenemos pero que no percibimos. Nuestros sueños nos los presentan para que empecemos a aceptar el hecho de que tenemos esas cualidades o habilidades y las integremos.

PERSONAS QUE SE CONVIERTEN EN OTRAS PERSONAS

A veces nos encontraremos con una persona que empieza siendo un señor desagradable pero que acaba convirtiéndose en una persona amable. Este tipo de sueño puede estar señalando nuestra necesidad de convertir un aspecto nuestro en otro; nos enseña con qué facilidad podemos hacerlo. Por otra parte, nos podemos encontrar con que ciertos hechos nos transforman y pasamos de ser una persona amable a alguien horroroso: ésa es una situación que debemos escudriñar con cuidado para conseguir eliminar la causa de nuestro irritable patrón de comportamiento.

¿Qué se esconde detrás de un nombre?:

Con frecuencia nos encontraremos con gente que tiene nombre de personaje de cuento, como el señor Argucia, una referencia a nuestra manera de jugar o el señor Pérez (nuestro aspecto perezoso). Véase el capítulo de *Nombres*.

Gente conocida:

La *gente conocida* de nuestros sueños puede representar las características de las que somos conscientes pero que no reconocemos como propias, mientras que la *gente que no conocemos* representa las características o energías que no sabemos que poseemos. *Los amigos y familiares, que conocemos y que nos gustan* representarían aquellos aspectos que nos son familiares y con los que nos sentimos a gusto, mientras que la gente que no nos preocupa normalmente personifica características que no nos agradan o que no reconocemos como propias. Fritz Perls afirma que a menudo desconocemos ciertas partes nuestras, partes buenas y partes malas, por llamarlas de alguna manera; todos tenemos tendencia a enterrar o negar cualquier pensamiento o sentimiento que

no está en línea con lo que nos han enseñado a creer que es apropiado.

Gente desconocida:

Mujeres: Normalmente representan las características femeninas y los instintos femeninos como la intuición, los sentimientos, la sensibilidad, la dulzura, la amabilidad, la receptividad, la simpatía, la afectuosidad y la habilidad de desahogarse y de llorar.

Hombres: Normalmente representan el intelecto, la acción, la agresividad, la fuerza de voluntad, la indagación, los acercamientos sensatos, la capacidad de ser fuertes, de luchar e insistir cuando es necesario (e incluso a veces cuando no es necesario).

Idealmente deberíamos tener un equilibrio interno de características femeninas y masculinas, pero, por desgracia, se nos ha enseñado a potenciar sólo los rasgos masculinos o los femeninos, según el caso, más que a conseguir el equilibrio, y a suprimir la mitad opuesta, lo que nos provoca enfrentamientos. Nuestros sueños intentan mostrarnos dónde está este desequilibrio, así que debemos fijarnos atentamente en la acción y en la relación entre estos rasgos. Si todo funciona bien, nuestras dos mitades deberían llegar a ser buenas amigas (cualidades conocidas) y en algunas ocasiones llegarían a integrarse, lo que se simbolizaría mediante el matrimonio.

Minusválidos: Un hombre minusválido podría representar la manera en que estamos inutilizando o ahogando nuestras características masculinas. Lo mismo es válido para las mujeres minusválidas, violadas o maltratadas.

QUIÉN ES QUIÉN EN NUESTROS SUEÑOS

Las estadísticas nos muestran que el noventa y cinco por ciento de nuestros sueños son sobre nosotros mismos y el resto involucra a otras personas, normalmente gente de nuestro entorno familiar o laboral inmediato. Esto nos causa un verdadero dilema. ¿Cómo podemos distinguir qué personas nos dan la información necesaria sobre nuestros amigos y familiares y cuáles son aspectos nuestros?

Para responder esta pregunta debemos volver una vez más a nuestra mente, que es como un ordenador. Para tener absolutamente claro quién es quién en nuestros sueños, es necesario programar nuestra mente subconsciente para que no haya ningún tipo de duda sobre este asunto.

Para programar nuestra mente necesitaremos confeccionar una *Lista de huéspedes de nuestros sueños*. Tomemos una hoja de papel y hagamos tres columnas que lleven por título *Nombre*, *Relación* y *Significado*. El siguiente paso es decidir cuáles son los miembros de nuestra familia por los que sentimos afección y nos preocupamos y colocarlos en nuestra lista para que se representen a ellos mismos. Entonces penetremos en nosotros mismos y digamos a nuestro subconsciente *quiero que esta gente sólo se represente a ella misma* y repitámoslo como mínimo tres veces para asegurarnos de que la programación se nos ha grabado correctamente. De vez en cuando

quizá queramos añadir otra persona, porque sale en nuestros sueños, a nuestra lista de huéspedes, junto con las características que mayoritariamente le asociamos.

Esta lista puede alargarse a medida que vayamos encontrándonos con gente nueva en los sueños y decidamos qué aspectos nuestros representan; escribiremos los resultados para consultarlos en el futuro. Mientras tanto, ya tendremos una forma de control rápido para saber quién representa a quién, lo cual nos puede suponer una gran ayuda en las interpretaciones. Aunque tendremos que recordar que las personas de nuestros sueños *de vez en cuando* se representarán a ellas mismas, incluso cuando no lo hayamos programado.

RESPONSABILIDAD

Cualquier persona o personas de las que seamos responsables, ya sea nuestro anciano padre, un niño o un grupo de niños, se aparecerán en nuestros sueños de vez en cuando para ayudarnos a darnos cuenta de sus necesidades o de los problemas que debemos resolver con ellos. A menudo los detalles que pasamos por alto durante nuestro atareado día pasan por nuestra mente durante la noche. Puede ser cualquier cosa: desde consumo de drogas, depresión, una enfermedad cercana o un ligero malentendido hasta sentimientos dolorosos sobre los que debemos charlar y debemos resolver.

Los sueños en los que aparecen miembros de nuestra familia o amigos cercanos pueden avisarnos o revelarnos situaciones o condiciones de su vida que nos permitan entender mejor por lo que están pasando, o que nos

LISTA DE HUÉSPEDES DE NUESTROS SUEÑOS

NOMBRE	RELACIÓN	SIGNIFICADO QUE REPRESENTA
David	Hijo	A sí mismo
María	Hija	A sí misma
Luis	Nieto	A sí mismo
Mamá	Mamá	A sí misma
Carlos	Amigo	Muy inteligente, intuitivo; con capacidades psíquicas y sanadoras
Marta	Muy amiga; profesora	Buen humor, amor, risas; profesora, alegría, enseñanzas, de aspecto afectuoso
Roberto	Jefe	Autoritario, conservador, cauteloso, franco, brusco
Carlota	Artista; amiga	Amable, cariñosa, agradable, feliz, artista, creativa
Carol	Ministra; amiga	Alto coeficiente intelectual, una líder, profesora, cariñosa, afectuosa, inspirativa
Juan	Compañero de trabajo	Cotilleo, criticismo, busca los defectos, negativa, infeliz

avisen de que podemos ayudarles y apoyarles en el momento en que necesitan ayuda.

OBSERVARNOS A NOSOTROS MISMOS

De vez en cuando nos encontraremos con que estamos observando nuestras acciones desde el punto de vista de una tercera persona; nos vemos desde varias perspectivas y representando diferentes roles. Quizá nos percibamos a nosotros mismos como creemos que los demás nos ven, o representados por otros.

Otras veces nos encontraremos mirando nuestras secuencias de sueño a través de nuestros propios ojos, mientras que al mismo tiempo nosotros mismos participaremos activamente, seremos el que instiga la acción, el que participa de forma impaciente. Contemplaremos las cosas desde la posición donde *quisiéramos* estar y, al mismo tiempo, nos veremos desde todos esos niveles. A la hora de escribir los sueños, fijémonos atentamente en qué modos de percepción hemos usado.

NUESTRA SOMBRA

Cuando en sueños veamos gente poco definida, oscura, que puede o no parecerse a nosotros, debemos recordar que estas sombras representan características reprimidas que todavía no hemos desarrollado o nuestros propios miedos, indefinidos y oscuros, que aborrecemos enfrentar y superar. Una de las reglas de oro de los sueños es *enfrentarnos y vencer esos miedos y peligros*. Si somos capaces de recordar que todo lo que nos encontramos en los sueños es simplemente parte de nosotros mismos, entonces podremos provocar las sombras, preguntarles qué representan y empezar a subyugar nuestros miedos, o descubrir y sacar a la luz nuestros talentos reprimidos. Véase *Sombras*, en el capítulo *Pesadillas*.

TRES PERSONAS

Si en nuestro sueño aparecen exactamente tres personas, normalmente representan la trinidad de nosotros mismos: la parte física, la mental y la espiritual; el cuerpo, la mente y el alma; o los niveles consciente, subconsciente y superconsciente de nuestro ser. Lo ideal es que trabajen los tres juntos, que se muevan en la misma dirección, pero puede haber momentos en los que estén en desacuerdo e incluso en conflicto. Como hemos dicho anteriormente, cuando hay un desacuerdo entre la mente subconsciente y la consciente, la *mente subconsciente siempre gana*. Es nuestro sistema básico de creencias, la manera como se nos ha enseñado a ver, a pensar y a actuar; así que una discordia entre ellos significa que será necesario reeducar la mente subconsciente si queremos progresar. Nuestro sueño nos está señalando un problema que obstruye nuestro crecimiento.

En ocasiones adoptaremos una figura de autoridad como un policía, un juez, un ministro, un profesor espiritual o una persona responsable que representará nuestra parte superconsciente o la parte que llamamos Poder Superior o el Yo Superior. Debemos estar particularmente atentos a sus palabras y acciones. Incluso quizá nos convendría colocar a nuestra persona favorita espiritual o símbolo favorito espiritual en nuestra lista de huéspedes para que represente a nuestro Yo Superior.

Nuestra mente subconsciente puede estar representada por una sombra, un sirviente e incluso una pieza automatizada de maquinaria. Todos los seres que se nos aparecen en sueños, ya sean personas, estatuillas, muñecas, juguetes, animales, e incluso sombras, son partes de nosotros que debemos reconocer, a las que nos tenemos que enfrentar y las que tenemos que trabajar para aceptarlas como cualidades positivas.

Por ejemplo: María soñó con su vecina (algo con lo que tiene que convivir), a quien define como melindrosa, anticuada e insistente en que todo debe estar limpio, ordenado y en buen estado. En el sueño, en el patio de María (extensión de su consciente) estaban reparando dos camiones en medio de su jardín. (María regenta una pequeña guardería, así que este símbolo es muy importante para ella.) Llama a su hijo (aspecto propio) y le pregunta: «¿Qué están haciendo ahí?». (En realidad, María se lo está preguntando a ella misma, porque no ha programado a sus hijos para que se representen a ellos mismos.) Su hijo no contesta pero arranca el árbol de Navidad (que representa a su Dios interior o a sus creencias cristianas). A continuación, el patio trasero aparece inundado de agua, lo que amenaza con el hundimiento de su casa.

Después de unas cuantas preguntas descubrimos que los amigos y vecinos de María a menudo usan su patio y camino de entrada como un lugar práctico donde reparar el coche. Hasta ahora María lo ha permitido. Decidimos que la vecina melindrosa es el aspecto limpio, ordenado y pulcro de María que hasta ahora no ha defendido en su vida. Su hijo representa el aspecto indisciplinado que permite que el embrollo y la intrusión de los estilos de vida de otras personas (los camiones) continúen, mientras que el árbol de Navidad arrancado señala que las raíces de la religiosidad de María están muy trastornadas.

La idea que María tiene de ser una buena cristiana no le permite rechazar el abuso de sus amigos. El patio trasero inundado que amenaza la casa de María es el flujo de emociones venideras que se están levantando por esta invasión constante, lo que amenaza todo el estado consciente de María (la casa). Como podemos observar, después de todo, la vecina no es tan mala persona sino que representa la capacidad inherente de María de insistir sobre la pulcritud, la limpieza, el respeto y la dignidad. *La vecina* no permitiría tal confusión en *su* patio, ni tampoco debería permitirlo María. Ahora María lo sabe y se da cuenta de que sus creencias cristianas estaban, en este caso, equivocadas.

BEBÉS, NIÑOS PEQUEÑOS

Los bebés que se nos aparecen en sueños pueden representar una gran variedad de cosas distintas para nosotros, pero normalmente un recién nacido es una idea, un proyecto, un concepto o ideal nuevo y valioso al que acabamos de dar entrada, o bien una responsabilidad que hemos aceptado. Es «nuestro bebé», nuestra responsabilidad, nuestro proyecto personal, nuestra obligación, nuestra afición o preocupación. Puede ser una idea creativa que vamos a componer, escribir o pintar... Sea lo que sea, es algo que presentamos al mundo, una cosa únicamente nuestra, de la que podemos estar orgullosos.

En sueños futuros quizá nos veamos alimentando y cuidando a ese niño, incluso viéndolo crecer de sueño en sueño, observando el progreso que estamos haciendo con satisfacción. O, quizá, para nuestro disgusto, nos encontremos al niño muerto o muriéndose y nos demos cuenta de que lo hemos sacrificado de alguna manera, o se nos ha caído accidentalmente y ha muerto. Éste puede ser un sueño muy perturbador hasta que nos demos cuenta de que el bebé representaba nuestro valioso proyecto, no a un niño real, y que lo que nos está sugiriendo el sueño es que debemos ser suficientemente inteligentes como para no dejarlo escapar, no sacrificar nuestras ideas o ideales simplemente porque alguien nos lo dice (lo cual es muy habitual en nosotros). El sueño puede estar señalando que hemos permitido que otra persona menospreciara nuestras esperanzas y nuestros planes hasta el punto de olvidarlos; o que hemos permitido que nos desanimaran respecto a lo que realmente queríamos hacer con nuestra vida o con nuestros talentos. En ese caso, el sueño nos mostrará que estamos sacrificando a más de un bebé, estamos literalmente sacrificando una parte nuestra muy clara y valiosa; de ahí el significado cargado de simbolismo de nuestro «bebé».

Por descontado que siempre puede haber excepciones. Un niño puede representar aspectos infantiles nuestros, o quizá una personalidad que está empezando a emerger, a hacerse visible. Los niños y los bebés podrían ser el resultado o el producto de algunas características o acciones.

Si el niño es nuestro propio niño recién nacido, este sueño puede tener un doble significado para nosotros, el simbólico y el real. Probablemente nos convendría añadir su nombre a la lista de huéspedes para entender mejor lo que significa.

Alimentar a un bebé:

Alimentar, cuidar nuestros ideales y proyectos; preocuparnos de sus necesidades; trabajar por los objetivos positivos.

Bañar a un bebé, cambiarle la ropa:

Limpiar cualquier lío o error que hemos cometido; empezar de nuevo; preocuparnos de los problemas.

Bautizar a un bebé:

Implica compromiso, dedicación, unirse a las fuerzas de Dios, una bendición, una consagración, adoración.

Bebé que se nos cae:

Sugiere que estamos dejando caer una idea valiosa o un proyecto. Nos advierte de que reconsideremos ese paso que vamos a dar.

Demasiados bebés:

Pueden significar que hemos adoptado demasiadas ideas, opciones y responsabilidades nuevas o demasiados objetivos, proyectos, problemas y responsabilidades a la vez.

Gemelos:

Dos proyectos u objetivos nuevos, importantes.

Matar a un bebé:

Quizá estemos sacrificando esperanzas, sueños, proyectos o ideales importantes para nosotros. Debemos preguntarnos si vale la pena. ¿Es realmente lo que queremos hacer?

Perder a un bebé:

Perder la esperanza; perder de vista nuestros mejores sueños e ideales; quizá estemos permitiendo que nos desanimen o nos ridiculicen. Es una advertencia para que reconsideremos la situación.

NIÑOS

Probablemente representen nuestro aspecto infantil, inmaduro e indisciplinado; nuestros hábitos de pensamiento y actividades indisciplinadas, sobre todo si son niños en general y no un niño en particular. Los niños que realizan acciones que nos molestan o nos apenan normalmente indican cualidades, hábitos o características propias que están a medio madurar, que no han terminado de desarrollarse y que probablemente queremos aplastar.

Niños que juegan:

Los niños que juegan pueden representar el mundo de la imaginación, la capacidad de trascender en el tiempo y en el espacio, un espíritu despreocupado y libre, la capacidad de cambiar en cualquier momento; las cualidades que probablemente necesitamos en este momento de nuestra vida. Los niños felices y sonrientes normalmente representan las cualidades despreocupadas, inocentes, alegres y amantes de la diversión de nuestra vida que probablemente hemos dejado de lado o suprimido. En este caso, el sueño nos puede estar sugiriendo que necesitamos relajarnos y divertirnos para encontrar el equilibrio.

Nuestros pensamientos e ideas son también creaciones propias, por eso los niños pueden representar los pensamientos, las esperanzas, los deseos que tenemos en mente y que están creciendo y desarrollándose. (Esto puede estar representado como un embarazo.) Un niño también puede denotar talentos y habilidades creativas que todavía no han desarrollado todo su potencial. Podría ser un talento, una afición o un proyecto que estamos persiguiendo actualmente.

HERMANOS O HERMANAS

Los hermanos pueden reflejar aspectos infantiles de nuestros propios hermanos (depende de nuestra programación), de algo muy cercano a nosotros, o de algo con lo que tenemos que convivir, aunque también pueden referirse a hechos afines, a circunstancias o situaciones donde una cosa está relacionada con otra. Debemos fijarnos en los talentos y las cualidades que asociamos a nuestros hermanos para entender completamente el significado.

ADOLESCENTES

Un adolescente se considera demasiado mayor para hacer cosas infantiles y demasiado joven para hacer cosas de adultos. Son verdaderamente torpes, inseguros, inmaduros, a medio camino; están atrapados en medio de una situación que les enfurece, les confunde y les hace estar de mal humor. Los adolescentes de nuestros sueños pueden estar simbolizando esta situación de «ni esto ni lo otro», los sentimientos y frustraciones de ser incapaz de llegar donde queremos o de hacer lo que queremos con nuestra vida y nuestra carrera profesional; también pueden representar un intento de encontrar el equilibrio entre dos mundos de pensamiento.

Los adolescentes pueden simbolizar, además, el esfuerzo de saltar la barrera entre dos formas de pensamiento o de acción, entre lo nuevo y lo viejo.

AMIGOS

Un amigo de un amigo (o de un familiar): normalmente representa una cualidad, aspecto, característica, rasgo, hábito, problema o complejo de un amigo del que todavía no nos hemos dado cuenta pero que debemos reconocer. Podría ser un aviso de un problema.

Adultos:
Nos guste o no, los adultos implican un hábito, cualidad o característica nuestra adulta, verdadera.

Dioses y diosas:
También aparecen en nuestros sueños como símbolo de las cualidades o capacidades que podemos tener. Invirtamos tiempo en leer más sobre el dios o la diosa con el que hemos soñado para ver qué talentos especiales tenía. También son nuestros talentos,

pero no los reconocemos y posiblemente todavía no están totalmente desarrollados. Nos ayudarán a reflexionar.

Gente famosa:

Conocer gente famosa es una de las maneras en que los sueños nos advierten de nuestros talentos y habilidades que desconocíamos. Es un suceso bastante habitual en los sueños. Preguntémonos: «¿Por qué es famosa esta persona? ¿Qué talentos o cualidades le asocio?». Démonos cuenta después de que nosotros también poseemos estos talentos o cualidades.

Personajes de ficción:

Podemos aplicar los mismos principios que para la gente famosa. La «ficción» no implica ninguna diferencia, todavía son válidos para ciertas características, posiblemente cualidades que no creíamos tener. Fijémonos de nuevo.

Una persona famosa:

Representa los talentos, las cualidades, las capacidades, las posibilidades o los defectos que tenemos.

ESTRELLAS DE CINE

Normalmente representan la fama y la fortuna. Soñar con una estrella puede ser un deseo, una esperanza de ser rico y famoso, o puede representar nuestra tendencia a actuar, a sobreactuar, a representar un papel. Puede simbolizar nuestras capacidades para actuar. De nuevo las características que más asociemos con esas estrellas de cine son las nuestras, aunque también puede significar que hemos estado actuando como un

comediante, como el chico duro, el policía, el criminal, un extraterrestre o algo similar.

Actores:

Normalmente representan las cualidades, hábitos o características por las que son conocidos. John Wayne, por ejemplo, tiene fama de ser un chico duro pero bueno. Otros actores se asocian con el alcohol, con la inocencia, con el humor, con la ley y el orden, con la belleza, con el vicio, con las travesuras, con la estupidez; o son los chicos malos, etc.

Elvis Presley:

Capacidad para ser un nuevo rico; originalidad, capacidad de hacer cosas por nosotros mismos, con nuestro propio estilo. También puede representar consumo de drogas, fama y fortuna.

Sex simbols:

Muchas estrellas se consideran sex simbols. También pueden representar nuestras propias necesidades y acciones sexuales, nuestra moral, nuestro flirteo o *sex-appeal*.

Símbolos de violencia:

Seamos consciente de que los llamados «chicos malos» de las películas muchas veces representan simplemente una naturaleza violenta y pueden simbolizar las posibilidades de violencia en nosotros mismos.

Talentos especiales:

Algunas estrellas de cine son conocidas por talentos especiales y pueden representar ese talento o capacidad particular inherente en nosotros. Pensemos en la cualidad que más asociamos a esa persona.

GENTE CORRIENTE

Actores:

Aspecto propio que siempre está en escena, actuando, representando una función, pretendiendo, sobreactuando o exagerando las reacciones, dramatizando, presumiendo, actuando de manera exagerada. Poco realista, posiblemente no sea digno de confianza. Puede representar nuestra personalidad.

Actor de papeles secundarios: Puede representar que damos nuestra opinión en contadas ocasiones, que tenemos tendencia a quedarnos en la retaguardia; podría ser un aviso para que salgamos de nuestro caparazón y aprovechemos más la vida y nuestros talentos.

Actriz muy pechugona: Poner un frente positivo, posiblemente falso.

Personaje: Puede implicar que tenemos mucho carácter o quizá que somos personas atípicas; posiblemente demos vida a tantos personajes que ya no sabemos realmente quienes somos.

Sex simbol: Actor, actriz; aspecto nuestro que se preocupa por el sexo.

Suplente: Alguien que siempre se aprende el papel pero nunca sale al escenario; significa que no ponemos nuestros conocimientos en práctica.

Amigo:

Una parte propia que hemos aceptado hasta cierto punto.

Un amigo de un amigo: En sueños, un amigo de un amigo es una cualidad o característica importante de un amigo de la que no somos conscientes pero deberíamos serlo.

Un nuevo amigo: Un aspecto propio que hemos conocido y con el que hemos trabado amistad. Las acciones entre los dos nos mostrarán el grado y el tipo de relación que hemos establecido.

Ángeles:

Existen muchos ángeles. Pueden representar a nuestro ángel guardián, al Ángel Solar, a nuestro Yo Superior, al Poder Superior, a nuestra consciencia, al ángel que nos guía o la respuesta a nuestras oraciones. Algunos de los ángeles más famosos son los arcángeles siguientes:

Gabriel: Conocido como el Ángel del Amor; es el ángel del sur, de la Navidad, del solsticio de invierno, de la lluvia, de los duendecillos del agua. Normalmente se le representa con siete lirios blancos en la mano.

Miguel: Ángel del oeste, del sol, de la purificación, de las salamandras del fuego, del equinoccio de otoño; se le representa con la espada y las balanzas; conocido como el Dragón Asesino.

Rafael: Ángel del este, del amanecer, de las sílfides del aire, del equinoccio de primavera, el curador, la mente superconsciente.

Uriel: Ángel del norte, de los espíritus de la naturaleza, de la belleza, del crecimiento y del solsticio de verano; normalmente se le representa entre flores.

Animadoras:
Aspecto nuestro alegre, que nos da coraje, apoyo; aunque también puede señalar la necesidad de este aspecto.

Árbitro:
Aspecto propio que juzga las palabras, los hechos y las acciones; hace juicios rápidos, decisiones precipitadas.

Bellaco:
Puede representar a una persona ingenua o engañosa; decepción, falsas impresiones, picardía.

Borracho:
Un aspecto nuestro que bebe demasiado; puede tratarse de un problema con la bebida, la autoestima muy baja, o ambas cosas.

Bruja:
El aspecto de nuestros pensamientos negativos, que nos hechizan para que pensemos que valemos menos de lo que valemos; o puede representar nuestro aspecto desagradable y brujo.

Caballeros:
Disposición para luchar por lo que es justo, por la verdad. Alguien que acepta sus responsabilidades, que sirve a los demás. Puede significar algo farisaico, el príncipe azul o ideales altos.

Camarera:
Alguien que atiende los encargos, sirve a los demás; nuestro aspecto servicial y cooperativo. Fijémonos en *cómo* servimos. Puede ser una autoestima baja, trabajo humilde, incluso dejar que los demás abusen de nosotros. Puede que sea nuestro aspecto explotado y mal pagado; puede representar nuestra mente subconsciente (nuestra sirviente) que recoge nuestros recados, nuestras oraciones o afirmaciones para servirnos; también podría ser una señal de que nuestras oraciones son escuchadas y contestadas.

Capitán:
Figura de autoridad. Su significado superior es el control sobre todos los aspectos (tripulación) nuestros en este barco de la vida.

Cara falsa:
Véase *Máscara*, en este capítulo.

Cartero:
El portador de mensajes; puede ser el símbolo de la telepatía, de la canalización, de dar y de recibir mensajes, de repartir la mercancía, de divulgar las noticias. Podría representar la masculinidad.

Cenicienta:
Capacidad de pasar de pobre a rico; transformación de actitudes, de nosotros mismos, estilo de vida de pobre a rico.

Centinela:
Seguridad, autoridad; estamos preparados para estar en guardia o tenemos necesidad de estarlo.

Cirujano:
Puede representar nuestras habilidades de curación; también podría implicar una gran necesidad de expulsar algo de nuestra vida.

Coco:
Símbolo de nuestros miedos. A menudo encubre una figura de autoridad que nos lo está poniendo difícil.

Comediante:
Nuestro sentido del humor; nuestra naturaleza alegre; aspecto propio capaz de reírse de la vida o de nosotros mismos. Si es alguien que no conocemos, puede indicar la alegría y el buen humor que no hemos logrado expresar.

Compañero del colegio:
Puede ser un compañero de aprendizaje o un aspecto escolar propio. Si es alguien que solíamos conocer, añadámosle las cualidades que asociamos a esa persona.

Compañero:
Puede representar nuestra «otra mitad», una parte integral, nuestro aspecto de equilibrio; la caja de resonancia, nuestro espejo; aunque también puede representar a nuestro oponente.

Coro:
Aspectos propios en armonía o nuestra necesidad de poner más armonía en nuestra vida.

Criado:
Aspecto de servicio, de darnos poco valor, de sentirnos que nos faltan al respeto, de falta de prosperidad o de autoridad, de mala suerte; o quizá que en nuestra vida no cabe el ocio, pues estamos siempre trabajando.

Chica joven:
Representa lo que todavía no se ha desarrollado; la inmadurez, la inocencia, la juventud y la atracción.

Chicos:
Pueden significar guía u orientación.

Detective:
Nuestra parte inquisidora, investigadora, curiosa, siempre a la búsqueda. Puede representar la mente subconsciente o el alma-memoria.

Diablo:
Un aspecto negativo propio; el odio, la discordia, la codicia, el miedo, los celos, las concepciones erróneas, cualquier tendencia destructiva.

Director:
Aspecto de dirección, de control, de autoridad; posiblemente se trate de nuestro Yo Superior, de nuestro maestro o ayudante.

Doctor:
Nuestro aspecto curativo, nuestros talentos curativos; la capacidad de ayudar y de servir a los demás; la compasión, el conocimiento, la autoridad, la capacidad, la respetabilidad, el consejo inteligente. Puede representar a nuestro Yo Superior o a nuestro ángel guardián.

Embustero:
Puede ser un aspecto propio que hace trastadas, a menudo nos las hace a nosotros mismos. Puede implicar que no somos honestos con nosotros mismos. El embustero puede encontrarse entre nuestra mente consciente y nuestro subconsciente. Representa el engaño que nos hacemos y nuestras posibilidades creativas. Puede aparecer en nuestro sueño de formas diferentes; de alguna manera, es muy similar a las sombras.

Enano:
Aspectos no desarrollados; crecimiento obstaculizado por una sensación de carencia o de limitación. Nos sugiere que seamos más ambiciosos.

Escocés:
Puede tener que ver con ser ahorrativo, tacaño o avaro.

Explorador:
Aspecto de líder, de encontrar caminos nuevos y mejores; inventor, innovador, instigador; alguien que consigue lo que se propone.

Extranjero:
Una idea, una actitud o un aspecto que nos parece diferente a nuestro modo habitual de pensar o de sentir.

Extraño:
Un aspecto nuestro desconocido o que no reconocemos como propio.

Extraterrestres:
Aspecto poco familiar, irreconocible; algo diferente, poco habitual, poco ortodoxo, desconocido, nuevo, sin probar; posible capacidad de genio.

Familiares:
Una persona o aspecto cercano, próximo o que tiene relación con nosotros. Podría ser una persona o una actividad, probablemente relacionada con una serie de hechos que han tenido lugar.

Fantasma:
Forma o proyección de pensamiento que hemos creado con nuestra manera de pensar y que puede estar persiguiéndonos. Podrían también ser antiguos recuerdos o miedos de que nos persiguen.

Figuras oscuras:
Pueden representar nuestros miedos poco claros, aún sin formar; también pueden ser nuestro Yo Inferior, el yo más bajo de nuestro subconsciente.

Gemelos:
Pueden significar los aspectos equilibrados o la necesidad de equilibrarnos en una situación. Podrían ser dos personas con la misma identidad, dos caras de una misma moneda, una personalidad dividida; aunque también podría representar «estar fuera de sí», una consciencia dual, ir en dos direcciones a la vez; problemas por partida doble.

Genio:
Una criatura mítica que representa los poderes creadores y la productividad de la mente, el dominio de la mente sobre los actos. El poder creativo a nuestro servicio.

Gente alta:
Posiblemente represente el aspecto de pensar y andar con la cabeza alta.

Gente bajita:
Puede significar que nos quedamos cortos, que no llegamos al estándar.

Gente con ropa de trabajo:
Puede hacer referencia a un trabajo cercano, a nuestra actitud en o sobre

el trabajo; aspectos que tenemos que trabajar o mejorar.

Gigante:

Puede ser nuestro Yo Superior, la presencia de Dios; o puede estar diciéndonos que este aspecto, hábito o cualidad es más grande, más fuerte, más poderosa y mejor (o peor) de lo que creemos. También puede representar que planeamos las cosas a lo grande.

Gigante dormido: Puede representar estados de mente sin desarrollar; poderes o potenciales que no usamos; no somos conscientes de nuestros poderes divinos.

Grupo coral:

Símbolo de la armonía o de la necesidad de poner armonía en nuestras relaciones con los demás. Quizá sea armonía grupal o cualidades elevadoras del espíritu que ayudan a los demás. Felicidad.

Grupo de hombres:

Todos los aspectos varoniles, masculinos e intelectuales propios.

Grupo de mujeres:

Nuestros aspectos femeninos, intuitivos, receptivos y sensibles.

Guarda jurado:

Alguien que hace guardia, que protege a las personas o los bienes de los demás, que hace sus vidas más seguras. Puede ser la cualidad de la protección o puede indicar la necesidad de tener más confianza, mayor seguridad.

Guardas:

Ayudante, asistente, asesor, guía, sirviente.

Hada:

Aspecto propio místico, mágico; en sintonía con los ángeles, con las fuerzas de Dios, con la tierra, con la atmósfera; unión.

Hombre joven:

Parte activa, vigorosa, intelectual y en excelente estado.

Hombre rico:

Puede representar el odio, nuestro aspecto masculino, con montones de cosas que ofrecer.

Hombre sabio:

Normalmente representa nuestra sabiduría innata, aunque puede reflejar la sabiduría de nuestro Poder Superior o de nuestro Yo Superior.

Hombrecitos:

Literalmente hombres pequeños, con mentes e ideas pequeñas; pequeñas molestias.

Hombres:

Suelen representar los aspectos masculinos, intelectuales, extrovertidos e incluso agresivos como oposición a la pasividad de las mujeres.

Hombre que se convierte en mujer: Muestra nuestras cualidades femeninas; algo que, de un modo u otro, debemos integrar en nuestra consciencia.

Huérfano:

Alguien que no tiene padres, sin amor, con sentimientos de ser excluido, no querido, no amado. Puede representar cómo nos sentimos siempre o cómo nos sentimos hoy. «Da (amor) y recibirás (amor).»

Indio:

Aprecio por la tierra, por lo espiritual, por lo místico, en unión con las fuerzas de la naturaleza, tranquilo, en sintonía, a menos que los indios nos provoquen otros sentimientos. Si es así, puede representar nuestro lado salvaje. Para algunas personas, los indios pueden significar la orientación.

Ingratos:

Personas (aspectos propios) que no apreciamos o valoramos; nuestros talentos, capacidades o servicios.

Jardinero:

El que se encarga de todo; responsable del crecimiento, de las plantas, de las cosas que tiene a su cuidado. Puede ser el símbolo de un profesor o de un ministro.

Jefe:

Figura de autoridad. Si es alguien a quien admiramos puede representar a nuestro Yo Superior; o puede simbolizar las limitaciones, los miedos, el trabajo duro, la falta de libertad o de originalidad.

> *Miedo al jefe:* Miedo a las figuras de autoridad, a lo que la gente dirá o pensará. Necesidad de preguntarnos si les permitiremos arruinar nuestra vida, dictarnos lo que podemos o no podemos hacer.

Juez:

Nuestro Yo Superior; posibles cualidades de crítica que poseemos; puede indicarnos que debemos usar nuestro sentido común.

Ladrón:

Aspecto misterioso e indefinido que está al acecho; alguien a quien le da miedo salir al aire libre. No lo reconocemos o aceptamos como rasgo nuestro.

Libreros:

Parte propia que se encarga de anotarlo todo correctamente; que intenta cuadrar las cuentas y pagar deudas antiguas para conseguir un equilibrio en nuestra vida.

Madre y padre:

Aspectos propios equilibrados, o la necesidad de equilibrarlos.

Madre:

Aspecto propio materno y educador; nuestra parte femenina de autoridad, de disciplina, de profesora, de amiga; pero también puede ser una enemiga que no reconocemos, según nuestros verdaderos sentimientos. Casi todos tenemos algunos problemas sin resolver con nuestros padres a causa de sus ideas, ideales, creencias o disciplinas.

Maestro:

Nuestra fuente de conocimiento, de aprendizaje; nuestro Yo Superior, nuestra guía.

Máscara:

Un disfraz, una cara falsa para esconder nuestros deseos, motivos, sentimientos o actitudes reales que tememos expresar. Puede sugerir las cualidades que querríamos expresar, representar o poseer. Normalmente es una advertencia de que vayamos más allá de las apariencias.

Médium:

Puede ser un aspecto propio muy sensible; consciente de presencias que no vemos, de ideas de personas que ya no viven o de ángeles y de grandes seres espirituales. Puede ser un canal para que nos lleguen mensajes de otros seres; la intuición, lo psíquico, la abertura. Aunque también puede implicar la mediocridad.

Merlín:

Sugerencia de nuestros poderes internos para transformar, crear y sanar. El mago que hay en nosotros, el potencial que no hemos usado, la grandeza.

Metodista:

Un aspecto nuestro metódico, analítico, práctico, sensato.

Ministro, obispo, sacerdote, Papa o rabino:

Alguien que ejerce un dominio espiritual. Nuestras capacidades ministeriales, nuestro yo espiritual, el Yo Superior, el Poder Superior, nuestro guía o profesor espiritual, un asesor, un consejero, una autoridad espiritual; la inspiración, la aspiración, el espíritu semejante a Dios que hay en nosotros, la creencia religiosa particular de una persona o las creencias asociadas con esa persona o religión. Podría representar la pompa y las circunstancias, el darnos bombo, el ego, lo farisaico, la estrechez de mente, los prejuicios, la codicia, la pomposidad, las actitudes de «soy más santo que tú»; todo esto según nuestras experiencias, asociaciones y sentimientos en el sueño.

Crecer: Volvernos más grandes o más altos que un antiguo profesor o ministro es un símbolo de que hemos superado los conceptos, las enseñanzas que esa persona representa. (Puede ser que nos sorprenda pero no sólo es posible sino que ocurre frecuentemente.) Podemos y debemos superar las creencias anteriores.

Monstruo:

El reflejo de nuestros miedos.

Mucha gente:

Puede representar muchos aspectos; o puede significar todos estos aspectos en nosotros e incluso reflejar la opinión pública.

Multitud:

Aspectos y sentimientos incontrolados.

Muñeco:

Tendencia a sentarnos en la parte trasera y dejar que otros nos manipulen o nos usen; incapacidad de luchar por nosotros mismos, de expresar nuestras opiniones, de realizar nuestras propias cosas. Puede denotar tendencia a juzgarnos con dureza, a pensar que somos tontos o inútiles.

Músico:

Puede representar nuestro talento para componer, nuestra habilidad de ensalzar el espíritu e inspirar a los demás con nuestra música; la capacidad de armonizar con ellos; aunque también podría representar la necesidad de todo esto. Quizá nos esté señalando que tenemos que escuchar buena música.

Oficial:

El responsable; refleja la autoridad, la disciplina, las leyes, las normas, las reglas; posiblemente nuestro Yo Superior o nuestra consciencia.

Oriental:
Puede ser un aspecto que nos es extraño o la necesidad de «orientarnos» en la situación en que estamos.

Pacientes:
Puede ser un juego de palabras con «tener paciencia» o referirse a nuestra necesidad o capacidad de preocuparnos por los demás e incluso de curarlos.

Padre:
Simboliza a la figura de autoridad, de responsabilidad, de disciplina, tal vez de castigo; el líder, el hombre de la casa; también puede representar las características que asociemos con los padres en general o con nuestro padre en particular.

Papá:
Las mismas cualidades que en *Padre*, pero más cercanas, menos formales; implica más amor, más compañerismo y una mejor comprensión.

Parientes:
Pueden significar un asunto con el que estamos relacionados o representar nuestra relación con otras personas; un contexto similar.

Pastor:
Alguien que observa, que vigila, que guía su rebaño de ideas y de pensamientos, que no permite que entren las ideas negativas (el lobo).

Payaso:
Hacer payasadas, no tomarnos la vida en serio, locura, irresponsabilidad; tam-

bién puede ser una parte nuestra que pretende hacer reír a los demás. Podría ser un talento nuestro.

Peregrino:
Aspecto de construir una nueva vida sobre bases espirituales; alguien con fuertes convicciones religiosas; puede implicar creencias religiosas estrictas, coraje, fuerza, resistencia. También puede representar nuestro lado severo.

Persona anciana:
A menudo indica la sabiduría de los años, el conocimiento, un profesor o una consciencia cósmica. También puede indicar la decrepitud.

Persona de piel oscura (más oscura que la nuestra):
Indica que vemos la parte nuestra más oscura; que pensamos negativamente sobre quién y qué somos, nos desanimamos, infravaloramos nuestras capacidades.

Persona sin cara:
Persona, situación o aspecto nuestro que no queremos conocer o al que no queremos hacer frente.

Personajes de cartón:
Pretensiones, falsas impresiones, invención, alguien que no es quien parece ser, indigno de confianza; muñecos; aparentan que están vivos, pero sólo son una ilusión, no son reales.

Policía:
Puede representar nuestra consciencia, nuestro Yo Superior, nuestro aspecto farisaico; o puede ser una figura de autoridad, de disciplina; un karma, un rescate, el brazo largo de la ley; atenerse a la ley en general.

Un policía que nos persigue: Implica culpabilidad, saltarse las reglas, nos atrapan, nos castigan; la ley y el orden, lo correcto y lo incorrecto, pagar por nuestras faltas, el pasado que nos alcanza.

Político:
Puede representar talentos desconocidos de liderazgo; diplomacia, tacto, servicio diplomático de cualquier tipo, servicio público y preocupaciones; implica que estamos jugando a los políticos: hablamos mucho pero decimos poco; o cualquier otra cosa positiva o negativa que asociemos con los políticos.

Príncipe, princesa:
Cualidades de un gobernante sin desarrollar o a medio desarrollar. Alguien que está aprendiendo a llevar las riendas de su vida y de sus asuntos; al filo de heredar su herencia espiritual.

Prostituta:
Alguien que prostituye o usurpa sus principios. Puede ser un aviso de que no comprometamos o prostituyamos nuestra ética, ideas o ideales. Puede ser alguien que ofrece sexo pero no amor, o alguien que se desprecia a sí mismo.

Público:
Puede simbolizar a la gente, la opinión pública o los aspectos pasivos propios.

Puritano:
Puede ser un aspecto de pureza de cuerpo y propósito o puede representar a un beato.

Reina:
Lo mismo que el rey, sólo que femenino y con más énfasis en la intuición y en los sentimientos.

Rey:
Gobernante, aspecto de control, de dominio, de resolución; puede ser autoensalzamiento, autodesilusión o control personal.

Rusos:
Pueden implicar un aspecto impetuoso nuestro o un aviso de que aminoremos la marcha; también podrían significar algo extranjero o tener alguna asociación que sólo nosotros conocemos.

Sacerdote:
Véase *Ministro*, en este capítulo.

Santo:
Seguidor de la verdad; alguien que se aferra a los principios de la verdad.

Sereno:
Observador. Puede implicar que necesitamos ser más observadores; o tal vez nos avise de que debemos observar lo que estamos haciendo o creando.

Sirviente:
Puede ser un aspecto útil, asistente, de ayuda; o puede representar los sentimientos o la actitud de servir para hacer cosas; el servicio, la falta de libertad, el sentirnos explotados y mal pagados, no se nos da el valor que merecemos, se nos desprecia, no se nos considera; falta de respeto y de autoridad.

Soldado:
El guerrero que hay en nosotros, nuestras cualidades luchadoras, nuestra disposición a luchar o a defendernos; a punto para la batalla, entrenado para defender, luchar, disparar, herir, matar o lo que haga falta para obtener o defender nuestros objetivos. Puede

representar nuestra naturaleza beligerante y bélica.

Sombra:

Un aspecto propio importante que hemos pasado por alto, que no hemos conocido o reconocido. Las sombras representan las cualidades que más necesitamos aceptar en nuestra consciencia para seguir con nuestro crecimiento personal. La sombra puede volverse hostil (pesadilla) si la ignoramos. Carl Jung afirma que nuestras sombras tienen un regalo para nosotros, una cualidad, don o actitud que nos falta y que ahora mismo necesitamos. Las sombras representan todo lo que hemos reprimido o negado y es por esto que tienen una posición tan importante en nuestros sueños.

Sombra masculina: Un aspecto masculino que todavía no hemos reconocido ni integrado.

Sombra femenina: Aspecto femenino propio que todavía no hemos integrado.

Turista:

Aspecto temporal propio, que pasa por ahí. Nos puede señalar una situación o aspecto temporal.

Vampiro:

Nuestro aspecto sediento de sangre; alguien que nos consume la vida o que consume la vida de otra persona; alguien que físicamente nos agota la energía. (Las personas instigadoras tienen mucha vitalidad y pueden tener como objetivo a aquellos que no tienen ninguna meta, ningún fin o propósito especial.) Los vampiros realizan muy pocas actividades y son incapaces de generar energía por ellos mismos, así que se alimentan de los demás; frecuentemente los demás no se dan cuenta. Soñar con un vampiro puede ser un aviso de que nos están consumiendo física, mental y/o emocionalmente. Los vampiros suelen ser personas enfermas, mayores, o autocompasivas y vagas. Si nos sentimos agotados, el sueño puede indicar:

- que con nuestros pensamientos y actitudes negativas estamos agotando las energías; el sueño nos avisa que cambiemos esta actitud, o

- que estamos permitiendo que alguien nos consuma. Si es así, necesitamos reconsiderar cautelosamente las actividades que desarrollamos el día anterior y la gente que nos rodeaba. ¿En qué momento nos sentimos agotados? Si siempre nos sentimos agotados después de estar con una persona concreta, debemos darnos cuenta de que ésa es la persona que actúa de vampiro y que tenemos que evitar su compañía en la medida de lo posible.

Vecino:

Algo o alguien con lo que tenemos que vivir o trabajar; quizá una situación cercana, una condición de la que no podemos escapar.

Viudo, viuda:

Aspecto solitario, de soledad, sin un compañero, sin una pareja; deseo de compañía.

Voz que nos llega desde atrás:

Una voz desde la profundidad de nuestra mente, de nuestro consciente, de nuestra intuición, de nuestro Yo Superior, de nuestra guía; también puede significar agitarnos en la duda, pensarnos las cosas dos veces, tener dos opiniones.

MI LISTA DE HUÉSPEDES

_____
_____
_____
_____
_____
_____
_____
_____
_____
_____
_____
_____
_____
_____
_____
_____
_____
_____

Capítulo 38

Carreteras, caminos, calles y señales de tráfico

CALLES

Las calles simbolizan el camino que hemos elegido, nuestra manera de vivir, nuestra dirección, nuestros objetivos, o la ausencia de éstos.

Si nos marcamos un nuevo propósito, posiblemente soñaremos con un camino nuevo que significa nuevos modelos de mente, nuevos hábitos que están por llegar. Los caminos representan la última lección que estamos aprendiendo o panoramas desconocidos hasta el momento, pero que ahora ya podemos ver.

Una curva a la derecha normalmente indica una decisión correcta, la dirección adecuada, mientras que una curva a la izquierda simboliza una decisión o una dirección poco acertada.

Acera:

Ir a nuestro propio ritmo pero por el camino difícil, un camino urbano, lleno de gente, con mucho ruido y distracciones, con menos belleza y tranquilidad mental. Puede significar que no vamos por el centro. La *acera* es un camino de consciencia racial con ideas y expectativas preconcebidas, que se dejan influir por los estados de consciencia que los rodean.

Atajo:

Puede ser un acierto o un error. Si realmente hemos encontrado una manera mejor para hacer las cosas, más rápida y más eficazmente, es una buena señal. Puede que el sueño nos esté indicando que hay un camino mejor para nosotros o que ya hemos encontrado uno. Si es nuestro camino, tenemos que seguir adelante. Por otra parte, si la acción y los sentimientos del sueño son negativos, puede que la elección que hemos hecho sea poco acertada. Tenemos que utilizar nuestra discreción.

Autopista:

Carretera libre y fácil, camino muy ancho sin obstrucciones ni paradas, sin interferencias; ritmo rápido, buen progreso. Puede implicar que seguimos a la multitud, sobre todo si hay una multitud. También puede tratarse de caminos gratuitos, de viajes en coche libres o de que no hemos pagado por los servicios prestados.

Autopista de peaje:
Camino por el que hay que pagar. Sabemos el precio que tendremos que pagar, pero vale la pena. Es nuestra elección.

Barrera de seguridad:
Puede ser una protección o un obstáculo. Puede tratarse de un tope, de un punto más allá del cual no podemos llegar. También puede que nos esté diciendo que nos estamos protegiendo o que necesitamos más protección en esta área.

Bordillo:
Barrera pequeña, límite, restricción; línea que nos guía.

Calle:
Normalmente indica un ritmo rápido; sofisticación, pensamientos colectivos; mucha gente que va por el mismo camino y que tiene los mismos estándares egoístas, prisa; ir a toda máquina; preocupación; poca paz o privacidad; mucha distracción y caminos laterales; facilidad para perderse entre el bullicio y entre tanta actividad, para ser aplastados por la opinión pública; lugar para perder nuestra individualidad.

Calle de dirección única:
Puede simbolizar prejuicio, solamente un camino a seguir que significa nuestro propio camino. Puede significar elecciones limitadas que, una vez hechas, nos obligan a seguir por ese camino. También puede que nos esté indicando la necesidad de salir de ahí.

Calle principal:
Centro de actividad, carretera principal, el camino aceptado por todos. Una calle por la que todos vamos, creencias y condiciones de consciencia de raza.

Calle sin salida:
Camino hacia ninguna parte. Indica que el progreso no es posible. Final de la línea. Puede implicar que el final de esta carretera es la muerte. Tenemos que reorientarnos, dar media vuelta.

Callejón:
Camino limitado, falta, pobreza, enfermedad y sufrimiento. Este sueño nos está indicando que hemos *elegido* el peor camino de todos, pero que todavía estamos a tiempo de cambiar. Está en nuestras manos.

Calles de la ciudad:
Implica un ritmo rápido, sofisticación o degradación, mucha gente, pensamientos colectivos, consciencia de raza, seguir a la multitud (para bien o para mal), ir a toda prisa, movernos en un entorno con tráfico, ruido, semáforos, distracciones, confusión, muchas calles laterales o desvíos.

Calles traseras:
Fuera del centro de atención, detrás del escenario. Implica lo oculto, lo oscuro, lo indeseable. Un escenario ideal para actos criminales.

Cambio de dirección:
Símbolo de un cambio de dirección completo en nuestra vida; cambio de objetivos, de ideas, de creencias.

Camino de herradura:
Puede que nos indique el camino de la novia, el camino del matrimonio; o, co-

mo los caballos significan emociones, puede ser el camino hacia el que nuestras emociones nos conducen, sobre todo si hay muchos altibajos. Un camino también significa la necesidad de controlar nuestras emociones.

Camino de tierra:

Podría ser una carretera solitaria, mal cuidada, un camino difícil, lleno de baches. Implica la necesidad de cuidarnos. Puede que el viaje valga la pena.

Camino sucio:

Significa el tipo de camino que hemos elegido o que estamos a punto de tomar y el tipo de emociones con las que nos encontraremos.

Carretera alta:

Camino hacia los niveles superiores de nuestra mente, grandes perspectivas, altos ideales, inspiración, grandes logros, crecimiento espiritual.

Carretera amarilla:

Viejo símbolo del camino del aprendizaje, del dominio de nuestra vida y de nuestros asuntos, tal como aparece en *El Mago de Oz*: el camino amarillo que les conduce al saber.

Carretera baja:

Elegir el camino más fácil, con menos obstáculos.

Carretera con curvas:

Puede que estemos tomando el camino más largo, evitar los retos. Quizá no estemos seguros del camino por el que tenemos que girar o puede que estemos cambiando de dirección constantemente. Puede ser una señal de que hay caminos mejores por los que podemos ir.

Carretera de gravilla:

Camino lleno de baches, camino difícil de seguir. Tenemos que ir con cuidado o buscar otro camino.

Carretera de montaña:

Llena de altibajos, de baches. Camino difícil de seguir pero con experiencias que van a valer la pena. La cima de la montaña representa que estamos muy cerca de Dios, experiencias cumbre, dificultades superadas.

Carretera empinada:

Mucho bache en adelante.

Cuesta hacia abajo: Puede ser que estemos escogiendo la salida más fácil o que tenemos que solucionar nuestras dificultades de una manera más sencilla. También puede significar que las cosas van de mal en peor. Puede que haya sido una elección errónea, malas condiciones, nuestra vida se nos viene abajo, estamos rozando el suelo, el último nivel. Puede que aterricemos en lo más bajo.

Cuesta hacia arriba: Implica un esfuerzo muy grande para llegar a la cumbre.

Encima de la colina: Puede indicar que ya hemos pasado lo peor, que tenemos que tomarnos las cosas con más calma durante un tiempo. También puede advertirnos de que, como ya hemos sobrepasado la cumbre, si continuamos por este camino vamos a ir hacia abajo.

Carretera:

Representa el camino de la vida con menos bullicio y actividad que las calles de la ciudad. Un camino más tranquilo, aunque difícil de seguir. Puede ser una señal de que debemos seguir a la multitud.

Carretera estrecha:

Puede significar que no hay mucho para elegir, un sentimiento de estar encerrados, impedidos, atrapados, agobiados. También puede implicar algo estrecho y recto.

Carretera interestatal:

Véase *Autopista*.

Carretera lateral:

Puede implicar un camino paralelo que nos conduce a nuestro objetivo, ideal o propósito. También puede significar que hemos escogido un camino más sencillo, un camino diferente.

Carretera llena de baches:

Camino desigual, difícil de seguir, lleno de baches. Los baches son impedimentos que nuestra mente intenta eliminar forzando el hábito. Son viejas maneras de pensar, patrones de hábitos que seguimos automáticamente. Para romper con esos pensamientos viejos, superar los baches y aprender a pensar nuevos y mejores caminos, se necesita fuerza de voluntad.

Carretera llena de barro:

Muchas dificultades emocionales a las que nos tenemos que enfrentar y superar. Peligro de quedarnos atascados en el lodo. Puede implicar que tenemos que trabajar nuestras emociones y actitudes, que tenemos que eliminar los desajustes emocionales.

Carretera nacional:

Camino tranquilo, cerca de la naturaleza, progreso espiritual, paso lento.

Puede ser una carretera larga y con muchas curvas, que nos indica que todavía nos queda un largo camino por recorrer.

Carretera plana:

Un camino fácil, al menos durante un tiempo. Implica poco esfuerzo físico, falta de estrés o, como mínimo, menos presión.

Carretera privada:

Indica algo que no está al alcance de todos, algo para gente especial, original, diferente, independiente, reservada. Puede representar nuestro propio camino a seguir, un camino a nuestra medida, un deseo de privacidad, de paz, de tranquilidad, sin necesidad de seguir a la multitud.

Carretera pública:

El camino de la multitud, de la consciencia de la raza, del pensamiento colectivo, de la falta de originalidad, la salida más fácil.

Carril rápido:

Obviamente nos está indicando que vivimos la vida a toda máquina, que tenemos que reducir el ritmo o la marcha.

Ceda el paso:

Puede ser una señal que nos dice que tenemos que ceder. Puede indicar que la cooperación es necesaria.

Cruce de carreteras:

Lugar donde se tienen que tomar decisiones y hacer elecciones, un momento crucial. Puede indicar que nos movemos de acuerdo a las reglas, las costumbres y los comportamientos aceptados.

Cruzar una carretera, una calle o un puente: Puede indicar tomar una decisión, cambiar nuestra mente, un cambio de postura, tomar una nueva dirección, cruzar la línea de las viejas limitaciones. Puede implicar ver las cosas desde otro punto de vista, ver la otra cara de la moneda, conseguir una nueva perspectiva. También puede indicar la necesidad de mirar las cosas desde un ángulo totalmente diferente al habitual.

Fuera de la carretera: Fuera del camino, fuera de la línea, fuera del curso establecido.

Cruce de ferrocarriles:

Señal de cruce de propósitos, de cruce de corrientes, de peligro. Puede que nos esté diciendo que debemos parar, mirar y escuchar; que debemos estar atentos porque se trata de un cruce peligroso.

Cuesta abajo:

Véase *Carretera empinada*, en este capítulo.

Cuesta hacia arriba:

Implica un gran esfuerzo para alcanzar la cumbre.

Desvío:

Puede implicar que no podemos acceder a ese lugar, que tenemos que desviarnos, seguir un camino diferente, cambiar nuestra actitud, nuestra táctica o el curso de la acción planeada. Puede ser un aviso de que nos vamos a encontrar con una carretera llena de baches y que, por eso, tenemos que actuar con precaución. También puede significar distracción.

En construcción:

Un camino difícil, con obstáculos para superar; camino difícil de seguir, viaje con complicaciones. Posiblemente estemos construyendo este camino para nosotros y para los demás. Puede implicar construir nuevos hábitos, nuevos ideales, nuevos patrones mentales; aprender nuevas maneras de resolver los viejos problemas, o tomar un camino que nos lleve a lo desconocido, a un territorio inexplorado. Definitivamente indica un nuevo camino a seguir en dirección a tierra virgen; nuevo crecimiento y un desarrollo de nuestra mente; llegar hasta donde todavía no habíamos llegado. Puede ser que estemos mejorando viejos caminos, que lo estemos poniendo más fácil a los demás.

Mapa de carreteras:

Representa tener un plan de acción, una dirección o un objetivo. Debemos encontrar el camino correcto, la dirección adecuada.

Muchos stops:

Puede que nos indiquen que vamos a contracorriente y que tenemos que proceder con precaución, parar y mirar hacia dónde queremos ir. También pueden denotar muchas dificultades y barreras a lo largo de nuestro camino. También pueden tratarse de ideas, creencias de otras personas que intentan desviarnos de nuestro objetivo. Por eso, debemos pararnos, pensar en la situación, reflexionar sobre nuestros planes y decidir cómo oponer resistencia.

Preguntar direcciones:

Implica la necesidad de pedir ayuda, de preguntar una dirección, una instrucción o una orientación. Como nadie puede ofrecer ayuda, ni siquiera los ángeles, si antes no hemos hecho la petición, este sueño puede implicar que tenemos la necesidad de pedir ayuda o puede ser un aviso de que la ayuda es muy fácil de conseguir; tan sólo hay que pedirla.

Prohibida la entrada:

Obviamente nos está advirtiendo de que éste no es nuestro camino; es un camino equivocado.

Puente:

Para cruzar de un estado de consciencia o de una realidad o otra. Símbolo de cambio, de tomar una nueva decisión, de dejar atrás nuestro viejo estilo de vida. Podría ser un símbolo de muerte; irse al otro mundo. También puede significar que hay que salvar el vacío.

> ***Construcción de puentes:*** Alcanzar, construir enlaces, conexiones, allanar el camino para los demás. Facilitar las cosas a los que nos rodean.

> ***Puente roto:*** Conexiones rotas. Necesidad de reparación. No hay manera de llegar allí.

Saltarnos un stop:

Implica no hacer caso de las leyes; peligro; vivir de manera imprudente, sin tener en cuenta las consecuencias.

Sendero:

Camino que nos conduce a casa, o a casa de otra persona. Puede representar el camino hacia Dios, la seguridad, el reposo o el final del viaje. Tiempo para relajarnos antes de emprender el camino otra vez. También puede indicar un paseo, que nos tomamos la vida con calma, que nos movemos a un ritmo lento, que vamos a nuestro propio ritmo, que nos tomamos tiempo para nosotros, que tenemos grandes experiencias de aprendizaje, que nos acercamos a la naturaleza y a Dios. Por otra parte, puede denotar el sendero espiritual o el sendero que hemos elegido en esta vida.

Señal de dirección contraria:

Obviamente nos está indicando que estamos a punto de tomar una dirección incorrecta, que estamos tomando una decisión equivocada.

Sin carretera:

Indica que no hay ningún camino por el que podemos ir, que nos tenemos que construir nuestro propio camino, tanto para nosotros como para los demás; que tenemos que seguir nuestros instintos, hacer algo que todavía no se haya hecho; un reto o un privilegio. Para algunos puede significar una parada.

Sin salida:

Aviso de que no podemos acceder, que tenemos que dar media vuelta; que no vale la pena continuar. Puede que nos esté indicando que no encontramos salida para nuestras urgencias creativas que debemos llevar a cabo, o bien que sabemos expresar nuestras emociones, nuestros talentos, nuestras habilidades, etc., simbolizados por lo que llevamos con nosotros.

Stop:

Implica una necesidad de terminar con lo que estamos haciendo. Puede que nos esté diciendo que tenemos que parar, mirar y pensar antes de continuar, ya que puede implicar un peligro. Puede denotar que otras personas u otras circunstancias están intentando frenarnos. Debemos actuar con precaución.

Túnel:

Sugiere que sigamos el camino más directo al problema en lugar de hacer un rodeo. Puede implicar que no podemos irnos con rodeos, sino que tenemos que afrontar las cosas. También puede que nos estemos moviendo por niveles subconscientes para encontrar una respuesta. Puede implicar la visión del túnel o una estrechez de miras que no permitirá ninguna distracción.

> **Luz al final del túnel:** Implica que las cosas mejorarán dentro de poco, que ya no podemos continuar más lejos, que no será ni tan largo, ni tan malo como esperábamos. Pronto las cosas serán diferentes.

Un obstáculo en la carretera:

Puede representar bloqueos mentales o emocionales que hemos lanzado a nuestro propio camino por miedo o inseguridad. Es muy fácil pensar que alguien los ha lanzado pero, en realidad, hemos sido nosotros mismos. Nosotros nos creamos nuestros propios obstáculos.

Debemos tomarnos tiempo para reflexionar sobre nuestras decisiones y encontrar cuáles son estos obstáculos y *por qué* están ahí. Pidamos ayuda a nuestros sueños.

Vía pública:

El sendero de la vida, el camino a seguir, caminar con otra gente, ritmo acelerado, carretera principal. Podría ser que seguimos a la multitud o a la corriente de las cosas.

X:

Símbolo de cruce de vías ferroviarias. Puede que nos esté diciendo que tenemos que parar, mirar y escuchar, que tenemos que estar atentos a nuestra intuición para ver qué es lo que está pasando y para saber cómo tenemos que actuar. Puede ser un lugar donde se toman decisiones o donde tenemos que deshacernos definitivamente de algo que está en nuestra mente. Puede que simbolice un punto importante de nuestra vida.

ÁREAS Y VECINDARIO

En los sueños puede que nos encontremos caminando por el lugar donde solíamos vivir o trabajar. Esto sugiere nuestra casa vieja, nuestros viejos amigos y recuerdos. Se trata de una manera de simbolizar que los sentimientos que teníamos en aquel entonces son los mismos que los que tenemos ahora.

Debemos darnos tiempo para contactar con estos sentimientos y darnos cuenta de que estos sentimientos están resurgiendo para que analicemos su origen. Así, podemos empezar a analizar los problemas, a entender los sentimientos y a cerrar esas viejas heridas (preocupaciones, puntos débiles o penurias), superar los obstáculos que una vez nos agobiaron y nos aplastaron.

Es nuestra oportunidad para hacer el bien, para conquistar nuestros miedos, eliminar las barreras y para actuar más de lo que hasta ahora nos hubiésemos atrevido.

MIS PROPIOS SÍMBOLOS
DE CARRETERAS

_____

_____

_____

_____

_____

_____

_____

_____

_____

_____

_____

_____

_____

_____

_____

_____

_____

_____

_____

_____

_____

_____

_____

Capítulo 39

Sexo, embarazo y parto

El sexo puede ser un símbolo de unión, de matrimonio, de unidad, de juntar dos partes opuestas, de equilibrio entre nuestra mitad masculina y nuestra mitad femenina, un acto creativo; puede tener una gran variedad de significados incluyendo, además, nuestro deseo de ser un todo.

CAUSAS Y FUENTES

Hay numerosas razones para soñar con el sexo. Normalmente son el resultado directo de nuestros propios pensamientos, deseos y esperanzas de los que somos conscientes; aunque a veces pueden ser deseos escondidos o contenidos que no nos atrevemos a admitir ni siquiera a nosotros mismos. Los sueños sexuales pueden estar señalando las frustraciones secretas de nuestra vida sexual en general o con nuestra pareja actual. Pueden ser un aviso de que algo va mal y requiere nuestra atención.

Los sueños sexuales pueden ser una mera declaración que nos comunica nuestros sentimientos, nuestros deseos y nuestra excitación. Incluso pueden mostrarnos cómo la comida (carne roja y especias picantes) y las bebidas fuertes (alcohol), así como lo que leemos, las excitaciones visuales o la estimulación de otras personas en general provocan estos sentimientos. Esto sería especialmente cierto si estamos en un camino espiritual de dedicación y serviría de aviso para darnos cuenta de lo que estamos creando sin proponérnoslo.

Los pensamientos de otras personas, así como sus deseos, sueños y maneras de pensar también pueden ser la causa de nuestros sueños sexuales. Los deseos e intenciones de un admirador hacia nosotros (de los cuales quizá somos totalmente inconscientes) pueden afectar al contenido de nuestros sueños.

Como todos somos muy telepáticos, especialmente si estamos en el estado Alfa, es muy normal encontrarnos involucrados en un sueño sexual con alguien que no nos importa en absoluto. Quizá nos sorprenda experimentar un sueño sexual y nos despertemos sintiéndonos culpables, preguntándonos qué nos ha ocurrido. Siempre y cuando estemos seguros de que nuestros deseos no siguen esa dirección, podemos estar tranquilos y darnos cuenta que es simplemente la efusión poderosa de otra persona y su imaginación, y no la nuestra, las que han provocado ese sueño, que nos puede llegar como una simple declaración de hecho a tener en cuenta; podrían ser advertencias a las que debemos prestar atención, según la persona, la situación y nuestros sentimientos sobre ellos.

NUESTROS DESEOS

La mayoría de los sueños sexuales son el reflejo de nuestros propios deseos, esperanzas o miedos y debemos considerarlos como tales. Es esencial que seamos totalmente honestos con nosotros y que admitamos nuestros sentimientos reales, ya que a menudo los sueños sexuales nos avisan de sentimientos escondidos o contenidos que deben ser afrontados honestamente y resueltos de una manera sana. Nuestro sueño puede estar señalando emociones o sentimientos que no hemos sido capaces de reconocer o que no admitimos que tenemos y nos mostrarán hechos a los que preferiríamos no enfrentarnos.

NUESTROS MIEDOS

El instinto sexual es normalmente una emoción intensa y poderosa que a la vez que necesita una forma de expresión puede ser también una fuente de miedos arraigados e internos. Las personas que han sido intimidadas y/o se ha abusado de ellas sexualmente durante su infancia (aunque el suceso haya sido olvidado o suprimido a nivel consciente) pueden tener lo que parecen ser miedos irracionales que saldrán al exterior siempre que aparezcan asuntos sexuales. Estos sueños, que pueden tomar forma de pesadillas, nos están advirtiendo de la fuente, de la causa de los miedos y los bloqueos que tiempo atrás hemos erigido como medidas de protección. Incluso podrían ser sucesos de una vida pasada. Si tenemos dudas o problemas en nuestra vida sexual, los sueños son nuestra mejor fuente posible de información. Probablemente nos convenga programar un sueño que nos proporcione mayor revelación y comprensión.

Algunas fobias emergen de padres muy severos o de una educación muy religiosa pero, sea cual sea la causa, estas ansiedades nos pueden provocar un tremendo bloqueo en cualquier tipo de actividad creativa y suprimir todo tipo de deseo, lo que puede resultar insalubre en muchos niveles. Es importante que seamos totalmente honestos para poder entender el mensaje y descubrir la causa de nuestros miedos y conflictos en esta área.

Objetos puntiagudos:

Si se insertan en aberturas o hendiduras pueden ser un sutil símbolo sexual, con la excepción posible de una llave en el ojo de la cerradura. Debemos vigilar este tipo de objetos, sobre todo si tenemos problemas en el terreno sexual.

Otros símbolos sexuales sutiles:

Los conejos, los plátanos, las serpientes, los destornilladores, los cuchillos, los lápices, los bolígrafos y cualquier otro objeto que se introduzca en un receptáculo en forma de agujero, como una espada en su vaina.

INTERPRETACIÓN

Naturalmente, la primera cosa que debemos considerar es lo que sentimos al despertarnos: ¿cómo nos ha hecho sentir el sueño? ¿Estábamos contentos? ¿Frustrados? ¿Nos sentíamos enfadados, culpables, reconfortados, satisfechos, sorprendidos...? Sería muy útil anotar todos estos sentimientos honestamente antes de seguir con nuestra interpretación.

El segundo paso sería fijarnos en el contexto, en la gente involucrada, en la interacción y en la acción. ¿Quién inicia la acción? ¿Cómo reaccionamos? ¿Cómo nos sentimos por ello? Estas preguntas nos ayudarán a decidir el tipo de sueño sexual que hemos tenido y el mensaje que está intentando hacernos llegar.

El siguiente paso es considerar la fuente. Si estábamos sorprendidos o sentíamos repulsión, probablemente el sueño provenga de los deseos de otra persona hacia nosotros, nos guste o no. (Esto ocurre frecuentemente cuando un hombre o una mujer piensa con mucha intensidad e imaginación en tener relaciones sexuales con su futura pareja.) Quizá necesitamos ser conscientes de lo que esa persona siente por nosotros. El punto más importante a tener en cuenta es cómo nos sentimos por ello. Probablemente también queramos considerar qué hacer en esa situación.

CANALIZAR LAS ENERGÍAS SEXUALES

Para las personas que no tienen pareja, canalizar las energías sexuales puede suponer un problema. Reprimir nuestras necesidades es lo peor que nos podemos hacer, pues estos bloques de energía comprimida llegarán a encontrar una salida por alguna parte, a veces de una manera de la que más tarde nos arrepentiremos. Es mejor reconocer estas energías como lo que son y redirigirlas hacia otras salidas, como por ejemplo:

- *Creatividad:* Usar las energías sexuales para crear desde nuestro interior algo de valor y/o bello. Algo únicamente nuestro.

- *Dones espirituales:* Utilizar nuestras energías sexuales para rezar, sanar; dedicarlas a la devoción, al servicio o a la adoración a Dios, para servir a la humanidad. (La gente con necesidades sexuales fuertes son grandes sanadores en potencia. Los curas y las monjas no toman los votos de celibato sin una buena razón. Los deseos sexuales fuertes son, de hecho, deseos espirituales enjaezados no reconocidos.) Depende de nosotros decidir la manera de usar estas energías.

- *Hacer el amor:* La expresión física de amor real y profundo. Cuando las relaciones sexuales tienen lugar de esta manera, con amor verdadero, compasión y deseo completo de las dos partes, hay un intercambio de amor y un equilibrio de energías masculinas y femeninas que dan como resultado una experiencia que nos ensalza, nos inspira, una experiencia espiritual. Los problemas aparecen si a uno de los dos no le apetece o cuando hay un intercambio desigual de energías amorosas. Esto se reflejará en nuestros sueños.

- *Pasión:* Sexo para la gratificación personal, sin emociones profundas, sin intercambio de amor. (No se recomienda, pues es un acto de naturaleza egoísta, sin una satisfacción duradera, que deja el alma con un sentimiento de vacío.)

- *Soñar con el sexo:* Es posible y aceptable tanto hacer el amor en sueños como tener un orgasmo.

En cualquier caso, los sueños sexuales son bastante normales y no son nada de lo que debamos sentirnos culpables, simplemente nos ayudan a estar en contacto con nuestros sentimientos reales para que podamos tomar las decisiones adecuadas.

Una persona que viva sola, especialmente si trabaja en un área donde todos son de su mismo sexo, puede desarrollar una necesidad real de conversar, de tocar y de interaccionar con alguien del sexo opuesto para conseguir un buen equilibrio. Eso es lo que puede estar señalando nuestro sueño. Una solución a este problema sería unirnos a un grupo, preferentemente a un grupo orientado espiritualmente, donde no sólo se permita sino que se apoye el acto de tocar y abrazar a los demás con el espíritu de la fraternidad verdadera.

Debemos recordar que hay una conexión muy fuerte entre el sexo, la creatividad y la espiritualidad. Todos ellos emergen del mismo centro; la diferencia está en la dirección de nuestra voluntad. A menudo un intenso deseo sexual emerge de una necesidad interna de unirnos con Dios, de

ser más espirituales o de alcanzar un estado superior de consciencia, pero no conseguimos reconocer que ésa es la fuente. Quizá deseamos crear algo que valga la pena para que sea nuestro regalo a este mundo, o quizá tengamos un profundo deseo de expresar sentimientos y emociones de amor que hemos reprimido durante mucho tiempo. Las actividades creativas sirven de canal a las energías de nuestro instinto sexual para buscarles una salida productiva que puede beneficiarnos a todos, especialmente a nosotros mismos.

OTROS SIGNIFICADOS

El sexo puede ser un símbolo de que estamos íntimamente involucrados en una situación, una simple unión de opuestos, o una experiencia de contacto, de conexión, de equilibrio. También puede simbolizar la posibilidad de un nuevo «nacimiento» que llega de la unión de dos conceptos, de dos ideas positivas que se unen, o de nuestras energías masculinas y femeninas combinándose y equilibrándose. Depende en gran manera de los sentimientos, de las acciones y del contexto del sueño.

EL EMBARAZO

Aborto:

Puede ser una advertencia de percepción extrasensorial de un fracaso si seguimos por ese camino o quizá nos advierta de que vamos a perder a nuestro «bebé», a nuestra idea o proyecto por alguna acción o decisión deliberada. Posiblemente sea algo que necesitamos abortar; depende de los sentimientos que suscita el sueño.

Acariciar:

Puede ser una muestra de amor y de afecto. Si las caricias se prolongan son definitivamente una estimulación de deseos que pueden conducir al sexo y a la unión. Acariciar no siempre refleja una unión puramente sexual, sino que también puede llevarnos a un equilibrio de opuestos.

Bebés simbólicos:

El mismo tipo de sueños puede ocurrir para un bebé simbólico o un proyecto creativo que estamos trayendo al mundo con nuestros propios esfuerzos. Una serie de sueños futuros nos puede mostrar cómo alimentamos y cuidamos al bebé, cómo lo vemos crecer o incluso cómo lo dejamos caer. Véase *Bebés*, en el capítulo *Las personas*.

Besar:

Puede ser una expresión de afecto y de cariño; un preludio al romance y al sexo, una estimulación de deseo de unión. Tenemos que decidir con quién o qué nos uniremos.

Concepción y embarazo:

Puede indicarnos un concepto o una idea creativa implantada en nuestra mente que puede crecer y desarrollarse antes de nacer, expandirse y presentarse al mundo. Puede haberla implantado otra persona, hombre o mujer, que ha puesto la semilla de la idea a propósito o incluso sin querer.

Dar a luz:

La liberación de nuestro hijo, creación, regalo o proyecto al mundo. También puede representar la culminación de una afirmación, rezo o deseo sobre el que hemos estado trabajando, mostrándonos que ya está terminado y se manifiesta en el mundo.

Parto con cesárea: Puede denotar un proyecto hecho a medida para nosotros, una idea creativa cortada y confeccionada para nuestras necesidades y talentos particulares.

Parto múltiple: Puede estar comunicándonos una realidad que se acerca; aunque también puede ser el símbolo de una idea que se reproduce para dar lugar a muchas otras.

Deseos de tener niños:

Quizá es simplemente el deseo de tener niños, aunque puede simbolizar profundas necesidades creativas internas que quieren y necesitan ser expresadas.

Embarazo incómodo:

Puede simbolizar una idea o situación incómoda, un proyecto incómodo, que debemos afrontar y, probablemente, resolver.

Estar embarazada:

Puede indicar que tenemos una idea creativa, un concepto, un ideal o un proyecto creativo que se está desarrollando en nuestro interior; o puede indicar que estamos «gestando» una idea que tiene que nacer. Dar a luz o abortar esa idea es nuestra decisión. El embarazo normalmente sugiere que nuestro proyecto es de mucho valor y que debería ser alimentado y cultivado. En relación a ello, quizá queramos pararnos a considerar qué ideas y necesidades nuevas, qué proyectos nuevos hemos estado contemplando últimamente y cómo podemos llevarlos a cabo.

Si es una joven la que sueña con el embarazo, puede significar un embarazo actual; o, si ya estamos embarazadas, el sueño puede estar comunicando algo sobre nuestro estado, nuestra dieta, nuestras esperanzas, nuestros miedos o cualquier cosa que necesitemos saber sobre nosotras y sobre nuestro bebé. Ya que «los pensamientos son los hechos» y nosotras *creamos* nuestras condiciones, los sueños pueden estar aplaudiendo o deplorando el tipo de pensamientos que tenemos durante el embarazo, pues tendrán una importante influencia sobre ese niño que va a nacer. Nuestras actitudes y sentimientos afectan al tipo de entidad que atraeremos (ya ocurre antes del embarazo) y al crecimiento actual físico, mental y emocional de ese niño una vez que está concebido.

Una serie de sueños sobre nosotros y nuestro niño en potencia, o proyecto, puede asentarse, si nos interesa, sobre unas bases regulares, dándonos la ayuda y los consejos necesarios para dar a luz un niño sano y normal o un proyecto bien terminado. Incluso podemos saber el sexo de nuestro hijo o nieto a través de los sueños.

Esterilidad:

Soñar con ser estéril puede indicar nuestro sentimiento de ser incapaz de crear o de «producir». Ahora bien, como todos tenemos la capacidad de crear de alguna manera, este sueño puede indicar que hemos reprimido completamente nuestras necesidades creativas en el campo en que pensamos que somos improductivos.

Esterilización:

Podría indicar una actuación o situación, un hábito o cualquier cosa que puede bloquear o destrozar nuestros talentos y capacidades creativas.

Mal parto:

Podría ser un símbolo de perder algo de valor que hemos estado desarrollando o sobre lo que hemos estado trabajando. Si estamos embarazadas puede ser un aviso necesario de un suceso inminente o al menos la posibilidad de que sea eso lo que ocurra. También puede representar un error judicial o algún otro tipo de error importante.

Parto:

Los dolores del parto pueden ser el trabajo de traer nuestra idea, proyecto o concepto nuevos al mundo, o pueden representar el trabajo y el esfuerzo que se necesita para contemplar nuestro proyecto. Puede implicar que nuestro «bebé» está terminado, listo para ser presentado.

MIS PROPIOS SÍMBOLOS SEXUALES

_____

_____

_____

_____

_____

_____

_____

_____

_____

_____

_____

_____

_____

Capítulo 40

Encontrar o perder objetos de valor

ENCONTRAR OBJETOS DE VALOR

Encontrar algo de valor en sueños es símbolo de descubrir algo de valor en nosotros. Puede ser una comprensión o una visión nueva, un talento nuevo, cosas que no sabíamos que poseíamos; también puede ser que una cualidad o un don empiece a desarrollarse en nuestro interior.

Los objetos de valor pueden representar la recompensa a nuestros esfuerzos físicos o mentales y nuestra actitud cuando los recibimos. Por ejemplo, *encontrar* algo de valor en nuestros sueños e inmediatamente entregárselo a otra persona puede revelar un sentimiento básico de poco valor, la incapacidad de aceptar las cosas buenas que se nos están ofreciendo. Quizá tengamos una actitud de que «tenemos que trabajar *mucho*» para ganarnos la vida o por lo que sea que recibamos en esta vida, lo que es otra manera de decir que creemos que no nos merecemos que nos regalen nada o que tenemos dificultad en aceptar regalos de los demás.

Mucha gente tiene este problema, que es una manera de castigo que nos imponemos y muestra desaprobación hacia nosotros mismos. Cuando sentimos que no nos quieren, que no nos desean, que no valemos la pena, o las tres cosas a la vez, nuestro sueño exagerará esa situación para señalar nuestra baja autoestima y que así podamos trabajar en ella. Esta situación podría representarse mediante la pérdida de algo muy bonito que nos habían regalado.

Por otro parte, encontrar objetos de valor y recibirlos con alegría indicaría nuestra voluntad de aceptar nuestra buena suerte; también podría ser un aviso de muchas cosas positivas que se cruzarán en nuestro camino. Si el sueño está relacionado con algo que estamos planeando llevar a cabo, puede predecir un final próspero de nuestros esfuerzos.

PERDER OBJETOS DE VALOR

Perder objetos de valor en sueños puede indicar la pérdida, la posible pérdida, o el miedo de perder algo que valoramos, como nuestro hogar, nuestro trabajo, nuestra pareja, la familia, el amor, los negocios, el honor o el dinero. Puede indicar «el precio que tenemos que pagar» por algo que hemos hecho o estamos planteándonos hacer. Puede ser un aviso de que no seamos tan descuidados con el dinero o con nuestros asuntos. A su vez, puede tratarse de un sueño de percepción extrasensorial.

Fijémonos atentamente en qué está ocurriendo en nuestra vida, especialmente durante el día anterior a ese sueño. ¿Dudábamos de algo? ¿Estamos en medio de un proceso de decisión? Si el contexto del sueño era oscuro o poco iluminado puede ser una advertencia de que no conocemos todos los hechos, de que «estamos a oscuras» sobre ese asunto y que lo mejor sería que buscásemos iluminación.

El sueño puede ser el aviso de que perderemos algo porque no somos conscientes de algunos hechos o porque alguien o algo no es digno de confianza. Seguramente podría ser una advertencia de que reconsideremos los hechos, nuestra posición o decisión. Señala la necesidad de pararnos y reevaluar la situación.

Perder objetos de valor puede denotar sentirnos vulnerables, indefensos, dolidos, en situaciones difíciles, inseguros o infravalorados de alguna manera.

Objetos de valor que no se encuentran en su sitio:
Pueden implicar valores morales fuera de lugar o extraviados; que hemos olvidado o perdido temporalmente el sentido de lo correcto y de lo incorrecto.

OBJETOS DE VALOR VARIOS

Antigüedades:
Pueden significar los tesoros del alma, los tesoros de la mente, las actitudes cariñosas y graciosas, y los atributos espirituales.

Libros antiguos, extraños y pergaminos: Pueden simbolizar la sabiduría antigua, los dones espirituales y el conocimiento. También pueden representar sucesos pasados, recuerdos; documentos acásicos.

Billetero o cartera:
Puede representar nuestro sentido de los valores morales o el «precio que debemos pagar»; nuestra capacidad de compra, la seguridad, la influencia, el sentido del bienestar, nuestras energías para ir, hacer y tener; aunque también puede representar nuestras tarjetas de crédito, nuestra credibilidad.

Perderlos: Puede indicar el precio que tenemos que pagar; un sentido de los valores morales desorientado; pérdida de libertad, de identidad, de capacidad, de poder, de energía, de conexiones; pérdida de algo a lo que damos mucha importancia.

Encontrarlos: Puede representar una recompensa inesperada.

Billetes:
Los billetes grandes indican prosperidad; los pequeños pueden indicar falta de fondos suficientes o una remuneración insuficiente a nuestro esfuerzo.

Billetes falsos:
No tienen valor real, no valen ningún esfuerzo, algo que parece de valor, pe-

ro que no es lo que aparenta. Falsas premisas, debemos mirarlos más de cerca.

Cambio:
El cambio puede implicar muchos cambios que se acercan, o podría ser un cambio pequeñito, algo que no vale la pena contar, que no vale el esfuerzo, nimiedades; también puede representar fondos insuficientes.

Obras valiosas:
Los objetos de valor como las obras de arte pueden simbolizar talentos creativos.

Dinero:
Puede representar recompensas materiales por el esfuerzo mental y corporal; un intercambio de energías; también podría ser una ganancia o una deuda kármica.

Hucha en forma de cerdito:
Puede representar nuestros ahorros o los sacrificios que hemos hecho; también podría simbolizar que ponemos toda la carne en el asador o que somos tozudos con el dinero.

Intercambio de dinero, letras de cambio o estados de cuentas:
Implica algo que debemos, una contabilidad de deudas o gastos, los gastos en que hemos incurrido, un recordatorio de algo que no hemos pagado, una demanda de liquidación; también puede ser el precio o karma que tenemos que pagar por nuestras acciones.

Pago: Ofrecer, regalar, responder, acto de buena fe; medir, ser sensible, pagar una deuda monetaria o kármica; expiación, equilibrio, intercambio de energías, esfuerzo para hacer las cosas correctamente; también puede representar soborno o atracción.

Joyas o joyería:
Encontrar joyas puede indicar el descubrimiento de dones o de talentos que hasta ahora nos eran desconocidos. Recibir joyas como regalo normalmente implica recompensas, dones de Dios hacia nosotros, posibles recompensas espirituales por algún esfuerzo que hemos estado haciendo. Véase el capítulo *Joyas, piedras preciosas y cristales.*

Perder joyas: Puede implicar la posibilidad de perder uno o más de nuestros dones espirituales porque no lo usamos o porque lo usamos incorrectamente. Quizá sea perder un talento o cualquier cosa de mucho valor.

Monedas:
Encontrar monedas grandes puede indicar mucho dinero.

Monedas viejas o extrañas: Podría significar más abundancia de la que esperamos o la posibilidad de pago de una deuda antigua.

Pinturas valiosas:
Podrían simbolizar un bonito marco mental, pensamientos, oraciones o recuerdos agradables.

Quiebra:

No tener dinero o fondos suficientes indica un sentimiento de pobreza, de no ser lo suficientemente bueno, de una baja autoestima, de inseguridad, de complicaciones, de poco valor, de incomodidad.

ROBO

Soñar que nos roban algo de valor puede indicar sentimiento de sentirnos engañados, violados, atacados, heridos, sin energías, furiosos, abusados, lastimados, inseguros, devaluados, asustados y vulnerables.

Perder objetos de valor de esta forma es una advertencia clara de que seamos más cuidadosos en nuestros negocios; posiblemente sea un sueño de percepción extrasensorial. Fijémonos en el área del sueño tanto realista como simbólicamente y tengamos en cuenta todas las posibilidades.

Quizás nos convenga tener en cuenta si, de alguna manera, no nos estamos robando a nosotros mismos. Podríamos estarnos robando tiempo de estar con la familia, mintiéndonos en referencia al tiempo que necesitamos dormir o descansar, descuidando nuestras necesidades espirituales o los instintos creativos que necesitamos expresar, o negándonos el sueño de nuestra vida.

Fijémonos atentamente en los símbolos soñados y preguntémonos si de hecho no nos estamos robando algo importante; a continuación, intentemos determinar qué es.

POBREZA

Un sueño de pobreza puede indicar actitudes negativas, sentimiento de carencia, o el hábito de pensar y comentar lo poco que valemos. Mucha gente no se da cuenta del poder de las palabras, especialmente de las cosas que repetimos una y otra vez. Esas afirmaciones llegan a materializarse en lo que el bíblico Job describe como «lo que más me asusta es lo que atraigo». Los sueños nos enseñan, a veces de manera exagerada, aquello que creamos con nuestros pensamientos y con nuestras palabras.

MIS PROPIOS SÍMBOLOS DE VALOR

_____

_____

_____

_____

_____

_____

_____

_____

_____

_____

_____

_____

_____

_____

_____

_____

_____

_____

Capítulo 41

Medios de transporte

Según el diccionario, los vehículos nos transportan de un lugar a otro. Así como el alma utiliza al cuerpo para entrar y salir cuando quiere, los vehículos en general pueden *representar nuestro estilo de vida.*

Nuestro automóvil:

Nuestro automóvil, o el medio de transporte que más utilicemos, *significa nuestro cuerpo y su estado.* También puede simbolizar nuestro autorretrato, nuestra autoestima, nuestra personalidad, nuestros negocios sucios, cómo nos vemos a nosotros mismos, nuestra libertad para ir y venir, nuestro poder para alcanzar cosas, nuestros deseos de conducir, nuestro camino hacia el éxito, nuestro curso de acción.

Destartalado, destrozado, abollado: Autoestima muy baja, falta de amor propio. Así es como nos sentimos en realidad. También puede ser un símbolo de poca salud, del daño que hemos causado a nuestro cuerpo. Debemos tener en cuenta el área que está dañada y considerar el apartado *Los componentes del vehículo.*

Nuestro automóvil favorito:

Puede representar nuestro cuerpo y su condición física. Por eso debemos prestar mucha atención a los problemas, a los defectos o a los avisos sobre este tema. Revisemos nuestro coche y nuestro cuerpo para evitar posibles problemas.

El vehículo puede designar el trabajo de nuestra vida, nuestro proyecto más ambicioso, un vehículo de expresión, como, por ejemplo, un libro que estamos escribiendo, una canción que estamos componiendo, una afición o un concepto.

Muchos vehículos:

Poseer muchos vehículos puede indicar nuestros diferentes estilos de vida, direcciones, intereses y diferentes maneras de expresarnos; cada uno de ellos simboliza un aspecto diferente de nuestra vida.

El vehículo de otra persona:
Puede simbolizar el estilo de vida de esa persona.

EL ASIENTO DEL CONDUCTOR

Como el vehículo representa nuestro estilo de vida en general, tendríamos que estar siempre en el asiento del conductor. En caso contrario, si estamos en cualquier otro asiento diferente del asiento del conductor, significa que no tenemos el control absoluto de nuestra vida, que no la estamos dirigiendo, controlando, que estamos permitiendo que lo hagan otras personas. También puede significar que esas otras personas nos están controlando, manipulando.

En otras palabras, la persona que conduce nuestro coche es la persona que está controlando nuestra vida en general. Los diferentes tipos de vehículos representan cada una de las diferentes áreas de nuestra vida. Obviamente, el coche familiar simbolizaría nuestros asuntos familiares. Por ejemplo, soñar que nuestra suegra está al volante de nuestro coche familiar puede significar que está dirigiendo nuestra vida y nuestros asuntos familiares, tanto si nosotros somos conscientes de ello como si no lo somos. El sueño nos advierte de esta posibilidad para que así nosotros podamos llevar a cabo la acción adecuada.

El asiento delantero:
Si estamos en el asiento delantero pero no estamos conduciendo puede significar que hemos cedido el control a otra persona. Podemos ver a dónde nos llevan, pero no podemos ejercer ningún control.

El asiento trasero:
Si estamos en el asiento trasero de nuestro coche significa que nos estamos rebajando, que nos sentimos inferiores, que permitimos a los demás que lleven la dirección, que no utilizamos nuestras habilidades, que no ejercemos nuestros derechos en nuestra vida o en nuestra carrera profesional.

Si con nosotros se encuentra una persona del sexo opuesto puede tener implicaciones sexuales.

El asiento trasero exterior:
Significa que tenemos aun menos control de nuestra vida. Ni siquiera podemos ver a dónde vamos. No tenemos ninguna oportunidad para dirigir. No tenemos ningún contacto con lo que pasa en nuestras vidas.

Maletero:
Estar en el maletero significa estar totalmente sin control de nuestra vida, que no tenemos perspectivas, objetivos y que no tenemos intención de hacer algo al respecto. Si se trata de *nuestro* coche puede referirse a las limitaciones u obstáculos que nosotros mismos nos creamos. También puede indicarnos que en nuestra vida actual nos sentimos atrapados.

Ir en el coche de otra persona:
Puede implicar que esa persona nos saca a dar un paseo en coche, que nos dejamos llevar por los demás (que no tenemos objetivos propios). También puede implicar que utilizamos a los demás para nuestras necesidades físicas.

Puede tratarse de un aviso de que debemos empezar a tener el pleno control de nuestra vida y de nuestros asuntos. Si soñamos que pasamos de un remolque o del asiento trasero al asiento delantero, nos están indicando que estamos progresando, que estamos consiguiendo el control de nuestra vida.

Naturalmente, si los frenos fallan o cualquier parte del coche se rompe, puede indicar la necesidad de hacer correcciones o de ejercer disciplina en el área simbolizada por la parte defectuosa. Véase *Los componentes del vehículo*, en este capítulo.

El conductor:

Nuestra manera de conducir representa nuestra forma de conducirnos o la manera como conducimos a los demás. Puede denotar nuestro deseo de conducir y nuestras ambiciones. Puede mostrarnos nuestras motivaciones o puede indicarnos que no prestamos atención a donde nos lleva la vida.

El carnet de conducir:

Implica nuestro permiso, nuestro derecho o privilegio de conducir nuestra propia vida, de tenerla bajo control.

Perdido o robado: Implica que estamos perdiendo el control de nuestra vida.

Conducir borracho:

Puede indicar que estamos bebiendo demasiado.

Conducir el coche de otra persona:

Puede indicar o bien que estamos ejerciendo el control sobre la vida de esa persona, o bien que nos estamos aprovechando de ella de alguna manera, que estamos utilizando sus talentos, sus ideas, sus habilidades o energías para nuestros propios propósitos.

Otra persona nos está llevando: Puede denotar cuándo y cómo dejamos que otra persona nos conduzca, nos manipule.

Alguien que usa nuestro coche:

Significa que alguien está usando nuestros talentos, nuestro dinero, nuestras ideas, nuestras energías, nuestras habilidades. También puede mostrarnos cómo los demás se están aprovechando de nosotros y cómo nosotros lo permitimos.

Remolque:

Si vamos en el remolque detrás de nuestro coche indica que estamos siguiendo la dirección de los demás sin ninguna intención de tomar el control por nuestra parte. Representa que vamos de paseo.

LOS COMPONENTES DEL VEHÍCULO

Aire acondicionado:

Puede simbolizar nuestros pulmones o nuestra habilidad para respirar libremente. También puede que nos esté indicando el estado del aire que respiramos (contaminación, humo, etc.) o el estado de nuestros pulmones.

Batería:

Poder, corazón, deseo, motivación, energía, reserva.

Sin batería: Puede representar un problema de corazón o una falta de motivación por nuestra parte. También puede que nos esté advirtiendo de que no estamos bien físicamente. Sería conveniente que nos hiciésemos un chequeo médico o que comprobáramos la batería del coche para estar más seguros.

Cadenas:

Entender mejor la vida, nuestro comportamiento; tener la situación a mano.

Cinturón de seguridad:

Regulación, limitación, seguridad, medidas de protección. Pueden ser habilidades o sentimientos atados.

Espejo retrovisor:

Percepción retrospectiva.

Faros:

Pueden denotar nuestra habilidad para ver y percibir, la cantidad de iluminación, nuestra habilidad de ver en la oscuridad. También pueden representar nuestros ojos, nuestra visión y nuestra intuición.

Luces antiniebla: Pueden ser nuestra habilidad para ver a través de la niebla, del humo, de la confusión.

Luces apagadas: Pueden denotar ceguera, inhabilidad para percibir o funcionar. Pueden indicarnos que no vemos lo que pasa a nuestro alrededor, delante de nosotros. Pueden implicar una tendencia a la amnesia.

Luces de posición: Pueden denotar un fallo de visión o de percepción; falta de entendimiento.

Filtro del aire:

Puede simbolizar nuestra nariz, nuestra garganta o nuestros pulmones. Si el filtro está sucio, puede indicarnos problemas de salud.

Frenos:

Disciplina, control, fuerza de voluntad, precaución, limitación. También podría tratarse de los frenos de la vida.

Fallo de los frenos: Indica la falta del uso de los controles efectivos sobre nuestros pensamientos y sobre nuestras acciones. También implica que no tenemos el control, que no podemos parar el desarrollo de las cosas.

Guardabarros:

Puede representar nuestros sentimientos, nuestro ego, nuestra personalidad exterior, nuestra apariencia física, la vanidad, nuestro buen aspecto físico.

Guardabarros abollado: Sentimientos que hieren, que dañan nuestro ego, baja autoestima, dejar que las otras personas vean nuestras heridas, tener el corazón en un puño.

Llave perdida, robada:

Sin acceso; pérdida del control, del dominio de nuestro propio coche. Situación sin solución.

Maletero:

Implica algo oculto, fuera de la vista; espacio o almacén desconocido; lugar oculto.

Matrícula:

Nuestra identificación, nuestra licencia para operar, nuestro permiso. Derecho legal o divino a la vida, a la libertad de dirigir nuestra propia vida.

Motor:

Potencial de poder, vitalidad, energía, motivación y capacidad para seguir adelante.

Puesta a punto del motor: Podría referirse a las necesidades de nuestro coche, aunque normalmente indica nuestra necesidad de ayuda física, de control, de reposo, de tratamiento, de ejercicio o de cualquier cosa que se necesite para renovarnos, recargar energías y rejuvenecer nuestro cuerpo.

Neumáticos:

Pueden representar nuestros pies, los cimientos de nuestro estilo de vida, nuestro entendimiento y habilidad para utilizar los conocimientos creativos que poseemos. Pueden hacer referencia a la parte de nuestro ego, a nuestra capacidad para ser un pez gordo, a nuestro entusiasmo, a la cantidad de aire caliente que tenemos. Por otra parte pueden significar nuestros negocios sucios o nuestra habilidad de meternos en líos.

Desinflados: Pueden ser un aviso de percepción extrasensorial o un aviso de que nuestra paciencia y nuestro entendimiento se están acabando. Puede que indiquen el resultado de nuestro estrés emocional.

Neumáticos vacíos: Indican una falta de comprensión en esta situación, que no hay salida, nada donde apoyarnos, inmovilidad, falta de entusiasmo y de energías.

Parachoques:

Pueden ser un tipo de protección de nuestra vida. Pueden implicar la parte de nosotros que se encarga de dar la cara o de protegernos de las heridas de los demás. Podrían ser barreras de protección.

Sin parachoques: Implica que no estamos protegidos, que somos vulnerables.

Rueda:

Puede que haga referencia a los negocios sucios, a nuestra actitud de pez gordo, a círculos, a ciclos, al karma, a la muerte o al renacimiento. Por otro lado, puede indicar el zodiaco, el cosmos o simplemente una «rueda de sucesos».

Eje: Símbolo arquetípico de pensamientos creativos, el mundo de los pensamientos, el centro del poder creativo.

En el medio: Poderes de formación.

Exterior: El pensamiento manifestado, el mundo material.

Tapacubos: Nos muestran la parte exterior, algo decorativo, un disfraz, una superficie.

Radio: Ocho radios significan canales de energía. Doce radios representan la rueda de la astrología y las ocho casas o ciclos y las estaciones de la naturaleza.

Sistema eléctrico:

Puede simbolizar las venas y las arterias de nuestro cuerpo físico y su capacidad de actuar de una manera suave, de mantener en vida las corrientes energéticas que atraviesan nuestro cuerpo. También podría representar nuestro sistema nervioso y su condición.

Starter:

Habilidad para ponernos en marcha y correr; ser muy impulsivos, que no tenemos la necesidad de que otros nos den un empujón.

Surtidor de gasolina:

Podría representar nuestro corazón, nuestras venas y arterias, la corriente de vitalidad a través de nuestro sistema.

Tanque de gasolina:

Puede significar nuestro estómago, la digestión, la capacidad de repostar cuando el tanque está vacío, de recargar energías, de renovar la vitalidad.

Sin gasolina: Sin energías, sin entusiasmo, falta de motivaciones; que no tenemos una fuente que nos provee.

Volante:

Nuestro control, dirección, objetivos, elecciones, propósitos, nuestro sistema de dirección, nuestra habilidad para manipular o maniobrar.

EL COLOR DEL VEHÍCULO

Si nuestro vehículo, sea del tipo que sea, tiene un color diferente en el sueño, hay que añadir el significado representado por el color. Véase *Los colores en los sueños; auras.*

Coches negros:

Denotan maneras de pensar conservadoras, ortodoxas; aversión al cambio.

LA ACCIÓN

Siempre debemos tener en consideración la posibilidad de que el contenido del sueño se corresponda con las condiciones de nuestro vehículo, una situación mental o emocional, o un aviso de percepción extrasensorial. Debemos chequear nuestro coche y nuestro cuerpo cuando tengamos alguna duda. Sobre todo tenemos que recordar que nuestras asociaciones con esos símbolos podrían ser totalmente diferentes a las mías, y *las vuestras son las más importantes.*

Abolladuras:

Heridas físicas y emocionales, cicatrices, sentimientos duros, marcas de lucha, heridas que todavía no se han curado, que no han sido eliminadas de nuestra mente.

Accidente:

Una colisión con otro automóvil en el sueño puede significar un choque con otro estilo de vida, de creencias, de objetivos, de propósitos. También puede referirse a una experiencia chocante, a una situación crítica, al orgullo herido o a un encuentro doloroso. Puede denotar un conflicto que está por llegar o una confrontación. También puede ser un aviso de que estamos a punto de colisionar con alguna persona o grupo de personas. Puede ser una indicación de una situación que puede ser muy negativa para nuestra salud, o un simple sueño de percepción extrasensorial.

Los accidentes pueden advertirnos de peligros y de hábitos de conducción temerarios, de problemas de salud que provienen de nuestra manera de «conducirnos».

Si el conductor es nuestro compañero, puede que el sueño nos advierta de una posible colisión de estilos de vida o de ideales; también pueden referirse a una ruptura matrimonial.

Arañazos:

Implican que nosotros u otra persona ha arañado la superficie de las cosas.

También podrían significar irritaciones, frustraciones o heridas de poca importancia.

Atascados:

Implica que no somos capaces de progresar, de avanzar o, generalmente, de llegar allí donde queremos ir. Puede que nos hayamos quedado atascados en nuestro trabajo, en nuestro estilo de vida, en nuestros pensamientos, o en nuestro sistema general de creencias. La poca autoestima puede ser la causa más común, así como la falta de objetivos claros. Fijémonos en lo que está bloqueando nuestro progreso.

Baches: Los baches sirven para que repitamos el trayecto una y otra vez, física o mentalmente. Si nos quedamos atascados en un bache significa nuestra propia aversión a cambiar los viejos hábitos, las viejas maneras de pensar, a escoger ideas nuevas, innovadoras, diferentes. Si estamos atascados no podremos progresar en la vida, *a no ser* que hagamos algún cambio, que nos marquemos nuevos objetivos, que vayamos más allá de los límites, que sobrepasemos el muro fantasma de nuestros miedos, de lo que no conocemos, del «¿Qué pasará si...?». En pocas palabras, los baches significan que ya ha llegado la hora de hacer algún cambio. Fijémonos bien en el lugar y en la manera en que nuestro estilo de vida se ha bloqueado.

Barro: El agua llena de barro implica emociones que no nos dejan ver claramente. El barro o las emociones revueltas implican que estamos demasiado bloqueados como para movernos hacia delante de una manera segura y controlada. Fijémonos en lo que nos está bloqueando, en las emociones que nos están controlando o evitando el progreso. Véase *Agua enfangada*, en el capítulo *Agua*.

Nieve o hielo: El agua congelada representa las emociones congeladas como, por ejemplo, el miedo, las creencias o nuestras inhibiciones que nos dicen que esto no lo podemos hacer o que no deberíamos hacerlo. «¿Qué pasaría si nos sale mal?» u otro tipo de limitaciones son la causa principal de este bloqueo. La nieve significa a menudo talentos, habilidades y creatividad inaccesible porque estamos cubiertos por la nieve al no considerarnos lo suficientemente buenos o capaces para lograr algo. Estas barreras se puede derretir. La fe en nosotros mismos o en nuestras habilidades puede hacer maravillas. Perdonarnos a nosotros mismos y a los demás por algo malo que hayamos hecho nos ayudará en este proceso de derretimiento. Véase *Índice* para más información sobre *hielo* y *nieve*.

Avanzar lentamente:

Implica que no estamos progresando o que no estamos satisfechos con nosotros mismos o con nuestros logros. Podría implicar que realmente no nos gusta lo que hacemos y que necesitamos hacer algo que nos haga sentir vivos otra vez, a no ser que nos sintamos bien en esta situación.

Carreras de coches:

Implican un ritmo rápido, conducción temeraria, tendencia al éxito. También pueden implicar que vamos en círculo, que vamos dando vueltas y que queremos ir en línea recta; que no llegamos a ningún sitio. Puede que sean una prueba del coche y del conductor, del cuerpo y del alma.

Coche y remolque:

Puede implicar que vamos arrastrando un sobrepeso de responsabilidad. El sueño puede implicar la necesidad de descargar alguno de estos problemas o de solucionarlos, en lugar de cargar con ellos.

Comprar un coche nuevo:

Puede implicar que estamos «comprando» un estilo de vida totalmente nuevo, que estamos actualizando nuestros objetivos, revitalizando y renovando nuestro cuerpo, que estamos buscando una nueva manera de expresarnos.

Cuesta hacia arriba:

Puede ser un reto físico, mental o ambas cosas.

Dirección:

Indica el control, la orientación, la habilidad para manejar, manipular y dirigir.

Empujar el coche:

Puede indicar que nos estamos exigiendo demasiado, que hacemos que las cosas sean más complicadas de lo que en realidad son, que nos estamos dejando la piel.

Encerar:

Implica que cuidamos bien nuestro coche (nuestro cuerpo), que le damos una atención y un cuidado extra, que lo purificamos, que lo pulimos, que lo alimentamos. Puede que nos esté diciendo que tenemos que hacer lo mismo con nuestro cuerpo, con nuestra salud.

Frenos que fallan:

Falta de disciplina o de control sobre nosotros mismos. Puede ser una advertencia de que estamos a punto de perder el control de nuestra vida, de la situación, que estamos a punto de perder la compostura o los frenos, que nadie puede pararnos (aviso de percepción extrasensorial). Consideremos todas las posibilidades.

Fuego:

Las llamas dentro del coche simbolizan la necesidad de una purificación interior. Es un símbolo positivo, sobre todo si nos sentimos a gusto en el sueño y al despertarnos. Un coche en llamas y un sentimiento de alarma pueden ser un aviso de percepción extrasensorial de un problema del coche. También podría representar una fiebre o una enfermedad que se apoderará de nosotros. Podría indicar la necesidad de purificar los deseos y la cólera candente, o puede denotar que estamos «quemados» por algún motivo.

Ir muy deprisa:

Puede ser una advertencia de que nos estamos exigiendo demasiado y que necesitamos reducir ese ritmo de vida. Una multa por exceso de velocidad significaría un aviso de nuestro Yo Superior de que tenemos que apaciguar nuestro estilo de vida. La velocidad puede implicar impulsos muy grandes que pueden conducirnos a perder el control. Debemos fijarnos en el color del coche para determinar el tipo de impulsos o de sentimientos.

Limpiar el coche:

Necesidad de limpiar nuestras acciones. Puede implicar la necesidad de deshacernos de los malos sentimientos, de las heridas. Puede que nos esté diciendo que necesitamos un baño.

Marcha atrás:

Implica salir de una situación o de un acuerdo echándonos atrás; volver a algo que hicimos en el pasado; volver a las cosas que albergamos en la mente; repaso y reevaluación. Puede que se trate de sucesos y problemas que tenemos que perdonar, olvidar o purificar.

Parking:

Lugar para parar y descansar. Puede implicar que necesitamos pararnos de vez en cuando, encontrar tiempo entre actividad y actividad para detener la marcha y relajarnos. También puede que se trate de nuestro lugar especial, individual; de nuestra posición o de nuestro parking privado, sobre todo si se encuentra en un área de parking. Perder nuestra plaza de parking habitual podría ser muy significativo en este contexto.

Parking lleno de hielo y de nieve: Puede implicar que intentamos encontrar nuestro lugar en la vida, el lugar que queremos ocupar pero que no somos capaces de encontrar a causa de tantas emociones y talentos congelados (sobre todo miedos e inhibiciones) que impiden nuestro progreso o nuestra habilidad para encontrar nuestro lugar verdadero. La mayoría de nuestras habilidades, talentos y creatividad están congelados, son inaccesibles, están cubiertos de viejas creencias, de viejas maneras de pensar y de viejas ideas sobre lo que podemos o lo que no podemos hacer, y de lo que deberíamos hacer. Puede que tengamos miedo a dejar la seguridad de un buen trabajo para hacer algo propio, algo más apropiado para nosotros. El hielo significa la falta de fe en nosotros mismos. Véase *Índice* para más información sobre hielo y nieve.

No encontramos nuestro parking: No encontramos el tiempo ni el lugar para parar y descansar. No nos dedicamos tiempo, estamos demasiado ocupados. Este sueño indica la necesidad de tomarnos tiempo para descansar y relajarnos un poco. Por otra parte, puede indicar nuestra capacidad de encontrar «nuestro lugar» en la vida, de encontrar nuestra posición particular, nuestro trabajo, nuestro talento, el lugar desde el cual debemos expresarnos completamente, el lugar al que pertenecemos.

Perder nuestro coche:

Implica perder la autoestima, nuestro orgullo, nuestra propia imagen, nuestro trabajo, nuestra libertad, nuestro estilo de vida actual o un proyecto muy ambicioso. Puede denotar que no sentimos nada respecto a nosotros mismos ni respecto a los demás.

Problemas con el motor:

Si nuestro coche tiene problemas quiere decir que debemos vigilar nuestra salud o nuestro coche. Puede que haga referencia a la falta de poder, de potencial, de energías, de vitalidad o de entusiasmo en una situación en particular.

Puesta a punto:

Puede implicar que necesitamos algunos arreglos de poca importancia; posiblemente vitaminas, una nueva dieta, un chequeo médico, etc. Debemos cuidar las cosas que parecen insignificantes antes de que se conviertan en problemas mayores. Puede que esto también vaya dirigido a nuestro coche. Los sueños nos hablan en muchos niveles.

Rayar el coche:

Denota ostentación, falta de disciplina o de control, poco respeto hacia nuestro cuerpo o hacia los demás.

Reparaciones:

Como el coche representa nuestro cuerpo podría significar la necesidad de un chequeo físico. Posiblemente, hay que hacer algunos arreglos o ajustes sin importancia para mejorar nuestra salud o la salud del coche. Nuestros sentimientos deberían darnos una pista de quién es quién.

Resbalar:

Implica perder el control de nosotros mismos o de la situación. Posiblemente necesitemos movernos más despacio.

Ruedas que ruedan:

Significan que utilizamos grandes dosis de energía y que no hacemos ningún progreso.

Sin gasolina:

Sin energías, sin entusiasmo; nos sentimos derrotados, desconectados de nuestra fuente de energía; necesitamos una renovación, coger fuerzas de nuevo. Posiblemente necesitemos un chequeo físico, vacaciones, una nueva dieta o una gran dosis de vitaminas.

Puede que también se trate de una advertencia.

Sucio y lleno de polvo:

Conducir por un camino lleno de polvo y de suciedad significa confusión, que no somos capaces de ver bien nuestro propio camino.

Tocar el claxon:

Normalmente significa egoísmo, fanfarronadas, exageración, ostentación, hacer que todo el mundo sepa de nuestra presencia. Puede ser una falta de consideración hacia los demás o hacernos los estúpidos.

Vender o hacer negocios en nuestro coche viejo:

Abandonar viejos hábitos, viejas maneras de hacer las cosas para dar paso a ideas mejores y nuevas, a un estilo de vida más elegante.

TIPOS DE AUTOMÓVILES

Ambulancia:

Implica problemas, necesidad de rescate, de ayuda. Si nosotros la conducimos, puede que alguien necesite ayuda inmediata.

Antiguo:

Puede denotar un cuerpo viejo, anticuado, incapaz de mantenerse al ritmo actual. También puede ser un valioso tesoro, de extrema belleza, algo que ha sobrevivido al paso del tiempo. Puede implicar recuerdos del pasado, nostalgia, cosas que pertenecen al pasado, o la condición de nuestra vida o cuerpo.

Autocaravana:

Vacaciones, diversión, relajación. Puede implicar que estamos utilizando nuestro cuerpo para divertirnos, para jugar; que nuestro estilo de vida está orientado a la diversión. Podría indicarnos que necesitamos más diversión en nuestra vida, dependiendo del sueño y de los pensamientos que nos provoca.

Blindado:

Protección desmesurada, posiblemente denota una actitud tan a la defensiva que impide que los demás se acerquen a nosotros, a nuestra vida, a nuestros asuntos. También puede significar incapacidad o aversión a compartir la belleza, la sabiduría, la riqueza interior que guardamos bajo llave en nuestro caparazón.

Camioneta:

A menudo denota responsabilidades familiares, tareas diarias y asuntos familiares. Si es nuestro coche de trabajo, podría implicar un sentimiento de abuso, de explotación, de que nos están utilizando, de que nos están cargando demasiado a no ser que el trabajo sea de nuestro agrado.

Coche policía:

Disciplina, control, justicia. Gran sentido de lo correcto y de lo incorrecto, del crimen y del castigo, de la culpabilidad, del rescate o de la captura. Podría decirnos que somos demasiado críticos y duros con nosotros mismos y con los demás.

Coche de carreras:

Podría ser un prejuicio contra las actitudes de los demás, o contra las personas de otra nacionalidad. Puede implicar actitudes peligrosas, sentimientos de competición o la necesidad de ganar.

Coche de cartón:

Implica pretensión, un estilo de vida absurdo, superficial, irreal, imposible de poner en práctica, de manejar.

Coche de juguete:

Estilo de vida ideal para jugar con él. Podría significar que nos estamos intentando crear un estilo de vida propio, ideal, que todavía no es de nuestra talla. Podría implicar que intentamos copiar el modelo de estilo de vida de otra persona o que estamos creando un estilo de vida para los demás.

Coche deportivo:

Puede representar un proyecto ambicioso, aficiones, un sistema de creencias o un estilo de vida alternativo, sobre todo si es nuestro segundo coche. Puede indicar un deseo de aparentar o de ser un buen amigo. Podría implicar que somos unos aguafiestas. Por otra parte, puede indicar que tenemos una actitud más despreocupada, que nos gusta la diversión, que nos gusta lo que hacemos, dependiendo de nuestros sentimientos personales respecto a los coches pequeños.

Coche familiar:

Puede simbolizar la familia y los asuntos familiares, el estilo de vida familiar y su estado en general, problemas y preocupaciones en torno a la familia.

Coche foráneo:

Puede ser un estilo de vida foráneo o un proyecto ambicioso, nuevo, diferente, poco corriente o poco familiar.

Coche grande:

Símbolo de grandes sentimientos, cosas importantes, seguridad, prosperidad, autosatisfacción con nosotros mismos y con nuestras habilidades (si los coches grandes son de nuestro agrado). Además, puede implicar que queremos hacer alardes, que actuamos como un pez gordo, que hacemos ostentación, que somos presumidos y que hacemos todo esto para compensar una falta muy grande de autoestima; falta de autovalía. Pretendemos ser lo que no somos. Véase *Limusina* y *Coche pequeño*, en este capítulo.

Coche muy viejo:

Símbolo de la pobreza, de la poca autoestima. También indica cómo nos sentimos en general. Comprar un coche viejo podría significar que estamos comprando el concepto de lo que somos en realidad. Podría ser una afirmación de nuestro estilo de vida, o una actitud de «no me importa»; un problema crónico de salud.

Coche pequeño:

Puede representar un sentimiento de inferioridad, de sentirnos menos que los demás, menos poderosos, menos importantes, o tan buenos como los demás. Puede significar una autoestima baja, un estilo de vida pobre o que damos poca importancia a nuestra vida o a nuestro trabajo.

Coche robado:

Alguien ha robado nuestras ideas,

nuestras energías. Tenemos que prestar atención a lo que hemos hecho y utilizar nuestros recursos.

De nuestra misma edad:

Podría significar nuestro cuerpo físico y su estado.

Descapotable:

Denota libertad, variabilidad, mente abierta, versatilidad, diversión.

Jeep:

Construido para las situaciones difíciles, para los apuros, para los caminos duros, llenos de baches. Puede denotar la necesidad de introducir más belleza en nuestra vida. Podría implicar que tenemos una actitud muy trabajadora. Puede significar un estado de salud perfecto, excelente o también un estilo de vida muy deportivo.

Limusina:

Puede denotar un estilo de vida para ocasiones especiales, puede mostrar prestigio, ostentación, exceso de riqueza, de materialismo; pomposidad y poder; un sentido exagerado de autovalía; una necesidad de presumir; un intenso deseo de impresionar a los demás o de dar falsas impresiones. Podría implicar un superego, una compensación por la falta de autovalía, una tapadera para una autoestima muy baja.

Limusina grande y de color negro:

Implica lo mismo que una limusina más una actitud muy conservadora y aversión a los cambios.

Vehículo de emergencia:

Puede denotar una emergencia de nuestro cuerpo o de nuestro estilo de vida. Podría ser un aviso de percepción extrasensorial, o quizá un aviso de que vivimos con demasiado riesgo, a toda velocidad, con mucho estrés.

Vehículo para terrenos arenosos:

Implica un viaje divertido, entretenimiento y recreación. También puede implicar que no utilizamos nuestro cuerpo de manera acertada; indiscreción; descuido, estrechez de miras; un estilo de vida libre.

TAXIS

Los taxis representan que utilizamos las ideas y las energías de los demás para llegar donde queremos ir. Pueden indicar cómo utilizamos a las personas, a menos que paguemos por el viaje. Podría denotar un estilo de vida alternativo, un camino diferente, un deseo de que alguien se responsabilice de nosotros. También puede ser un lujo que nos estamos permitiendo. Si últimamente hemos tenido demasiada responsabilidad, podría indicarnos la necesidad de ceder una parte de esa responsabilidad, de delegar nuestra autoridad, de facilitarnos las cosas.

Taxi amarillo: Puede implicar que usamos la mente y las ideas de los demás.

Taxi azul: Puede denotar que usamos los poderes espirituales y las habilidades de los demás, en lugar de las nuestras. Puede que nos indique que tenemos que utilizar nuestras capacidades.

Taxi rojo: Implica usar el poder físico, las habilidades y las influencias de otra persona.

Furgoneta:

También se conoce por el nombre de «motel sobre ruedas». Denota vínculos sexuales, vínculos de diversión. También se utiliza como objeto de trabajo. Podría indicar un estilo de vida de diversión o un estilo de vida de adicción al trabajo. El significado final depende de nuestras asociaciones con las furgonetas en general y con la furgoneta en particular que aparece en nuestros sueños.

CAMIONES

Los camiones representan nuestro trabajo o nuestra diversión, dependiendo del contenido del sueño y del tipo de camión. A menudo, representan poder, habilidad para cargar con grandes pesos, trabajo duro, trabajo sucio, cargar con muchas preocupaciones. Pueden denotar una falta de ternura o de lujos. Situación difícil, violenta.

Como un símbolo de nuestro cuerpo, los camiones podrían representar cómo trabajamos, cómo utilizamos o cómo abusamos de nuestro cuerpo. Fijémonos en la acción relacionada con el camión.

Los camiones también pueden representar una actitud de adicción al trabajo, sin tiempo para la diversión. También pueden indicarnos que utilizamos nuestro cuerpo como un caballo de tiro, que conducimos bruscamente, sin lujos, que no nos cuidamos, que llevamos una vida muy dura. Pueden indicarnos la necesidad de suavizar las cosas.

Camión de mudanza:

Puede significar un movimiento que estamos dando o que estamos a punto de dar. Puede tratarse del peso que últimamente estamos cargando. Si alguien lo está cargando, significa que nos están cargando a nosotros.

Cargado:

Hace alusión al peso que estamos cargando. Puede denotar un sentimiento de agotamiento, de sobrepeso; la necesidad de descargar, de solucionar el problema en lugar de arrastrarlo por donde pisamos.

Tractor:

Implica que arrastramos nuestro propio peso, que arrastramos más peso del que deberíamos. También hace referencia a las responsabilidades con las que cargamos, a una situación sobrecargada, a un sentimiento de sobrecarga, de estrés. Podría tratarse de un buen trabajo para realizar, o un aviso de que debemos descargar.

Vacío:

Podría implicar un sentimiento de que nuestra vida está vacía, que no compartimos la carga, que tenemos que hacer algo para que nuestra vida valga más la pena, algo que nos compense. Posiblemente indica que tenemos que tener más responsabilidad, o que cuando descargamos un bulto nos sentimos a gusto. Puede implicar que estamos listos para la acción.

VEHÍCULOS DE TRABAJO

Aplanadora:

Implica trabajo duro, grandes proyectos, mucho trabajo para realizar, cambios importantes para llevar a cabo. También pueden ser cambios que se están acercando a nuestra vida. Si estamos conduciendo, puede que nos estemos construyendo nuestro propio camino, nuestra propia vida, que estemos encontrando nuevos caminos, nuevas vías.

Camión de la basura:

Puede implicar que estamos coleccionando información poco útil o que necesitamos deshacernos de la basura que tenemos en la mente, dependiendo de si estamos recogiendo o echando la basura.

Carro:

Puede representar muchas cosas: puede ser el peso que cargamos, el potencial de peso y de responsabilidades que cargamos. Puede denotar un sobrepeso, un peso necesario o innecesario, o algo que tenemos que descargar. El estado del carro denotará cómo nos sentimos por las cargas de la vida.

Cargado: Probablemente se refiere a la carga que estamos arrastrando desde hace mucho tiempo. Puede que sea carga de esta vida o de otra vida pasada. Fijémonos en si esta carga se puede descargar, perdonar u olvidar.

De cristal: Un vehículo frágil, incapaz de aguantar o de arrastrar un peso pesado. Tiene que manejarse con mucha delicadeza y cuidado. Puede que indique nuestro estado de salud, una salud delicada que no puede cargar con mucho peso. Debemos cuidarnos.

De niños: Puede indicar actitudes infantiles o juguetonas, o que arrastramos nuestro propio peso. Puede que nos esté diciendo que no estamos preparados o que no disponemos del equipo necesario para hacer ese trabajo. Puede implicar un trabajo infantil o de poca importancia. Por eso, puede que nos esté diciendo que nos tomamos el trabajo con una actitud de juego, de diversión. Puede denotar irresponsabilidad. Fijémonos en nuestros propios sentimientos y asociaciones con los carros de juguete.

Viejo: Puede denotar una manera anticuada de hacer las cosas o de creer. Puede que también haga referencia a las ideas pasadas de moda sobre el trabajo que sentimos que tenemos que hacer.

Coche de bomberos:

Capacidad para hacer el bien, para ir a por el rescate con las sirenas en marcha de manera que todo el mundo sepa a dónde vamos. Puede implicar que vamos como un coche de bomberos, que saltamos al oír cualquier alarma, que entramos en la escena de acción. Podría implicar la necesidad de ser más discretos.

Dúmper:

Puede que estemos vertiendo nuestros problemas sobre otra persona o que esta persona lo esté haciendo sobre nosotros. Tenemos un peso demasiado grande que debemos soltar.

Equipo de construcción de carreteras:

Trabajo duro, cambios importantes, nuevos caminos para hacer, nuevos caminos a seguir, nuevas actitudes.

Equipo de granja:

Plantar y hacer crecer nuevas ideas en grandes cantidades.

Cosechadora: Denota disposición para cosechar lo que hemos sembrado, para disfrutar de lo que hemos heredado. Denota una parte del proceso de entendimiento de que «somos lo que llevamos en nuestro corazón», o «cosechamos lo que sembramos».

Cultivadora: Puede tratarse del acto de cultivar mejores actitudes, hábitos, disciplina mental y desechar los pensamientos negativos.

Excavadora:

Implica la necesidad de cavar más profundamente hasta llegar al conocimiento, hasta alcanzar la base de las cosas. Tenemos que cultivar los éxitos y los conocimientos, prepararnos para las mejoras que llegarán; disposición para empezar y terminar el trabajo.

Nivelador:

Aplanar el terreno para una nueva carretera, camino o estilo de vida. Podría ser que estamos arrastrando una vida muy básica.

Tractor:

Puede indicar que nos vemos como un caballo de tiro. También puede ser que nos estemos preparando para la plantación de un nuevo cultivo de ideas.

AUTOBUSES

Sirven para transportar grupos de personas en una ruta preestablecida. Representan pensamientos de consciencia racial, que nos dejamos llevar por la multitud, que seguimos el sendero marcado. Por otra parte, denotan ideas preconcebidas, prejuicios y actitudes familiares viejas; pensamientos poco originales, materialistas, que no tomamos el control sobre el rumbo de nuestra vida; rutina, hábitos, reacciones en masa, histeria colectiva, baches en nuestros pensamientos, que no nos esforzamos en pensar las cosas por nosotros mismos, falta de originalidad o de libertad, que no somos fieles a nuestras ideas o sentimientos. Naturalmente, también pueden haber excepciones. Si nos dirigimos al trabajo en autobús, nos indicará los sentimientos respecto a nuestra carrera laboral y representará nuestra actitud general sobre nuestro trabajo, nuestros compañeros de trabajo o un proyecto de grupo.

Bus escolar:
Simboliza una acción de grupo, aprendizaje en grupo. También puede significar progreso o prejuicio, cooperación o pensamientos colectivos en oposición a pensamientos, creencias y conceptos originales, individuales.

Conductor:
Representa la única persona que tiene el control, el líder de un grupo de ideas, de planes o de proyectos. También puede ser una persona que va conduciendo en círculos.

De servicio:
Puede ser un grupo de vehículos para alcanzar un objetivo determinado, realizar un proyecto de grupo en particular. Puede implicar la necesidad de cooperación o puede simbolizar un estilo de vida.

TRENES Y TROLEBUSES

Los trenes hacen referencia al tren de nuestras ideas que sigue las vías de nuestro pensamiento, a las ideas de consciencia racial, a los prejuicios sin fundamento. También significan que tomamos el camino más fácil, que nos dejamos llevar por los pensamientos y los hechos de la multitud, que aceptamos el estado de las cosas, sin independencia y sin originalidad, que seguimos a la multitud. Pueden significar un camino anticuado a seguir o una cadena de sucesos. También podrían significar que nos estamos entrenando para alguna actividad.

Máquina de vapor:
Puede significar la presión con la que estamos trabajando.

Maquinaria:
La fuerza que mueve el tren, una cadena de sucesos.

Maquinista:
La figura autoritaria, la figura que nos lleva.

Monocarril:
Puede significar estrechez de miras, objetivos muy simples o habilidad para marcarnos un objetivo.

Montaña rusa:
Muy parecida a los trenes, ya que éstos también siguen vías fijas. Puede significar los altibajos de la vida, nuestro estado emocional, gran deseo de excitación, emociones fáciles. Podría implicar emociones causadas por el alcohol, por las drogas, por el sexo o por cualquier cosa que nos excite. Si vamos acompañados por otra persona, puede que nos indique cómo nos sentimos cuando estamos a su lado, cómo nos afecta y cómo afecta a nuestro equilibrio.

Perder el bus:

Puede representar que dejamos escapar oportunidades para llegar allí donde queremos llegar. Además, perder el autobús puede implicar perder una gran oportunidad o puede que nos esté diciendo que siempre llegamos tarde o que la vida transcurre ante nuestros ojos, mientras nosotros estamos quietos y esperamos.

Tranvía:

En la mayoría de los casos representa tendencias anticuadas, pensamientos e ideas pasadas de moda, recuerdos y sucesos del pasado. Si estamos esperando el tranvía, puede que estemos esperando una oportunidad que nunca llegará.

Trolebús:

Generalmente tiene el mismo significado que el tren, pero también puede representar estrechez de miras, una mente obsoleta, ideas pasadas de moda, viejas maneras de viajar o de hacer las cosas. Podría implicar un viaje hacia el pasado, hacia un estilo de vida anticuado; o podría simbolizar San Francisco.

Tren de mercancías:

Puede ser una carga pesada, un largo camino por delante. Podría implicar un proyecto o una cadena de sucesos que cuesta poner en marcha, pero que, una vez lo hemos conseguido, alcanza gran velocidad y va directo a su objetivo predeterminado. Puede que sea muy difícil de parar, sobre todo si va cuesta abajo.

Tren descarrilado:

Significa que hemos perdido el tren de nuestros pensamientos u objetivos, que nos hemos quedado a un lado, tristes, desmoralizados.

Vías ferroviarias:

Significan que estamos en la vía, en el camino para pensar y para actuar, un viaje recto, prescrito, ideas fijas, acciones y reacciones automáticas, sin ideas nuevas, sin pensamientos ni acciones originales, viejos modelos de costumbres, sin libertad para elegir.

Cruzar las vías del tren: Puede implicar que estamos dejando atrás los viejos modelos de costumbres en favor de modelos nuevos. Puede que nos esté indicando que vamos a contracorriente, en contra de los pensamientos establecidos, que nos saltamos los límites, que tomamos un nuevo rumbo, un camino nuevo, un cambio total.

AVIONES

Los aviones representan a menudo nuestras ideas y nuestros ideales más altos; una manera de sobrevolar una situación. También representan la manera de viajar de la Era de acuario. Como un símbolo de estilo de vida, simboliza la libertad de pensamiento y de la acción, un conocimiento más amplio con la aceptación de nuevas ideas, costumbres, conceptos y creencias; intereses, ideas y actividades de largo alcance, habilidad para ir de un punto a otro rápidamente, una actitud muy abierta, una actitud de vivir y dejar vivir, gran deseo de libertad, de viajar alrededor del mundo, de hacer amistades. Pensamiento *global*.

Los aviones pequeños y privados tendrán el mismo significado que los grandes pero con connotaciones personales, sobre todo si es nuestro avión privado. Puede significar nuestra actitud mental, nuestro cuerpo mental, nuestro plano mental; o puede representar nuestras esperanzas, ideales, oraciones, afirmaciones, deseos, pensamientos, bendiciones, o cursos que hemos lanzado y que ahora vuelven a nosotros para bien o para mal. Véase *Aeropuerto*, en el apartado *Contextos*.

Aterrizar:

Significa el retorno de nuestros pensamientos, ideas, deseos, voluntad, intenciones o comunicaciones en forma de karma, para bien o para mal.

> *Marcha atrás:* Volver a lo poco habitual, a lo inesperado; maneras de actuar equivocadas.

Averiado:

Ideales, sueños, aspiraciones rotas; esperanzas que se han desvanecido o planes que han fracasado. Podría implicar la falta de preparación o planteamiento de un proyecto que estamos a punto de lanzar. También podría ser un aviso de percepción extrasensorial de algún tipo de fracaso.

Despegar:

Nuestras ideas, pensamientos y comunicaciones que se abren al mundo para llevar a cabo su objetivo.

Parado:

Ideas e ideales que nunca despegarán.

BARCOS

Suelen denotar un vehículo espiritual, nuestro cuerpo espiritual, nuestra alma y/o nuestro progreso espiritual. Un barco puede significar el viaje de la vida, el estado y el viaje de nuestra alma o el camino que tomamos.

También pueden significar otras cosas, como la prosperidad, la diversión, las vacaciones, la vida social, etc. El sentimiento de diversión y de relajación iría relacionado directamente con el sueño de un bote, el cual representa recreo, placer. Por otro lado, las cualidades especiales de paz, compromiso y elevación espiritual irían acompañando el progreso espiritual.

En los sueños, debemos mirar el tamaño, el tipo de barco y la persona que lo dirige. Fijémonos en si el barco está en buenas condiciones, si está amarrado o anclado en algún lugar o navegando libremente, y en cómo nos sentimos nosotros respecto a ese barco.

Puede que tengamos una serie de sueños que nos muestran veleros o vehículos más grandes y más lujosos. En ese caso, nosotros podríamos ser el capitán.

Los barcos también denotan ideales, esperanzas y sueños, en espera de que llegue nuestro momento.

De la marina:

Centro donde se juntan muchos aspectos espirituales nuestros. Podría ser un lugar central de encuentro de personas mentalmente espirituales, un centro espiritual. Si poseemos un bote o visitamos muy a menudo la marina, éste puede ser un sueño de percepción extrasensorial o simbolizar diversión, vacaciones, vida social, etc., dependiendo de los sentimientos y de la acción del sueño.

Fuego dentro del barco:

Puede ser una señal de purificación espiritual que nos acompaña, o la necesidad de ésta.

Tipos de barcos

Balsa:

Significa que vamos solos por la vida, sin ningún propósito determinado o dirección. Puede que nos sintamos víctimas de esta situación. Implica un trayecto difícil, con muchos problemas. Como se trata de nuestro vehículo espiritual, puede que nos esté diciendo que no hemos construido una buena base espiritual, que todavía queda mucho por hacer.

Bote de remos:

Remando por el camino difícil.

Barco hundido:

Puede que nuestro progreso espiritual se haya venido abajo debido al peso de los bienes y las actividades materiales.

Barcos que pasan durante la noche:

Podría ser nuestra oportunidad espiritual, buena suerte. También podría significar que las oportunidades se nos escapan debido a nuestra ignorancia de cómo funcionan los principios de la verdad.

Botes de paseo:

Pueden simbolizar un viaje de diversión, de placer que no tiene *nada* de espiritual. También pueden indicar la alegría de estar «en la corriente», dependiendo de nuestros sentimientos en el sueño.

Bote pequeño:

Preparaciones espirituales limitadas, ir solo en el bote.

Bote que naufraga:

Nuestra vida espiritual está en peligro.

Canoa:

Puede denotar un estilo de vida sereno, sencillo. Seguramente nos moveremos a nuestro ritmo, bajo nuestro control, bajo nuestro poder. Puede denotar un balance emocional y una mente sin propósitos.

Trasatlántico:

Lleno de vapor, lleno de poder para seguir adelante, crucero de lujo, buen progreso espiritual. También puede ser un aviso de percepción extrasensorial de un viaje que posiblemente haremos.

> *Chimenea:* Puede indicar canales de energía, chispas de Dios que se nos acercan; chakras que se abren y se desarrollan positivamente.

> *Océano o mar:* Corrientes físicas.

Vapor de línea lujoso:

Ir a nuestro ritmo, tranquilamente, reposo y relajación, prosperidad, sentido de bienestar, buen progreso espiritual.

Vapor de ruedas:

Puede denotar que remamos nuestro propio camino, que vamos con nuestro poder, sin ayuda de los demás. Si estamos solos, nos puede decir que somos independientes o nos puede indicar la necesidad de remar más. Si estamos acompañados, podría significar un viaje de placer, de diversión; o implicar que no nos estamos tomando la vida espiritual en serio, que estamos jugando. Puede indicarnos que debemos ayudarnos mutuamente.

Velero:

Puede representar navegar tranquilamente, dejarnos llevar por la corriente de las cosas, estar en armonía, a menos que tengamos problemas navegando.

Yate:
Implica lujo, buen crecimiento espiritual y progreso, prosperidad, a menos que esté atracado. Puede representar unas vacaciones u otros sucesos, dependiendo de los sentimientos que el sueño nos provoque.

VARIOS

Bicicleta:
Equilibrio. Puede indicar la necesidad de más equilibrio en nuestra vida, o posiblemente una nueva dieta para nuestros asuntos. Puede mostrarnos lo equilibrada o lo desequilibrada que está nuestra vida en este punto.

Ciclomotor: Puede implicar que nos dejamos llevar, que vamos tranquilamente, que nos mantenemos en equilibrio, que tenemos libertad de movimiento, que vamos a nuestro ritmo y actuamos a nuestra manera. También puede ser un camino muy ruidoso.

Ruedas de tracción: Soporte, ayudan a mantener nuestra vida en equilibrio, previenen la posibilidad de disturbios. Pueden significar independencia.

Triciclo: Objeto infantil.

Uniciclo: Implica la necesidad de hacer las cosas con cuidado, de mantenernos en un equilibrio elegante. Definitivamente nos encontramos solos.

Carro:
Indica un estilo de vida pasado, viejo, único.

Carro de culí:
Puede indicar que estamos abiertos a muchas cosas o que somos vulnerables en este camino que no nos es familiar, que nos estamos dejando llevar, manipular por los demás.

Tirado por un animal: Que nos dejamos llevar por impulsos animales.

Tirado por un oriental: Que nos dejamos llevar por ideas, impulsos o emociones que no nos son familiares.

Carro de tiro:
Significa una persona o un pensamiento anticuado; lentitud; comportamientos pasados de moda; vivir en el pasado.

Carruaje de oro:
Símbolo de la realeza, prosperidad; el paso de pobre a rico, como en la *Cenicienta*; magia, cuentos de hadas.

Globo:
Podría implicar que sobrevolamos la situación, que vemos las cosas desde otro punto de vista, desde otra perspectiva, que hacemos algo poco habitual, inesperado, impredecible. Podría

tratarse de una actitud abierta, de flotar en el aire, un globo de prueba para comprobar alguna cosa o una idea o concepto nuevo.

Monopatín:
Lo mismo que los patines más el deseo o la tendencia a la ostentación.

Naves espaciales:
Implican la habilidad de viajar lejos, de ir más allá de los límites humanos, de explorar nuevas ideas o lugares.

Noria:
Implica un vehículo infantil, un estilo de vida inmaduro. También puede significar que queremos ser un pez gordo o actuar como tal.

Ovni:
Puede significar que estamos en el espacio, que correremos aventuras; misticismo, un viaje astral, conceptos que todavía no hemos probado o que son desconocidos. Puede significar miedo, nuevas aventuras o nuevos mundos para conquistar. Mucha gente tiene sueños con ovnis. Normalmente nos muestran maneras para expandir la mente. También representan una operación de rescate. Nos indican que no solamente aprendemos lecciones mientras dormimos, sino que también sirven para otros planos de la existencia. El ovni podría representar lo desconocido, lo que todavía no hemos puesto en práctica, nuevas dimensiones mentales.

Patines:
Objeto infantil, estilo de vida inmaduro. También pueden significar una vía de escape.

Trineo:
Estilo de vida o actitud infantil, divertida.

MIS PROPIOS SÍMBOLOS DE VEHÍCULOS

Capítulo 42

El agua

El agua es la fuente de toda la energía y, como tal, simboliza las energías vitales, las esencias de la vida, los flujos espirituales de verdad, de conocimiento, de curación y de renovación. El agua puede representar las esferas, las profundidades y las experiencias espirituales, la sanación y la frescura. Puede simbolizar nuestros sentimientos, nuestras emociones y nuestras profundidades subconscientes.

Las aguas limpias y tranquilas normalmente representan nuestra sintonía espiritual, mientras que si son oscuras o fangosas podrían indicar la invasión de motivos ulteriores, de pensamientos poco limpios, de emociones y sentimientos confusos.

Agua congelada:
Inaccesible, dura, rígida, inamovible. Puede representar emociones y sentimientos congelados, endurecidos porque no queremos verlos, resolverlos o que otras personas los vean. Puede indicar el estado de nuestros asuntos espirituales o emocionales. También podría representar que no perdonamos.

Hielo fundiéndose:
Sentimientos endurecidos que se están soltando, descongelando, reblandeciendo; también pueden ser emociones reprimidas, heridas viejas, falta de perdón. Es el principio de un flujo espiritual más puro.

Vapor:
Puede simbolizar el proceso de cambio o de transformación de una cosa o característica en otra. Podría representar la purificación y la transformación de nuestras emociones.

Lago

Cuando el lago está tranquilo, sereno y tiene el agua clara, puede representar la paz, la quietud, la tranquilidad, la calma y el frescor espiritual que nos invaden; aunque sólo si nuestros sentimientos van a la par con el resto del sueño.

Si nos sentimos estresados e indispuestos el lago puede ser un símbolo de nuestra necesidad de meditar y de restituir la paz a nuestra mente. Quizá el sueño esté representando la necesidad de buscar un sitio tranquilo o simbolizando la paz y la tranquilidad que en este momento se nos está concediendo. Estas curaciones pueden ocurrir en sueños, sobre todo si estamos rezando para ello.

Viento sobre el agua:

Indica el poder y la dirección de nuestros pensamientos en una situación así como en nuestras oraciones, afirmaciones, palabras que decimos y nuestra fuerza de voluntad.

OCÉANO

El océano y el mar implican una gran extensión de agua. Suelen representar nuestros sentimientos, nuestras emociones y el estado en que se encuentran. Pueden representar que no sabemos nada, o pueden simbolizar la paz y la serenidad, las corrientes físicas, la profundidad de sentimientos, lo desconocido y lo impenetrable, las cosas que no se manifiestan y la fuente de cualquier manifestación, los éteres a partir de los cuales todas las cosas toman forma. Quizá sea el Mar del Olvido.

También pueden representar el frescor espiritual y la renovación, o las emociones que nos perturban, según lo limpia y calmada que sea el agua y las acciones y sentimientos del sueño en cuestión. Asimismo, pueden simbolizar la consciencia cósmica para los que están en el camino espiritual.

Caminar a lo largo de la orilla:

Puede representar la paz y la serenidad; una reflexión tranquila, poner nuestra vida y nuestros pensamientos en orden; relajarnos, estar en sintonía con la naturaleza; renovarnos espiritualmente.

Fangoso:

Representa los altibajos emocionales que molestan a nuestro interior; ser incapaces de ver con claridad a causa de nuestro conflicto emocional interior; también podría ser una situación familiar o laboral que está empezando a hervir. Podría ser una advertencia.

Mar lisa:

Símbolo bíblico de la paz perfecta en todos los niveles, de emociones tranquilas, de tranquilidad, de serenidad o de estado meditativo.

Maremoto:

Tremenda preocupación emocional, necesidad urgente de subsanar un problema, de perdonar, de cambiar o de liberar nuestras emociones antes de que causen daños o antes de que estemos completamente vencidos.

Olas encabritadas:

Normalmente las olas encabritadas anteceden a una tormenta o a un altibajo en nuestras vidas.

Olas normales:

Representan los altibajos normales, los flujos y reflujos emocionales, una vida con un curso bastante normal.

Orilla:

Área donde se encuentran las emociones (el mar) y los niveles materiales (la tierra). Un buen lugar de equilibrio (el suelo) para la mente y las emociones, donde relajarse, refrescarse y renovar tanto el cuerpo como la mente. El sueño puede ser un indicador de que necesitamos frescor espiritual y, posiblemente, unas vacaciones.

Picado, agitado:

Nos avisa de que las emociones se nos están escapando de la mano, que se acerca una tormenta, que debemos hacer algo para liberar el estrés y la concentración emocional.

Tormentoso:

Tormentas emocionales que se preparan, altibajos que nos provocan interiormente. Una gran preocupación, probablemente mayor de lo que creemos, puede estar levantándose en nuestra vida. Necesidad imperiosa de fijarnos en la tormenta y de enfrentarnos al problema antes de que éste nos sobrepase. El ejercicio puede liberarnos del estrés emocional; también un enfrentamiento, el perdón o llorar puede liberarnos de esa presión.

Tranquilo y claro:

Representa la serenidad, el frescor y la renovación, sobre todo si disfrutamos del mar. También puede representar la necesidad de ir al océano durante una temporada, física o mentalmente, para refrescarnos.

RÍOS O ARROYOS

Cuando los ríos son claros y fluyen tranquilamente suelen representar el estado de nuestras emociones, nuestra capacidad para seguir el río de los sucesos de la vida y de vivir en paz y armonía con nosotros mismos y con el resto del mundo. Como tales, pueden revelar nuestro camino o corriente espiritual y nuestra condición espiritual como un todo. (Cada vez que estamos tristes, enfadados o disgusta-

dos no estamos en armonía con el mundo ni con nuestro propio Poder Superior.)

Los ríos reflejan el fluir de la verdad espiritual y del conocimiento, la fuente de las energías vitales. Simbolizan el fluir incesante del amor y la magnificencia de Dios, el abastecimiento constante de nuestras necesidades.

A veces los ríos pueden denotar la separación entre un plano o estado de consciencia y otro.

Acequias:

Si el agua está limpia, pueden representar los canales de los pensamientos y los sentimientos buenos, curativos, útiles; si el agua está oscura o fangosa, pueden mostrarnos la dirección que toman nuestras emociones.

Agua clara:

Pureza de propósito y esfuerzo espiritual; claridad de pensamiento y de comprensión.

Agua contaminada:

Nuestro flujo espiritual está influido o envenenado por las ideas y las creencias de otras personas. Necesidad de volver a la Fuente.

Agua en una presa:

Flujo espiritual interrumpido o parado por completo debido a un bloqueo de algún tipo, normalmente en nuestra propia naturaleza de pensamiento y sentimiento. Pensemos en cómo hemos podido «condenarnos», cómo hemos podido interrumpir nuestras emociones o nuestro flujo de bondad.

Agua fangosa:

Nos indica que nuestras emociones están en conflicto y denota la necesidad de tomar los pasos posibles para aclarar esa situación. También nos advierte de no tomar ninguna decisión definitiva hasta que no veamos el camino más claro. (Las emociones están literalmente enfangando, confundiendo nuestra manera de pensar).

Caminar en aguas fangosas: Puede indicar que estamos sumidos en nuestras emociones o que nuestra compresión está inmovilizada por las emociones; tenemos el intelecto poco claro.

Inmersos en aguas fangosas: El agua fangosa o turbia nos indica que hemos entrado en una situación sin haberlo pensado; vencidos por las emociones, fuera de nuestro elemento; en peligro de ahogarnos por nuestro exceso de indulgencia con las emociones. Necesidad imperiosa de control.

Agua turbia:
Propósitos pocos claros; compromiso emocional o disgusto que nos enturbia la claridad de corazón y de mente.

Arroyo congelado:
Arroyo, fuente, sentimiento, o emociones que todavía tenemos, pero que están frías, endurecidas, paradas, inamovibles, bloqueadas. Puede reflejar sentimientos de dolor que hemos «endurecido» (y que debemos descongelar y tratar antes o después). Puede significar que no hemos perdonado, una emoción fuerte que nos asusta; aunque también puede simbolizar el estado de nuestros asuntos espirituales.

Descongelado: Puede representar la necesidad de relajar nuestras

emociones, de empezar a perdonarnos y a perdonar a los demás; una vuelta a las emociones cálidas, volver al flujo de las cosas.

Arroyo o río seco:
Podría simbolizar estar separados de nuestra Fuente, de nuestro flujo espiritual, de nuestra unión con Dios. (Quizá necesitemos empezar a orar y a practicar la meditación.) También puede reflejar que no estamos en contacto con nosotros mismos o, simplemente, que estamos física o emocionalmente secos, exhaustos.

Arroyos:
Tienen un significado muy parecido al de los ríos pero a menor escala. Normalmente representan nuestra corriente de vida, la fuente, el flujo de energía y las emociones.

Barcos:
Los barcos de cualquier tipo, grandes o pequeños, normalmente representan nuestro viaje espiritual, aunque no siempre. Podemos usarlos para cruzar el río, para pescar, por trabajo o por placer, así que debemos prestar mucha atención a los sentimientos que nos provocan para no pasar por alto lo que quieren indicarnos. Fijémonos en si el barco es o no de nuestra propiedad, en quién está al mando y en si el barco puede navegar libremente o si está anclado en un punto. Véase el capítulo de *Vehículos*.

Caminar por el agua:
Mojarnos los pies, empezar algo nuevo. Si el agua está clara puede implicar una nueva comprensión (los pies) de cosas espirituales, o que estamos entrando en un camino espiritual. Ade-

más podría designar una purificación de nuestra comprensión o la posibilidad de curación. También podría significar un tiempo de espera.

Caminar sobre el agua:
Control supremo sobre nuestras emociones; ejercemos nuestra maestría espiritual. Puede representar caminar en la fe o simbolizar que deberíamos sobreponernos a nuestras emociones.

Casa inundada:
Estamos abrumados por nuestros altibajos emocionales. Fijémonos en cuáles son los pisos que se han inundado.

Cataratas:
Símbolo de la gracia y de la belleza, de los recursos de Dios a nuestra disposición, cuidado ilimitado de Dios.

Cruzar un puente:
Símbolo de cruzar una barrera o de movernos de un estado de consciencia a otro; de tomar una decisión importante, de ver el otro lado de las cosas, de hacer un gran cambio, de explorar un área completamente nueva; aunque también puede significar «cruzar» literalmente al otro lado (la muerte).

Charco:
Puede representar pequeñas sobras de nuestros sentimientos y de nuestros altibajos emocionales que todavía no hemos solucionado.

Estanque:
Puede significar un tiempo de espera; o advertirnos de que aminoremos el paso y esperemos la cadencia positiva de Dios.

Inundación:
Representa una inundación descontrolada de sentimientos y de emociones que se vierten sobre todas las cosas y las personas que se encuentran en nuestro camino, una advertencia clara de que nuestras pasiones reprimidas están a punto de soltarse y derramarse en todas las direcciones. También puede implicar que nuestras emociones «nos arrastran» y que necesitamos ejercer algún tipo de control sobre ellas o liberar tranquilamente algunos de estos sentimientos antes de que nos sobrepasen.

AGUA CLARA O FRESCA

Agua helada:
Frescor espiritual pero con reservas por nuestra parte.

Agua que fluye:
Fuente de frescor espiritual, flujo de fuerzas vitales, flujos espirituales.

Bañarnos en agua clara:
Implica la purificación de las impurezas internas y externas; una purificación espiritual a través de la oración, de la meditación o del perdón que damos o que necesitamos.

Beber:
Beber agua limpia o soda en sueños implica recibir frescor espiritual o la necesidad de recibirlo. Puede ser un acto de llenarnos de vertidos espirituales, según los sentimientos que los sueños nos provoquen. Véase el *Índice* para más significados de *Beber*.

Contemplar aguas tranquilas:
Implica paz mental; estar cercano a las aguas tranquilas, satisfacción, renova-

ción mental y espiritual; meditación, contemplación.

Falta de agua:

Indica que estamos descuidando nuestra nutrición espiritual o que necesitamos una fuente nueva de satisfacción.

Inmersos:

Puede ser un símbolo del bautismo espiritual.

Llover:

La purificación que nos llega de Dios.

Manantial o pozo:

Un pozo o manantial de agua limpia simbolizan el espíritu en acción, la fuente de vida y de comprensión, la fuente o los recursos de nuestra bondad espiritual, ya sea frescor, verdad, curación, conocimiento o similar. El manantial representa ir directamente a la Fuente, a Dios. Si dudamos de algo, puede estar indicándonos la necesidad de acudir directamente a Dios para que nos responda y de ignorar las opiniones de los demás.

Si recibimos algo del manantial o del pozo puede denotar un mensaje de nuestra fuente divina.

Nadar:

Representa una actividad espiritual como pueda serlo rezar, meditar, perdonar, el servicio a los demás o el ejercicio de nuestra maestría espiritual. Puede indicar los esfuerzos que estamos haciendo para aprender, para estudiar y para aplicar las lecciones espirituales o para buscar la verdad.

Pescar:

Normalmente implica el acto de pescar víveres espirituales que alimenten nuestra reflexión, la búsqueda de la iluminación o una búsqueda espiritual de algún tipo. Si es nuestro pasatiempo favorito puede significar unas vacaciones, la paz, la serenidad, la relajación.

AGUA DEL GRIFO

El agua del cuarto de baño normalmente se refiere a las emociones de casa (estados de consciencia) y a la manera como las tratamos.

Agua caliente:

Puede ser un aviso de que tenemos problemas o de que no estamos sincronizados con los demás.

Agua que gotea:

Puede implicar emociones reprimidas que deben liberarse completamente. Reprimir las emociones no es necesariamente la mejor manera de solucionar las cosas, sino que es actuar como el avestruz, que esconde la cabeza debajo de la arena, un gesto inútil que solamente prolonga el problema. Cuanto más tiempo retengamos los sentimientos en nuestro interior, más probabilidades existen de que exploten en el peor momento o en el peor lugar. Quizá volquemos nuestro rencor en la persona equivocada, o quizá no seamos conscientes de que estamos siendo bruscos, cortantes con los demás. El sueño está señalando una necesidad real de liberarnos y de perdonar.

Bañarnos:

Denota la necesidad de purificar nuestras emociones y actitudes, de perdonar, de olvidar, de dejar ir, o la posibilidad de lamentarnos por algo.

Bañera: Si de verdad estamos bañándonos y no sentados en la bañera, implica lo mismo que bañarnos. Estar sentados en la bañera puede representar que estamos en medio de nuestras emociones, posiblemente paladeándolas o revolcándonos en ellas.

Ducha: Lo mismo que bañarnos aunque una ducha tiende a limpiar el aura además del cuerpo. Podría ser también una señal de que nos duchemos más a menudo.

Jabón: Símbolo de la purificación; necesidad de limpiarnos.

Bañera o lavabo rebosantes de agua:

Normalmente implican que nuestra acumulación emocional es muy grande y que se vierte sobre los demás. Requiere nuestra atención inmediata.

Colada:

Hacer la colada hace referencia a la necesidad de limpiar nuestras actitudes.

MIS PROPIOS SÍMBOLOS DE AGUA

_____
_____
_____
_____
_____
_____
_____
_____
_____
_____
_____

Capítulo 43

Las condiciones climáticas

Las leyes del universo no pueden fallar nunca... las nuestras (nuestros pensamientos) regresarán a nosotros con exactitud matemática.

JAMES ALLEN

Las condiciones climáticas de nuestros sueños pueden indicarnos nuestro estado de ánimo, nuestros sentimientos, nuestras emociones, nuestros patrones de pensamiento y las cosas y los sucesos que hemos puesto en marcha, las palabras, las oraciones y las afirmaciones. El tiempo también puede representar nuestra atmósfera de emociones en general. (De hecho, nuestros pensamientos tienen una influencia distinta según el clima en que vivimos.)

AIRE

Un cielo claro y un sol brillante pueden representar la gracia y el amor de Dios vertiéndose sobre la humanidad. Puede indicar claridad de mente, disposición alegre, o un estado de mente feliz y despreocupado. El sol en sí mismo simboliza la sabiduría, la gracia, la iluminación espiritual que se nos da o que recae sobre nuestra situación o estado de consciencia.

Puesta de sol:
Símbolo del final del día o de un ciclo; tiempo para el descanso, para la conclusión, para la renovación y las bendiciones de Dios; aunque también puede implicar la paz después de la tormenta, la restauración de la belleza y de la armonía. Puede ser una declaración de hecho o nos puede estar diciendo que tenemos la paz a nuestro alcance.

Salida del sol:

El amanecer simboliza un tiempo especial de reparto de las energías y bendiciones de Dios, de paz, un tiempo de presentarnos a Dios mediante la oración. Representa el principio de un nuevo día, una nueva oportunidad, un ciclo nuevo, empezar desde el principio.

Viento:

En *As A Man Thinketh*, James Allen afirma: «Las fuerzas más poderosas del universo son las fuerzas silenciosas. La fuerza del pensamiento es la más poderosa de todas».

El viento indica el flujo general de nuestro pensamiento: si está en paz, calmado o si está enfadado, frustrado o tempestuoso, o entre una cosa y otra. El viento refleja la forma de trabajar de las fuerzas de nuestra mente y el poder de nuestros pensamientos en una situación. El comportamiento del viento simboliza la dirección de nuestra manera de pensar y el curso de los hechos que están ocurriendo.

Un viento fuerte y constante puede indicar la presión constante de nuestra fuerza de voluntad. Un viento tempestuoso, de tormenta, indica rabia, furia, frustración y posiblemente la voluntad de destrozar, de conseguir, más que la voluntad de hacer algo positivo. Cuanto más fuerte es el viento, mayor es la mentalidad involucrada. Existe la posibilidad de que los poderes mentales de otra persona estén apartándonos o intentándonos alejar de nuestro camino, así que el sueño puede ser una advertencia.

VIENTO

Símbolo del espíritu moviéndose en un asunto o de las fuerzas de pensamiento y de la dirección que están tomando. Fuerzas mentales trabajando en una situación. Fuerza de voluntad.

Túnel de pruebas aerodinámicas:

Una dirección de pensamiento controlada, canalizada. Podría reflejar un canal cerrado con una sola salida.

NUBES

En nuestros sueños, las nubes que se forman en el cielo simbolizan nuestros ideales superiores y nos muestran cómo nuestros pensamientos, oraciones, esperanzas, palabras y afirmaciones empiezan a tomar forma cuando los retenemos en mente durante un período de tiempo. Son *formas de pensamiento* con una gran simbología.

Gran cantidad de nubes:

Representa ideales masivos, pensamientos masivos o de grupo, movimientos poderosos de ideas o de rezos; tendencias de pensamiento que se acercan.

Nimbos:

Denotan nuestras ideas así como el tamaño y la forma que están tomando nuestros pensamientos. Los nimbos implican pureza de propósito, pensamiento positivo y planificación positiva. La forma de las nubes de nuestros sueños nos da pistas claras de lo que estamos creando mentalmente.

Nubarrones:

Suelen denotar un pensamiento negativo o una indicación de la tormenta que amenaza porque nuestras emociones reprimidas empiezan a tomar forma en el cielo de nuestra mente.

Pueden ser un aviso de una tormenta emocional o de un altibajo en nuestro horizonte.

Nubes densas:

Pueden representar algo que nubla los hechos, bloquea la luz, limita nuestra visión.

Nubes moviéndose a causa de corrientes de aire:

Muestran la dirección que toman nuestros pensamientos.

Nubes que cambian de forma:

Podrían sugerir la flexibilidad y la movilidad de nuestra creatividad o la indecisión sobre lo que queremos manifestar; aunque también podrían representar nuestras ilusiones.

Nubes que se acercan:

Símbolo de nuestras palabras, oraciones o afirmaciones (positivas o negativas) entrando en nuestra vida y en nuestros asuntos.

Nubes que se alejan:

Pueden ser una situación que queremos que desaparezca, posiblemente algo por lo que hemos rezado. O pueden indicarnos que no nos estamos esforzando lo suficiente con nuestras oraciones o afirmaciones para recibir lo que hemos pedido, y es por eso que se están alejando de nosotros o desvaneciéndose a lo lejos. Nuestros sentimientos nos ayudarán a esclarecer lo que significan.

Lluvia

Una lluvia ligera o fina normalmente denota la clemencia de Dios, el perdón y la purificación que se vierte sobre nosotros. Es un símbolo precioso de la gracia de Dios que se nos ofrece sin pedirnos nada a cambio.

Arco iris:

Calma después de la tormenta; las promesas que Dios nos hace; la protección, la alegría, el gozo, las cosas buenas que están por llegar.

Copos de nieve:

Pueden representar la pureza y la perfección de forma o pueden ser las bendiciones que Dios nos otorga pero que todavía no estamos preparados para aceptar.

Granizo:

Formas de pensamiento endurecidas, emociones solidificadas; sentimientos duros. Necesidad de deshelar nuestros sentimientos y de resolver nuestros problemas antes de que se solidifiquen.

Helada:

Simboliza que paramos todo el flujo emocional. Sentimientos cerrados. Puede indicar un endurecimiento del corazón o de la mente.

Hielo:

Emociones congeladas, sentimientos duros; si algo nos provoca un sentimiento de dolor tendemos a congelarlo más que a hablar de los sentimientos para resolver los problemas. Mecanismo de defensa pobre. Somos propensos a proteger nuestras emociones de ternura del dolor, tendencia a «congelar» nuestros sentimientos para ocuparnos de ellos en otro momento, normalmente demasiado tarde. Este sueño nos advierte que debemos resolver las cosas cuando se nos aparecen y/o fundir las barreras que hemos levantado durante estos años.

Lluvia dorada:

Símbolo particular de las bendiciones de Dios vertidas sobre nosotros.

Lluvia en las ventanas:

Son las ideas e intuiciones espirituales que nos llegan a la consciencia.

Lluvia que nos entra por la ventana:

Hemos entendido el mensaje. Representa nuestra abertura a las enseñanzas y a los conceptos espirituales.

Lluvia que se filtra en casa:

Emociones que afectan a nuestro hogar, a nuestra salud, a nuestro estado de consciencia; emociones que nos llegan.

Lluvia sobre el tejado:

Denota las ideas y los conceptos espirituales así como las bendiciones que llegan a nuestra mente.

Neblina:

Falta de percepción clara en los puntos bajos; bloques parciales de las emociones; visión limitada; manchas, comprensión defectuosa; necesidad de purificar el aire mental y emocionalmente.

Niebla:

Representa una visión limitada, una mentalidad llena de emociones, falta de percepción clara, entendimiento pobre, poca capacidad para ver nuestro camino de forma clara, confusión general y una gran necesidad de purificar el aire mental y emocionalmente.

Sirena de niebla: Señal de peligro, aviso de algo que no podemos ver.

Nieve:

Ventajas, emociones y sentimientos congelados; necesidad de descongelarlos y de liberarlos o resolverlos.

Tormenta de nieve:

Una tormenta de nieve puede representar exageración, algo que nos inunda; también puede reflejar ventajas congeladas, potenciales sin usar, capacidades y talentos o una reserva helada. La nieve también puede estar cegándonos, impidiendo nuestra capacidad de ver claramente el camino.

Capa de nieve: Estado congelado de nuestros sentimientos; restricciones, limitaciones, barreras, protecciones que hemos colocado alrededor de nuestros sentimientos; amor, compasión, cariño que tememos expresar. Cualidades, emociones y sentimientos agradables que hemos puesto a congelar.

TORMENTA

Los nubarrones tormentosos que crecen y se intensifican normalmente representan nuestros sentimientos reprimidos, nuestras emociones reprimidas que se están juntando y recobrando energía en nuestro interior y que necesitan que los liberemos; la combinación de fuerzas mentales y emociones en desequilibrio (acumulación de pensamientos negativos y discordantes). Cuanto mayor sea el desequilibrio, peor será la tormenta necesaria para recuperar el equilibrio.

Las tormentas pueden representar cualquier emoción, desde autocompasión o decepción hasta desafuero absoluto y furia extrema. La intensidad de la tormenta nos da una idea de la energía que esconden nuestras emociones. De hecho, una tormenta puede ser una bendición disfrazada que necesita que la liberemos. Simplemente tenemos que asegurarnos de que no desahogamos nuestra cólera en el sitio equivocado. Debemos intentar liberar el problema de otras maneras, tales como perdonarnos a nosotros o a otras personas, según el caso.

Las tormentas pueden limpiar el aire y liberar el desorden que teníamos en nuestro interior y si las manejamos por adelantado pueden ser muy purificadoras. Esta advertencia puede alentarnos de nuestras posibilidades de antemano, darnos la oportunidad de guiar las energías hacia canales productivos y no destructivos.

Nos encontramos impasibles en medio de una tormenta:

La paz es uno de los primeros frutos que se manifiestan en nuestras vidas una vez que hemos alcanzado la espiritualidad mental; por ello, ver una tormenta que nos cae encima mientras permanecemos tranquilos, sin que nada nos moleste, es algo positivo que nos anima a seguir trabajando para alcanzar nuestra paz interior. Este sueño indicaría claramente que somos capaces de obtener esa espiritualidad mental. ¡Felicidades!

Relámpagos:

Pueden ser flashes intuitivos, iluminación que nos puede ayudar a entender un problema, a limpiar el aire sin llegar a experimentar la tormenta. También pueden ser un aviso o un flash rápido de inspiración o de percepción.

Pueden ser el poder de cambiar las cosas rápidamente.

Tormenta que se acerca:

Advertencia de tensiones, de desórdenes, de una molestia emocional, de la necesidad de purificarnos que se nos cruza en el camino. Probablemente sea una tormenta de temores a punto de liberarse. En este punto podemos anticiparnos, evitar o solucionar el problema.

Tormenta:

Tenemos el enfado sobre nosotros, la necesidad de liberarnos *ahora* o endurecernos contra lo que nos llega. Si nos sentimos bien, *podría* ser que la rabia de alguien está a punto de hundirnos. Debemos estar en alerta y preparados.

Tornado:

Fuerzas mentales destructivas, rabia, molestias emocionales extremas.

Truenos:

Fuerzas mentales en acción, advertencia de una tormenta que nos llega, necesidad de prepararnos.

Viento y lluvia:

Indican fuerzas mentales y emocionales que crecen y se manifiestan.

MIS PROPIOS SÍMBOLOS DE CLIMATOLOGÍA

_____
_____
_____
_____
_____
_____
_____

Capítulo 44

Etcétera y potpourri

Aunque muchos nombres de los símbolos aparecen en un diccionario cualquiera y su significado podemos derivarlo de lo que éste nos explica, he confeccionado una lista con unas cuantas ideas que nos pueden ser útiles, junto con diversos símbolos que no encajan en las categorías anteriores.

A

Abrazar:
Retener algo cerca del corazón; cariño, amor, afecto. El sueño puede mostrarnos la necesidad de ser más afectuosos.

Aceite:
El aceite del amor que consigue que todo vaya sobre ruedas, que destruye las fricciones; curador de heridas. Puede avisarnos de que debemos poner más amor y cariño en nuestra vida, asuntos y relaciones.

> *Aceite de bebé:* El aceite que suaviza nuestros rasgos infantiles, los pensamientos o comportamientos infantiles comunes; o el aceite para suavizar un proyecto, una idea o responsabilidad nuevas.

Actuar:
Implica una actuación, una pretensión; algo imaginario, no real. A menudo implica el nivel de personalidad en oposición a nuestro yo real, espiritual. Puede sugerir la falsedad, una fachada, un intento de esconder la verdad o de defraudar, de engañar. Debemos comprobar si estamos siendo sinceros con nosotros mismos o con nuestras ideas o si actuamos haciendo ver que estamos satisfechos; en definitiva, si somos sinceros en la manera de tratarnos. También debemos contemplar la posibilidad de que haya alguien con quien tenemos contacto que esté actuando.

Acuario:
Signo del hombre o del portador del agua. Alguien que vierte ideas nuevas, innovadoras, interesado por los proyectos de grupo y de comunidad, preocupado por el bienestar de todos.

Adquirir:

Significa adquirir un artículo, aunque también puede estar diciéndonos que hemos comprado o aceptado una idea, una situación o una condición. También puede hacer alusión a cuánto hemos pagado o al precio que tenemos que pagar por ello. Debemos preguntarnos cuál es la compra que tenemos en mente, o qué hemos «comprado» y si realmente vale lo que nos ha costado.

Afinar:

Puede implicar estar en sintonía con los demás; sintonización con las fuerzas superiores o con nuestro Yo Superior.

Aguja:

Sugiere que arreglemos nuestro camino, nuestra situación o relación; creatividad artística y destreza; aunque también puede implicar que provocamos a alguien.

Agujero:

Puede representar un peligro, un sitio por donde podemos caer; una trampa, algo que debemos evitar, un agujero en nuestro pensamiento; una trampa en un documento; o puede ser vernos involucrados en algo sin quererlo.

Ahogarse:

Vernos a nosotros mismos o a otra persona ahogándonos normalmente implica que estamos en un asunto sin haberlo reflexionado; que estamos muy involucrados, agobiados, inundados o que emocionalmente nos supera, especialmente si el agua no está limpia. Hundirnos en agua fangosa simboliza involucrarnos mucho emocio-

nalmente, estar abrumados por una situación. En cualquier caso, siempre existe la posibilidad de que sea una *advertencia* de percepción extrasensorial de un ahogamiento actual que podría ocurrir. Estemos atentos en todos los niveles.

Alargar la mano:

Extendemos la mano para comunicarnos, para entrar en contacto, para procurar ayuda, comodidad, apoyo o amor a otra persona; o bien alargamos la mano para recibir lo que necesitamos de otros.

Hacia un hombre: Necesidad de poder, de fuerza, de estabilidad, de conocimiento intelectual y de capacidad juntamente con cualquier otra característica conocida de ese hombre en particular.

Hacia una mujer: Alargamos la mano hacia la intuición, la sensibilidad, el amor, la gentileza, el cuidado juntamente con cualquier otra característica conocida de esa mujer en particular.

Alas:

Antiguo símbolo del alma, del alma cuando vuela, de la libertad, de la alegría, de la capacidad para visitar esferas espirituales; libres del nivel material, libertad de mente y de cuerpo, capacidad para sobreponernos a los problemas mundanos. También pueden ser las alas de la oración o de la protección.

Alcantarilla:

Puede mostrar la necesidad de liberar o canalizar los excesos emocionales; también puede indicar que nos estamos echando a perder; pérdidas, esfuerzos malgastados o algo que nos agota.

Alfiler:
Puede indicar una situación difícil, persistir en algo, algo de lo que no podemos deshacernos, o una forma de juntar las cosas de cualquier manera. ¿Quizá haya alguien que nos quiera «prender» algo?

Alimentar:
Símbolo de nutrición, de apoyo, de realización. Quizá necesitemos alimentarnos más o apoyar a alguien, depende de quién alimente a quién.

Alimentar a un bebé: Necesidad de alimentar y cuidar a nuestro pequeño proyecto, a nuestra nueva idea o ideal.

Alimentar a los peces: Necesidad de alimentar nuestras ideas espirituales.

Alto:
Si somos más altos que otra persona puede representar que nos mantenemos firmes, que defendemos nuestros derechos, o nos puede indicar que hemos superado a esa persona y a sus ideas, sus enseñanzas, etc. También puede indicarnos que somos mejores que la mayoría.

Amanecer:
Normalmente significa el principio de la iluminación, aunque puede representar el principio de un nuevo día, era o ciclo.

Amén:
Algo acabado o que debería estarlo.

Anteojeras:
Previenen las distracciones y las interrupciones y son de gran ayuda para mejorar nuestra estrechez de miras. Pueden implicar no perder de vista nuestro objetivo.

Anticuado:
Puede significar que estamos desfasados, en el camino equivocado, retrasados en nuestra manera de pensar, en nuestros hábitos y actitudes. Puede implicar una preferencia de las antiguas costumbres; querer las cosas como solían ser; o mostrar una insatisfacción con la manera como son las cosas, incluso puede ser una advertencia sutil para que cambiemos.

Artículos: Si las herramientas y demás artículos están anticuados significaría que nuestros métodos y costumbres están desfasados.

Ropa: Si es sólo nuestra ropa la que está anticuada, pero todo lo demás es moderno, el sueño puede indicar actitudes desfasadas.

Toda la escena: Cuando todo lo que aparece en el sueño está pasado de moda, puede ser un recuerdo de una vida anterior. Véase el capítulo de *Escenarios históricos*.

Anubis:
Dios con cabeza de chacal que representa la evolución de la consciencia, la autoconsciencia, el intelecto. Es el mismo dios que Hermes o Mercurio.

Anuncio de un trabajo:
Un llamamiento a la ayuda y al talento o una lista de alternativas, de opciones y de oportunidades donde elegir.

Aparato mecánico:
Reacción automática, se mueve sin pensar; una acción involuntaria; avanzar con dificultades; sin una vida o experiencia real. Inconsciencia.

Aparcar:
Simboliza falta de movimiento; estamos tranquilos, sin movernos, sin conseguir nada; con una actividad poco constructiva, sin usar lo que sabemos o lo que tenemos, sin llegar a ningún sitio en la vida. Si estamos aparcados en un sitio donde no queremos estar, probablemente necesitemos movernos, pero si estamos aparcados en un sitio donde nos sentimos bien, quizá el sueño nos está mostrando la necesidad de salir del carril rápido, de tomarnos unas vacaciones o al menos un breve tiempo de descanso. Puede ser hora de descansar y de permitir que otra persona coja el volante (de la responsabilidad) por un tiempo. Reflexionémoslo.

Apresurarse:
Correr, salir medio preparados, algo un tanto improvisado, sin centrarnos; correr asustados; falta de planificación y de preparación, estar dispersados.

Arcilla:
Capacidad para ser moldeado, amoldado, formado.

Aries:
Símbolo astrológico de la primavera, del crecimiento nuevo; gente activa, ardiente, pionera, líderes.

ARIES

Artefacto:
Tesoro enterrado, una creación de una vida pasada, un talento, un don, un hábito, el miedo, el patrón o el recuerdo antiguo. Podría ser una situación de nuestro pasado que está resurgiendo para que la examinemos y la perfeccionemos.

Asa:
Puede representar la manera como manejamos una situación o la manera de asir o retener algo; aunque también puede simbolizar la necesidad de asirnos bien.

> ***Asa rota o doblada:*** Situación difícil de manejar, que no podemos entender, algo difícil de asir o de conseguir.

Asir:
Normalmente es el símbolo de posibilidades duales. Quizá necesitemos asirnos y retener una idea, un sueño o un ideal. Por otra parte, puede estarnos avisando de que estamos demasiado asidos a nuestras actitudes o hábitos.

Ataque:
Puede ser una acusación, tener o asumir la responsabilidad, comprar ahora y pagar más tarde o hacerse cargo de una situación.

Atar:
Abstenerse de algo. Puede ser comida, hábitos, actitudes o pensamientos; una purificación interior de los rasgos que no queremos; una poda espiritual.

Auriculares:
Recibir un mensaje que nadie más puede oír; escuchar un tambor diferente; estar en sintonía con nuestra propia intuición.

Autógrafo:
Marca o firma; nota de sanción o de aprobación; normalmente de alguien famoso. Puede representar nuestro deseo de emular a la persona cuyo autógrafo buscamos o puede sugerir que sus talentos también son los nuestros. Si alguien quiere nuestro autógrafo, puede ser que nos está llegando la fama o que estamos dando nuestro consentimiento o aprobación a alguien.

Aviso:
Proclamar, llamar nuestra atención, declarar un hecho, afirmar, anunciar, dejar nuestras intenciones claras a todos los demás.

B

Bailar:
Moverse en armonía, al unísono, en cooperación con nosotros mismos, con nuestros objetivos y con los de los demás; o *estar* en armonía con el universo. Si pisamos el pie a otra persona nos advierte de que vayamos con cuidado o de que estemos en armonía con las personas que nos rodean.

Balancearse:
Denota ir para atrás y para delante en una situación, intentando ver las dos caras, vacilando, indecisos, yendo de un extremo al otro. Nos señala la necesidad de tomar una decisión.

Ballet:
Equilibrio, pose, movimientos graciosos, cooperación; movernos en relación armoniosa con los demás.

Bandera negra de los piratas:
Antiguo símbolo de advertencia, de muerte, de peligro, de veneno, de situaciones mortales. Es también un símbolo de piratería con connotaciones de robo, de muerte y de decepción.

Bandera:
Puede simbolizar el patriotismo, el apoyo a nuestro país, a un grupo o a unas creencias; puede señalar un lugar; representar señales a alguien para que se detenga o un mensaje.

Bañarse:
Implica la necesidad de limpiarnos, de purificarnos (interiormente, exteriormente o de las dos maneras); la necesidad de liberar emociones reprimidas, la rabia, el miedo, las tensiones o las frustraciones. Quizá necesitemos llorar, hacer ejercicio, enfrentarnos a algo o hacer las paces de alguna manera. Nuestro perdón a los demás es la mejor manera de purificarnos.

Barrer:
Puede indicar la necesidad de barrer las cosas viejas, de expulsar algo, de deshacernos de culpas y de la negatividad, de aclarar nuestras actuaciones, de dejar sitio para algo mejor.

Barreras, edificio:
Levantar barreras; defensa. Mantenernos separados de los demás.

Bazar:

Puede representar nuestro aspecto bizarro o una gran variedad de ideas; destreza, astucia, creatividad, arte, una miscelánea de cosas, de productos y de elecciones.

Beber:

Lo primero que debemos considerar es ¿qué estamos bebiendo? ¿Qué nos estamos tragando? ¿Es nuestro orgullo? ¿Es algo que alguien nos ha obligado a beber?

Beber agua clara, pura: Simboliza que apagamos nuestra sed espiritual, que bebemos de la verdad espiritual, o nuestra necesidad de hacerlo. Si nos estamos estirando para coger el agua pero no llegamos, quizá debamos buscar un nuevo hogar espiritual, una nueva iglesia, profesor, o grupo de información.

Beber alcohol: Puede referirse a la cantidad de alcohol que consumimos y a lo que nos está provocando desde un punto de vista espiritual.

Beber una sustancia venenosa: Puede ser una advertencia que nos indica que nuestra fuente de agua está envenenada; aunque también puede simbolizar que algo que nos estamos bebiendo, que nos estamos tragando, física o mentalmente, nos está envenenando.

Beso:

Muestra de afecto, de atracción, o de traición (Judas). Puede implicar predisposición a besar y a maquillar o señalar la necesidad de ser más afectuosos.

Bicicleta:

Equilibrio.

Binoculares:

Ver las cosas de una manera más nítida; pensar mucho y observar de cerca.

Boda:

Una ceremonia en la que se juntan dos partes opuestas, dos opiniones que difieren en una unión o acuerdo. Puede ser la integración espiritual con nuestro Yo Superior, un acuerdo a largo plazo, una promesa de amor y devoción. Incluso puede implicar una boda cercana.

Bolígrafo:

Puede ser un instrumento de creatividad o de destrucción; de alabanza o de crítica; de expresión de belleza y de gracia, o una condenación. Puede representar estrechez de miras o ser un símbolo sexual.

Bolsa de hielo:

Trato frío.

Bolsa marrón:

Envoltorio de la comida casera y personal. Puede ser un símbolo de humildad, de pobreza o de independencia. Puede representar un envoltorio, la protección, la privacidad e incluso algo cubierto, escondido, esotérico, oculto.

Bolsa, equipaje:

El lugar de nuestras actitudes e ideas preferidas. Puede ser donde están nuestras pertenencias, algo seguro, preparaciones terminadas, acuerdos a los que hemos llegado, o un negocio; también puede representar a un indigente, bolsas de basura, de desechos, la bolsa de la merienda, o a alguien muy parlanchín, etc.

Hacer las maletas: Juntarlo todo.

Boxear:

Puede representar constreñir los hechos, ponernos o poner nuestras ideas y objetivos en una caja incluso cuando estamos en apuros; tendencia o habilidad para apartar las cosas en cajas ordenadas o en categorías. Dependerá mucho de contra quién o contra qué estamos boxeando. También puede indicar bloques, protección, limitación; incluso esconder cosas; o luchar, pelearnos, combatir contra nosotros mismos.

Brincar:

Saltar de un sitio al otro, de una cosa a otra, no quedarnos en el mismo sitio el tiempo suficiente para conseguir algo.

Brújula y escuadra:

Símbolo masónico del macrocosmos y del microcosmos.

C

Cable:

Puede ser la guía, los hilos de tender, trazar la línea, hacer cola, esperar turno o conseguir que nuestras acciones sean coherentes con nuestras palabras.

Caduceo:

Personal de Mercurio, mensajero de los dioses; símbolo de la curación; Esculapio, sabiduría e ideas. Símbolo actual de la comunidad médica y de los sanadores de todo el mundo.

Caerse:

Puede simbolizar caer en desgracia; estar cerca de una caída; enamorarnos, fracasar en un trabajo, no conseguir un objetivo, deshonra, vergüenza; podría ser una advertencia de percepción extrasensorial o un aviso en un viaje astral de volver rápidamente a nuestro cuerpo. Lo que sentimos es importante.

Caja:

Recipiente, marco, doctrina, estructura que nos restringe, que nos limita, que bloquea nuestro progreso; sentimientos «encajonados» o encerrados.

Calavera:

Actitudes sagradas, ideas pías; símbolo de la oración y de la devoción.

Cámara:

Instrumento para enfocar, para capturar, para guardar una esencia o un recuerdo de un hecho, de una persona o de un lugar; aunque también podría implicar la necesidad de retener en mente una imagen, una idea o un objetivo concreto.

Canales:

Tubos, cañerías, pajitas, chimeneas, cables. Cualquier cosa que canalice o conduzca agua, humo, energías, vibraciones o mensajes puede indicar nuestra capacidad de cargar, de dirigir, de llevar o de recibir información, mensajes, energías curativas, etc.

Cáncer, signo de:

Símbolo astrológico de los nacidos entre el veintiuno de junio y el veintiuno de julio. Las pinzas representan tener el poder, la tendencia a guardarlo todo. Los cáncer son familiares, de naturaleza cuidadosa, sensibles, emotivos y de humor variable.

CÁNCER

Candelabro dorado:
Soporte de la luz espiritual.

Cantar:
Acto de alegría, de estar en armonía con nosotros mismos y con los demás, de sentirnos bien, de repartir alegría y de elevar a los demás con nuestra actitud alegre. El sueño nos puede estar animando a esto.

Cañón:
Sacar la artillería pesada, algo drástico que debemos realizar; posibilidad de una pelea.

Capricornio:
Signo astrológico de la cabra montañesa o del unicornio. Conocido por sus deseos de escalar a las alturas; precaución, responsabilidad y capacidad. Puede representar adicción al trabajo. Capricornio como medio hombre, medio pez denota una mezcla de lo humano y lo divino.

CAPRICORNIO

Cargar:
Puede implicar nuestro descubrimiento delante de los demás; aunque puede ser una carga o un don que tenemos; o bien representar cómo soportamos a una persona o llevamos una situación; nuestro comportamiento general, nuestra manera de comportarnos. También puede hacer referencia a nuestro sentido de la dirección; o implicar algo que no podemos soportar, algo despiadado, incluso alguna cosa que hemos traído al mundo.

Carnaval:
Farsa, falsedad, vulgaridad, ostentación; basado en sensacionalismos y en engañar a los sentidos. Puede ser de naturaleza engañosa, que atrae a nuestro Yo Inferior, o puede representar la diversión y los juegos.

> ***Cabalgatas de carnaval:*** Ir en círculos, no llegar a ningún lado, emociones fáciles, vértigo. Puede simbolizar el juego sexual.

Carne de gallina:
Confirmación de lo que acabamos de decir o de hacer; puede indicar miedo.

Carpeta:
Objeto donde guardar documentos, hechos, papeles importantes, documentos de negocios y transacciones. Puede implicar ser muy organizado, juntarlo todo o tener fácil acceso a nuestras cosas, cosas de las que disponemos, listas para ser usadas, bajo control.

Carril:
Implica viejas vías por las que, por fuerza o por costumbre, corre nuestra mente cuando reflexionamos. Las viejas maneras de pensar y de reaccionar,

costumbres antiguas en las que hemos recaído, cosas que hacemos mecánicamente. Quizá debamos fijarnos atentamente en nuestros viejos hábitos.

Cartas del tarot:

Símbolo de las enseñanzas místicas antiguas y de la vida; también puede ser símbolo del destino y de la adivinación o de la evaluación personal, depende de cómo las usemos.

Casa de ladrillos amarillos:

Consciencia de nuestro dominio sobre el mundo material y los asuntos mundanos.

Castigo:

Puede ser que nos lo estemos poniendo difícil, rechazando perdonarnos, o poniéndonos las cosas peor de lo que son en realidad. El sueño puede estar enseñándonos dónde, cómo o por qué tenemos esa necesidad de castigarnos y así poderlo cambiar.

Catálogo:

Libro de deseos, gran variedad de ofertas. ¡Elijamos!

Cavar:

El esfuerzo necesario para conseguir, para encontrar, para descubrir. Puede ser un aviso de que «cavemos» más profundamente en un asunto, de que lleguemos al fondo de las cosas, de que las saquemos a la luz.

Cazar:

Implica perseguir de forma activa un objeto o un objetivo.

Ser cazado: Implica miedo del cazador; necesidad de alejarnos de una persona, de un lugar o de una situa-ción rápidamente, un sentimiento de indefensión o de impotencia; nuestro pasado que nos alcanza.

Cenar:

Símbolo de tomar alimento para reflexionar; ideas, enseñanzas, educación, disciplinas. Este símbolo se nos puede aparecer cada vez que leamos u oigamos una idea o enseñanza nueva. Fijémonos en qué hacemos con la comida. ¿Nos la comemos, la dejamos, la rechazamos o la guardamos para más tarde?

Cercar:

Puede referirse a cercar, a vacilar, a la indecisión; aunque también puede ser símbolo de atar cabos sueltos, de dar los últimos toques, de finalizar un proyecto. Puede ser un aviso de que nos pongamos manos a la obra.

Ceremonia:

Símbolo externo de un cambio o de un intento de cambio interno.

Cero:

Ausencia de cantidad y de calidad; libertad absoluta; símbolo de la eternidad, del infinito, del superconsciente o de la consciencia cósmica.

Cerrar:

Cerrar la puerta normalmente indica un final, una interrupción, una barrera, una conclusión, un cese. Puede simbolizar negar la entrada a nuevas oportunidades (simbolizadas a menudo por las puertas), a nuevas ideas o personas. ¿A qué no estamos permitiendo la entrada? ¿Cómo nos sentimos?

Cerrar cortinas o persianas: Cerrar la entrada a la luz de la verdad, rechazar mirar o enfrentarnos a una situación.

Cerrar ventanas: Las ventanas normalmente representan nuestra visión, nuestra percepción, la manera como vemos el mundo. Cerrar las ventanas significaría cerrarnos a las percepciones del mundo exterior.

Cerrar con llave:
Asegurar los cosas. Protección.

Césped:
Combinación de tierra firme, crecimiento terrenal y curativo, y equilibrio. Las condiciones del césped pueden indicar las semillas (pensamientos) que hemos sembrado y los resultados de nuestro trabajo.

Recorrer el césped: Puede ser un aviso de que debemos ir por el mundo de la manera concreta que el sueño simboliza, o implicar que debemos acercarnos más al mundo, posiblemente caminar descalzos sobre el suelo para curarnos y armonizar con nosotros mismos.

Cesta de picnic:
Amplia variedad de comida que puede alimentar nuestra reflexión, toda junta como una unidad, de fácil manejo; una oportunidad de aprender y de compartir ideas y opiniones con amigos de manera fácil y relajada. Un escenario al aire libre puede sugerir un aprendizaje espiritual, un ambiente espiritual, o ambas cosas.

Ciclo:
Las estaciones, las variaciones de un tema concreto de la vida.

Cielo; mañana, mediodía, nublado, tarde, noche:
Puede ser el símbolo del Cielo o indicarnos que no tenemos limitaciones; que miremos, que busquemos algo superior, que elevemos nuestra visión. Si hay nubes que se mueven, nos pueden enseñar la dirección de nuestros pensamientos y de nuestras ideas.

Cinta adhesiva, pegamento, etc.:
Puede ser una advertencia para que no nos mezclemos en una situación de la que será difícil escapar o quizá de que nos quedaremos estancados en algo; aunque también puede significar un apuro e incluso sugerirnos que sigamos por el mismo camino.

Círculo:
Símbolo de Dios, de la eternidad, de la perfección, del amor eterno, del superconsciente, del hombre perfecto, sin principio ni final; también puede implicar obstáculos, ir en círculo, unirnos o estar encerrados en un círculo.

Círculo ojival: Símbolo de planos superiores.

Citas:
A menudo se refieren a la atracción de contrarios y al proceso de llegar a conocer a otra persona con la idea del matrimonio o de la integración como objetivo. Puede ser en un nivel puramente social o puede referirse a la integración y subsiguiente matrimonio con nuestro Yo Superior, lo que puede llevarnos al matrimonio místico.

Clasificar la ropa para lavarla:
Clasificar nuestras actitudes y nuestros sentimientos, ver qué debemos lavar y qué debemos mejorar.

Club:
Representa la virilidad, la combatividad, la preparación, las tácticas prehistóricas.

Cola de espera:
Puede indicar un período de espera; la cantidad de tiempo que necesitamos para conseguir o cumplir algo. Siempre hay un espacio de espera entre nuestra oración, pregunta, afirmación o decreto de alguna cosa y el momento en que esa petición (o maldición) se manifiesta en nuestras vidas. Como tenemos tendencia a desistir muy pronto de nuestros sueños, esperanzas y oraciones, la cola puede implicar que todavía tenemos que esperar un tiempo; o puede significar que ya nos llega la hora. Fijémonos en la longitud de la fila.

Colcha:
Tipo de cubierta, de protección, de manta de seguridad. Si es una reliquia familiar, podría indicar seguridad o apoyo de la familia. Aunque también podría ser un negocio tapadera.

Colgar ropa:
Sacar nuestras actitudes y emociones al exterior; airear los trapos de la familia, exponer nuestros sentimientos, ser totalmente abiertos, enfrentarnos a los hechos, contarlo todo, aceptar nuevos puntos de vista.

Colisionar:
Normalmente simboliza literalmente una colisión con alguien de una cultura diferente, con ideas, objetivos o maneras de vivir que nos desconcierten, que hieren nuestro ego, nuestro orgullo o que, de alguna manera, nos preocupan.

Cometa:
Puede ser un ideal alto que retenemos; probablemente nos muestra hacia dónde sopla el viento o cómo nos estamos esforzando para tener éxito. También podría representar un juego infantil.

Cómic:
Ideas en forma de dibujos, hechos con ingenio y humor. Pueden simbolizar nuestra necesidad de reírnos de los errores pequeños, de añadir humor a nuestras vidas.

Compañía eléctrica:
Fuente de energía, fuente de fuerza, de capacidad para mover y lograr. Puede simbolizar nuestro poder divino.

Comprar:
Búsqueda de nuevas ideas, de conocimiento, de actitudes nuevas, de material que alimente nuestra reflexión.

Concha:
Símbolo antiguo de la capacidad de oír interiormente, de la videncia auditiva.

Consciencia de raza:
Es la unión del pensamiento de raza, ideas que son generalmente aceptadas, ya sean correctas o incorrectas, prejuicios, ignorancia o presión de grupo, ideas del rebaño, actitudes que sigue todo el mundo, y una forma de pensamiento generalmente egoísta, centrado en uno mismo y poco original.

Conspirar:
Hacer planes o necesitarlos. ¿Hay alguien que esté conspirando contra nosotros? ¿Necesitamos trazar planes y objetivos?

Contabilidad:

Puede referirse a mantener el equilibrio en nuestra vida y en nuestras finanzas; una afirmación de las cuentas de nuestra vida, rendir cuentas de nuestras acciones, apuntar lo que nos ocurre, ser responsable, aunque también puede referirse a libros que hemos tomado prestados. Incluso puede indicar la necesidad que tenemos de tomar notas o de escribir un diario.

Contador:

Mide el tiempo o el espacio. Puede representar la consideración en que nos tenemos o las medidas que tomamos.

Contrato de arrendamiento:

Puede representar firmar un contrato o acuerdo para hacer algo, tenerlo por escrito, contraer un compromiso.

Nuevo: Conseguir un contrato nuevo de vida, un comienzo nuevo, objetivos nuevos, ideales nuevos, un compromiso o acuerdo nuevo propio, pasar página.

Viejo: Puede indicar que el tiempo se acaba, que es hora de un compromiso nuevo, de objetivos nuevos, de un comienzo nuevo.

Correr:

Primero debemos determinar si estamos corriendo o haciendo footing. ¿Es un ejercicio que necesitamos o estamos corriendo hacia una situación o escapándonos de algo o de alguien? Un sueño puede mostrarnos el deseo imperioso de escapar de una situación o la necesidad de alejarnos de la tentación, depende de los sentimientos que nos inspire el sueño. Si estábamos asustados, probablemente huíamos de

nuestros miedos en vez de afrontarlos. Correr puede implicar que no llegamos a ningún sitio rápidamente o que no podemos escapar de esa situación. Fijémonos en nuestros sentimientos y en la situación general. ¿Por qué estamos corriendo?

Correr a toda prisa:

Movimientos temerosos.

Cosas o personas que nos molestan:

Pueden estar indicándonos cómo afectamos a los demás diariamente, o los efectos de lo que hicimos ayer. Pueden señalar la necesidad de poner las cosas en claro, de ser más cuidadosos, más considerados, más consciente de lo que hacemos; también pueden representar cómo nuestras acciones, palabras y hechos afectan a los demás.

Coser:

Arreglar, reparar, construir, juntar partes. Esfuerzos creativos y constructivos. Si trabajamos con ropa puede denotar arreglar actitudes, reparar nuestro camino, construir actitudes nuevas, nuevas maneras de mirar las cosas, incluso vernos de manera diferente. También puede ser un uso constructivo de nuestras energías creativas.

Patrones: Líneas de guía, perfiles, formas de las cosas que se nos acercan, nuestros patrones de comportamiento, partes de un todo.

Cruz:

Una cruz puede representar las dificultades con las que nos encontramos, el camino de Dios, o puede implicar la resurrección. La cruz es un símbolo muy antiguo que data desde mucho tiempo antes del Cristianismo. Representa la encarnación del hombre en la tierra, la muerte, la Pascua, una nueva vida, la liberación. Hay muchas variaciones y estilos, la mayoría nos indican una creencia u organización concreta.

Céltica   De San Antonio   Romana

Patriarcal   Papal   De San Andrés

De Malta   Recruzada   Egipcia

Cruz céltica:
Símbolo de los celtas y de la religión druida (escoceses, galeses, irlandeses y británicos).

Cruz de la ansata:
La llave de la vida. Símbolo egipcio de la inmortalidad y de la vida eterna. Venus o «espejo de Venus».

Cruz de San Antonio:
Manifestaciones en un plano físico.

Cruz de San Antonio invertida: Espíritus que descienden a la materia.

Cruzar:
Normalmente indica un cambio en nuestras vidas, cruzar de un estado de consciencia, área de pensamiento o estilo de vida a otro. También puede significar cruzar la línea.

Cruzar un río: Normalmente tiene que ver con tomar una decisión o un cambio espiritual.

Cuadrado:
Algo básico, práctico, terrenal, fundamental, previsible, inflexible, estoico. También puede ser una caja y representar los sentimientos encerrados, los límites, las barreras, las obstrucciones.

Cubo:
Representa la cuadratura, ser «cuadrado», terrenal; las posesiones materiales, lo físico o lo mundano.

Cubo de Rubik: Puede indicar un puzzle, un reto, un problema.

Cuerda:
Un enlace de conexión, una manera de juntar las cosas, de asegurarlas; línea de escape o rescate, una manera de llegar al final.

Cuerno:
Puede representar tocar música agradable, expresarnos a través de una melodía; una llamada de ayuda o de atención; darnos bombo, fanfarronear; agredir (tocar la bocina), cerrarnos a las ideas de los demás, o tener la mente dura para conceptos nuevos.

Cuernos:
Representan las proyecciones o formas de pensamiento endurecidas, la forma o posesión de ideas que hemos teni-

do durante mucho tiempo. Pueden referirse a cerrarnos a las ideas de los demás o a tener la mente dura para conceptos nuevos.

Chasquidos:
Pueden ser una indicación de que lo que necesitamos hacer es un simple chasquido, que no debemos preocuparnos.

Cheque:
Normalmente representa dinero, pagar deudas o recibir el pago por los servicios prestados. Puede significar dinero que nos va a llegar o una indicación de que recojamos nuestras cosas.

> *Cheque en blanco:* Puede indicarnos que digamos nuestro precio, recambio ilimitado, potencial sin usar, ventajas que no hemos aprovechado, premios sin reclamar.

Chillar:
Acto de dar voz a nuestros sentimientos; miedos, furia, amor o algo similar. Los gritos denotan emociones fuertes, una gran necesidad de expresión.

> *Chillamos, pero no tenemos voz:* Si queríamos gritar pero no lo hicimos o no pudimos, el sueño implica la necesidad urgente de dar voz a nuestros sentimientos y de enfrentarnos a la situación. Podría significar que no somos capaces de nombrar o dar voz a nuestros miedos.

Chocar:
Implica despreocupación hacia los demás, molestar y estorbar con acciones y palabras irreflexionadas, falta de coordinación, de cooperación, de consideración hacia los sentimientos de los demás.

D

Dejar caer:
Normalmente significa renunciar o desistir de algún plan, proyecto, persona o idea. Puede implicar descuido, dejar que se nos vayan las cosas de entre las manos; ineficiencia. Si nos sentimos consternados, el asunto al que estamos renunciando puede ser mucho más importante de lo que pensamos; quizá debamos reconsiderarlo. Si nos sentimos aliviados, probablemente necesitemos deshacernos de algo de nuestra vida o de nuestra programación.

Derramar:
Derramar o tirar una comida puede estar mostrando que nuestra dieta no está equilibrada o que hay un alimento que deberíamos suprimir de nuestro menú. Si derramamos la comida sobre los demás puede advertir de que lo contamos todo o puede ser un signo de descuido y falta de consideración general; puede indicar que molestamos a los demás con nuestros hechos.

Desdoblar:
Puede referirse a crecer, desdoblarnos, madurar; pero también puede representar suavizar las cosas y los asuntos de nuestra mente. También podría hacer referencia a un desdoblamiento.

Desear:
Implica querer algo pero no esperar lograrlo. El deseo puede ser pasivo, esperamos que alguien lo haga por nosotros.

Desesperación:
Advertencia de un pensamiento erróneo, o de una decisión o acción equivocada.

Desfilar:

Sugiere presumir, pavonearse, estar delante, a la vista de todos, viendo y siendo vistos, incluso dando un espectáculo público de nosotros mismos, depende de nuestros sentimientos. Puede indicar que necesitamos ser más conocidos y mostrar lo que podemos hacer.

Desfile:

Una larga hilera de gente y de objetos que se hacen claramente visibles, que paran el tráfico, que entretienen y divierten, o que interrumpen y distraen. Puede mostrar cómo dejamos nuestra trayectoria o cómo nos reprimimos de conseguir nuestros objetivos.

Desproporción:

Énfasis doble en un hábito, artículo o cualidad concretos, mostrándonos que no tienen la proporción adecuada, que no están en armonía, que necesitan ser ajustados inmediatamente. Por ejemplo: una taza de café muy grande nos indicará que bebemos demasiado café; una nariz descomunal puede significar que somos demasiado curiosos o que mentimos, como Pinocho.

Destrucción:

Perder el control, dejar que las emociones nos controlen, desestabilizar nuestro equilibrio.

Dinero en efectivo:

Tipo de energía o de cambio; representa comprar poder, la capacidad para ir, venir y hacer.

Poco o nada de dinero en efectivo: Puede denotar poca o ninguna energía ahorrada, estar bajos de vitalidad, necesidad de recargar las baterías.

Dique:

Parte nuestra que restringe, que retiene, que contiene los sentimientos y las emociones, que nos da sólo una parte de nuestro poder. Puede ser un bloqueo; aunque también puede hacer referencia a nuestro poder para bendecir o maldecir.

Discutir:

Debemos ver quién está discutiendo con quién o sobre qué. Podría ser un aspecto, un hábito o una actitud propia que está provocando o causando problemas.

Disparar:

Puede indicar hablar más de la cuenta, destrozar a las personas con nuestras palabras, un temperamento volátil que acaba en violencia, herir a los demás. Situaciones explosivas en erupción o a punto de estallar. Puede implicar la certeza de las palabras que hemos dicho sin pensar o el daño que las emociones reprimidas pueden causar si las liberamos de repente.

Doblar:

Acto de hacer algo más pequeño o más pulcro, de apilar, de preparar cosas para apartarlas de nuestra vista y de nuestra mente; probablemente guardarlas para una necesidad futura. Podría referirse a dar vueltas a las cosas; o simbolizar una revelación, un crecimiento, un aprendizaje. Fijémonos en las cosas y en el color de las cosas que estamos doblando o desdoblando. Capacidad para doblegarnos, para ir con la corriente, para adaptarnos.

Hacia atrás: Salimos de nuestro camino para dar satisfacción a los demás.

Hacia delante: Implica avidez de hacer algo.

Dorado o embellecido:
Podría reflejar la culpabilidad, una cubierta, una máscara, exagerar algo; pretensión, ostentación.

Dormidos:
Inconscientes, sin prestar atención, muertos de cara al mundo.

Dormitar:
Normalmente se refiere a estar dormitando ante una situación importante; inconsciencia; estar poco atentos, sin conocer, no estar alertas; podría ser un aviso de que nos incorporemos y pongamos atención a lo que está ocurriendo en ese momento. También puede referirse a un estado alterado de consciencia.

E

Embalar:
Puede sugerir dar marcha atrás, renunciar a una situación, cambiar de opinión, cambiar una decisión o acuerdo; el intento de salir de una situación indeseable; también puede representar a una persona tímida o a alguien que nos apoya y nos da soporte. Empaquetar para marcharnos también puede implicar volver sobre un problema; indecisión, vacilación.

Embarcación:
Puede representar la creatividad, la destreza, el arte; aunque también puede simbolizar la astucia.

Emergencia:
Puede ser una situación urgente; aunque también puede ser una advertencia de que salgamos y miremos.

Empaquetar:
Ponerlo todo junto en un paquete, en un bulto, en un lugar; todo unido.

Comestibles: Alimentos que nos hacen reflexionar.

Empujar:
Quizá nos estamos empujando para seguir adelante, empujando nuestra suerte o empujando a otras personas. Tanto empujar como estirar, ambas cosas, simbolizan la lucha, el esfuerzo y el no estar en la corriente. Fijémonos en quién o qué estamos empujando.

Encaje:
Algo delicado, lujoso, probablemente caro, especial, permite ver a través. Puede usarse para impresionar o persuadir.

Enfadarse, estar furioso:
Como toda la rabia es en realidad rabia contra nosotros mismos, ésta es una indicación de que estamos enfadados, furiosos, frustrados por algo. Fijémonos en la razón de nuestro enfado y decidamos qué aspecto propio representa. Enfadarse puede simbolizar dar voz a nuestra infelicidad, frustraciones y sentimientos y podría implicar la necesidad de hacer saber nuestras necesidades y derechos.

Enfadarse con niños: Puede tratarse de un enfado por algún aspecto infantil propio; aunque los niños también pueden representar pequeños aspectos que nos están enojando. Si estamos intentando que se callen o que se marchen, el sueño nos está comunicando que debemos tener cuidado: no marcharán, pues necesitan nuestra atención.

Enfermedad:

Sentir pena de nosotros mismos, excusarnos por no ser responsables, por no cumplir nuestras promesas, por no tomar decisiones; es una manera de evitar a una persona, situación o decisión.

Enlatar, conservar:

Guardar o dejar de lado una idea que nos haga reflexionar; posible tendencia a dejar de lado las ideas para más tarde consumirlas y digerirlas directamente sin enfrentarnos a ellas. Puede implicar algo que somos capaces o incapaces de realizar o puede estar sugiriéndonos que dejemos estar algo.

Ensayar:

Prepararnos para la realidad, practicar nuestras artes, dones y capacidades, afilar nuestros talentos; preparación para la vida.

Enseñar:

¿Qué estamos enseñando? Tendemos a enseñar aquello que más necesitamos aprender y entender. Escuchemos atentamente tanto en los sueños como en las enseñanzas de la vida diaria.

Entonar oraciones:

Entrar en armonía con Dios y con el Universo, o nuestra necesidad de hacerlo.

Envoltorio marrón:

Normalmente se utiliza para esconder las cosas de ojos curiosos. Un envoltorio, una protección, una cubierta, el deseo de esconder, de tener en secreto; puede ser algo que esconda información indecente o cualquier cosa que deseamos que no salga a la luz.

Escalar:

Podría referirse a escalar socialmente, a las ambiciones, al deseo de alcanzar las alturas en el área física, mental o espiritual; también puede indicar nuestro progreso.

Subir escalones: Puede significar que vamos paso a paso o que sólo hemos dado un paso en nuestra vida. Todos los movimientos hacia arriba implicarían la necesidad o el deseo de alcanzar niveles superiores en cualquier área en la que estemos, lo cual vendrá indicado por el edificio, la habitación o el contexto de nuestro sueño.

Subir una escalera: Puede indicar subir la escalera del éxito, especialmente si está asociada con nuestro lugar de trabajo, aunque también puede implicar la necesidad de escalar o subir más alto en el área indicada.

Esconder:

¿Qué estamos escondiendo o de qué nos estamos escondiendo? Nuestros sueños pueden estar señalando la necesidad de darnos cuenta de que nos estamos escondiendo, de que estamos esquivando un asunto importante; o quizá estamos escondiendo la verdad, a alguien o a nosotros mismos.

Escorpio:

Símbolo astrológico de la curación, de la transformación, de la regeneración, del poder, de la intensidad de propósitos y de la capacidad de penetrar profundamente en un asunto.

♏︎

ESCORPIO

Escribir:

Poner nuestros pensamientos por escrito, escribirlos para entenderlos mejor, escribir ideas para clarificar las cosas a los demás y no olvidarlas. Recoger hechos a nivel consciente, grabárnoslos en la mente, clasificarlos. Existe la posibilidad de que el sueño esté indicando un talento para escribir con creatividad que debemos alimentar y practicar. Incluso puede tener relación con deshacer un agravio, enderezar un asunto.

Rellenar un cheque: Intentar solucionar algo, pagar una deuda, equilibrar las cosas o verlas desde una perspectiva mejor; esfuerzo de pagar en el momento adecuado.

Espacio exterior:

Puede representar algo salido de la nada, de ningún sitio, aparentemente mágico; experiencias místicas. También puede ser un símbolo de la productividad creativa de nuestra mente: si nos concentramos en nuestros objetivos, planes y afirmaciones, éstos se cumplen inesperadamente.

Espalda:

Puede representar dar apoyo, instar, dar soporte o empujar, urgir, esconder o amenazar.

Espiar:

Lograr información que se supone que no debemos conocer; vigilar a los demás en secreto; entrometernos en los asuntos de los demás; investigaciones secretas; curiosidad; falta de respeto por la privacidad ajena. ¿Quién está espiando a quién? Podría ser un aviso.

Espinas:

Molestias, complejos, problemas, situaciones engañosas.

Espiral:

Símbolo del poder creativo, de los patrones cíclicos, de las estaciones, de los ritmos, de la reencarnación.

Estacas:

Pueden ser el soporte de las ideas que crecen en el jardín de nuestra mente; arriesgarnos para conseguir grandes premios, afirmar nuestros derechos; aunque también puede hacer referencia a la carne.

Estándar:

Emblema de la oficina, del país, de la fe, del reino al que servimos, de la lealtad, de la autoridad, del poder, del rango, del honor o de la profesión.

Estandarte:

Algo estándar, un logo, una afirmación, un símbolo de grupo o de creencias colectivas. Puede simbolizar nuestros estándares.

Estar de pie:

Puede significar hacernos valer, defender nuestros derechos, la necesidad de tomar partido, de mantenernos firmes, de definirnos en un asunto, de enfrentarnos, de estar orgullosos de nosotros mismos.

Esterilizar:

Purificar, eliminar todos los sentimientos, todas las emociones, retener o reprimir todas las necesidades intuitivas o creativas; puede implicar que creemos que somos improductivos o que no somos creativos; o mostrarnos la necesidad de hacer algo creativo para sentirnos realizados.

Estirar:

Es una acción que implica esforzarnos para conseguir que los objetivos se cumplan; estirar nuestra parte de carga; si el camino es largo y difícil, posiblemente estamos estirando más de lo que compartimos o estamos estirando a otras personas. Fijémonos en quién o qué estamos estirando y revaloremos la situación. El sueño puede estar mostrando cómo nos esforzamos para estirar cosas, gente, responsabilidades o situaciones que deberíamos haber descargado hace tiempo. Tenemos necesidad de fluir con la corriente, no de estirar. La vida es para ser feliz.

Estrella:

Punto de iluminación, de ideales altos, de grandes esperanzas; también pueden ser mensajes que nos llegan de otras esferas.

De cuatro puntas: Poderes superiores, señal, mensaje de advertencia, presagio. También puede ser el símbolo de la estrella Sirio.

De cinco puntas: El pentágono, el símbolo del hombre, de los cinco sentidos físicos, del dinero, de la protección contra los espíritus malignos, la estrella de Magi, la Orden de la Estrella del Este y, para todo aquel que las busque, la luz y la iluminación.

Invertida: El pie de las brujas, símbolo de la brujería, del mal, la devoción maligna, la magia negra; también es el signo de algunas de las Órdenes de la Estrella del Este (la mayoría usan el pentágono). Símbolo.

Anti-Brujería o *Hex*: Protección contra la brujería. En muchas casas y graneros de la antigua Pensilvania alemana se ven variaciones de estos símbolos para protegerse del demonio.

De seis puntas: Estrella de David, de Belén, símbolo de la nación y la religión judías; amor, paz, perfección, unión del fuego y del agua; equilibrio de fuerzas, unión del Yo Inferior con el Yo Superior, personalidad arraigada al alma.

De siete puntas: Se dice que es el *verdadero* sello de Salomón. Representa los siete sentidos espirituales, la perfección espiritual, el Hijo de Dios.

De ocho puntas: Octograma, orden cósmico, consciencia cósmica, energía radiante, consecución.

De nueve puntas: Símbolo del Espíritu Santo (tres triángulos).

De doce puntas: Las Doce Tribus de Israel.

Esvástica:
Antiguo símbolo indio del movimiento en la vida, de las fuerzas espirituales que están actuando, de la buena suerte, de la continuación de la vida, de la esperanza. También es una cruz disimulada que usaban los primeros cristianos.

Esvástica invertida: Emblema nazi de la maldad o de la mala suerte. Actualmente está asociada con Hitler, con los nazis, con la crueldad extrema, con los asesinatos masivos de la Segunda Guerra Mundial.

Etiqueta de un precio:
Nota que nos informa del precio que tenemos que pagar por algo que estamos considerando.

Etiquetas:
Las etiquetas que nos ponemos, que ponemos a la gente, a los lugares y a las situaciones. Nuestras palabras, positivas o negativas, duras o de apoyo. Los juicios que hacemos, «Nombra algo y te será concedido» (Génesis 2:19). El sueño puede estar indicando cómo estamos creando el bien y el mal con nuestros juicios y con nuestras palabras. Puede implicar que juzgamos por las etiquetas, por la apariencia más que por los hechos y las actuaciones. Puede representar que aceptamos los juicios, las etiquetas de los demás, en vez de pensar por nosotros mismos.

Explosión:
Explosión repentina de sentimientos y de emociones reprimidas; una situación explosiva; aunque también puede indicarnos que estamos cerca de una circunstancia en ebullición; debemos ir con cuidado.

Extensión:
Puede ser una advertencia de que no nos traigamos demasiadas cosas entre manos o podría implicar la necesidad de expandir o agrandar el área que cubrimos con nuestro trabajo, nuestra pericia, intereses o similar.

Extranjero:
Algo extraño a nuestra manera de pensar habitual, lejano, una idea totalmente diferente, una nueva manera de ver las cosas.

F

Fardo:
Puede ser una carga que arrastramos y que podríamos abandonar; o una manera compacta de colocar todo junto en un paquete.

Firmar:
Unión, aceptación, obligación; responsabilidad; sellar un acuerdo, mostrar apoyo o aprobación, marca de identificación; autoridad.

Flama:
Consciencia, luz, iluminación, calidez, deseo o entusiasmo.

Chispas: Pueden ser las chispas de Dios, energías, efervescencia, magia, iluminación, estimulación; aunque también pueden representar la destrucción.

Chispas doradas: Iluminación espiritual, apoyo; también pueden representar transformaciones mágicas.

Fuegos artificiales:

Exhibición desbordante de fuego, de entusiasmo, de emociones, de talento artístico, de belleza, de espectáculo, de celebración, de ostentación, de presunción general; aunque también pueden representar un genio temperamental, ruido y discordia.

Flecha:

Representa los objetivos, los propósitos, la dirección o la estrechez de miras.

Flecha de dos puntas: Ideas opuestas, dos vertientes por considerar, consciencia dual.

Flecha dorada: Ideas, objetivos y propósitos espirituales.

Flecha rota: Votos rotos; puede significar la paz o un cambio de idea.

Flecha, repuestos:

Puede representar nuestras capacidades y potenciales creativos; o puede estar sugiriéndonos que seamos más creativos.

Fluir:

Si el flujo de la corriente es normal, indica estar en un flujo de ideas o de hechos; la capacidad de ir con la corriente, de estar en contacto con nuestra guía; nuestro camino correcto, que nos movemos en la dirección apropiada. Si vamos inseguros, puede significar que vamos cuesta abajo, contra corriente o en una dirección que no queremos. Puede implicar que no tenemos control sobre nuestra vida, que vamos sin rumbo. Puede ser una advertencia de que debemos tomar el control de una situación.

Folleto:

Puede ser una hoja que nos anuncia, que nos informa, aunque también podría implicar que recibimos o damos caridad.

Forma de corazón:

Símbolo del amor, de la amabilidad, de la simpatía, de los sentimientos profundos y de cariño.

Formas de pensamiento:

La forma astral actual que adoptan nuestros pensamientos cuando pensamos, especialmente si nos concentramos o repetimos los pensamientos. Las formas pueden variar de figura y de color según la idea que tenemos y según nuestros sentimientos. Generalmente, la gente normal no los ve, pero puede verlas un clarividente o si estamos en un estado de sueño. Todos podemos experimentarlas o sentirlas.

Fotocopiadora:

Una idea que se copia, repetida infinidad de veces; ideas que se multiplican, que se extienden; puede representar la tendencia a copiar las ideas y creencias de otros sin pensar las cosas por nosotros mismos.

Frontera, borde:

Línea entre dos estados de consciencia, entre dos niveles de actividad o dos áreas de pensamiento; el filo, el límite.

Fuego:

Símbolo de la purificación, de la vida espiritual, del impulso, del entusiasmo, de la transformación; o del temperamento, de la destrucción, de estar totalmente quemado.

Fumar:

Implica alteraciones emocionales, confusión, trastornos. Puede representar que está todo quemado o que todavía no se ha apagado; levantar una cortina de humo, intentar oscurecer los hechos; aunque también puede indicar que esa persona ha empezado a fumar.

G

Gancho:

Tipo de complejo, lo toma todo, lo atrapa todo, lo engancha todo. Puede ser una advertencia de que no nos quedemos o de que no estemos enganchados a algo.

Gatear:

Gatear en sueños suele significar humillarse o degradarse, posiblemente no hacer las cosas lo mejor que podemos. También puede ser un acercamiento infantil, rebajar nuestros estándares, o ser incapaces o no querer enfrentarnos a una persona o situación.

Géminis:

Signo astrológico de los gemelos; simboliza un pensamiento rápido, la versatilidad, la capacidad de cambio, la adaptación y un ingenio agudo.

II
GÉMINIS

Globo:

Puede implicar que estamos llenos de aire, que nos damos bombo, que somos expansivos, ligeros de cascos o fácilmente influenciables.

Globo alado:

Símbolo antiguo de muchas religiones que representa la relación que existe entre el cuerpo, el alma y el espíritu. Representa la libertad del alma, pues el alma da alas al cuerpo, y simboliza la tierra y el suelo. El globo alado es la forma exacta que toma una oración cuando la enviamos en forma de pensamiento.

Globo alado con serpientes: Símbolo antiguo de las tres personas de la Trinidad egipcia: Ammon, Ra y Osiris.

Golpear a alguien:

Puede ser la oportunidad que llama a la puerta, algo que pretende llamarnos la atención; aunque también puede referirse a los golpes duros de la vida.

Atropellos: Puede ser que «atropellemos» con nuestras palabras o con nuestros hechos; que molestemos a los demás, que somos desagradables.

Nosotros golpeamos: quizá estemos diciendo «no tocar»; o quizá debamos golpear con más fuerza a la puerta de la oportunidad; también puede indicar la posibilidad de que nos estemos destrozando para conseguir algo.

Graduación:

Un símbolo de consecución, de habilidades adicionales, de preparación para subir a niveles superiores, para hacer cosas mejores; tiempo de celebración y alegría. Puede simbolizar una ceremonia de iniciación en planos interiores.

Grava:

Pisar con dificultad, algo espinoso, polvoriento, un camino difícil.

Gubia:

Forzar algo a que salga de su lugar; forzar a una persona o situación; empujar, influir, hacer que ocurran cosas posiblemente sin preocuparnos de las necesidades y de los sentimientos de los demás.

Guerra civil:

Guerra con nosotros mismos.

Guijarros:

Piedras pequeñitas, irritaciones menores, dificultades, retos, lugares desagradables o un piso poco seguro.

> *Lanzar guijarros o rocas:* Pequeños objetos que hieren; cotilleo, críticas, comentarios desagradables que pueden herir o matar.

H

Hacer cola:

Hacer cola puede significar que necesitamos alinearnos, estar al alcance, en contacto, a tono con nosotros mismos, con nuestro cuerpo y con sus necesidades. También puede implicar una larga espera, paciencia; la entereza que se necesita para completar algo.

Hacer ejercicio:

Puede significar que nos movemos mucho pero que no llegamos a ningún sitio; también puede ser una indicación de que debemos ejercitar la mente, el cuerpo o la fuerza de voluntad con más frecuencia. Probablemente necesitemos ejercer más control sobre una situación.

Herramientas del trabajo:

Talentos, tendencias, capacidades, conocimiento, experiencia, preparación para el trabajo de nuestra vida; aquello con lo que tenemos que trabajar, nuestro equipo para hacer las cosas por nosotros mismos. Nuestro potencial puede estar simbolizado por el tipo de herramientas o por las capacidades de la persona que las posee. Pueden representar nuestros talentos desconocidos o no reconocidos.

Hilo:

Puede ser el hilo de la vida, de la continuidad, de la corriente que seguimos, del entrelazamiento de los hechos de nuestra vida; los enlaces de conexión; aunque también puede indicarnos que aprovechemos el momento.

> *Hilo dorado:* El amor cósmico, el amor fraternal, un enlace celeste, la continuidad del amor o la conexión amorosa.

Hoz:

Símbolo del trabajo, de la siega; también puede representar a la dama de la guadaña, a la Muerte.

Humo:

Confusión, sentimientos latentes, subterfugio, fuerzas escondidas, incapacidad para ver con claridad.

Hundirse:

Representa el sentimiento de involucrarnos en exceso, de hundirnos hasta el cuello, de sentirnos abrumados por una situación emocional; indefensión.

HVHI:

Iniciales hebreas de Jehová. También representa los cuatro elementos: H, tierra; V, aire; H, agua; I, fuego.

I

Ilegal:

Contra las leyes o las normas; poco ortodoxo, diferente, escondido, secreto, encubierto; algo que los demás no aceptan.

Incapacidad para correr o para llorar:

No podemos escapar, no podemos pedir ayuda; debemos enfrentarnos y resolver ese problema.

Incensario:

Bote para quemar incienso. Si está quemando indica las oraciones, la devoción que se ofrece, la purificación espiritual, las vibraciones que se elevan a un nivel superior. También puede reflejar la censura.

Infinito:

Símbolo de la vida eterna, de la interacción armoniosa entre el consciente y el subconsciente; serenidad, armonía, dominio del plano físico.

Inútiles:

Las ideas, los hábitos, las creencias; las programaciones que ya no están vivas, que ya no son relevantes o útiles. La necesidad de liberarnos de ellas o de quemarlas (purificarnos).

Isla:

Puede ser aislamiento, separación, estar solos con nosotros mismos. Aunque, si está poblada, puede implicar que nosotros, nuestros aspectos, nuestras ideas o intereses están en un sitio porque así lo hemos querido, sin influencias de la corriente principal de la vida.

J

Jaula:

Símbolo del aprisionamiento, de restricción, de encarcelación; también puede hacer referencia a la seguridad. Cualquier cosa que esté en la jaula puede representar un aspecto propio que se siente seguro o atrapado.

Juguetes:

Pueden representar actitudes juguetonas, ideas infantiles, alegría, libertad, caprichos, seguridad emocional, jugar con una idea; cosas que pensábamos o sentíamos cuando éramos pequeños o bien la infancia misma.

Júpiter:

Planeta del mismo nombre que Júpiter, dios de la buena suerte, del éxito, de la expansión, del optimismo, de la generosidad y de la extravagancia.

Jurado:

Implica juicio, posible castigo; ser puestos en tela de juicio, defender nuestra causa. Recordemos que los miembros del jurado son aspectos propios que juzgan nuestras acciones. Puede ser un aviso de que no nos juzguemos con demasiada dureza o de que debemos perdonarnos. Podría mostrar cómo nos sentimos en nuestra situación actual.

Jurar:

Puede implicar que nuestro lenguaje está lleno de palabras obscenas, aunque también puede representar jurar lealtad a una persona u objeto, o comprometernos por una causa; prestar juramento, hacer una promesa. Podría referirse a una promesa de realizar algo tanto si la cumplimos como si no, de cara a nosotros o a otra persona.

Lágrima o gota de lluvia:

Antiguo símbolo egipcio de la sabiduría recordada.

L

Lata:

Puede representar lo que somos capaces o incapaces de hacer, de usar o de guardar. También puede indicar que no estamos vivos.

Lavandería:

Implica en qué estado están las actitudes y los asuntos de los dueños de la lavandería.

Lazo:

Pueden ser los lazos emocionales, los lazos kármicos, los lazos financieros, de amor, de odio, maritales, religiosos; obligaciones, lazos funcionales, recuerdos; cualquier cosa que pueda mover nuestros hilos. Nos podemos sentir atados a una situación o a una persona; anudados, negándonos, e incluso tener lazos opuestos.

Leer:

Si la lectura es clara puede ser un mensaje para nosotros o un símbolo de obtener más conocimiento, de leer más sobre ese asunto, de informarnos; necesidad de estudiar más. Si es posible, fijémonos en el título de lo que estamos leyendo. También puede representar «leer» a los demás (utilizar nuestras capacidades físicas) o sugerirnos que debemos volver al colegio a estudiar, a aprender. Comprobemos el contexto, los sentimientos y la acción que transcurre en el sueño.

Leo:

Símbolo astrológico de Leo, el corazón de león. Símbolo de la realeza, del dominio, de la creatividad, de la capacidad de organización, del liderazgo, de la autoridad, del afecto, del orgullo y de la lealtad. Gobernado por el sol, normalmente implica una disposición alegre y alegría de espíritu. Este símbolo puede indicar cualquier cualidad de las mencionadas.

Levantar:

Puede representar elevar a alguien mediante el rezo, la oración, el apoyo, el amor, el cariño; ser arrastrados; o puede significar que estamos inspirando a alguien para que se eleve a mayores alturas. También podría ser elevar nuestra visión, nuestros objetivos; o quizá que necesitamos una elevación del espíritu.

Libra:
Simboliza las balanzas. Los libra defienden el equilibrio, la justicia, la verdad, lo justo, la diplomacia, la paz, la armonía, el compañerismo y la cooperación. Puede indicar la necesidad de desarrollar estas características. Una balanza con una pluma en un plato y un corazón en el otro representa el peso del alma (símbolo egipcio).

Libro de referencia:
Representaría nuestra fuente divina de conocimiento, de comprensión, de perspicacia, de intuición, de inspiración, de ideas y de ayuda que nos llega cuando la buscamos.

Lima, instrumento:
Aviso de que alisemos los filos ásperos de nuestra personalidad, de que suavicemos nuestras relaciones, de que hablemos y nos comportemos con más armonía, menos agresivamente.

Lira:
Instrumento musical de armonía.

Lubricante:
El aceite del amor y del cariño que hace que todo vaya sobre ruedas. Posibilidad de que sea un aviso de añadir este aceite a nuestro estilo de vida, sobre todo a la persona o situación que necesita aceite en nuestro sueño.

Luz roja:
Peligro, advertencia, necesidad de ir con cuidado. También puede simbolizar la prostitución de nuestro cuerpo físico, de nuestros talentos y habilidades.

Llorar:
Puede representar nuestra decepción o la desesperación del alma por nuestro comportamiento; lamentarnos por algo que hemos dicho, hecho o decidido. También podría ser la purificación, la liberación de las emociones o la necesidad de liberarlas. Despertarnos llorando a menudo muestra el sincero lamento del alma y un aviso de que cambiemos nuestro modo de actuar.

M

Magia:
Sacar algo de la nada. Una cosa que aparece, se mueve o cambia sin ayudas físicas. Puede simbolizar nuestro poder mental de creación o de cambio de circunstancias; aunque también puede representar ayuda de otros planos que no vemos.

Maleta:
Receptáculo donde se junta todo, especialmente nuestras actitudes. También puede estar advirtiéndonos de algo muy fácil o puede simbolizar unas vacaciones, un viaje, la libertad, la movilidad o los cambios.

Maleta grande o muchas maletas: Un largo viaje; muchos cambios.

Maleta pequeña: Un viaje pequeño, corto.

Maletín:
Puede representar nuestra profesión, los negocios, la carrera profesional, el prestigio, un trabajo importante, un conjunto de ideas importantes. Tam-

bién puede ser un símbolo de estatus, de falsas impresiones; o puede indicarnos que nos tomamos las cosas a la ligera, o simbolizar una situación temporal, un problema temporal.

Manzana:

Puede ser el alimento saludable que necesitamos comer, un símbolo de la tentación o de la fruta prohibida.

Manzana dorada: Premio espiritual.

Mapa:

Camino, plan, trazado, punto de referencia, guía, objetivo; rutas alternativas, camino por recorrer.

Máquina de escribir:

Símbolo de escribir, de comunicarnos, de pulcritud, puede implicar habilidades secretariales o ideas creativas.

Marcador:

Puede marcar nuestro lugar, nuestro progreso, el lugar donde hemos parado; o puede indicar que es el momento de dejar nuestra marca en el mundo.

Marchar:

Normalmente implica un paso regular hacia delante, moverse al unísono con los demás; trabajo de grupo, proceso colectivo, fuerza de grupo. Una marcha forzada denotaría probablemente movernos en contra de nuestra voluntad o de nuestro parecer; algo que nos fuerzan a hacer.

Marioneta:

Puede revelar cómo nos sentimos o implicar que estamos permitiendo que otras personas nos controlen o influ-

yan; no estamos actuando por cuenta propia, nos están manipulando.

Marte:

Símbolo de Marte, el dios de la guerra. Marte significa la energía, la acción, los deseos, la agresión, el valor, la impulsividad, la independencia, el vigor, el entusiasmo y la voluntad. Si le provocan, puede ser desafiante y destructivo; si no, es un ganador.

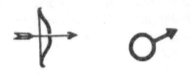

Masacre:

Ideas de conciencia de raza que llevan a la muerte a todo aquel que las sigue ciegamente sin parase a reflexionar las ideas o ideales de su líder. Si vestimos ropas anticuadas, existe la posibilidad de que sea un recuerdo de una vida pasada.

Mástil:

Conexión fija; objeto inamovible; seguridad, estabilidad; un objeto que podemos usar para apoyarnos, donde descansar, agarrarnos, cogernos, asirnos o asegurarnos.

Materia:

Creaciones diversas, recuerdos, actitudes, problemas, trozos de nuestras vidas.

Matrimonio:

Puede significar el compañerismo, la cooperación, la creación conjunta, la unión, la integración de un aspecto o parte propia. Quizá algo con lo que tenemos que vivir hasta que decidamos divorciarnos o separarnos de ello mediante una acción definitiva; también puede implicar un matrimonio místico, la meditación, la unión con nuestro Yo Superior; escuchar nuestra intuición; estar en sintonía, en armonía con nosotros mismos; experimentar la unión.

Mercurio:

Símbolo de la mente pensante, de la razón, de la vigilancia, de la destreza, de la eficiencia, de la capacidad de cambio, de análisis, de la versatilidad, de la consciencia, del cálculo, de la comunicación.

Metro:

Actividades o viajes bajo tierra; subversión, acción cubierta; niveles subconscientes, llegar al fondo de las cosas; clandestinidad, cambio, transferencia.

Mezclar:

Puede referirse a mezclar bastantes ingredientes para crear armonía o para crear una situación mejor en algún aspecto; aunque también puede referirse a que lo hemos mezclado todo, a la confusión, al caos, a una combinación incorrecta de los hechos e incluso a que la falta de datos nos lleva a confusión.

Montar:

Puede simbolizar seguir el paso de otras personas, sus ideas, sus creencias, su estilo de vida en vez de llevar a cabo nuestros propios asuntos, de usar nuestras propias ideas e ideales; también puede significar que se nos da

fácilmente gato por liebre, a menos que estemos controlando el paso. Fijémonos en el animal o vehículo que montamos.

Movernos:

Acción física o mental que estamos llevando a cabo o que deberíamos llevar a cabo. Nuestro progreso o falta de progreso; cómo, dónde o qué estamos moviendo y hacia dónde. Puede implicar cambios en un área de pensamiento, de acción, de creencias o de algo similar; estados de consciencia o de realidad variables.

En círculos: Nos puede estar advirtiendo de que el progreso que pensamos que estamos haciendo no es tal, que estamos dando vueltas en círculo, dando palos de ciego, evitando los hechos, sin ganar terreno, intentando evitar una situación; o que no llegamos a ninguna conclusión sobre un asunto.

Hacia atrás: Retrasar, renunciar, echarse atrás, volver siempre al mismo sitio, no enfrentarnos a lo que tenemos delante, evitar un tema, miedo a ir hacia delante.

Hacia delante: Avanzar o la necesidad de avanzar en lo que hacemos. Llevar a cabo los pasos necesarios para conseguir nuestro objetivo. Si los símbolos son positivos, puede ser el valor que nos falta para seguir avanzando, o nos puede estar avisando de que es el camino correcto que debemos seguir; todo va a salir bien.

Trasladarnos a otro puesto equivalente al actual: Esquivar un tema, dar rodeos, no enfrentarnos a los hechos directamente; aunque también puede simbolizar que somos sinceros. Existe la posibilidad de que simbolice que mostramos inseguridad o poca seguridad respecto a un asunto.

Muñeca:

Denota pequeños aspectos propios; pensar que no valemos nada, despreciarnos; ser un juguete para los demás; falta de control. Es importante el tipo de muñeca.

Música:

La música hermosa simboliza la armonía, las influencias divinas que nos llegan, la paz, la serenidad.

Alta, ruidosa, desagradable o molesta: Puede significar falta de paz, de armonía, de estar en sintonía con lo superior.

N

Navegar:

Normalmente implica navegar por aguas tranquilas, seguir la corriente con facilidad, a no ser que estemos teniendo problemas con el viento, con el mar o con las velas.

Navidad:

Refleja el espíritu de Cristo nacido en nosotros.

Luces de Navidad: Si están encendidas, representan a Cristo brillando en nuestro interior.

Regalos de Navidad: Probablemente sean regalos espirituales dados o recibidos, o el espíritu de Cristo compartido.

Negligencia:

Referencia a nuestro estilo de vida, a nuestros hábitos; señala la necesidad de un cambio en el área indicada.

Neptuno:

Símbolo del dios del mar, Poseidón (griego) o Neptuno (romano). Representa la inspiración, la intuición, el genio, la clarividencia, la sensibilidad, la imaginación, la compasión, la devoción, la comprensión, la expansión sin límites y el misticismo.

Nevera portátil:

Mantenernos fríos en una situación complicada, controlar las emociones; o la necesidad de permanecer fríos.

Niebla:

Miedo, confusión, emociones que nos trastornan; visibilidad y comprensión pobres de una situación.

Noria:

Dar vueltas y vueltas sin llegar a ninguna parte. Puede simbolizar preocupación o ir en círculo.

Nudos:

Negaciones de nuestra vida; no hacer, no tener, no poder; las negativas; también restricciones (nuestras o de otra persona) que se nos han impuesto. Probablemente necesitemos deshacernos de algunas de ellas.

O

Objetivo:

Puede implicar apuntar con precisión, tener un objetivo al que apuntar, o la necesidad de tenerlo. También criticar; disparar a los demás en general, sin un objetivo particular; o puede simbolizar que somos el objetivo de las palabras o misiles de otra persona.

Objetos que rebotan:

Símbolo de nuestras actitudes, comportamientos, pensamientos e ideas; muestran el efecto que tienen en nuestras vidas y en las de los demás.

Obra:

Puede referirse a las obras que representamos durante nuestra vida, los actos que simulamos; o podría referirse a que sólo tenemos tiempo para el trabajo y no tenemos espacio de ocio; necesidad de jugar más.

Ensayos: Prepararnos para la realidad, practicar nuestro arte y capacidades, sacar punta a nuestros talentos, perfeccionarnos.

Ojo de Horus o el ojo sagrado:

El ojo que todo lo ve, el ojo de Dios, la fuente de poder autorregenerativo.

Ojo en un triángulo:

Símbolo de la vista espiritual, de la comprensión espiritual.

Operación:

Puede indicar que necesitamos parar o sacar alguna cosa de nuestro siste-

ma. Es un aviso de que nos deshagamos rápidamente de algo que nos está molestando antes de que nos enferme físicamente. Podría ser un símbolo de percepción extrasensorial de un problema de salud. Debemos fijarnos en qué parte del cuerpo es y en el área contextual para tener más indicios de qué es lo que debe marchar. Podría ser un hábito.

Oposición:

Implica que somos conscientes de lo que se nos enfrenta u opone; mirar a una persona o situación a los ojos, enfrentarnos a algo, disposición para solucionar el problema en vez de ignorarlo. Puede querer enfatizar la necesidad de resolver nuestras diferencias.

Ordenación:

La ceremonia de ordenación nos da el derecho que nos hemos ganado a realizar cosas maravillosas, a servir a los demás de la manera que hemos elegido; un paso adelante en el mundo, una oportunidad nueva.

P

Pagar:

Puede ser el precio que pagaremos por una acción, decisión o indecisión. Puede mostrarnos a quién o cómo pagaremos o la manera en que seremos recompensados.

Palo:

Símbolo de disciplina, de rango, de honor, de profesión, de poder.

Báculo de un obispo: Símbolo de la autoridad eclesiástica, de la protección, del poder, de la fe.

Bastón de un pastor: Símbolo del pastor y de su vigilancia constante sobre su rebaño (ovejas o pensamientos); también de compasión, de protección, de guía, de rescate, de ayuda, de cariño y de responsabilidad.

Pantano:

Pantano emocional, suelo poco seguro, piso inestable, inseguridad, miedo, sentimientos y emociones reprimidas; ser inundado o cubierto por el peso del estrés emocional; podemos vernos dentro sin nuestro consentimiento; peligro de ahogarnos.

Papel de envolver:

Puede significar decir las cosas de manera enmarañada, preparar regalos para presentarlos; sorpresas, regalos o presencia.

Paquete:

Puede referirse a un acuerdo global; a que hay más de lo que vemos; a un trato a ciegas; nos comunica que no sabemos qué es lo que estamos comprando o dónde nos estamos metiendo; aunque también puede ser un aviso de que no comuniquemos toda la información que tenemos. Puede tratarse de un paquete sorpresa. Cualquier paquete envuelto sugiere lo desconocido.

Parábola:

Una historia, normalmente con un significado escondido; enseñanzas o verdades contadas de forma simple pero simbólica.

Parada:

Puede ser una parada de flores, de fruta, un teléfono, un puesto de venta de mobiliario; también puede significar que tomamos partido, que nos mantenemos firmes, que defendemos nuestros derechos y creencias, que estamos satisfechos con nosotros mismos.

Estar parados sobre un suelo raso: Puede significar mantenernos firmes, tener los pies en el suelo, estar en contacto con la tierra, saber dónde nos encontramos, estar bien asentados, hacer lo que nos parezca conveniente.

Parar y observar: Observar, contemplar, comprender el sentido de las cosas; resumir la situación, ser cauteloso; también puede ser un aviso de que hagamos todo lo dicho. Por otro lado, puede ser simplemente mirar, no hacer nada o un aviso de que nos involucremos.

Paraguas:

Protección de influencias exteriores o de tormentas emocionales. Puede simbolizar la protección de las oraciones o de las fuerzas angelicales.

Paraíso:

Alto estado de la consciencia; estado de amor y de armonía; unión.

Paralizados:

Nos sentimos sin energía, incapaces de movernos, de aceptar las cosas o de hacer algo por una persona o situación. Podemos estar paralizados de miedo o de indecisión. El sueño enfatiza cómo nos sentimos y la necesidad que tenemos de movernos.

Parásito:

Hábito irritante de tomar las cosas de los demás, de alimentarnos de sus ideas, energías y objetos; dependencia, poca productividad, absorbiendo los recursos de los demás, tomando pero sin dar. Puede representar un hábito o aspecto propio que nos agota la energía.

Paredes acolchadas:

Protección, posiblemente de nosotros mismos. Puede representar límites seguros o la necesidad de suavizar los golpes.

Partes que faltan:

Implica que no tenemos lo que necesitamos para solucionar nuestro problema, para entender una situación, para conseguir nuestro objetivo o completar nuestra faena. Algo que nos hemos olvidado en la vida; quizá hemos pasado por alto algo importante o nos ha pasado inadvertido lo importante del asunto.

Pastillas:

Pueden ser ideas negativas que nos lleven a la curación, a la neutralización de las ideas negativas que tenemos en mente, terrones duros o pastillas amargas que debemos tragarnos en la vida; aunque también pueden ser medidas preventivas que debemos tomar.

Pastillas de la verdad: Comida sanadora que alimenta nuestra reflexión; afirmaciones, creencias positivas, declaraciones, rezos, principios curativos.

Pastillas venenosas: Ideas venenosas que pueden conducir a enfermedades o a la muerte del creyente; pueden ser odio, resentimiento, codicia; incluso darnos lástima puede ser dañino.

Pegamento:

Juntar; unirnos a una persona, a un grupo, a una cosa; también puede representar una situación difícil o avisarnos de que no nos quedemos atrapados en algo.

Pelearse:

Reñir, echarse atrás, poca disposición.

Pelota:

Puede representar el todo, la tierra, el globo, la unión; también puede indicarnos que estemos al tanto, que no perdamos de vista lo principal del asunto.

Perchero:

Problemas, intentar entender algo; podría implicar también la posibilidad de una aventura.

Perder el tren, un barco o el autobús:

Indicaría perder la oportunidad de ir a algún sitio o de ganar lo que representa el tipo de vehículo. Puede indicarnos que estamos esperando demasiado para decidir movernos o advertirnos de que, si no queremos perder nuestra ocasión, no esperemos más a una persona o una oportunidad. Podría implicar que nos concedemos poco valor o que nos sentimos poco preparados, representar que no nos damos cuenta de lo principal del asunto; del objetivo, de las cosas buenas de la vida. Puede ser una advertencia.

Perdonar:

Normalmente muestra la necesidad de perdonarnos.

Permanente:

Experiencia en la que nos rizamos el cabello; un cambio en nuestra apariencia o pensamiento, lograr un aspecto nuevo, volvernos diferentes; o la posibilidad de que algunas manías estén penetrando en nuestra forma de pensar.

Peso:

Puede ser valía personal, autoestima, importancia, poder, influencia, capacidad para apoyar a los demás; también puede indicar un tiempo de espera.

> **No pesar lo suficiente:** Puede indicar que no nos damos suficiente valor, que tenemos la autoestima baja y que necesitamos mejorar este aspecto; también puede ser que estemos infravalorando algo.

> **Sobrepeso:** Puede estar indicándonos que sobreestimamos nuestra propia valía o capacidad de influencia, que exageramos algo o lo sobrevaloramos; también puede indicar que trabajamos demasiado.

Piedra:

Invariabilidad, solidez, cimientos firmes e inflexibles de la verdad; aunque también puede ser una barrera impenetrable, un reto o una dificultad.

> **Piedra blanca:** Cimientos puros.

> **Piedra sin cortar:** Verdad que el hombre no ha tocado ni cambiado.

Píldoras anticonceptivas o métodos anticonceptivos:

Pueden representar que estamos reprimiendo, ahogando o bloqueando nuestras necesidades creativas.

Piscis:

Símbolo astrológico de gran sensibilidad, de simpatía, de cariño, de servicio a los demás, de disposición a sufrir por una causa. Son grandes músicos y artistas pero a veces se sumen en la autocompasión.

PISCIS

Pistas:

Pueden indicar caminos definidos de pensamiento y de acción; rutinas, acción y reacción automáticas; ninguna entrada nueva; ningún pensamiento o acción original.

Pistola de agua:

Puede ser una salida inofensiva de emociones, aunque también podría representar un juego sexual.

Plancha:

Instrumento para hacer desaparecer los pliegues (manías), las perversiones, los puntos nocivos de nuestras actitudes y relaciones.

> **Plancha caliente:** Puede significar aplicar calor; un asunto difícil; puede indicarnos que estamos quemados o bien que nos quemaremos en un momento u otro.

> **Plancha de vapor:** Podría significar una presión emocional importante.

> **Plancha pesada:** Aplicar presión; dificultad para avanzar; movimientos difíciles.

Pliegues:

Pueden representar un defecto en nuestros pensamientos, en nuestras esperanzas o planes; un problema con alguna conexión o comunicación.

Plutón:

Planeta con el nombre del dios del mundo subterráneo, Plutón, símbolo de la muerte, de la destrucción, de la transformación, del renacimiento, de la consagración, de la transmutación, de la reforma, del karma, del instinto, de la intensidad, de la lucha, de la luz y de la oscuridad.

P

Poner cebos:

Algo que nos atrae, nos tienta, nos invita, nos motiva; el deseo de asir algo o a alguien.

Precipicios:

A menudo representan los retos, el miedo de caer, de equivocarnos; el filo del peligro; la catástrofe.

Prescripción:

Método, fórmula, programa, terapia para resolver un problema, para curar una situación, para realizar una petición de ayuda.

Productos comerciales:

Ideas y cosas materiales, terrenales, de conciencia de raza, producidas por nuestra sociedad. Incluye las leyes, las normas, las costumbres, las creencias, lo que se debe y no se debe hacer, lo que es inaceptable y otras cosas de valor cuestionable.

Programa:

Plan de acción, curso de acción, tiempo del que disponemos, objetivos. Perder un programa puede implicar que realmente no queríamos hacer aquéllo o que no lo necesitábamos. Puede implicar una necesidad de o bien tirar el programa o bien deshacernos de alguna parte de él.

Perder un horario de clase puede indicar que no tenemos claro lo que queremos aprender o si realmente queremos aprenderlo. Probablemente necesitemos repensarnos la situación; posiblemente cambiar o abandonar el programa o los planes que habíamos hecho.

Programación:

Plan de los sucesos que se acercan, planear lo que queremos en la vida, asentar nuestros objetivos, mirar hacia delante, tener un plan de acción o una guía en que apoyarnos.

Puente levadizo:

Protección contra una invasión o una intrusión; también puede significar el sitio donde marcamos la línea o la necesidad de hacerlo.

Q

Quejas:

Símbolo de nuestra insatisfacción, de la necesidad de cambio.

Quemar:

Tanto el fuego como la acción de quemar pueden simbolizar la rabia, un temperamento furioso; aunque también puede representar la purificación y la transformación que necesitamos o indicarnos que estamos quemados por alguna situación.

Quemar incienso:
Oración, meditación, invocación; amor, pensamientos devotos que enviamos a Dios.

> *Incienso:* Transmutación de lo físico en lo espiritual.

> *Mirra:* Eternidad de Espíritu; el poder del amor que resurge; rendimiento de la mente al espíritu.

Quilla:
Guía, equilibrio, dirección, fuerza de voluntad.

R

Rama de olivo:
Paz, amor.

Rampa:
Fácil acceso al interior y al exterior, dentro y fuera.

Rayos X:
Ver a través de barreras y de obstáculos; la posibilidad de ver a través de una persona o de una situación.

Rechazar:
¿Estamos rechazando aceptar las cosas buenas que la vida nos está ofreciendo? Fijémonos en qué es lo que estamos rechazando y en lo que simboliza. ¿Qué o a quién rechazamos el día anterior? ¿Cómo nos sentimos por ello? Hay alguna razón por la cual el sueño nos está señalando este rechazo. Reevaluémoslo.

Regalar:
Si no tenemos la sensación de que estamos regalando en exceso, puede simbolizar la necesidad que tenemos de ser más generosos, de regalar. A menudo tiene que ver con la capacidad de recibir tan libremente como regalamos. Fijémonos atentamente en qué es lo que se da y en cómo se recibe.

Regalos:
Pueden ser regalos que poseemos, que ofrecemos o que recibimos. También pueden significar presencia. Fijémonos en el tipo de regalos y en qué hacemos con ellos.

Regla:
Instrumento de medida, cumplir los estándares, tomar las medidas adecuadas, dar el peso; medidas o juicios precisos; valoración cuidadosa de los hechos, de las reglas, de los reglamentos, de las probabilidades, etc., antes de tomar una decisión.

> *Persona que dicta las reglas:* El responsable, el que está al cargo, el que indica la dirección; tiene autoridad y dominio, toma decisiones, pone las cosas en marcha y controla los resultados.

Remar:
Puede simbolizar un camino duro, algo difícil que nos espera, hacer las cosas de la manera más complicada. También puede ser una aventura o un esfuerzo espiritual. Quizá necesitemos remar con más intensidad para conseguir progreso espiritual, o quizá estemos haciendo una buena carrera, depende de los detalles del sueño.

Reverencias:
Implica saludar, reverenciar; el respeto, el honor, la oración, la devoción, la humildad, la resignación, la sumisión y

el doblamiento de nuestra voluntad. ¿Nos está indicando la necesidad de agacharnos? ¿Nuestra poca disposición a someternos? ¿Demasiada o insuficiente sumisión?

Rezar:

Vernos rezando, sobre todo si no invertimos mucho tiempo en la oración, probablemente sea un aviso de que necesitamos rezar más en general o una necesidad puntual de orar por nuestra mayor preocupación, posiblemente por un asunto sobre el que hemos pedido antes de irnos a dormir. Nos puede estar diciendo que la oración puede cambiar esta situación, o quizá que necesitamos presentar este asunto a Dios y dejarlo salir completamente. A menudo nuestros rezos no reciben respuesta porque no los hemos *liberado*, simplemente los vamos repitiendo como si Dios fuera sordo (la letanía de los mendigos). Quizá necesitamos aprender a rezar y abandonar toda la preocupación y pensamientos sobre *cómo, cuándo* o *si* lo conseguiremos (oración de la liberación). Quizá necesitemos trabajar en nuestro Jardín de la Oración.

Risas:

A menos que riamos a menudo y con facilidad, probablemente lo que nos sugiere el sueño es que debemos ser más despreocupados, relajarnos y divertirnos más; tomarnos las cosas a risa, no tomarnos la vida demasiado en serio; o puede indicarnos que reír es positivo para nosotros.

Robar:

Ser despojado de objetos de valor, de dinero, de dignidad, del trabajo o del respeto por nosotros mismos. El sue-ño puede señalar el miedo que nos producen estas situaciones, o puede estar reflejando cómo nos sentimos. Es también un posible sueño de percepción extrasensorial.

Roca:

Base sólida, cimientos, seguridad o concepto de la verdad. También puede representar los hechos fríamente, tal como son, una barrera, un obstáculo, una dificultad o un reto, según los sentimientos que el sueño nos provoque.

Ruedas de tracción:

Apoyo extra para el equilibrio.

S

Sagitario:

Símbolo astrológico (medio hombre, medio caballo; o el hombre con el arco y la flecha). Significa los objetivos, los ideales altos, la filosofía, la mente superior, los pensamientos orgullosos, el optimismo, la intuición, la percepción, las visiones, el ser directo y franco.

SAGITARIO

Salchicha:

Puede tener relación con el juego sexual; jugar con la idea del sexo, dormir con cualquiera.

Salvavidas:

Seguridad, apoyo, sostén, refuerzo, confianza.

Sanguijuela:
Parásito que se alimenta de los demás, que absorbe las fuerzas de la vida. Hay gente que tiene un comportamiento similar.

Saturno:
Símbolo de la disciplina; las lecciones, las pruebas, los retrasos, los límites, las represiones, la precaución, la estabilidad, la conservación, el tiempo, la muerte.

Seguro:
Puede ser una protección, una garantía, un apoyo, un respaldo, un beneficio, un amortiguador, una recompensa; aunque también podría significar un timo.

Seminario:
Representa una experiencia de aprendizaje o un lugar para aprender, ampliar los propios conocimientos y comprensiones.

Sentarse:
Refleja que estamos inactivos, sin movernos, sin hacer nada, pensativos, ociosos, sin aplicar nuestros conocimientos. En definitiva, permanecemos sin hacer nada.

Sigilo:
Precaución, asuntos turbios, cubiertos; evitar ser reconocido. Podría ser una situación o una persona que tropieza con nosotros, un aviso de que estemos en guardia o seamos más conscientes. También puede mostrar cómo nos sentimos por una situación o por un comportamiento.

Silla de ruedas, apoyo móvil:
Implica incapacidad de levantarnos por nuestra propia fuerza y la necesidad de hacerlo, a menos que queramos que nos empujen durante toda la vida. Puede ser un sistema de apoyo temporal durante el tiempo que nos curamos y conseguimos poner los pies en el suelo.

Símbolo fálico:
Casi cualquier objeto puntiagudo que pueda penetrar o cualquier protuberancia es un símbolo sexual posible para alguien, y como tal puede representar el sexo y nuestros miedos y sentimientos sobre el sexo.

Sirena:
Alerta, aviso, manera de llamar nuestra atención; alarma, advertencia de que seamos conscientes de una situación peligrosa o de emergencia.

Sistema de respiración artificial:
Puede referirse a las personas o a las cosas en qué o en quién confiamos, una necesidad de apoyo extra, el estado de nuestra reserva de energías, el estado del corazón o la necesidad de apoyar a alguien en dificultades.

Solo:
Hacer la función en solitario, por nuestra cuenta, sin ayuda ni apoyo; hacer o morir; también puede representar algo vil o que tratamos de pasar inadvertidos, o un sonido flojito que los demás no pueden oír.

Sollozar:
Simboliza que nuestro Yo Superior (Poder Superior) está angustiado por nuestras acciones pasadas y por deci-

siones que estamos tomando. Es una advertencia de que necesitamos reevaluar lo que hemos hecho o lo que vamos a hacer.

Sopesar:

Sopesar una situación, un asunto en nuestra mente; intentar equilibrarlo o la necesidad de hacerlo; existe la posibilidad de que nos esté advirtiendo de fijarnos en las dos caras del asunto y de considerar cuidadosamente lo que vamos a hacer. También puede indicar un tiempo de espera.

Sostener:

Podemos sostener objetos con delicadeza o agarrar cosas que deben estar sueltas. Podemos impedirnos necesidades y objetivos o impedírselos a otras personas. Sostener algo puede indicar que nos asusta dejarlo marchar. Fijémonos en qué estamos sosteniendo y por qué.

Sulfuro:

Asociado con la alquimia o con el fuego y el azufre.

Surf:

Podemos estar en la cresta de altibajos emocionales, estar literalmente en lo más alto, controlando; también puede indicarnos el peligro de ser aniquilados, aplastados por el estrés emocional.

Sustituto:

Puede ser alguien que nos usa o que usa a otra persona para algún propósito; puede ser una advertencia de que no estamos logrando algo verdadero o que no estamos logrando lo que creemos; también puede señalar la necesidad de hacer algunas sustituciones.

T

Tabla:

Puede representar el aburrimiento, embarcarnos o construir.

Tacto:

Podría indicar la necesidad que tenemos de estar en contacto con una persona o situación; quizá indica que estamos fuera de alcance, o bien que somos muy quisquillosos, inalcanzables; puede señalar la necesidad de tocar, de que nos toquen, de estar en contacto de una forma u otra, de mostrar afecto y aprobación a la gente que nos rodea.

Tachar:

Tachar algo es hacerle una cruz, cancelar algo de nuestra lista, de nuestra vida; parar, acabar, dejar atrás, tirar, echarnos atrás, un cambio de idea.

Tambalearse:

Implica falta de equilibrio a causa de un sobrepeso, de haber trabajado demasiado o de falta de alguna cosa esencial; también puede ser a causa de una dieta pobre o de un estado de salud débil.

Tambores indios:

Ritmos terrenales; llamada a la reunión y a la devoción, muestra de reverencia hacia la tierra y hacia sus seres; con frecuencia, es sintonizar con los espíritus de la naturaleza para que vengan a ayudarnos y a ofrecernos sabiduría.

Tapar:

Puede ser un acto propio o bien de otra persona para protegerse o esconderse.

Tauro:

Símbolo astrológico del toro, de la determinación, de la estabilidad, de la codicia, de la cabezonería, de la fuerza de voluntad, de la gentileza, de la perspicacia para los negocios y del amor y la belleza.

TAURO

Tela:

Material con el que modelamos nuestras vidas y creamos la alegría o la tristeza. El resultado es lo que sacamos de la vida.

Temblar:

Normalmente se equipara con el miedo, pero también puede indicar deshacernos de cosas antiguas, de viejos patrones de comportamiento, de maneras de pensar antiguas. Quizá estemos moviendo nuestros cimientos, que estaban sueltos, para arreglarlos, reorientarlos o reconstruirlos. A veces tenemos que destrozar lo viejo para construir algo nuevo y mejor.

Terremoto:

Una experiencia trascendental, un altibajo tremendo en nuestra vida, en nuestros pensamientos o asuntos. Necesitamos, o se nos acercan, cambios drásticos. Las cosas nunca volverán a ser lo mismo. En un nivel de percepción extrasensorial podría ser un aviso de un terremoto o de un área que debemos evitar. Fijémonos en las dos posibilidades.

Ticket:

Permiso legal para entrar, tener o realizar algo. Puede ser la prueba de un pago, la oportunidad de un premio, un voto, una declaración legal, una multa de velocidad o de estacionamiento.

Tintorería:

Puede simbolizar que necesitamos limpiar algo sin más emociones, o advertirnos de que alguien nos está dejando sin blanca.

Tirarse de cabeza:

Puede estar advirtiéndonos de que nos estamos zambullendo sin pensárnoslo, implicándonos de pleno en las situaciones, posiblemente desconocidas; aunque quizá sea nuestra necesidad de zambullirnos en algo.

Tocadiscos:

Puede representar un tipo de sentimientos (representados por el tipo de música); sentimientos, creencias o moralidad de grupo, consciencia, humor y ambiente colectivo. También puede representar música «enlatada» en oposición a las cosas reales.

Toldo:

Puede ser algo cubierto, escondido, protegido o resguardado.

Toreo:

Área donde el hombre lucha contra la bestia, la lucha entre la naturaleza animal y nuestra naturaleza superior, espiritual.

Tornillo:

Puede ser un importante enlace de conexión, el pequeño detalle que lo mantiene todo en su sitio. Puede simbolizar hacer conexiones, juntar cosas o las cosas pequeñas, los pequeños detalles que no debemos pasar por alto. También puede hacer referencia a estropear las cosas.

Trabajar:

Puede señalar algo que debemos resolver, una situación sobre la que debemos trabajar, ir al trabajo; o algún proyecto simbolizado en el sueño. Podría implicar la necesidad de acabar un trabajo o de encontrar un empleo si no lo tenemos. Puede estar advirtiéndonos de que es hora de buscar una carrera profesional nueva, depende de la acción y de los sentimientos que el sueño nos provoque.

Trampa:

Manera de atraparnos, de retenernos, de embaucarnos, de engañarnos, de confundirnos, de retrasarnos o de herirnos.

Transferencia:

Movernos o que alguien nos lleve de un lugar o de un nivel a otro; puede indicar cambios o un viaje.

Tratamiento:

Puede ser un acto terapéutico o puede indicar que aplicarán un tratamiento global; también puede implicar cómo tratamos a los demás.

Triángulo:

Símbolo de la seguridad, de la inmovilidad, de la solidaridad; una figura geométrica, el triángulo del amor, la trinidad, la pirámide.

Tridente:

Símbolo de Neptuno, el dios del Mar, de las energías creativas, de la sensibilidad, del misticismo.

Trozo:

Puede significar la paz o mostrarnos que sólo somos una parte del todo.

U

Urano:

Planeta de lo poco habitual, de lo inesperado, de la intuición, de las nuevas ideas, de la invención, del despertar interior, de la independencia, de la genialidad, de la originalidad, de la libertad, del individualismo, de la rebelión, del cambio, del progreso, de la reforma y de lo no convencional.

V

Vacaciones:

Cambio de paso o de lugar; recargarnos de energías, tomarnos un descanso, un respiro, hacer algo diferente, jugar, olvidarnos del trabajo, explorar sitios nuevos. El sueño nos puede sugerir que necesitamos descansar, desconectar de la rutina, del resto de la gente. Si estamos bajo mucha presión, unas mini vacaciones cada cierto tiempo no son un lujo sino que son *necesarias* para el equilibrio físico y mental.

Vacuna:

Podría animarnos a seguir con lo que hacemos; o representar prevención o una dosis de nuestra propia medicina. Quizá necesitemos ser inmunes a una situación o superar nuestra vulnerabilidad.

Vagar:

Moverse sin ningún plan ni dirección; sin objetivos, ideales ni propósitos. Sin motivaciones fuertes.

Valentín:
Famoso símbolo del corazón, de ser enamoradizos; símbolo del amor, de los sentimientos tiernos, de mostrar afecto; también puede ser la necesidad de expresar más amor y más afecto.

Vallas de seguridad:
Medidas de seguridad, de protección; reglamentos, normas, algo que nos libra del peligro pero que también limita nuestra libertad de movimientos. Podría ser una advertencia de que tomemos precauciones en el área que aparece en el sueño.

Vara:
Puede ser un estándar de medida, un símbolo de poder o de liderazgo o un instrumento de disciplina y castigo.

Vara florida o con frutos: Símbolo del favor de Dios, altas consecuciones espirituales, dones y poderes espirituales.

Varita:
Símbolo de la voluntad, de la magia, del poder, de la transformación; uso de las fuerzas espirituales para las cosas buenas, capacidad para realizar milagros. Símbolo atractivo de nuestro poder de oración o de amor.

Velatorio:
Una reunión de amigos o de aspectos propios que celebran nuestra muerte (cambio de consciencia), el final de una vieja costumbre o el paso hacia un nivel superior de vida.

Veleta:
Imprevisibilidad, dar vueltas en círculo, versatilidad, cambios rápidos de dirección, inestabilidad. Puede estar indicándonos que somos vanidosos o que hacemos algo en vano.

Vender de puerta en puerta:
Puede representar el intento de vender, de educar, de promocionar, de hacer publicidad o de ensalzar un objeto o una idea; o podría indicarnos que estamos pedaleando e incluso que estamos haciendo el tonto.

Venus:
Símbolo del amor, de la belleza, de la feminidad, de la armonía, de los asuntos sociales, de la fertilidad, del deseo y del amor personal.

Ver películas o la televisión:
Soñar despiertos, fingir; pensamientos de deseos, actitudes poco realistas, ver cómo pasa la vida sin participar.

Dibujos animados: Podrían estarnos comunicando que no nos tomamos la vida en serio, que nos la tomamos como un juego; o nos pueden estar avisando de que necesitamos más alegría y humor en nuestra vida o manera de pensar.

Ver:
Percepción, entendimiento, punto de vista, imagen mental. Véase *Ojo*, en el capítulo *Las partes del cuerpo.*

Mirar a través de un agujero o por una rendija: Visión limitada; incapacidad o poca disposición para ver más; aunque también puede estar añadiendo énfasis a lo que podemos ver, incrementando su importancia, posiblemente sobreenfatizando o exagerando su contenido. Puede indicar foco y concentración o estrechez de miras y punto de vista muy cerrado.

Ver con claridad: indica un pensamiento claro, una comprensión clara, tener una visión o percepción positiva de la situación.

Visión poco clara, nublada u oscurecida: Somos incapaces de ver todos los hechos o factores involucrados; entendimiento pobre, necesidad de más información o comprensión.

Vibrar:
Activos; vibramos, latimos, nos sentimos inundados de fuerzas invisibles, de energías espirituales o de posibles influencias desconocidas.

Violación:
Puede ser una advertencia de percepción extrasensorial o puede simbolizar una persona que nos fuerza o una condición a la que nos vemos forzados; aprovecharnos de la debilidad, ignorancia o vulnerabilidad; tomar por la fuerza algo que debería tomarse con gentileza; forzarnos a aceptar o a hacer algo contra la voluntad propia.

Virgo:
Signo astrológico que denota pureza, perfección, atención a los detalles y

VIRGO

análisis; criticismo; servicio a los demás. Siempre esforzándose para conseguir la perfección.

Volar:
Puede simbolizar nuestra capacidad o necesidad de sobreponernos a una situación o emoción, de evitar vernos involucrados hasta el punto de que reaccionemos negativamente. La capacidad de dar algo positivo aunque recibamos lo negativo. Volar también podría ser un aviso de un viaje astral o el deseo de elevarnos a niveles superiores.

Alfombra voladora: Podría significar las propiedades de la mente místicas, mágicas o creativas que nos pueden llevar donde queramos. Imaginación creativa, vuelo mental. Visualización creativa.

Objetos voladores: Normalmente representan ideales altos e ilusiones, alcanzar las estrellas.

Pájaros que vuelan: Pueden ser ilusiones, felicidad, altos ideales o esperanzas. Los pájaros azules en especial representan la felicidad y la alegría.

Plumas voladoras: Confusión, enfado, miedo, retirada precipitada, pérdida de dignidad.

Volver a casa:
Volver a la casa de Dios.

Votar:
La voz de nuestra mente, dejarnos oír, comunicar nuestras afirmaciones, aprobación, deseos; nuestro acuerdo o veto en un asunto o en nuestro subconsciente.

Y

Y:

Una bifurcación en la carretera, en nuestra vida, en nuestra vida profesional, que marca el tiempo y el lugar de tomar decisiones o de elegir el camino que queremos seguir.

Yod:

Son, literalmente, gotas de luz; un antiguo símbolo hebreo de maná, de favor, de descenso de fuerzas vitales de Dios. También puede representar el poder, la habilidad, la destreza.

Yoga:

Símbolo de la autodisciplina, del control de la mente y del cuerpo.

Z

Zambullirse:

Dar el paso decisivo. Podría indicar que nos movemos demasiado rápido o que nos involucramos sin reflexionar; aunque también podría simbolizar la necesidad de zambullirnos en algún asunto rápidamente, depende de la acción desarrollada y de los sentimientos que nos provoque.

Zoológico:

Un lugar donde hay muchas variedades de animales, de hábitos y de características animales. Un área de encierro, de libertad limitada para los animales o para la naturaleza, los instintos, las características, los rasgos y los talentos animales que muchos de nosotros poseemos.

MIS PROPIOS SÍMBOLOS

_____
_____
_____
_____
_____
_____
_____
_____
_____
_____
_____
_____
_____
_____
_____
_____
_____
_____
_____

Índice